王众 编著

○ 老时年间
○ 咱天津卫
○ 咱天津话
○ 过去了就成了故事

天津老话儿

南开大学 出版社　　天津社会科学院 出版社

图书在版编目（ＣＩＰ）数据

天津老话儿 / 王众编著.-- 天津：南开大学出版社：天津社会科学院出版社, 2023.9
ISBN 978-7-310-06411-3

Ⅰ.①天… Ⅱ.①王… Ⅲ.①民间故事－作品集－天津 Ⅳ.①I277.3

中国国家版本馆 CIP 数据核字(2023)第 013167 号

天津老话儿
TIANJIN LAOHUAR

南开大学出版社
天津社会科学院出版社　出版发行

出版人：陈　敬

地址：天津市南开区卫津路94号　邮政编码：300071
营销部电话：(022)23508339　营销部传真：(022)23508542
https://nkup.nankai.edu.cn

高教社（天津）印务有限公司印刷　全国各地新华书店经销
2023年9月第1版　2023年9月第1次印刷
787毫米×1092毫米　16开本　20.25印张　280千字
定价：68.00元

如遇图书印装质量问题，请与本社营销部联系调换，电话（022）23508339

目次

老时年间

我自幼就喜欢听老人们说闲话儿。坐在一边儿,一些老时年间的故事,老人们说得有根有叶儿,我听得有滋有味儿。及长,仍如是。

家父松林公晚年蛰居民权门,在所撰回忆录中,除记述家事外,辑录了一些老天津卫的传说与故事,几则清代至民初较为久远的,大约是祖父介臣公讲给他的。四伯父王宝曾,晚年也有兴致,钩沉旧事,书写成篇。他们所述的故事,都很具体地讲了发生在天津的什么地方,读起来是很有兴致的。老一辈儿给小一辈儿讲着曾经的故事,好像一代又一代,都是这样的。我所知道的久远年代的故事,大多是从他们那里来的。

曾读津门《沽水旧闻》等笔记杂著,也收录了类似这样一些津门旧事。是故,晚灯之下,凝神追思,低首伏案,不避东施效颦,整理如次。窃以为记录津门乡土文化之雅事矣。或可博终日劳顿的老街旧邻,茶余酒后之一哂。

老时年间 ▶

得道老人

从前天津旧城里居民并不多,却有很多官衙和庙宇,这在清道光年间成图的《津门保甲图说》上就有很清楚的标注。

其中有的庙香火很盛。

那时,天津老城还有城墙,在城里东北角的北城墙根儿,很早的时候有一个庙,就在后来的德鑫栈胡同口那个位置,往东不远就是后来的北海楼,往西就是白衣庵胡同。这个庙曾一度香火不错,后来就不行了,变成一个年久失修的荒败的破庙。

有一年,破庙里住进来一位老人,就住在庙内西厢房。这位老人在这个庙里干起了一个小磨坊,给附近人家石磨加工些杂粮等,生活尚能维持。

没有活儿时,闲着也是闲着,他就去大殿里打坐。他想,既然住在庙里,不如利用闲暇来修炼。

他既无师父指点,对佛道诸事又一概不懂,只是根据所见过的和尚、道士打坐的样子模仿着,总是坚持在大殿打坐。

日久天长,他打坐时,突然有一种自己离地上升的感觉,一点一点地感觉到自己在向上飘升,离地越来越高!

他喜不自禁。自己就去做了一套道服,终日更加苦练。

后来有人发现他总是穿着道服在大殿上打坐,人们就感到很奇怪了,一个暂栖破庙里的磨面的,这是哪一出儿呢?有一个与其相熟的老人就问其究竟。

他就说:"我修炼将成矣!"问:"如何可知将成?"

言:"我练功时有离地上升之感觉。"

于是街巷中就传开了:咱天津卫出了一位世外高人。

有好事者,打听到他打坐的时间,就在那个时间偷偷溜到大殿窗外,想看个究竟。不看则已,一看则大惊失色。发现在大殿大梁上有一条大蟒蛇,正在张着嘴吸他,所以他就有离地向上的感觉。当时就疾呼他,叫他快往自己头上看。

这位修炼的老人这才发现原来是一条大蟒蛇在吸他。从此再也不敢到大殿去打坐了。

这是个民间传说,地点说得很具体,很像确有其事。《津门保甲图说》上在那个位置附近图示的关帝庙、白衣庵、三义庙的规模也许比这个可能存在过的庙大一些,所以在那个位置没有找到此庙的标识;也许这是年代更久远的事,那时天津还有蟒蛇出没。另,这到底是座庙还是一座道观,故事里也没有交代得很清楚。

　　这个故事最初是笔者祖父讲的。但这个传说如同《聊斋志异》的某些篇章,隐含着一个道理:痴迷到极端,有时就会出现虚妄,可笑而又可悲。

（据家父王宝树忆记整理）

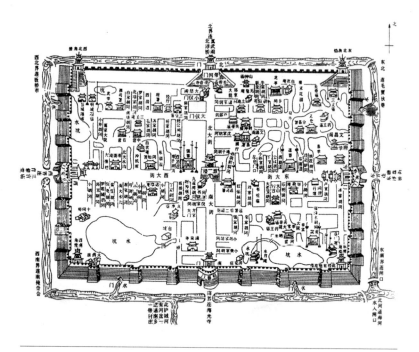

▶ 清道光二十六年（1846）成图的《津门保甲图说》之天津城厢图

张三链子的故事

　　前清的时候,在天津北门外、北门东的北城根儿,有个外省的富有商户,住着个四合院儿。这个四合院北边紧挨着估衣街,不远就是针市街、北大关、南运河,是当时天津的商业中心。

庚子年闹战乱，八国联军攻占了天津。国内匪盗也兴风作浪，该富户又住在城外，早被强盗盯上了，趁战乱将其财物洗劫一空，全家上下悉遭杀害。

该庭院从此无人居住，日久房屋破乱不堪。后来该院还经常"闹仙儿"，更没人敢进去了，成了一个荒宅。

有一个挑水人叫张三，人高马大、五大三粗，他挑水扁担的铁链子比别人都长，于是人们都叫他"张三链子"。他家境十分贫寒，凭一把子力气给人挑水挣口饭吃，日子过得很艰难。张三链子为人很忠厚，家中只有一老母，他特别孝顺母亲，母子相依为命。

张三胆子大，见那个遭劫的荒院儿没人，为往返挑水方便就想搬进去住，并征得了母亲同意。那时，天津城里人吃水由挑水人送，挑水人自城北南运河和城东海河取水。

有人问他："你怎么敢去这个破院子呢？你就不怕'闹仙儿'吗？"他答："我对人无愧，堂堂大男人怕什么！"于是他就在该院住了起来。

他住进去没有几天，真的"闹仙儿"了。

每到半夜，住在厢房的他，就看到正房的灯亮了，还听到打算盘的声音，好像有人在算账。他有时还听到那屋有人说话，说东家要来了，抓紧清算账目。有一次夜半，张三链子悄悄地走到正房窗外，将窗户纸舔破，只见一老者坐在账桌前正在灯下算账，旁边地上有个钱柜。

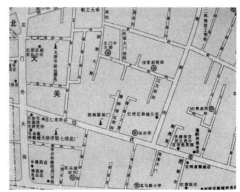

这样日久，经常如此，张不以为意，心想，我居心秉正，怕他什么！有一天，张见老者又来算账了，他毅然挺胸叠肚走进屋中，要去问个究竟。他一推门，忽然灯光全灭，一片黢黑。

从此以后，再也不闹了。后来张想，说东家要来，谁能来呀？莫不是说东家就是我吧？有一天，他就到那屋去一探究竟，一个空屋子，能有什么呢？他就用扁担敲地下的方砖。他敲到那夜看见放钱柜的地方，竟发现声

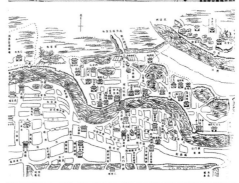

▶ 清代绘制的天津北城外地图，图中万寿宫以东即是张三链子故事发生地。《天津市地名志》红桥区部分对张家大门的来历更有与故事相近的记述

音很空。

　　当日傍晚，天刚擦黑儿，他挑完水匆匆赶回，将方砖掀起来，往下刨。不太深时有一块大石板，再将石板掀开，发现有一个大缸，里面全是白花花的银元宝！

　　张大喜！他又将石板盖上掩埋，回家吃晚饭时把事情一五一十地告诉了母亲。怎么办呢？娘儿俩就翻来覆去地商量。

　　张三链子忽然变成疯疯癫癫了，到处乱跑。在大街上、胡同里，有砖头就捡，还说这些银两大家怎么不捡呢！他用一个破篮子，到处去捡砖头，有时拿到大院去，有时往家拿。众人纷纷议论，说张三链子得了疯病，就是住那个院子中了邪了。日久天长，人们也就不以为意了。而实际上，张三链子往家捡东西时，篮子里上面是砖头下面是元宝，这样慢慢地将一缸元宝都倒腾到家中去了。他又将缸填平，石板方砖都恢复原状。他母亲又找人借银两给他治病，还请道士在那个院子做了道场。后来张三链子的疯病就慢慢好了，又开始挑水。

　　再后来，他到外省辗转找到原房主的亲属，花了些银子将这个破败的院落买了下来。民国初年，他娶妻生子有了后代，又开始做生意。慢慢地后辈也发展起来了，他家又将附近的房屋买了下来，盖成楼房。北马路红旗饭庄向西，直到万寿宫小学校那一片，就是他家盖的房子。据专家考证，估衣街那个位置有个胡同叫张家大门，应该就是他家的房子。

　　老人们说，张三链子为人忠厚，奉母至孝，得福报。

（据家父王宝树忆记整理）

海张五家的银子

　　老城里当年有许多大户人家，而且是非同一般的大户人家。但这些人家的发达都是很早年的事了。从我家祖居永安胡同北行不远，过乡祠东街穿过狭窄的张家祠堂小胡同，迎面是龙亭街一座坐北朝南的大宅子。已经破败了，屋顶长着荒草，院落的地面比街面低，可见已经年代很久远了。但有着精致砖雕的门楼十分宽大，依然气势非凡。这就是海张五家。

　　海张五原名张锦文，闯过关东，在天津巨富查家做过管事，后经营盐务成为津门巨富。清咸丰年间，海张五出巨资在津西小稍直口修炮台六座，协助清廷抵御已经北伐近津的太平军,所以天津有句歇后语"海张五修炮台——小事儿一桩"。第二次鸦片战争时,他曾代表天津商户与攻占天津的英法联军交涉,由商户出资劳军使商户免受劫掠,此举受清廷赏识,赏了他黄马褂。老辈人说,其院门内过道两侧挂满了当时天津各商号为其挂的匾。

▶ 老城厢拆迁前,龙亭街海张五旧宅门口

海张五有钱,老人们就讲过这样一个故事。

过去,他家卸镖银(银元宝)的镖车从他家大门口能一直排到北门里只家胡同口,有时要卸一整天。他家银子多,能多到什么程度——看着心烦。

有一年有绿林中人,从津门南下缺盘缠,找到他家护院,说想弄些银子,与张府护院的打招呼。护院的都是功夫好手,也是绿林中人,就说你们晚上来他家拿吧,他家的银子没有数儿。

是夜,绿林中人光临,而护院的装作看不见。张家宅院的多套四合院,从龙亭街一直绵延到北城墙根儿。那些绿林中人整整搜寻了一夜,各院、各房头、库房、账房找了个遍,除了一些散碎的,什么银锭也没有找到。

次日,他们又找到护院的。护院的抱拳:"一路顺风,恕不相送。"绿林中人说:"哪儿呀,我们转了半宿,一个元宝没找着。"护院的笑了:"咳,忘了告诉你们了,他们家银子多得看着心烦,嫌占地方也嫌乱,就都扔在后院荷花池里了,麻烦几位,晚上再辛苦一趟吧。"

(据家父王宝树忆记整理)

泥人张摆卖海张五

海张五与天津泥人张还有一段趣事。

故事中的"泥人张"是第一代张明山。那时,张明山有个小门脸儿,就在老城里乡祠鸽子集。鸽子集当年是个热闹地方。

有一晚他去县阁西口福仙茶园（福仙茶园原址后来是东北角房屋修建队）看戏，张明山袖口里揣了一块泥，本心是边看戏，边捏个戏里的人物。谁承想那天海张五也去看戏了。张明山看得真切，就在袖口里捏了个海张五头像。晚上回去一通忙活，做了个海张五彩色坐像。

第二天，他把塑像端到海张五家，跟门房管事的说：给五爷塑了个像，不成敬意。管事的问："多少钱？""五百两。"管事的呈报五爷，海张五大不悦，心里想，钱不在多少，仨瓜俩枣的。可他一个臭捏泥人的，愣大头愣到我头上了。于是生气地说："不像不像，让他拿回去！"

没承想，张明山回去就在鸽子集门脸儿前摆了张桌子，把塑像摆上，标价五百两！

鸽子集来来往往的净是大宅门的玩儿家，认出来了："这不海张五嘛？"人越聚越多，一时轰动。"海张五卖五百两喽！海张五卖五百两喽！"人们觉得是个乐子，随口喊着。消息传到张府，海张五又气又恼，急命管事的五百两买回。

故事讲完了。讲故事的老辈儿人说：坊间只说张明山技艺高超，这不假，是津门绝活。可海张五张五爷应该说也是个厚道人。那个年月的人都还厚道。要搁现在，别说人家还有钦赐的黄马褂，就是有俩糟钱儿就招不开、盛不下了，不用自个儿发话，手底下早就把泥人张端了，还敢来摆卖这手儿？

坊间流传的海张五与泥人张的这一段趣事，有诸多演绎的版本。家父所叙的版本应接近于真实。因为泥人张摆卖海张五塑像的鸽子集，离我家不远。其所在地当年是老城里的一个鸟市，至少在1932年之前都很热闹。后来的乡祠一条、二条胡同之间是没有房子的，是个空场，那儿就是鸽子集（1932年，我家为我的曾祖母办后事，就在鸽子集空场"亮杠"）。后来乡祠一条对面名为"鸽子集"的狭窄的实胡同仅是个地名标识。另，据我所知，泥人张家有一门至亲，就住在后来的乡祠一条路东，据此推断那个位置本是张明山的一个营业门脸儿，也是极可能的。在当年热闹的鸽子集，张明山遭拒后从屋里抬出张桌子摆卖，是顺手的事；龙亭街海张五家，北门里县阁西口的福仙茶园，都在附近。

（据家父王宝树忆记整理）

▶ 左图的乡祠南一条，图片左部的房子早年是没有的，就是一片空场的鸽子集。照片中正对面后来遗留有名为"鸽子集"的实胡同。当年泥人张的门脸儿估计就在图中离电线杆不远已改建为红砖房的位置。右为县阁东口的县阁北胡同

三义庙老道智赚海张五

天津三义庙离东北城角儿不远,早年是个很具规模的庙,香火很盛,位置就在后来的菜市儿北口儿官银号的大楼附近。天津卫是个水旱码头,人们在江湖上混饭吃,崇尚的是义气千秋。庚子年,三义庙还是个义和团的坛口。后来推行新政建官银号大楼,老三义庙拆了,人们在不远的双井街东口儿又建了个不大的三义庙。

咱这个故事说的是海张五那个年代,那年月三义庙还是个大庙。

关老爷是武财神,每年关老爷生日,海张五都要到三义庙来烧第一炷香——"贝子香"。三义庙里供奉着刘、关、张三位,海张五说:"这更显得关老爷讲义气。"

这一年,关老爷生日,海张五又来烧第一炷香了。

钟鼓齐鸣,虔诚礼拜,垂首默祷,抬头仰望。

这一望不要紧,海张五与众人皆大惊!

竟看见关老爷出汗了,大汗淋漓。

海张五惊问:"这?这怎么回事?"老道忙上前打千:"五爷勿惊,五爷勿惊。这只是三义庙年久失修,潮闷一些,关老爷有点儿热而已。"

海张五掉头便走,后来出资翻修了三义庙。

实际上,老道掐着海张五来上香时间,在关老爷塑像帽子里藏了一块冰。

▶ 清代时的天津东门脸儿

卞家隆昌被骗记

　　天津的富户豪门，曾被人们称为"天津八大家"。"八大家"也有新旧之别，如海张五，本是清嘉道时"天津八大家"中的首富，后来崛起的新富的显赫似乎超越了旧富豪，"八大家"中就又补充了新的发达之家。"八大家"是哪几家，流传版本众多，而"八"又是个约数。"乡祠卞家"就是后来位列其中的。

　　在老城里乡祠南，因卞家的宅院就有卞家大院、卞家大墙和卞家小胡同三个里巷名，可以想见其规模。笔者祖居也在乡祠南，家父就学于严修创办于仓廒街的天津私立第一小学校时，他的同班同学卞禄新就是卞家的子弟，同班的还有东门里杨家的杨益民、姚家的姚起逐，二道街尚家的尚豫章，南门里张家的张志中等几个大宅门的子弟，上下学都是有包月车接送的。旧时逢过年，天津民间有腊八舍粥的习俗，"缘儿喽，缘儿喽——""烟儿喽，烟儿喽——"里巷间此起彼伏地响着舍粥人家与接粥人的吆喝声，据父亲回忆，卞家除了舍粥，还从房上向下倒白面馒头。

　　"乡祠卞家"，最早经营着棉布业的"隆顺号"。而以制药闻名的"隆顺榕"则是卞家最兴旺的产业，是一直发展至今的老字号。天津盛产河海两鲜，"隆昌"海货当年也曾独占行业鳌头。卞家先祖本自江苏武进迁来，南方人喜食水产，当年乡祠卞家人口众多，据说隆昌海货的相当一部分货品均由自家食用；卞家的私房菜中，也有相当的菜品是海产品加工烹制。

　　卞家经商起家，能成为津门豪富，肯定是经商有道的，但以下却偏偏讲了个卞家经营的隆昌一次经营失手误落骗局的故事，是当时竹竿巷天津"正兴德"总号的穆经理讲给当时在天津华中印刷局供职的家父的。"正兴德穆家"也是天津八大家之一。

　　那是民国初年，繁华的天津街市上有许多茶庄，笔者姑父耿家的"成兴"就是其中之一，有诸多分号，利润颇丰。但规模最大的茶庄则要数穆家的正兴德。

　　位于北大关桥口处的隆昌，便也经营起茶业来了。

　　当时天津茶商多做转口的大宗贸易，中国茶叶行销世界各地。其中出口俄国的多为当地人喜饮的红茶茶砖。

　　一天，一俄商光临隆昌，声言要买大宗红茶。但条件是价格需便宜些，并索要样品，言要寄回俄国。俄商要求样品翌日送至其住宿的中街（现解放路）利华大楼。该大楼当时为国外商贾聚集之处。

隆昌柜头赶紧给这个俄商主顾看座,请其用茶稍候。

柜头立即将相关货样呈俄商验看,并云已在天津集货共 50 多箱,价格很低略有利可得。俄商当即将 50 多箱货款开了汇丰银行支票交隆昌,但表示嫌货少,不够一车皮的,并询问货源情况,要求越多越好。

11

▶ 乡祠南的卞家大墙。站在隆昌海货店的高台阶上,看北大关的金华桥,差不多是这个角度

隆昌即刻给派驻福建的采购去电,询问当地红茶茶砖价格及货源多少。采购当即回复:"各茶厂均因近年去俄销路不畅,存货不多,只有福州某茶厂存货较丰,货不少,价格也较低。"

隆昌唯恐此大宗买卖被别人抢去,急电福建采购将茶厂货物全部按住。闻听货源充足的俄人则表示十分满意,放言下个星期一将交清全部货款。隆昌派专人专车将此大主顾送返利华大楼。柜上则将货款即刻全部汇出,此生意似大局已定,福州茶场的大批茶砖也已经发货了。

至约定时间,隆昌派人去利华大楼。据利华大楼方面讲,该俄人称其国内有事,日前已离去返回俄国,自此杳无音讯。

原来,这是福州某茶厂玩儿的把戏,俄人也是茶厂雇的,冒充公司,骗销库存。隆昌此批货物多年售不出去,亏了不少钱,从此再也不经营茶业了。

(据家父王宝树忆记整理)

金猪跑进了卞家

早年天津坊间流传着"南蛮子憋宝"的故事。天津是一块宝地,隐藏着许多宝物,一些机灵的南方人却能得到宝物的信息,到天津来寻宝、淘宝。但宝也不是那么容易就能得到的,要有特定的门径和方法,还必须等待特定的时间、具备特定的条件,所以被称为"憋宝"。出于对来寻宝的南方人的不满,当时的天津人就把他们称为"南蛮子"了。

笔者幼时,曾听老辈儿人讲过憋宝的故事,如今只模糊地记得娘娘宫的一段儿:娘娘的宝座底下是个"海眼",直通大海,但海水从来不会涌出来,因为宝座下面有一颗"定海神珠"。有个南方人得知了,就来憋宝,要设法弄走这颗定海神珠;几经周折,得到消息的天津人最终赶走了这个南方人,保住了定海神珠,保卫了天津一方水土的安全。

下面是笔者四伯忆记的一段与乡祠卞家有关的憋宝故事。

明朝末年,天津城里东门内大街仓门口附近,有个住户姓卞,是个推车卖布的小商人。他的住家对过有个老馃子铺,掌柜的姓赵。

► 在老城里除乡祠南之外的另一所沈家栅栏卞家大院

有那么几天,赵掌柜发现,有个人经常在他的馃子铺门前张望。赵掌柜后来忍不住就问他:"你老在我这门口看什么?"那个人也不说话。

一再追问,那个人终于开口了,是个南方人:"您能帮我一个忙吗?"

赵掌柜就说了:"我一个炸馃子的,能帮你什么忙呢?"

这个人迟疑了一会儿,最后说:"您这屋檐上油锅上面,挂着个竹帘子,您能卖给我吗?我有用。"

赵掌柜一听就笑了:"这么个油渍麻花的破竹帘子,我正要换个新的,就送你吧。"南方人也笑了。

赵掌柜却又接着说:"可有一节,你不说明干什么用,我可不给你。"

这位南方人愣了很久,迟疑再三,最后无奈地说出一番让赵掌柜大吃一惊的话:"这个竹帘子是一把钥匙,用它可以得到很大一笔财宝。其实我也不把它拿走,我只用一下。既然您这么大方,得到财宝咱俩人对半儿分。"

赵掌柜不信:"得了得了,你该干嘛干嘛去!穷疯啦?别在这儿胡呲了,待会儿我就把这破竹帘子一把火儿烧了。"

南方人一听就急了:"您可别!全告诉您吧,由今天起两天之后,夜里三更时,把这个帘子立在墙根儿,用手拍它三下,就可以跑出来一头金猪,把它擒住,可就发了大财啦!"

原来如此!赵掌柜大喜。

款待南方人吃喝了一顿,并约定两天后三更一起憋宝。

谁知这个赵掌柜却起了贪念,这笔财宝他想独得。

两天后夜里,他早早地把竹帘子在墙根立好,坐在地上等着。不到三更,他早就等不及了,他拍了三下。哧溜一声,从竹帘子底下就钻出一头金猪,他一把没抓住,就跑到街对面卞家院儿里去了,一眨眼儿就没了。

到三更时,南方人来了,赵掌柜再拍竹帘子,嘛动静也没有。南方人一听怎么来怎么去,就急了:"你这个人没有信用!咱不是说好了吗?现在猪也跑了,不义之财就是不该得!"

金猪跑到了卞家,卞家从此发家了。

对这个金猪的故事,笔者四伯也只当是笑谈,讲完了这个故事,又记下如下一段:卞家推车卖布,买卖倒是不错,但也是小本经营。他有个亲戚,叫朱鑫,在东北经商,很有钱。朱鑫拿出一笔钱,让卞家在天津开了个"姜厂子"(原文如此),经营杂货百货批发。卞家从此干起来了,逐渐发展,干了不少买卖,如隆昌海货庄、隆顺榕参茸药材庄、棉布庄等。

传说卞家是金猪发家,而给卞家投资的亲戚就姓朱名鑫,名字里有三个金,可巧吗?

(据笔者四伯王宝曾忆记整理)

13

张和庵的画进当铺

清末天津的知名画家张和庵,他本名张兆祥,长于花卉,画工特别精细逼真,于是名声大噪。但求一幅他的画却不容易。张和庵是个有才情的人,早年肯定是下过苦功的,待到功成名就,却并不是整天画个不停,总有些文人闲情。有朋友要请他画幅画,也得等他高兴才肯动笔。

这一日,他的表兄由外地来到天津,找到他,要借点盘缠回老家。

他说:"我卖画为生,没什么钱。"他表兄很不高兴,转头就要走,张和庵急忙拦住表兄:"我确实一下子拿不出这笔钱来。"张和庵过的是逍遥日子,从来没为钱走过脑子,也不存钱,"这样吧,您耐心等两天,我画两张画,就有钱了。"表兄见他说得恳切,也只好依他了。

那两天他精心画了两幅设色花卉,一幅菊花、一幅梅花。这两张画连他自己都感到十分满意。画儿交到表兄手里,他说:这两张画您别去卖,您拿到当铺去当,他们问您当多少,您就当一百元,少了不行。如当不成,您就拿回来。

他表兄有点不相信。

当铺前柜收了画,拿到后柜去了。掌柜的一眼就看出是张和庵的精品,当即到前柜问他表兄:您这画是哪儿来的?

表兄误解了,你不收当,也就罢了,还盘根究底,拿我当什么人了? 就生气地说:"你不收也就算了,退给我吧,我是他表哥! "

掌柜的满脸赔笑,急忙给他开了一百元银票。

回家后,他表兄故意说:"人家当铺不要。"张先生就笑了:"不要? 那画呢? 您别赚我了,"过了一会儿,他又说:"您等等,今天晚上,当铺掌柜的肯定还会来找咱们。"

表兄弟俩吃罢晚饭,当铺掌柜的果真来了。

掌柜的说:"张先生,您表兄当的这两幅画,就卖给我吧,我再给您五十元,请您落个款盖个章吧。我谢谢您赏脸。"

这两张画就这样卖给了当铺。当铺掌柜逢人便说,要不是来了这么个表哥,我可求不到张先生的画儿,真是捡了个大便宜。

(据笔者四伯王宝曾忆记整理)

▶张和庵画作

报恩

　　光绪年间,天津有位著名的中医老先生刘学坤。

　　他本是山东蓬莱县人,祖传数代行医。后来,世事变故,老家一个亲人都没有了,只身一人来到天津。他已年过花甲,在津举目无亲,只能依靠同乡们帮忙才在天津安顿下来。天长日久,有位同乡姓张名德威,与刘学坤成了要好的朋友,两人结为金兰之好。

　　张德威是开饭馆儿的,一个山东小馆儿,刘学坤就搬到饭馆儿里住下了。白天他外出给人看病,晚上住在饭馆儿连带着帮着守夜,吃饭问题也由此解决了,饭馆儿每天剩的饭菜足够他吃的了。

　　刘学坤和张德威结为异姓兄弟,这样两全其美地相处着,关系越走越近。

　　光阴似箭,几年过去了。刘学坤给人看病,看一位好一位,名声就传开了。他本是杏林世家,尤其擅长妇科、儿科,口口相传,很多人都专程赶来找他看病,很多大药房都请他去坐堂。刘学坤甚有医德,有困难的患者请他看病,他还不要钱。"医者仁心",这更使他成了津门驰名的中医大夫。

　　又过了数年,刘学坤忽患重病,不进饮食,卧床不起。俗话说"医不治己",病势日见沉重了。张德威对他悉心照料,夜晚也不回家了,守护伺候着他。

　　刘学坤眼含热泪,颤声说:"你对我如此恩情,我无以为报啊!"

　　张德威说:"你我兄弟,您怎么说这些呢? 您好好将养着,是最要紧的。"

　　刘学坤道:"我自知已来日无多。古人云,受人点水之恩,当思涌泉相报;你对我又何止'点水'呢? 没什么报答你的,我的行箧中却有几张旧画,是我祖父留下来的,就留给你做个念想吧。这几张画你不要卖掉,好好保存着,将来也可能派上用场。"

刘学坤大夫不久去世,张德威把他发送了,料理了后事。将那几张旧画拿回居处,却不知存放在何处是好。抬眼看到墙上挂着的镜子,就把几张画镶到镜子后面了。

转眼又是些年过去了,张德威已入老境,精力大不如前,饭馆儿亏损也无力支撑了。坐吃山空,生活渐渐困顿,老伴儿也没了,他孤身一人,晚景凄凉。

这一年春节临近,他打起精神打扫房间。失手把墙上挂着的镜子碰落,掉在地上摔了个粉碎。

正懊恼时,却猛然看见镶在镜子后面早已遗忘的那几张旧画,散落在地上。他一下子想起当年刘学坤大夫临终的话。这画能派上用

16

▶ 旧时的北马路和宫北大街

场? 这几张画不大,是画在绢上的,托裱成镜心儿,年代久远了,黑不溜秋的,依稀看出画了些花鸟和山水。

他把这几张画拿到了一个古玩字画店,心想:说不定能换几个钱。

古玩字画店好几个人掌眼,也不给价儿。只说:这几张画你拿到北京去吧,找专门收古画的,能给你个好价钱。张德威真去了北京,找到内局家专收字画的。一位老者看过后先问他这画儿的来历,他一五一十讲了一遍。

老者不由叹息:世上还是有真朋友啊!堪称流传有绪。

老者告诉他,这是几幅宋画,有年头儿了。又问他想卖多少钱。他说:我也不懂,您就物有所值看着给吧。

这几幅画,老者给了他五百两银子。张德威就用这笔银子养了老。

(据笔者四伯王宝曾忆记整理)

乡祠庙和尚挂单

乡祠本不是庙,是会馆,但老时年间街巷的人们,却把它叫作"乡祠庙"。乡祠虽然不是庙,但常有和尚来挂单,在那个年代,类似乡祠这类地方,就是个公益场所,也常有佛道等法事活动。

从老城北门里户部街东口,往东走几步,就是坐北朝南的乡祠庙,也就是浙江会馆,三进院落与殿堂,甚是气派,戏台的精致与如今保留下来的南门里广东会馆的戏台几可媲美。浙江会馆门前,左右直立着两根高高的幡杆,有活动时"挂幡",幡旗随风飘舞,煞是好看。乡祠庙前是一片空场,是鸽子集,买卖鸽子的和做各种小买卖的熙熙攘攘。

乡祠庙几进院落挺宽敞,外地来挂单的和尚就住在庙里,庙里管吃管住。在津的浙江籍客商财力雄厚,维持着乡祠庙也就是浙江会馆的运行。

光绪年间的某一年,乡祠庙住进了一个挂单的外省和尚,法号"静修"。他在乡祠庙住了很长时间。他有个奇怪的嗜好,那时人们都是用毛笔写字的,他买了一口小缸,只要有剩余的墨汁,他都讨来,倒在这口缸里存着。人们得知了他的这个嗜好,把这当作一个笑谈,说乡祠庙住进了一个怪和尚,不存财帛存墨水,世上什么怪人都有。他住了很长时间了,存了几乎一缸墨汁。

这一天,他说他要走了。众人都来相送。他说:"我留个纪念吧。"

他让人找来了几张六尺宣纸,铺在地上。

只见这静修和尚拿起一把长把儿笤帚,用细麻绳绑了绑笤帚苗,然后在那个小缸中饱蘸了墨汁,背对着铺在地上的纸,背拿着笤帚,也不看着,写了四个大字:"敬德修业"。每个字有四尺多见方!

众人都看呆了。静修和尚双手合十,向众人深深施礼后,飘然而去。

静修和尚离开后很久,人们还在议论着他。人们回忆起他并不多言,常常只是捧着一本书在看,他还能画、能作诗。他从哪里来,又去了哪里,却没有人说得上来。

浙江会馆后来把那四个字,钩摹复制在一面白墙上。有写家说,那字很得颜鲁公雄健之气,还颇有些北魏碑刻刚沉的笔意。如今浙江会馆早已荡然无存,静修和尚的遗墨更是无缘得见了。

(据笔者四伯王宝曾忆记整理)

▶ 左为旧时估衣街上的山西会馆。右图的户部街副食店那一溜儿就是当年的浙江会馆原址

张大胆儿和李大胆儿

清朝末年,海河边大口儿有个杠房。大口儿在老城东北角城外,邻近着裁弯取直前的三岔河口,当年那里有个大口儿摆渡,就位于现在狮子林桥那个地方。至于杠房,属丧葬行业,是专为出殡的人家抬灵柩的。

杠房的业务有忙有闲,没有事儿的时候,大口儿杠房的伙计们就到河坝上去扛大个儿,卖一早晨力气,能挣几十个铜子儿贴补家用。在河坝码头扛大个儿,是个苦力活儿,这些人就这么苦度着岁月。

且说这其中有两个伙计,一个姓张、一个姓李。这一天,两个人在那里闲聊斗嘴。因为听说了挑水的张铁链子由于胆子特别大,住进了一所凶宅却发了大财,两个人就都吹嘘自己的胆子也大。言外之意,自己也会交好运的。

这个张大胆儿说:"你说你胆子大,我看不透,你敢跟我打赌吗?"

李大胆儿就说了:"你还别戗火,赌就赌,你说吧,怎么赌?"

张大胆儿说:"西头三元村大道边有棵大树,听说有个人上吊了,还没落下来,你要是敢喂他一口饭,就算你胆子大,算你赢。不过咱得半夜去。咱二更天儿去,怎么样? 有胆儿吗?"

李大胆儿道:"这算嘛! 行呵,咱二更天儿不见不散。"

确实,杠房整天和过世的人接触,除了抬灵,也老接入殓一类活儿,司空见惯了。这有嘛呐!

"咱赌什么呢?"

"一顿肉包子！谁赢了谁白吃一顿肉包子！"

那天夜里，久已不知肉味儿的李大胆儿刚过子夜，就带着一碗饭奔三元村去了。找了近一个小时，才找到了那棵大树和死人，可上吊的人已经落下来了，平躺在地上，盖着块破席，天黢黑，掀开破席也看不清模样，只觉得挺瘆人。

已经快二更天儿了，张大胆儿仍不见踪影。李大胆儿心想，活该我白吃这顿肉包子，我就先喂吧，待会儿他来了，我已经喂完了，得算我赢！

他端着饭碗，就往死人嘴里喂饭。

谁知，这饭刚送到死人嘴边，这死人张开大嘴就吃！

▶ 当年的大口儿摆渡与河边的饭摊儿，大口儿摆渡远处是当年的三岔河口和望海楼教堂

"妈呀！"李大胆儿吓坏了！把饭碗往死人脸上一砸，转头就跑。跑了没几步一头栽在地上，口吐白沫人事不省。

天快亮时，有个拾粪的老头儿发现了他，用粪叉子拨拉拨拉，还有气儿。醒过来的李大胆儿一瘸一拐地回了家，连吓带冻，病了一个多月。

其实那天夜里，张大胆儿特意早就到了。只见上吊的死人已经落下来了，他就把死人推到道边的沟里，他把死人的衣服扒下来自己穿上，躺在大树下等着李大胆儿来喂饭，想吓吓他。

他一张嘴吃饭就把李大胆儿吓坏了。可李大胆儿用饭碗给他来了个满脸花！上下嘴唇都砸得开了缝，满脸鲜血。后来落了个三瓣嘴儿，"老缝"。

当年，东北城角一带，很多人都见过大口儿杠房这两位，一个有点儿跛脚，一个老缝，那就是李大胆儿和张大胆儿。有出殡的，差不多就能看见这两位，在那儿抬棺材——抬杠！

您说，都拉家带口的，恶作剧搞出了圈儿，这不自找不痛快吗？

（据笔者四伯王宝曾忆记整理）

新贼与老贼

老时年间，那是在天津城区以南的某乡。

有一户人家一贫如洗，难有充饥之粮，无法度日。实在没辙了，总不能全家饿着等死吧，这家男人就想去偷点儿粮食。天黑了，他来到附近的一个村庄，趁暮色进入一户人家的屋内。这是一户普通人家。

还没等动手，就听到人声——主人回来了，他急忙藏到桌子底下。

回来的是男主人领着个孩子，点上灯，上到炕上，这人逗着孩子玩儿。桌下的贼只好不出一声地躲在那儿。这家炕上的大人孩子玩儿着玩儿着，孩子玩儿的核桃突然掉到地上，轱辘到桌下贼的面前。男主人准备下地为孩子找核桃："爹给你捡，爹给你捡。"

贼急想：他拿灯找核桃，必将发现我！这怎么办？情急之下，他将核桃拿起放到炕前男主人的鞋里。男主人下地穿鞋，咦！核桃在鞋里？刚才明明听见核桃掉在地上，还轱辘轱辘呢，怎么会跑到鞋里？

男主人不慌不忙地下了地，把鞋穿好，站起来朝桌下说："出来吧！"

打算偷粮食的贼从桌下爬出，跪地求饶："我家中实在无口粮度日，家有老母，您饶了我吧！"只听这家男主人说："怎么会偷到我头上来了？你知道我是干嘛的吗？我乃梁上君子也，你今天犯了真神了！我因为天儿不好，没有出去，你竟敢偷到我家来了！"

新贼跪地求饶不已："我实在无路可走了，我也不会偷，就此拜您为师了。"老贼嘿嘿一笑："我可不敢收你这样的徒弟，看你是个老实人，这都是太穷啦，走吧！我还给你指条活路——你去前村某处某宅，是老两口子，粮食很多，那老头儿人不善，去拿他点儿粮食吧。我告诉你怎么拿，夜里待其睡下，入院，将牲口棚小驴解开牵到院里，驴定有动作，待老头儿出来拴驴，你潜入房内，粮食就在连三间他住房对面，待机取粮可也。"

新贼按老贼所教，果然得手。此时天降大雪了，新贼背着一大口袋粮食喜滋滋冒雪返回。半路上心想：师父教我这一招真灵，这粮食我得给师父送些去。不一会儿就到了老贼家门口。此时雪已经越下越大了。老贼说：你给我惹事了！明天人家顺着脚印就找到我家来了。新贼大骇。老贼说："你背着粮食走吧，别的你就别管了。"

新贼走后，老贼潜到老头儿房后，引燃了柴禾棚，并大呼："着火啦！着火啦！"村人都出来救火，脚印乱了，此事就此了结。

贼偷风，不偷雪不偷雨，也不偷大月亮地儿，刮风是贼最喜欢的天气。据天津老辈儿人说，当年的城区，贼有时就从房上走，夜静时屋内能听到声音，这时屋内人就大声咳嗽，表示惊醒了。贼有时竟在房上搭腔儿：借道儿，借道儿！意思是不偷你们家，路过。这肯定是很久远的事了，房上的贼还瞎搭话儿。

笔者祖父清朝时在淮军中任职，驻防在直隶一带，这个新贼与老贼的事儿可能是衙门里的人当笑话讲给他的。

（据家父王宝树忆记整理）

▶ 清代审案的历史照片。犯了案的犯人被戴枷在衙门口示众

夜店

那是清光绪年间，直隶河间府一带。驻防那一带的淮军某营的一位武官，是个蓝顶子的巡阅使。他的日常工作是经常到所辖不同驻地的下属营地去巡查。巡查有计划的路线，一般按计划都是住在途经的当地的衙门里，但有时因下雨、道路泥泞难走或其他原因，赶不到计划的目的地，就投宿客店住一宿。

有一次就无法赶到下一个衙门，中途在一个村镇找了家客店，在这个甚为荒僻的村镇竟还有这么一家较好的客店，有几进院落。

店家一看是位蓝顶官员，赶忙请到正房大屋。房间正中有八仙桌子、条案、两把太师椅，客房靠里有一张带锦帐的床，尚属讲究。

于是他用饭、洗面、洗脚、泡茶，忙了一番。入睡前，这位武官喜欢看会儿书。将腰刀挂在床帐上,就着床前的一个小茶几上点燃的蜡烛,靠在床边看起书来。那天他看的是章回小说《儿女英雄传》:十三妹为父报仇,行走于江湖,能仁寺力救安公子与民女金凤,大仇终报,又结金玉良缘……看着看着,夜已经深了。

忽然,他发现房间里悄无声息走进来一个女子,扭着脸,看不见正脸儿。"咦?"武官以为是看书看花了眼,闭目片刻,再睁眼,那女子已然坐在椅子上,仍然背着脸。借着昏暗的灯光细视之,衣着似十分华丽。

武官非常恼怒,黑更半夜,哪里来的下流女辈? 当即大声问:"你是什么人?"说话间,他一挺身坐起来,即刻"哐啷"一声从床帐上抽下腰刀!

只见那女子依旧背着脸,悄没声儿地走了出去。这女人走路又轻又快,就像是飘了出去。

官员高声发问:"谁在值班?"外边卫兵应声就走进来了。

问:"怎么进来一个女人? 你怎么不阻拦?""回大人,没有什么人进来。"

再问:"方才谁从屋里走出去?""回大人,小人一直在门外值岗,没有什么人进来,也没有什么人从屋里走出去。"

这? 他心中起疑。可没有什么人也就算了。

次日,武官也就启程离开客店,忙于公务去了。

数月后,偶然因天气不好又住在该店。没有住正房,店家说正房都满了,腾不下来,住在了其他房间。

次日启程时,店家赶过来说话。说前几年有一个女客人在正房自缢了。上次大人住后不久,住该房的另一客人也自缢了,有人说被拿了替身。所以这次不敢让大人再住正房了,请大人见谅。说罢打躬不已。

这个故事是家祖父讲给家父的。故事里的武官就是家祖父,事情是他亲历

▶ 清代骑马官员的历史照片与旧时客店客房的图片

的。到底是兼营皮肉生意的店家买通了亲兵在那里胡诌,还是一件发生在久远年代的灵异事,已无从考证。谨实录之。

(据家父王宝树忆记整理)

三天的小夫妻

晚清时,天津发生过一桩命案。

天津北郊宜兴埠有户张姓人家,家道殷实,可以说是个小康之家了。他们住着个四合院,穿过正房,还有个后院儿,养着些果树花木,绿树荫荫。张家只有一个独子,名叫张利明,已经成年,尚未婚配。

后经媒人介绍,与天津河东一户刘姓人家结亲。婚礼自是一番热闹,这且不表,只说到了新人成亲的第三天。

这一天依当地旧例儿,新人要吃和合面,以求百年好合。那一天来了些亲友,这些亲友们并不吃面却吃煎炒烹炸的酒席。张家请了一位厨师,厨房张罗不开了,就把紧挨着的后院的一间杂屋也收拾出来,厨师在灶间忙乎酒席,在杂物间专门给新人单做和合面。

这个厨师的手艺不错,亲友都说菜味道挺好。厨师给新人单做的四个碟儿捞面三鲜卤,色香味俱佳,新人也都各吃了一大碗。

这一天很快就过去了,亲友散去。到了晚间,新人也就歇息了。

第二天,天大亮了,两位新人还紧闭着房门。日上三竿了,家里人就去叫门,久呼不应,最后砸开了门。

两个新人都死了。

女方刘家先告了官,这场官司就打起来了,都说是对方害死了这对新人。

可这实在是没有缘由。经查验死者也没有什么伤痕。县衙门抓了厨师,大刑伺候,厨师一个劲儿喊冤。这个案子审了很久,没有审出什么结果。

后来天津县来了一位新县官,姓赵。赵大人走马上任,清理旧案。对这桩命案也理不出什么头绪,就和他的师爷商量如何了结这个案子。这位师爷倒是个晚清的"福尔摩斯",崇尚调查研究。县太爷就随着师爷到宜兴埠案发现场去了。

二人率着一班人来到张家。师爷命一同押来的厨师,在那天做和合面的那间靠后园的杂屋依原样再做一遍。

在一旁观察的县官与师爷终于发现,厨师炒菜的香味引得房梁上出现了一条蛇,探出了头,垂涎三尺。

县太爷让手下找来了一条狗,狗吃了这一天做的菜和面。过了几个时辰,天已经黑下来了,狗嗷嗷了几声就死了。

案情大白。从张家园子里窜到杂屋梁上的也不知是哪种毒蛇,蛇毒慢发作,但毒性发起来却是致命的。于是得以结案。

津城的人们传颂着县太爷赵老爷是位青天大老爷。可怜张家和刘家那一对欢蹦乱跳的小夫妻却只过了三天的好日子。

(据笔者四伯王宝曾忆记整理)

▶ 旧时天津街景

"桐状元"买羊肉

清代时,天津侯家后有一位"桐状元",是个练武的,住着个四合院儿。他有十几个徒弟,终日随他习武,舞枪弄棒。

这位桐状元武功超群,而且力气非凡,以至当时天津就出了句俏皮话:"桐状元举石锁——看看有字儿没字儿"。意思是桐状元举起石锁看看,就跟书翻篇儿似的,您说了得吗?

"桐状元"这个绰号,有对他的武功极尽赞美的意思。据笔者考,清代光绪朝出了十一位武状元,其中有两位是天津籍的。一位是光绪二十一年的武国栋,另一位则是光绪三年的佟在棠。佟在棠是真的武状元,"佟"与"桐"同音,可见虽是戏称的绰号,但尊他为"桐状元"也是有来由的。

桐状元虽然不是个真的武状元,但徒弟们跟他习武,练的课目却跟县考、府考，以至京考一样，弓、刀、石、马、步、箭，样样俱全。其中的骑马射箭或走步射箭，十分好看，耍大刀、抱石增力，也都是必修的。

桐姓是个古老的姓氏，桐状元的先祖很可能是来自桐姓聚居的安徽铜陵或是浙江桐庐，早年随淮军迁入天津；甚至可追溯到更早时候的明代，桐状元的先祖是天津卫的徽籍或浙籍驻军也说不定。不论是以上哪种可能，这桐状元的先祖估计也不是一般习武的。

单说这一天，桐状元家门口来了个推小车儿卖羊肉的。

一阵吆喝，就引来了一些买肉的人。桐状元家门前不远处横着一条小沟，沟那边有要买肉的，只见这卖羊肉的两手握住车把，一使劲儿，就把整个小车连同车上的好几扇儿羊肉端起来了，稳稳地迈过小沟，轻轻地放在沟那边。有句话说"气沉于底，劲行于外"，他愣能握着车把把车端起来，可见其力气之大。人们见此不由叫好，而他却拿眼瞟着桐状元家敞着的大门。

有看见的徒弟，向桐状元禀报。桐状元却微微一笑："不要睬他。"

第二天，这个卖羊肉的又来了，跟头天一样，还是端小车儿。一下子聚了不少人，在桐状元门口喧哗叫好。按武林的惯例，这明显的是在挑战，要与桐状元会会了。

卖羊肉的终于看见从门里走出了一位老人，体格健壮，白色长须飘飘，身着一身宽大的白色衣衫，也随风飘动，十分有神采。他心想，这想必就是桐状元了。于是做好了接招的准备。围观的众人也都鸦雀无声，屏息观看，想必今天会有一场好戏，甚至是恶斗。

只见这桐状元缓缓走到了小车前，并没有摆出比试的架势，只是微微一笑，说："称二斤羊肉。"卖羊肉的注视着他，并没有切肉。围观的人们有人窃议："莫不是这老头儿老了？怂了？"身后徒弟们也都有点儿沉不住气了。

桐状元又微微一笑，伸出右手，中指与拇指却捏着一串老钱："怎么不切肉啊，好吧，我先付钱。"

卖羊肉的伸手去拿钱——拿不下来，拿不动。

他运足丹田气全力去拿，而桐状元那老头儿泰然自若，没像使劲儿的样子，可钱就是拿不下来！

卖羊肉的汗都下来了，钱实在拿不下来。

见状，桐状元两个手指一松，那串老钱都碎了，碎落在地。

人们一片惊叹！卖羊肉的羞得满面通红。

据说卖羊肉的后来拜桐状元为师了，桐状元还真收了这个徒弟。其他的下文咱们就不清楚了。

当年咱天津卫的侯家后，曾经有过这么一位武林高手"桐状元"。

（据笔者四伯王宝曾忆记整理）

钱 生 钱

26

北门里希古斋裱画店，店主是山东人，为人忠厚老实，裱画的手艺也不错，所以生意做得也挺好。门店经常顾客盈门，接触人多了，什么样的人都有。

某年，老家母亲突患重病，家中来函要求他筹措款项为母治病。裱画店生意虽好，但本小利微，他一时拿不出更多钱来，可又怕耽误了母亲的医治，为此愁眉不展，苦无良策。

一日，有一个结识不久但看样子十分热情爽快的人，在店中闲谈得知了他的难处。对他说："汝为人忠厚，又有如此孝心，我倒认识一位外国神父，我带你去求神父，请他设法搭救于你吧。"

神父又能怎么救我呢？

那人说："你去了就知道了，好人总是有好报的。"

于是，本已无计可施的裱画店主就随那人来到神父处。神父询问情况后，再三确认其情况是否真实，然后说，观其人很善良，真心为母求救，问他需要多少钱？他说："200元就行。"神父说："你可否回去取100元新币再来，这钱我不要，神也不要，让神看一看，表示你对神的诚心，即可解决200元的问题。"

店主心中狐疑：我本缺钱，怎么又要往外拿钱呢？但又想，光天化日的，他反

▶ 民国时的北门内大街热闹繁华。右为当年天津有不少白俄聚集居住的小白楼地区

正不能抢,红嘴白牙他说得真切,莫不是我真的遇上了神人搭救?

那时社会上有小钱铺儿,专门兑换新币及外币。是日,店主凑钱换了新币100元来到神父处。室内陈设似教堂一般,灯光黯淡。神父取100张与新币一样大小白纸,一张新币加放一张白纸,摞在了一起,然后用布包好,放在案上,命其跪地。

神父口念很多神语,反正都是外国话。又令其向主申述困难情况。最后神父取圣水一碗,倒在布包上,说:你持包回去吧!到家再打开。

他一出门儿就打开包了。一看,竟是新币200元!店主喜出望外。

过了数日,因其新币100元是找别人凑钱换的,店主又恳求介绍人,希望神父再搭救一下,央求再生300元。多次恳求后又来到神父处。神父说不行,不能欺骗神主。其跪地哀求,神父说:“只这一次吧,以后不要再来了。”他当即交上借来的新币300元。神父命其表态,如不真实,愿受惩罚。然后一切按上次形式进行,其跪地祷告时,神父再命其说:“如不真实,愿受惩罚。”

神父向布包倒圣水时,布包突然起火!

神父大惊,说:“你欺骗神主!”店主也大惊,张口结舌。此时布包已几近燃成灰烬,其捧布包灰惶惶逃出,神父在其身后仍大怒申斥。

店主已负债累累矣,更遑论其母的救命钱。后其找到山东同乡会求援,向当时任同乡会常务董事的笔者祖父介臣先生陈述此事。

此实则一骗局耳。经查,所谓神父,乃无业之俄国人冒充的,连同介绍人早已逃之夭夭。第一次,“神父”在其叩头时将200元新币与夹裹100张白纸的布包迅疾调换。第二次,在其叩头时,“神父”又用全是白纸的布包将包调换,而第二次倒的圣水,实为化学药液,可使布包速燃。

此案的关键在于揣摩人的心理,骗子料定了他会再来,所以也敢先行投入100元。便宜就是当!世上的事,贪便宜就是上当。

俄国十月革命后,有许多俄国人逃到了天津。日久,他们生活无着,有的就做起小买卖如卖肥皂等,所以天津有句歇后语“老俄卖胰子——没有法子”。上述故事里的俄国人与本土的顽劣之徒勾结演出了行骗的丑剧。

(据家父王宝树忆记整理)

富豪孤女择婿记

民国初年,在小白楼与黄家花园一带,离租界的别墅区很近又人口密集,盛传着一则征婚的消息。

某公馆有位富豪在国外经商,已故前妻遗有一女,孤身在津,有一老女仆和一男仆服侍着这位豪门小姐。

其父在国外又已续娶,由于该女已届成年,又不愿随其父移居国外,其父来信希望她在津择婿,她若成了家,其父也就放心了。这位千金偏偏又不喜欢天津人,希望找一位外地在津经商者,说外乡人忠诚老实;条件仅要求男方是一位文明知礼的未婚男士,特别强调必须身体健康,没有任何疾病。

▶ 黄家花园的公馆豪宅与街景

其男仆广为托人寻访,有好事者也纷纷协助寻找符合条件的佳婿。听闻者得知其父乃富商,在津有钱财、有产业,这位小姐又堪称美貌。到哪里去找这样的好事呢?人们甚至想起了古时候名门小姐抛绣球选佳婿的故事,眼前眼睁睁一个"天上掉下一个林妹妹"的现代版!于是应征者纷至沓来,说客盈门。

令人们大失所望的是没听说举行什么竞争方式,更遑论抛绣球之类,最后竟选中了一位,仅只是某外省企业驻津的一名采购员,也不过年轻英俊而已。于是甚至有人为小姐感到可惜。有人又说:大凡小姐总是从小娇惯有些任性的,据说小姐只说了一句:"他符合我的心愿!"人们惋惜之余也只好由她去了,此事也就淡出了人们的视野。

且说这位幸运儿,初见那天西服革履,谈吐文雅,二人即一见如故,顿互生爱慕之心。不多日则如胶似漆了。该女说要给其父寄一相片,征求其父意见。

日久天天来,不时留下吃饭与饮酒。该女提出要男方去检查身体,并说:"孤女一人只有依靠郎君也。"看着弱女楚楚怡人,听着依依软语,男子更生爱怜之心。又依该女要求双双去保险公司做了人身保险,俨然弱女可依仗之人。

该男见女子只孤身一人,有时饮酒过多,就不走住下了,女仆也不敢阻拦。见木已成舟,男子则天天来了,饮酒作乐,有如夫妻一般。

事过数月了。

该男身体日渐消瘦,并出现久咳症状,经住院治疗也不见效,不久竟一命呜呼。

女方符合保险条件,获得一笔可观保险金。

实为圈套也,专门吃保险公司的。所谓"小姐不要天津人"是怕露了马脚;该男饮酒时女仆暗卜慢性毒品;楼房是赁的;男女仆均为合谋者。

酒色之徒,亡命他乡。令人生畏!

(据家父王宝树忆记整理)

褚玉凤与画家白忠巍命案

北洋军阀时期,褚玉璞做了天津督办,也就是天津的最高地方长官了。

这且不表,且说南方常州地方,有一户常姓人家,有个女人叫常玉英,家中有十几亩好地。她嫁了个夫君叫白忠巍,本也是小康人家子弟,在南方上大学,毕业后在南方当地却一时找不到工作。于是夫妻俩就想起常玉英有个哥哥,出门经商多年,虽无确切信息,但听说在天津干药材行。

这夫妻俩就把土地卖掉了,卖了三百来元,离开家乡北上去投奔常的哥哥。

来到天津,住在熙来饭店。挺讲究的房间,每天好几块钱。找了好长时间,一直找不到常哥哥,再兼吃喝花销,钱已花光了,怎么办呢?两人十分发愁。

就这样已经过了好几个月了,店钱欠了不少。说以后还,总无力归还,账房日复一日找他们催着要账。白忠巍心烦又无计可施,就躲在房中画画儿消愁。

原来,这白忠巍自幼就喜欢画画儿,当年在常州也曾入室当地的名师。

他画的是红楼梦人物,兼工带写,画得还真不错。

碰巧账房看见了,就给出主意说:"你这画可以卖。"店家心里想的是,要是能卖出,也可以想法儿追回些店钱。白忠巍犹豫,能卖?账房极力怂恿,说:"让茶房张三去南市华楼去卖,让老张卖,你在边儿上看着,不妨一试吧。"

画了三天,精心绘制,红楼人物,十分精致,画了三张。

张三领着他去了。围人不少，有好画者赞之，也有求价的。有买者开始出十元。张三向站在街对面的白打手势："十。"白摆手。后有人出至二十，白仍摆手。最后涨至二十五元，张三就作主，三幅卖了七十五元。二人喜滋滋地回到饭店。

不几日，又去卖画，竟已有字画商在等着收购了，三幅卖了一百五十元。

自此竟可以卖画为生了，于是白忠巍日夜作画。白还特意作了一幅《麻姑献寿图》，送给了账房先生。

这天又精心画了四张红楼人物，非常工细。那天刚拿到华楼，就来了一位老者，也不询价，当即全买下了。买主是谁？熙来饭店的东家，是旗人，姓荣，是个很有来历的人物。

这位荣老先生又邀白忠巍晚上到其津门寓所叙话。这位老者的宅邸自然很讲究，晚上他见白忠巍如约而来十分高兴，不仅好言相待，十分友善，竟对他提出邀约，说："交个朋友吧，我有个女儿要出嫁，也有很多应酬，需要画不少东西，我住北京，先生可否赴京作画月余？"

白忠巍是夜与妻子常玉英商议，允往。荣老甚喜，不仅房账一笔勾销，又给了他们百余元。荣老又说："住旅店开销大又多有不便，是否携眷同往？"玉英说："还要在天津找哥哥，不去也罢。"于是商议租间房子，总胜于住旅店。

茶房张三的姑妈，在河北三马路东兴里正好有间房。于是，几天后收拾好了房间，张三姑妈又给借了些家具，便搬过去住了。后几天，白忠巍赴京，常玉英便住在了东兴里。

话分两头。再说天津的督办褚玉璞，有个哥哥叫褚玉凤，人称"大大人"，却不是个好货。仰仗其弟势力，花天酒地，不务正业，整天带着几个下人，横行滋事，欺男霸女。褚玉凤尤好色，咱们说话时，他霸占民女也有三十多起了。

当年袁世凯推行新政，现如今的河北区是重点发展的华界新区，天津市府就在金钢桥桥口的大经路上，后来的中山公园还兴建了劝业工场与展馆，还在华界兴办了几所新式学堂。

这一天，大大人褚玉凤行至三马路，见一年轻女学生，穿着浅色大褂，很漂亮时髦。他上前调戏，兽性大发，将其掳走强行奸污。被放回来的此女归家后精神失常，其母因此自杀。此女本也不是一般人家，原是天津法院陈检察官之女。但飞来横祸，苦无头绪，找不着歹人。

陈女一日上街，陈检察官随行。路逢一老头儿，陈女指认呼叫："污我者此人！"陈奋力上前，劈头抓住："歹人同我上局所！"扭着老头儿到了局所。局所的人都认识："这不是大大人嘛。"局所也不敢惹他，褚玉凤扬长而去。

陈见状随行，见其入现金钢花园位置的督办府，陈方知污女者乃督办之兄！

气恨至极,可这人他惹不起呀,也只好心中暗想:来日报此仇!就无奈地回家了。

却说那常玉英,搬进了东兴里,也似入了虎狼窝。这常玉英虽非绝色,但自有江南少妇的风韵与乖巧。一日,褚玉风行至东兴里,一眼就看见了欲上街买线的常玉英。常玉英见褚不错眼珠儿地盯着自己,貌凶丑,张皇回门闭户,心中惊慌不已。

未几日,常玉英居处有局所来人问:"是否新搬入人家?"张三姑妈叙说事由。

后几日,来了一个警察,给送来一张"棒子面儿条儿",

▶ 当年金钢桥桥口大经路上的天津市政府和位于后来中山公园的劝业会场

也就是领取赈济粮食的凭条儿,上面印着"八善堂"三个字。警察说:"你是常玉英?这是八善堂的杜三爷托局所送来的。"常不明就里,说:"我不认识杜三爷呀。"警察说:"给你你就拿着呗,管他认识不认识。"这常玉英却是个死心眼子的,随警察来到局所。局所的警官也说不清楚,说,要不你就自己直接问杜三爷去吧。可怜常玉英,没费人家什么事,竟自己送上门去了。

八善堂,门口挺气派,挂着个大匾"乐善好施"。门房引常玉英进得厅堂,踱出了一位穿着长袍马褂的壮实汉子,正是杜笑山杜三爷。

杜喝退左右,嬉皮笑脸地说:"你有好事了,大大人看上你了,托我说媒,成其好事!"一句话如晴天霹雳,常玉英呆了。杜力劝,常怒斥之,转身就要走。杜冷笑:"来了你就走不了啦,房子都为你准备好了,择吉日拜堂成亲吧!"于是找了个老妈子,陪着、监督着,常就被扣在那里了。

杜笑山天天来逼,常被逼无奈,最后说:"我得见夫君一面,方能应允。"

再说白忠巍在京画画儿已经二十余天了,总觉心中发闷,不放心家中。与荣老请了假,归津探望。至家方知妻子已经好几天没有回来了,张三姑妈叙说了棒子面儿条儿的事。白大惊,寻至局所,复又寻至南马路八善堂。

杜笑山大喜,这真是不请自来。引白、常夫妇一晤。常玉英泣呼:"忠巍呵!

吾不失节！至死不失节……"白忠巍拽着常玉英转头就要走。入了虎狼窝能走得了吗？几个大汉早已横在门前。杜笑山阴笑着说："写字据吧，出让了吧，不就是个娘们儿嘛，如若不允——"杜笑山沉下脸，"你也别打算囫囵个儿从这儿出去！"僵持良久，杜示意大汉们上前动手，被架起的白忠巍突然大呼："慢！"

他自思，还是留条活路为上。竟不顾常玉英的号啕，写下了出让妻子的字据。

常玉英哭闹，如疯人。杜笑山无奈，只好加派人手看守。因为这已经是大大人的人了，他还得小心伺候。

白忠巍出了善堂，雇了辆洋车，仰天长叹：好一个善堂！拉洋车的误会了，说："除了这里，老公所舍材，抬埋会白埋，都是善堂。"竟拉着白忠巍去了这两处。白似已痴了一般，怀中揣着自京城带回的钱，竟各舍百元。复又让洋车将其拉到芦庄子一饭庄，给了拉车的几十元，就进去说要在此吃饭。进去了许久。车夫感激其慷慨，一直在饭庄外面等着。终于出来了，拉车的说："我送您回府吧。""不！去劝业场。"

拉到那里，白下车时已经有些疯疯癫癫的，乘电梯上了六楼。

六楼电影院男女伴侣，相携而行，又勾起白忠巍心中无限感伤，猛地，他捡起一个粉笔头，在片名黑板上疾书："白忠巍自叹无能！"写罢自楼窗坠楼！

楼下是热闹的梨栈大街，正好摔在一个洋车旁，砸伤了一个大胖子，胖子与路人吓得晕死好几个，马路上大哗。法租界巡捕房马上来人了，白已血肉模糊。经查验尸身，身上有一遗书，竟是一纸诉状，除自叙事由，最后写"地方长官、仁人君子见状，替我报仇！"此状是白忠巍在芦庄子饭庄时写就。

此案移送天津地方检察厅。冤家路窄，正是当年女儿被奸污的陈检察官受理此案。陈将此案报与首席检察官，又将白忠巍遗书诉状妥为保存。翌日，报章也登出此案消息。

杜笑山闻之，寻思出一条应对之策，在南市饭庄请来报界记者董奇侠、顾策人等，贿金三千大洋，请其撰稿诬白忠巍有神经病，并请报界别过于渲染此事，尽量淡化处理。

想当初陈检察官之女被奸疯癫事，褚玉璞曾亲自找到陈检察官，将陈女认为义女，并大骂自己的哥哥是大畜类，如若再犯定严办不饶。陈慑于褚玉璞权势只好隐忍了。此次有命案犯到自己手里，正好报仇。

举凡官司，得有原告，白忠巍已亡，没有原告这个官司是打不成的。此时，白的东家荣老出首当了原告。这荣老原来不是等闲之辈，名荣元，竟是溥仪的老丈人。本来爱惜白忠巍人才，欲将其收为手下打理生意的，更兼这前朝贵胄本也看不上土匪出身的褚玉璞，就出头做了原告。

此案闹得沸沸扬扬，褚玉璞面对记者，也只得搪塞："先调查证据再说，再说。"

偏偏常玉英遍寻不着的哥哥常子英，此时走马上任天津警察厅长。他得知死者白忠巍竟是自己的妹夫，自己的妹妹常玉英下落不明。夜拘杜笑山，救出常玉英。兄妹相见，常玉英闻听夫君如此暴亡，是夜殉情自杀。

督办褚玉璞故技重施，拜望常子英，为杜笑山说情。常子英正言厉色："这玉英乃吾胞妹！"褚玉璞拂袖而去："你看着办吧！"

杜笑山被枪毙，而褚玉凤早已无影无踪——早被他的弟弟藏起来了。

以杜笑山一命抵二命，当年的白忠巍命案至此了结。

近日笔者查阅旧闻得知，土匪出身的褚玉璞1926年在天津就任直隶督办兼直隶省长，是他的官运最亨通时，后在军阀混战中，褚玉璞在山东被另一军阀活埋。

白忠巍是实有其人的。当年坊间曾出现一则相声《白宗巍坠楼》，据说对此案叙说备细，并多有渲染。但相声演绎的"白宗巍"，却与笔者记述的"白忠巍"名字却有一字之差。常玉英的哥哥"常子英"，在相声中也名为"常之英"。

此文本人辑录自何处因年代久远，已经忘却。而坊间流传的相声还有个结尾，倒更是热闹非常。现据网文照录如下：杜笑山"在法场被行刑完毕后，常之英的妻子'小金鱼'现身人群中。原来，她与一伙土匪缠斗后下山寻夫，在山东巧遇潜逃的褚玉凤。'小金鱼'杀了褚玉凤，到天津来找常之英，至此大仇得报。"相声演义中出现了警察厅长常之英的妻子"小金鱼"这么个人物，怎么还曾与土匪缠斗？想必是个乱世女中豪杰。但坏人遭诛，"大仇得报"，却是个让听书人愿意接受的结局。

那个乱世的演义，乃至笔者不知辑录自何处的整个故事，姑妄听之吧。

▶ 当年芦庄子与劝业场街景

咱天津卫

"呦！您介似上哪儿啊？""下卫！""噢,下卫呀,您了慢点儿走。""好走,好走！"这是当年天津城郊人的一段对话。您没听错——下卫！意思就是去天津卫。好好一个北方大都会,怎么叫天津卫呢？

明朝,燕王朱棣与他侄子建文帝争皇位,打着"清君侧"的旗号,发动了"靖难之役",从1400年开始,打了几年仗,激烈残酷。冀鲁一带,尸横遍野。战事胶着,朱棣自己都玩儿了好几回悬儿。1403年,执意夺位的朱棣又率军自直沽渡河,这一次先克德州,复直捣南京都城,大捷。建文帝失踪,朱棣如愿登上了帝位,年号永乐,定都北京。永乐皇帝高兴,1404年敕令在他南下渡河的直沽,设卫建城。这个城就叫天津卫吧。天津——"天朝津梁""天子津渡",即天子过河的渡口。

天津,早在明代之前就是个海运、漕运的要冲。明代建了卫,直言这地方儿,就是京城的门户。明清以来,天津由卫,不断发展升格为州、府、直隶首府、省会、特别市、直辖市……逐步升格,就成了现在这样子。新政,洋务,工商,金融……天津也曾领跑中国！"南有上海,北有天津",曾是天津城市地位的写照。但人们,多少辈子说顺嘴儿了,还管咱们这地界儿叫天津卫！

天津城,曾经演绎过震惊中外的历史篇章,这自有文史专家们去梳理。九河下梢天津卫,又有多少往日风流与繁华,也自有小说家们去铺陈演绎。而像咱们这些普通的天津人,小老百姓,这一片热土养育了我们,我们心中,自有一番生于兹长于兹的难忘记忆。噫！咱天津卫！如烟的记忆勾连着往日年华,片片断断寄托着我们的乡情——

四大爷的津门杂记

四大爷，笔者的四伯，父亲的叔伯四哥。二十多年前的一天，四伯突然到我任职的出版社找我。原来他看到我赠阅的我社出版的《长寿》杂志上刊有天津掌故之类小段文章，便也写了几段。当时天津正在兴建南市食品街，我社刚刚创刊《杂技与魔术》，我将老爷子写的关于南市的一段文字进行了整理，很快就在《长寿》杂志发表了。第一次发表文字，还有稿费，老爷子挺高兴，来了兴致，兴冲冲又写了若干。但那时我负责一个编辑室，工作繁忙，他的来稿就给搁下了，四伯也没有催问。

事隔多年，现在翻检出来复读，老爷子写得很认真，很多所记至少我是不知道的。真有点儿掌故的意思。笔者尽己所能，增删订正，整理如次，就教于乡贤耆老，并遥寄早已阴阳永隔的四伯。

此稿整理完毕于二〇二〇年七月二十日，时在庚子头伏中。

天津城

天津，古来是退海之地，现在张贵庄不还有贝壳堤吗？九河下梢，沽湾纵横，南北运河与海河交汇于"三会海口"。隋唐以来这里就是漕粮的重要集散地。明成祖燕王扫北，登基后为天津命名，设卫筑城。

天津城东西长，南北短，被称为"算盘城"。城周总长九里十八步。东西南北有四门。城中心筑有鼓楼，民国初年重修为三层，雕梁画栋。鼓楼也有四门，门楣"拱北""定南""镇东""安西"。二层有清代诗人梅小树的对联："高敞快登临看七十二沽往来帆影""繁华谁唤醒听一百八杵早晚钟声"。据说登上鼓楼最高层当年是能够看到海河与运河帆船往来的；而早年的天津居民也是要听鼓楼的钟声报时的。按说早晨钟声，傍晚鼓声，正所谓"晨钟暮鼓"，而天津鼓楼虽号称鼓楼，却仅只在楼上有一口封白铜的铜钟高悬，撞钟的声音能传到十余里外。

紧挨着天津城墙之外，当年是有护城河的。城墙设有几处水门，城里积水、污水自水门排到城外护城河，水门俗称"葫芦罐"，这个地名至今犹存。出于防御的需要，城之外十余里还修筑有"墙子"，高六尺左右。墙子外有河，名墙子河，西由三元村起，东至海河之畔。墙子在要道处修有营门，以供人们出入，至今仍遗有西营门、南营门、小营门、大营门，以及北营门的地名。

老城里有诸多衙署。东门里的道台衙门，东门里仓门口北的盐道衙门、县衙门，西门里的镇台衙门，北门里府署街的府衙门等。

城里也曾商店林立，北门里是金店一条街，有正阳金店、三义金店、物华楼金店及首饰楼、包金作坊等。北门脸儿是非常热闹的地方。北门外的估衣街、锅店街、针市街、竹竿巷等几条商业街更是当年天津最繁华的街区。著名的大商号有山东人开的谦祥益、瑞蚨祥、泉祥鸿等"八大祥"，天津人的买卖则有元隆、敦庆隆等。

▶ 老天津城的天津城墙东南城角角楼。右图为当年天津老城的城门口情景

▶ 民国时期的天津鼓楼。右图为李鸿章主持修建的老金华桥，即老铁桥（桥对岸是大胡同，桥口的中式建筑是直隶总督衙门）

天津的城墙,明代始建时是土城,后来包了砖,修了多少次。庚子年,八国联军的都统衙门拆除了天津城墙,辟为如今的东西南北四条马路。虽然没有了城墙,天津人仍把当年城墙以内称为"城里",现在依然如此。

早年的天津

明末直至清代,天津的商业中心在老城北门外。南运河上的北大关又称钞关,是南来北往的货船纳税的地方。帆樯林立,人声熙攘。几条主要的商业街就在附近发展起来了。往东侯家后也很繁华,有慧罗春、燕春坊等饭庄及不少各行商店,再往东至芦子坑、三太爷庙,住户就稀薄了。

过北大关经关上,往北至河北石桥、南北竹林村,人烟稀少,一片片大坑、荒地。

北大关往东,就是老铁桥。直隶总督衙门在对岸桥口。老铁桥是李鸿章张罗修的,修了这座桥,往来总督衙门就不用过摆渡,方便多了。老铁桥正式名称叫金华桥,修成平拉开启式,是为了既方便过河,又不耽误南运河里走船运货。沿河再往东南拐,则是三岔河口。后来运河裁弯取直工程时,老铁桥金华桥移建到北大关。

东门外水阁大街,过东浮桥,当年是一眼望不到边的大盐坨。

西门外是柴禾场,再往西仍是荒地、坟地、大坑,至小稍直口三元村才有人家。南门外,城南的砖瓦场、柴禾场,顺着菜桥子小河,往城里这边运砖、运柴禾。出南门极目望去,一片水泊坑洼和芦苇地。

每届夏季,蚊子很多。城里居民晚间乘凉时,都能听到南门外南洼的蛤蟆一片乱叫。

▶ 清末时的东门里大街照片。右图为清《潞河督运图》中所绘侯家后紧邻运河、商店林立的景象

天津的有趣地名

拴马桩——明清时驻军的军马在这里喂马、拴马，想必当年排列着成排的拴马桩。在东门里西箭道以西路北。

晒米厂——明清时由御河即南运河运来的漕粮，入仓前在此晾晒。在仓廒街以北。仓廒街，因明宣德年间在此处建仓廒储存漕粮而得名，庚子年（1900）后仓廒街东口临着东马路，早年街口有个"乐善好施"过街牌坊。

仓门口——储存漕粮的仓廒的大门口。在东门里拴马桩再往西处，离仓廒街有一定距离，可以想见当年老城里储存漕粮的仓廒不止一处。

夏家粪场——当年老城住民的粪便是有人收的，一户夏姓人家就是干这个营生的，将收来的大量粪便掺土后在此晾干，卖给郊县农家。气味可以想象。虽然很早就不干了，地名却留下来了。在卞家大墙以东。

毛贾伙巷——东北城角外，当年一户姓毛的和一户姓贾的，因为宅基地发生了纠纷，平息纠纷后，各自将自家墙壁后退若干，息事宁人，成了好邻居。两家墙壁之间倒形成了一条小巷，一时传为美谈。

教场——三元村以东，御河岸边，是明清时的练兵场，也叫教军场。那里还有个教场摆渡。

耳朵眼胡同——北门外路东，一条曲曲弯弯的窄胡同，窄到有如人的耳朵眼儿。光绪年间胡同口一个刘姓人家卖炸糕，卖出了名，耳朵眼炸糕后来成了天津小吃三绝之一。

九道弯胡同——鼓楼西板桥胡同以东，也是一条曲曲弯弯的窄胡同，曲里拐弯，弯儿特别多，从西门里进去，能把人拐得晕头转向。

万字胡同——东门里西箭道以西，这条胡同左走右走都是"卍"字形。

西头驴市口——出天津城往西，就叫西头。早年那里逢阴历单日或双日有集，买卖骡马牲口，就叫驴市口了。

老龙头——当年河东，大片的盐坨，少数几个菜园子，一片坑塘荒地。据说天津为乾隆修了柳墅行宫，乾隆来津乘船在海河上巡视，过了马家口，河道忽向东，复又向南，蜿蜒好看，乾隆脱口说："恰似游龙！"乾隆指着河东一片盐坨问："此处什么地名？"随行的刘罗锅随口逢迎："老龙头"，由此竟得名。清末修京奉铁路，这里修起了车站，叫老龙头火车站，就是现在的天津站。

紫竹林——紫竹林在天津是个有名的地方。天津开埠，紫竹林是英法最早开辟租界的地方；庚子国难，中国军队和义和团在紫竹林与联军大战。但紫竹林的确切地点在很长时间内一直众说纷纭。笔者四伯回忆为劝业场和天祥一带，是不准确的。近经天津文史专家考证，紫竹林的确切地点在原人民图书馆附近。康熙年间此处建有"紫竹寺"，位置就在现承德道与解放北路交口附近，庙不大，院内植紫竹，周围杨柳依依，一些文士常去那里雅集。后来庙破败了，渐有人家在附近聚落，形成天津城东南郊野中的"紫竹林村"。

▶ 描绘庚子年清军与联军在紫竹林激战的时事年画。右图为法国公议局即后来的人民图书馆，原紫竹林所在地

梨栈——劝业场和天祥一带，天津人那时称为"梨栈"。早年马家口还是个村落。锦州道与兴安路交口原果品公司批发部位置，早年有个"锦记货栈"，锦记经营水果，从马家口码头水路运来锦记主营的天津鸭梨。为了顺嘴儿，人们就把锦记货栈称为"梨栈"。这一片地区多年后发展起来，成为天津的主要商业区，天祥、泰康和劝业场先后兴建，银行、饭店大楼林立，天津老百姓把后来和平路的那一段原法租界的"杜总领事路"，仍称之为"梨栈大街"。

天津"野茶馆儿"

天津是个水旱码头，交通枢纽，自乾嘉以来极尽繁华。但除了一些大户人家有私家花园，却没有可供市民游玩的公园。清末民初以来，天津才陆续有了河北大经路由"劝业会场"改建的"天津公园"，后改称"河北公园"（中山公园）；北站外由"种植园"改建的"宁园"（北宁公园）；河西下瓦房附近由李家私家花园"荣园"改建的"李善人花园"（人民公园）等。

殊不知，早年天津西头却也有一处可供人们去游玩的去处，叫"野茶馆儿"，非常受市民欢迎。据说在早年,富商曾在那里的西头芥园以西御河沿岸,修过一处园林,楼台亭阁、曲径回廊、假山池塘、小桥流水,风景甚是幽美。庚子之后被毁了。但那里仍有一座石头牌坊,上面有"圣旨"二字,往里走山石参差,树木成林,十分幽静。记得附近还有一处早年养海船的焦姓人家的墓园,面积很大,古木参天。那一片景区,风景宜人,是一个可供市民游玩的地方。还常有一些游艺活动,记得有一人独唱独创的西长板,歌声清润,还有人说评书。每届夏秋,游人甚多。

以上是笔者据笔者四伯回忆整理的内容。那一辈儿普通的天津人,管那个景区就叫野茶馆儿。老爷子说起再早的园林语焉不详。

笔者早有听闻,老爷子所说的再早那一处园林,就是名闻遐迩的"水西庄",是天津当年的一处胜迹。

乾隆年间,天津盐商富豪查日乾、查为仁父子在西头御河南岸营建了这处具相当规模的园林。园中有藕香榭、枕溪廊、湘中阁、揽翠轩等六十余处建筑景观,曾经盛极一时。清代袁枚曾将天津水西庄与扬州小玲珑山馆、杭州小山堂并称为"清代三大私家园林",可见当年的知名度。查氏父子风流儒雅,结交文人名士,吟诗唱和,一时人文荟萃。水西庄园林面积达"三里半"即逾百亩,这在清代当年也是罕见的。乾隆皇帝曾五次巡幸下榻水西庄,也留下诗句与墨迹。查为仁的二弟查为义,在水西庄的东侧又建造了一座园林"介园",落成后时值乾隆来巡,春夏之交,紫芥花盛开,乾隆欣然将该园易名为"芥园"。这就是至今犹存的芥园地名的来历。

据周汝昌等专家考证,水西庄与曹雪芹和《红楼梦》也有渊源。水西庄不仅庇护了曹雪芹,更成为书中一些情节的原型。当年的查氏,有南查与北查两支。曹雪芹的祖父江宁织造曹寅,备受朝廷宠幸,显赫至极。雍正朝,曹家与南查查家、佟家和李家四大金陵豪门,均受雍正皇帝治罪查抄,族人被杀戮无数。曹家送子弟北上避难,少年曹雪芹被送到未受治罪波及的北查水西庄。住了一段时间,留下了难忘的记忆,许多情景都写到《红楼梦》中。水西庄的藕香榭、枕溪廊、湘中阁、揽翠轩等,正是《红楼梦》中藕香榭、枕霞阁、潇湘馆、拢翠庵等景馆的原型;"葬花""焚稿""十二钗"等情节,也有发生在水西庄的可考踪迹。查氏后人金庸本名查良镛,诗人穆旦本名查良铮。近年金庸曾来天津寻访水西庄遗迹,而穆旦生于天津,历尽坎坷,一直居于天津南开。

据谭汝为先生考,嘉庆年间,家居芥园附近的落拓秀才张问荷在芥园附近的河堤上盖了一个茶馆。他这个茶馆不为赢利,只为了会友。那时,水西庄与芥园胜迹犹在,御河沿岸遍是花农的苗圃,姹紫嫣红,鸟语花香。张秀才与一班文友,在这个茶馆终日品茗赋诗,猜谜打趣,好不快活。所谓茶馆其实就是河堤上的一间土房，粗木作的桌椅板凳、粗瓷茶壶茶碗，一班不拘形迹的文士在那里雅集。行人路过也有茶水款待，人们就管它叫"野茶馆儿"了。据说题写鼓楼"高敞快登临"对联的诗人梅小树某日也来此品茶凑趣。忽起风，梅起身欲走，张秀才挽留，出"风起何妨"句，此时天落小雨，梅小树对曰"雨来散矣"，众人齐赞。张秀才请梅小树题写了"雨来散"三字，"野茶馆儿"自此就有了牌匾。野茶馆儿的由来堪称一段佳话。

▶ 清代画家朱岷描绘水西庄风光的《秋庄夜雨读书图》。右图为当年芥园遗址内的乾隆御书碑

▶ 严修之子严智怡为董事长的水西庄遗址保管委员会全体董事在遗存的牌坊前合影。右为遗存的河神庙，当时为天津三区芥园派出所。以上三照片刊于1933年《河北第一博物院画刊》天津芥园水西庄专号第一期

水西庄嘉道年后逐渐衰败，咸同年间两次水淹，庚子国难更遭损毁。野茶馆儿更是渺无踪迹了。笔者查阅史料，见到两幅摄于民国的照片，分别为当年水西庄的牌坊和山神庙前的旧影。可见民国时那里还是有遗存的，那里仍是一处时有游人的景致，笔者的四大爷正是其中一位。据说河北曹家花园（后来的二五四医院）中一些山石就是当年曹锟取自水西庄；天津自来水公司门前的一对石狮据说是水西庄目前唯一的遗物。而不谙文史的天津市民，把那片景区统称为"野茶馆儿"也不为怪。那里确实曾经有过一个野茶馆儿。至今，红桥区的那一带仍有"野茶馆胡同"地名留存。

天津的庙

写罢了野茶馆儿，笔者的四大爷就开始写天津的庙了。可见庙在那一辈人心中还是很有位置的。那一辈人信奉神灵，敬畏神明。他们中的很多人未必能参悟经典，但朴素地相信"好人有好报"。很长一段时间内管这叫迷信，但比起迷信，怕的是人们什么都不信、什么都不怕，更可怕的是嘴上说的和心里想的不一样，心口不一。

老时年间，天津的庙是很多的，笔者仅将四伯忆及的寺院观庵，分列如下：

千佛寺，大悲院，大佛寺，双庙，大寺，如意庵，白衣庵，水月庵，芥园庙，大觉庵，达摩庵，草厂庵，挂甲寺，海光寺，小双庙，北极寺；玉皇阁，天后宫，三义庙，铃铛阁，朝阳观，天齐庙，吕祖庙，娘娘庙，三太爷庙，龙王庙，福寿宫，文昌宫，城隍庙，药王庙；文庙；乡祠庙。

上述依寺院观庵，释、道、儒及其他试分列。庙与寺庙是当今最通常的称谓。庙，是中国人最古老的说法，是祭祀祖先神灵的地方，如黄帝庙、轩辕庙、太庙、孔庙等。而寺的称谓，最早本是皇帝直接管辖的理政部门的称谓，如大理寺等；由于佛教传入中国，寺才与佛教搭上了关系。当时朝廷礼遇外来的僧人，由皇帝直辖的八个"寺"之一的负责外交的鸿胪寺接待，后来又专门设立了第九个寺——"佛寺"，并建了中国最古老的寺院——洛阳白马寺。佛寺负责推广佛经，教化生民，带有教育部门的性质。很多年后，寺与庙二字合一才成了现在寺庙的含义。而道教的修行祭祀场所有宫、观、庙、祠等称谓。中国的许多寺庙是佛、道共奉的，但以本师为主。山西恒山悬空寺，则佛、道、儒共奉。

天津早年众多的庙，仅据笔者四伯所忆肯定是不完全的。有这个兴致就好，也难为老爷子了。仅以近日撰文所需查阅资料，就得知紫竹林早年就有个紫竹寺；芥园、佟家楼一带早年就有河神庙、火神庙、青龙庙、土地庙、旗神庙等小庙。以清人张焘《津门杂记》对照，仅老城里就还有：东北角的护饷关帝庙，瓮城关帝庙，财神殿，无量庵，福德祠，魁星阁；东南角的行宫庙，弥勒庵，韦陀庙；西北角的观音寺，三皇庙，准提庵，三圣庵，白衣庵，武学；西南角的火神庙等。笔者虽无力也无意再去查考，但有些庙宇却也值得一叙。

四伯所忆的大寺到底在哪里呢？经查原来指的是当年赫赫有名的位于老城里的涌泉寺。老城里一进南门路西是涌泉寺旧址，至今仍有大寺前胡同和涌泉寺胡同等地名。涌泉寺的不凡之处在于它是与天津城同时兴建的，是城里最大的寺庙。传说朱棣自南运河南下发起"靖难之役"，他望见在运河西南有一座观音寺，于是许下愿，若此役夺得帝位将重修此寺并在此建城。朱棣遂愿登基后，敕令天津设卫建城，并重修了这座庙。修庙时地下涌出泉水，故名"涌泉寺"。宣德年间赐双金幡，弘治年间扩建，这个寺就堪称"大"了。当年进京取道天津的官员，"必先习礼仪于所谓涌泉寺者"。清代渐荒废，被民居湮没。

依"大寺"命名的还有天津西青区的大寺镇，那里原来有个峰山药王庙，俗称蜂窝庙，曾经香火很盛；天津市区则还有清真大寺。

天津市区的庙宇中，天后宫（娘娘宫）应该是最贴近民众的。天津天后宫是中国妈祖信仰的重要遗存之一，是当年助推天津城市聚落发展的海运漕运水手们必去顶礼膜拜的地方。从娘娘庙到敕封天后宫，以至当年的皇会，是一部必须另书的大书，而对天津老百姓来说，到送子娘娘那儿拴个娃娃哥哥，婶子大娘们跟王三奶奶和挑水哥哥絮叨絮叨——确实接地气。天后宫与文庙，笔者四伯均另文记述。

乡祠庙。天津是有乡祠地名的，东北角的乡祠实际是浙江会馆，街坊当年称之为"乡祠庙"。乡祠的扩展名是"同乡祠堂"。说到祠堂，与庙一样也是供奉神灵的地方，家族的祠堂供奉着祖先，贤达也立祠供奉。天津著名的祠堂曾公祠、李公祠，祭奠着天津的封疆大吏曾国藩和李鸿章。而乡祠除了浙江会馆，还有江苏会馆、广东会馆、山西会馆、怀庆会馆、安徽会馆、云贵会馆、中州会馆、山东会馆等。据说天津出现的第一个会馆是乾隆年间的闽粤会馆。

天津西头还有一处理教的"西老公所"。虽然不能称之为庙，但那里当年依理教教规供奉着观音菩萨。理教早年在天津曾经信众甚多，天津人称之为"在理儿"。乾隆年间由理教的创始人羊祖的再传弟子尹松岩，在津西永丰屯创立"积善堂公所"，即西老公所。当年笔者祖父曾命还是半大小子的我的父辈，随一位表亲去西老公所在理儿，后来不了了之。理教有八大戒律，不吸烟、不喝酒是首要的两条，祖父的用意是要求后辈不要沾染恶习。

而被当年的人们称为"洋教"的教堂，四伯并没有提及也无另文。教堂固然不能称之为庙，而对洋教，因我的祖辈亲历庚子国难的战事，身上还带着

▶ 天津明清时的地图上标注着众多的庙

联军的枪伤,老王家人对洋教是抵触的。

　　笔者不敢妄言,但据笔者近年游历,许多寺院观庵位于旅游景点,却有愈益浓厚的商业气息,不免令人质疑。

　　笔者近年多与老妻外出旅游。海南东山,据说是"东山再起"一词的由来地,但东山的高香价格惊人。在平遥古城时天降小雨,乘一驾三轮车代步,被引入一道观,观中道士摇签筒各塞一签,解签"法师"则近于强令捐款。出观后三轮车夫兼导游告诉我们:"我不敢提前告诉你们,这些道观的道士都是城里当官的有势力人的亲友,我还得在这儿生活。"

　　大江南北,闽粤川黔,古刹道山,也曾让小老儿心醉神迷,许多名寺依然有如世外般的清静世界。观音道场普陀山,所有寺院一律不卖香烛,进庙门自取寺院备好的三炷香,香客自行拜谒。而不肯去观音院,舍身崖边提示愚众勿伤身礼佛的明代告示,乃至"心即是佛"的摩崖警句,也无不引人沉思、令人难忘。世态纷纭,述及此,不由想起弘一法师的绝笔:"悲欣交集"。

▶ 上列为当年位于西北角的城隍庙和城东娘娘宫,下列为海光寺和位于如今天纬路的供奉李鸿章的李公祠

天津皇会

据笔者四伯回忆：皇会是咱天津最有特色的民间传统盛会。清代时，皇家多有赏赐，如挎鼓会等就赏赐黄马褂，所以这个盛会就被称为"皇会"了。天后宫扫殿会主办一切皇会事务，天津盐商及各大商号集资出会。出会的时间是旧历三月二十三日天后诞辰，出会四天。天津百姓倾城出动看会，热闹一时。

出会前先在天后宫设摆，后由各花会会头团拜、练习。出会时排好了顺序，各献绝技。记得出会的有：姜家井狮子，西沽花鼓，茶炊子，津道鹤龄，乡祠前远音挎鼓，老中幡（童子对字），拴马桩灵音法鼓，井泉法鼓，节节高会，三义庙高跷，会元和高跷，缸香会，小车会……一个会接着一个会，锣鼓喧天，人山人海。

出会的路线由天后宫起，沿路设看棚，直至西头如意庵。各路花会之后是自天后宫请出的娘娘塑像，娘娘端坐在辇上，辇前是烧香的香锅。随后是扫殿会，送娘娘到如意庵住娘家，那里据说是娘娘的娘家。几天后再返回天后宫。

笔者按：天津在建城之前，载于史册的聚落地名，不同朝代叫法不同：金代叫直沽寨，元代叫海津镇。元代时，海津镇已经是个重要的码头，是自苏浙闽粤经海运将粮货运来北方的终点站。海运时有海难，元泰定三年（1326），朝廷下令在三岔河口海河西岸营建了天妃宫，供奉被朝廷册封为天妃的海神娘娘，以求海运平安。那时天津还没有建城，所以有句话说：先有天妃宫，后有天津城。清代加封天妃为天后，天津老百姓俗称的娘娘宫就尊为天后宫了。

据传，海神娘娘本是北宋时福建湄州的一个渔家女，俗名林默，传说生而神异，水性极好，能乘席过海救助海上遇险船只，还能为人治病。她二十七岁归天后不断显灵，海船如遇险，有祷必应，船桅即现神灯护佑，人们尊称她为"龙女""神女"。宋代就册封她为顺济夫人，宋元以来，东南沿海及天津多地建庙供奉。神女落户天津，清人崔旭有诗曰："飞翻海上著朱衣，天后加封古所稀。六百年来垂庙飨，海津元代祀天妃。"娘娘不仅护佑着海上船民，也恩泽于天津地方百姓。清《津门杂咏》有诗曰："三月村庄农事忙，忙中一事更难忘，携儿结伴舟车载，好向娘娘庙进香。"天后宫正殿曾有一副清人郑瑞麒撰写的楹联："补天娲神，行地母神，大哉乾，至哉坤，千古两般神女；治水禹圣，济川后圣，河之清，海之晏，九州一样圣功。"天后妈祖被誉为"母神""后圣"，功德可比"娲神""禹圣"，推崇备至。

娘娘会也就是皇会，自清初康熙年间至清末在天津延续两百多年。作为一种民间民俗活动，源于妈祖信仰，祈求的是国泰民安，宣扬的是扶危济困，无疑是积极向善的。当年出会,有钱出钱有力出力,人们拜香锅求驱灾赐福,各路花会参与纪念盛会,又使庆典成为一次民间技艺会演,一片欢庆气氛,联络了乡谊民情,也体现了天津人乐观向上热爱生活的城市性格。

▶ 当年皇会主办方印行的指导会务的会刊。光绪初年《天津皇会出行图》长卷,图文并茂,现藏国家博物馆

▲《天津皇会出行图》长卷的宝辇部分及当年的娘娘塑像照片;下图为当代画家邓家驹创作的油画《皇会图》

　　早年间,庆典本被称为娘娘会。乾隆某年,正逢乾隆南巡路过天津,皇上要看会,出会的队伍特意从龙船停泊的三岔河口经过,各路花会尽力表演,精彩纷呈。乾隆爷看得高兴,赏乡祠挎鼓四位鼓手各一件黄马褂,赏鹤龄会四名鹤童各一个金项圈,赏娘娘会两面龙旗。从此,娘娘会就被称为皇会了。至于出会的路线,最早是从娘娘宫出驾,终点是位于现二中心医院处的当年的闽粤会馆,会馆为此专

修了娘娘殿。娘娘是福建人,回娘家自然要回家乡的会馆,这个安排充满了人情味。后来,出驾终点才改为西头如意庵。2019年,天津皇会以"妈祖祭典"名被列入"国家级非物质文化遗产代表性项目名录"。

关于天后宫与皇会,文史学者多有著述记载。笔者旧邻罗家大哥罗春荣,原系天津女三中语文教员,曾任该校副校长,退休后致力著述。他多次去国家图书馆查阅史料,并赴我国福建、台湾另两座三大妈祖庙考察,几度寒暑,最终完成《妈祖文化研究》专著数十万言,经笔者介绍由天津教育出版社出版。

天津文庙

天津文庙,明正统年间建成,位于东门里大街路北。庙外大街的东西两侧,有两座牌坊,两柱三顶,飞檐,透花雕刻木结构,气势雄伟玲珑剔透。靠东的第一道牌坊匾额上写"德配天地",靠西的第二道牌坊匾额内容为"道冠古今"。如今天津老城厢被拆得一干二净,但牌坊幸存下来了,每个路过的老城厢人,看到那旧牌坊孤零零地立在高楼群中,总会不是滋味地想起那些难忘的往事。

礼门进,义路出,孔家规矩正是天下楷模。泮池的形制模拟周代四面环水的最高学府,走上泮池汉白玉石桥叫"入泮",意味着登上最高学府。两道门分别为棂星门和大成门,"棂星"为文曲星、魁星,而"大成"语出《孟子》"孔子之谓集大成者"。进入大成门迎面就是主殿大成殿,登上多重台阶的月台,大成殿里供奉着万世师表的至圣先师孔子之神位及亚圣孟子之神位,大成殿前的侧殿则供奉着七十二贤人的牌位。文庙建筑均为黄色琉璃瓦顶,庙前有下马石,文武官员人等均须至此下马,等级极高。

每年旧历二月与八月,文庙都要举办祭孔活动。八月二十八为孔子生日,祭祀活动尤为隆重,那一天学堂也要放假,学生们均要向孔子像行礼。祭孔时礼官们戴

▶清末明信片上的天津文庙。当年的读书人把文庙视为圣地,每年春秋举行祭孔大典

着前后都有穗子的帽冠,身穿圆领蓝色大袍,礼生则演礼三拜九叩,编钟、古琴、大鼓等齐鸣,演奏古乐。供桌前的架子上供着整牛、整羊。祭礼完毕,民众可以入内参观礼拜。庙前广场那天允许摆摊儿,卖传统食品及文玩等,还有练武的、卖艺的,热闹一天。

笔者按:天津文庙府庙与县庙并列,在国内文庙中是少有的。上文所记黄色琉璃瓦顶的主体建筑为府庙,始建于正统元年(1436),初称学宫。府庙以西为县庙,体量略小,初为青砖青瓦顶,建于清雍正年间。府庙东侧为明伦堂,是旧时府学的讲堂,是生员即秀才们上课的地方,用功的秀才参加府考,中举的举人才有资格进京会试。"明伦"语出《孟子》:"夏曰校,殷曰序,周曰庠;学则三代共之,皆所以明人伦也"。20世纪二三十年代,严修严范孙先生与华世奎、林墨青三位先生共同创建"崇化学会",崇化学会即在明伦堂讲学与活动。崇化,崇尚教化,云集了津门一批国学学者。相关学者中,笔者处理过稿件的有郭霭春先生及有文字之交的龚望先生等,他们当年都参加崇化学会活动。

天津文庙1947年办起了崇化中学。笔者初中就读于崇化中学易名的三十一中学,那是1957年至1960年。我们的教室就在府庙大成殿前,东侧殿靠北那间。班主任是教语文的侯鸿荪先生,还记得另一位教几何的老先生有一个绝技,对不好好听讲的同学他用粉笔头一扔一个准儿,准打在脑壳上。我毕业前夕进入天津工艺美院,同班同学李近珠考入中央音乐学院指挥专业,走上不同的艺术之路,难忘我们分手时的相互勉励与祝福。遥远年代的校园生活已成如烟往事。1957年入学时正逢反右,昔日的文庙贴满了大字报;后又赶上大炼钢铁,泮池前的操场上垒起了小土炉。但有些片段,依然是欢快的。大成殿那时是礼堂,有一年,学生剧团戏装登台演出京剧《打龙袍》,笔者饰灯官儿:"尊万岁在上听,细听我灯官儿报花灯,报的是一团和气灯,和合二仙灯,三阳开泰灯,四季平安灯,五子夺魁灯,六国封相灯……不好了,不妙了,天公打雷劈死了张继保。"刚报完花灯,"我"就被皇上下令拿下了,而包拯,也借机说出了本朝也有不忠不孝之人,正是皇上你自己。于是引出了前朝被迫害的太后复出,皇上自罚打龙袍的故事。这戏文,却堪与崇化一脉相承。

天津早年的书院与学校

四伯的父亲是笔者的亲叔伯爷爷,是我爷爷的哥哥,大排行是七爷,是位光绪年间的秀才,不过不是禀膳生,朝廷是不给钱粮的,早年一直教私塾。四伯对读书人一直是敬重的。

四伯回忆了天津早年的会文书院和广智馆。

会文书院位于仓廒街文庙后身,由当年的直隶总督李鸿章批准,创建于清同治年间,光绪二年(1876)建成。据四伯说,会文书院是秀才、举人念书的地方。这与一些史家的记录是相合的,据王兆祥先生文:主持书院修建的天津知府马绳武在办学之初就提出"专课举人",与当时天津已有的"辅仁""问津""三取"三座书院"皆为生童而设,孝廉不与焉"不同。这是会文书院的办学特色。

而让笔者始料不及的是,据王先生说,会文书院创建之前,这个院址原本竟是自雍正年间始建的天津县署监狱。改建了原有近二十间监房,又将文庙后院再加上购置的邻近民房,几番扩建,建成了书院。将监房改建为讲堂,极有象征意义地诠释了那个年代学人的理想。除了热心教育的知府马绳武等几位官员,创建会文书院的倡议人却是一位乡试屡试不第的蒙馆塾师李金海。其父李青田,也是当时津门一位著名的塾师,家居南门里。会文书院建成后,李金海任书院总塾塾师,提携贫寒子弟,成就多人,最知名的学生是后来崇化学会的创建者之一、著名学者林墨青。1902年,严修先生在会文书院旧址创建了天津第一个新式小学"天津民立第一小学堂"。笔者四伯、五伯、六伯、父亲、老伯都自这所小学毕业。笔者也在这里读了小学,我在学时已易名为"天津私立明谊第一小学"。

广智馆,由严范孙、林墨青、赵元礼等创办,馆址在西北角,馆名为华世奎题写。广智馆类似现在的图书馆,给市民提供了学习场所。令人印象深刻的是陈列室陈列着天津城的历史照片,还有一些古版书,包括木版的《天津县志》等。

笔者按:广智馆是严范孙先生倡导并资助,林墨青先生创办的面向社会的教育机构。那一代学人经历着中国的内忧外患,秉持"教育救国"的理念,"雪耻莫急于强国,强国又莫急于兴学"。广智馆1921年筹备,1925年建成。据史料载,馆内二楼陈列着历史文物及工艺品等,而一楼展室则展示当时新兴的电报通信、纺织作业流程等新生事物,并有文字详细介绍。广智馆出版有《广智丛刊》《星期报》。

在天津早年的书院中,"问津书院"是有较大影响的。乾隆十六年(1751),修建了芥园的查为义捐出鼓楼南路西一片宅基地,由当时的长芦盐运使卢见曾出资、集资,督建了问津书院。书院的讲堂为"北学海堂"。自乾隆至光绪年间,当年天津的许多地方官吏先后担任书院主讲,他们之中很多都是南方诸省北来的饱学之士,"教诲生童如同子弟"。光绪六年(1880),李鸿章特聘进士出身的著名学问家李慈铭,自浙江来问津书院主讲,出题试士,推动天津的国学教育。

"三取书院"是天津兴建最早的书院,位于三岔河口南之东岸,康熙五十八年（1719）由天津本地进士王又朴利用原赵公祠旧址修建，初名"郁文学社"。王又朴，字介山，是清朝前期天津最有成就的经学家和诗人，著作甚丰。有像他这样的主讲，吸引了许多外地士子来津就学。

天津自康熙以来还兴建了辅仁、集贤、稽古等书院。天津并不仅仅是个码头和商埠，兴学之风使天津"文风蒸蒸日上"，据天津志书统计，清代乾嘉道三朝，天津的举人均"逾百数，实为天下罕见"。

▶上列为严修与张伯苓先生。右图为当年在天津郊野初建的南开学校东楼，天津人管城外的荒野叫"开洼"，南开、北开、西开均如是。下列为清代三取书院平面图，1902年建校的新学书院与东马路甲种商业学校旧照

生于清末的四伯，家中也送他去新式小学堂念书。

他记忆中的学校自然首先是他读书的天津私立第一小学校，他忆起的其他小学还有私立第二小学校、广北小学、中营小学、老营务处小学、大口小学、弥勒庵小学、达摩庵小学、城隍庙小学、草场庵小学、模范小学、无量庵小学、水梯子小学、小树林小学、药王庙小学、双庙小学、乙种工业小学等；中学则有木斋中学、震中中学、铃铛阁中学、耀华中学、甲种商业学校（后更名为育才中学，笔者家父就读该校）、秀山中学、浙江中学等。南开大学和南开中学是早期天津最著名

的学校，由天津著名文人严修创办，张伯苓任校长。而北洋大学历史最为悠久，工商学院也很知名。

四伯也只能以钦羡的口吻与笔者说着这些学校，因为他仅只是读到小学毕业就闲在家中了，家中早早儿地给他娶了亲。

笔者按：严修，字范孙，天津人，光绪年进士，曾任翰林院编修、学部侍郎等，终生致力教育。1904年自日本考察归国，同年，与自美国归国的张伯苓合作，将自办的"严馆"与王益孙的"王馆"合并，筹建了南开学校的前身——"私立敬业中学堂"，校长为张伯苓。1907年，私立敬业中学堂改名为"南开中学堂"。1908年严修与张伯苓同赴美国考察大学教育，次年又共同创办了南开大学，张伯苓任校长。严修与张伯苓是天津近代民办教育的先行者。

1895年，光绪皇帝御批，"天津北洋西学学堂"成立，由李鸿章的幕僚盛宣怀出任学堂首任督办。后先后更名为"北洋大学堂""北洋大学"直至"天津大学"。天津北洋西学学堂也就是北洋大学，是中国近代第一所现代大学。

天津工商学院始建于1925年，是一所私立教会大学。1949年后，其工学院、商学院被分别并入天津大学和南开大学，师范学院扩建为天津师范学院。该校马场道原址现为天津外国语大学。

除上述学校外，又有文友愿与大家分享天津最早的十六所"爷爷级中学"，现记叙如下：

成美学堂——天津市汇文中学，1890年由美国美以美会主办。知名校友：黄敬、吴阶平、焦菊隐、马三立、王颂余、李光羲、商毅等。

天津北洋学堂（中西学堂）二等学堂——天津市海河中学，1895年由天津海关道盛宣怀创办，是中国最早的公立中学，原址为博文书院。知名校友：赵宝珍、王硕、郭淑珍、航鹰等。

法国学堂，后更名法汉学校——天津市第二十一中学，1895年由法国驻华大使及驻津总领事授意紫竹林教堂创办。知名校友：周楚、方宏进、郝帅、刘钝等。

天津普通中学堂，后更名天津府官立中学堂，曾名铃铛阁中学——天津市第三中学，1901年由邑绅高凌雯、王世芸创办，后移交天津府改为官办，原址为稽古书院。知名校友：姚树人、刘炳森、于复千、李世瑜、侯振鹏及魏寿昆、王寿仁、李赣鼎、刘宝珺、瞿裕生、刘广均等多位科学家。

私立敬业中学堂，后更名南开中学堂——南开中学，1904年由严范孙和张伯苓两位先生创办。知名校友：周恩来、温家宝、曹禺、叶公超、周汝昌、许国璋、刘子久等。

普育女子中学——天津市第九中学，曾名女三中，1905年由著名教育家温世霖创办。

宁河县中学校——芦台一中,1913 年由刘壬三倡议创办,公推前清举人张世阁为校长。

圣功女学校,后更名圣功女中——天津市新华中学,1914 年由天主教神甫李鲁宜、杨仁址与教友陈尽仁、英实夫创办。知名校友:郑汝全、杨希、高怀忠、王素卿、吴奇等。

圣若瑟女校——天津市第十一中学,1914 年由法国遣史会仁慈堂创办的教会学校,该校当年均由修女任教,当年该校高中毕业生经剑桥大学鉴定考试后可直升国外任何大学。

扶轮公学——天津市扶轮中学,曾名天津铁一中,1918 年由天津铁路同人教育会主办。知名校友:陈省身、姜思毅、郭琨等。

旅津广东中学——天津市第十九中学,1920 年由旅津广东名流陈祝龄、麦次尹创办,当年是一所名校。

宝蓟中学——天津市宝坻一中,1920 年创建。知名校友:张金松,为量子物理学家。

天津市工商学院附属中学——天津市实验中学,1923 年由天津法国天主教耶稣教会创办。知名校友:袁家骝、周汝昌、沈湘、鲍乃健等。

南开中学女生部——天津市第二南开中学,1923 年由张伯苓先生创建,是南开系列学校的重要部分。

天津公学——天津市耀华中学,1927 年由庄乐峰先生创办,1934 年取“光耀中华”之意,更名为耀华学校。知名校友:钱伟长、梁思礼、金怡濂、方惠坚、冯骥才、鲍国安、蒋大为、刘欢等。

崇化学会——崇化中学,曾名天津市第三十一中学,1927 年由严范孙先生创办于天津文庙。非知名校友:津门王三人。

天津早年著名画家与书法家

天津早年的知名画家张和庵、马家桐,均长于花卉鸟雀,画法非常细腻,章法别致,甚为驰名。周铁珊擅长山水人物,北京溥心畬兼长山水人物花卉,作品在天津负盛名。还有方墨林,用右手中指画写意花卉鸟雀的挑山、屏条,还用中指写对联,作品也很受欢迎。

说到著名书法家，首先就是华、孟、赵、严"津门四家"，天津的许多商家字号的牌匾都请他们书写。华世奎名气最大，长于颜体正楷与行书，作品有天津劝业场、正兴德、祥德斋牌匾等。孟广慧，真草隶篆皆长，作品有中国大戏院牌匾等。赵元礼，工苏体，作品燕春楼、四海居、汉宫秋鲜货庄牌匾等。严修，居西北角严翰林胡同，既是学者和教育家，也是书法大家，长于行隶草，当年中原公司的冲天大招牌"中原公司环球货品"即为严修题写。

其他知名书法家还有：刘孟扬，时之周，潘龄皋，龙门薛琨薛月楼，曹鸿年，李石曾，杜宝桢，华俊声，方地山，郁美庵，李鹤年等。这些书家也多有牌匾佳作，如杜宝桢，牌匾作品就有桂顺斋、大德祥、登瀛楼、全聚德、宝明斋、川鲁饭店、同陞和等。

笔者四伯忆记了清末民初主要是津门的几位画家和多位书家。回望当年，丹青妙手曾独领风骚，笔者也曾忝修此业，故多有赘言如下：

晚清津门名家张兆祥，字和庵。天津人，少家贫，但聪颖喜画，后父亲送他师从孟绣春，打下丰厚基础。他的画作远追徐熙、黄筌，近摹恽寿平，并且注重写生，吸收了来自西洋的宫廷画家郎世宁的一些技法。他家住在老城里府署街报功祠胡同，据说他在院落中遍植各种花卉，自制一个取景框，对景写生，并揣摩构图的变化。用心不可谓不专不细，遂成大家。其所绘花卉翎毛，画风工妍绚丽，一时追习者众，堪称当年津门画坛的领军人物。1966年8月，笔者在劫难后的自家院落，捡回散落在墙旮旯历经雨水浸泡的一个画卷，展开来看，竟是一幅未经托裱的张和庵绢本花卉。经刘光启先生法眼，为真迹，是祖辈藏画的劫后遗存，散落在旮旯反而留下来了。

马家桐，字景韩。与张和庵师出同门，他们同门师兄弟四人被誉为同光年间的"津门画家四子"。马家桐擅长花鸟山水，远师徐熙等大家，师古而不泥古，其画风既不失院体画的工整凝练，又融入文人笔调的水墨与敷彩。他尤钦佩明代画家吕纪，画作常有"摹锦衣卫指挥吕纪"题句。追吕纪《雪岸双鸿》等画意，多次创作家禽鸟雀在严寒风雪中偎依、患难与共的画面，隐喻人生。马家桐多才多艺，据说齐白石的草虫多从其画法借鉴。他的趣事是一次用旧绢仿宋人花鸟一幅，行家也视为真品，在坊间卖出高价。马先生觉得好玩儿，邀他的好友孟广慧在他仿制的多幅"宋画"上摹题款识，摹刻印章，均惟妙惟肖。时人明知是假，也争相收藏，戏称二人为"津门二甲（假）"。北洋时，同为天津人的徐世昌就任总统，徐大总统也擅书法，自号"水竹邨人"，慕马先生之名欲登门拜访，竟遭其婉拒。此事足见其清高狂狷，但也折射了当时社会氛围的宽松。

周铁珊，本名周让，字揖三，号铁珊，别号周颠、疯仙。在清末民初的津门画坛也是一位声名赫赫的人物。他出生于天津河北东于庄,自幼随父学习诗词绘画,后入学堂读经史。十七岁时,为正兴德茶庄画江南四扇屏,一举成名。此画与其人均为翰林张焕章大人喜爱,竟以爱女张蝶仙许配,招为快婿。周铁珊诗书画俱佳,绘画上遍学前人名家,花卉山水人物皆长,画竹师文同郑燮,擅画大幅竹图,有"画竹大王"之誉。他的作品题材广泛,风格多样,晚年攻水墨写意,在津门力推"扬州八怪"画风,并以"周颠"自号。

清末民初书坛"津门四家"之一的孟广慧,为亚圣孟子之后。其书作真草隶篆皆能,他摹写书坛各家各体几可乱真,如上文所述,与马家桐一起被时人戏称为"津门二甲"。据说在南京的一次书法名家雅集上,他即席书十联,每联仿一家一体,每联不同,令四座叹服。他不仅是位书法大家,还是一位文化学者,在甲骨文的收藏与研究上与王襄、王懿荣齐名,是殷墟甲骨最早的发现者之一。堪称夫子的孟老先生又是一位性格有多个侧面的人物,有多方面的爱好,喜好京昆、爱听曲艺大鼓,喜好交往,与李叔同从小就交好,交谊终老。擅书却又不多写,曾说过:少者为贵,宁可受穷。子曰:"饭疏食饮水,曲肱而枕之,乐亦在其中矣""一箪食,一瓢饮,在陋巷,人不堪其忧,回也不改其乐。贤哉,回也!"孟广慧本为孟子后裔,又与颜回同声气,对安贫乐道,他是一个身体力行者。据说,他去世后,人们从他的藏书中才发现了他仅有的两元钱。

溥心畬的画作,在津门当年肯定是一画难求的。他本为京城的皇室贵胄,其艺术声望也多在津门诸子、地方名头儿之上,更是一个有故事的人。爱新觉罗·溥儒,字心畬,清恭亲王奕䜣之孙。四岁习书法,五岁拜见慈禧太后从容应对,慈禧夸他"本朝灵气都钟于此童"。少年即能诗能文,被誉为"皇清神童"。在大内接受"琴棋书画诗酒花"的皇室美学教育,又曾留学德国,辛亥后隐居北京西山,专事绘事,诗文书画皆有成就。他虽无师承,但在大内遍临古代名画,得传统正脉,眼界首先就高了,承袭马远、夏圭,被推为"北宗山水第一人"。1926年,他在北京中山公园举办了首次书画展览,声名大噪而一发不可收。从此与张大千有"南张北溥"之誉,又与吴湖帆并称"南吴北溥"。但他自诩生平大业为治理经学,读书由理学入手旁涉诸子百家以至诗文古辞,所下功夫既深且精,而视书画则为文人余事,并未以全部精力投注。然则,这却又使他的画风显出一种高雅而不刻意的人文特质,为常人所不及。二十二岁时,娶大将军升允的女儿罗清媛为妻,夫妇二人共好水墨丹青,给他们的西山隐居生活带来不少乐趣。然好景不长,溥先生干了一件影响他后半生的事——贪恋女色,执意将发妻罗清媛的贴身丫环李雀屏纳为偏房。笔者见过遗存的历史照片,年方十八的李雀屏颇有姿色,而发妻罗清媛稍嫌臃胖老相。发妻罗清媛因此积郁在心,气得两次中风,没几年便撒手人寰。后来，溥心畬辗转到了台湾，生活并不如意。北京胡同里长大的李雀屏掌控了家庭经济大权，拼命让溥心畬不停地画，成了造钱机器。更让他堵心的是李雀屏红杏出墙，与人私通。已有觉察的溥心畬碍于脸面隐忍不语，从此只是终日埋头作画写字，人生悲欢都化为笔底风雨烟云。数年后他患上癌症，六十八岁去世。

笔者四伯记忆中的书画家多为清末民初较早的人物，那时，我家还没有分家，赋闲的祖父雅好字画古玩，四伯在叔伯兄弟中最为年长，随侍左右耳濡目染。民国后期的津门画家因晚近而不熟悉，笔者不得不提及很值得一书的一位。

刘子久，号饮湖，1891 年生于天津。早年在北京中国画研究会随金城学画，遍临名作，系统学成传统技法，在画坛崭露头角，并任湖社画会导师。1931 年返津后，应当年南开学校同学严智开之邀，就任严氏创建的"天津美术馆"国画导师。严智开乃严修之子，留日学油画归国后，在天津公园即后来的中山公园创建了天津美术馆。由于严氏家族的社会影响，该馆成立伊始，就有汉唐石刻、明清绘画等丰富藏品，刘子久入主国画教学兼及藏品征集。丰富的藏品，用于教学利于揣摩，更兼口传心授，演示课徒，刘子久培养的学生，如刘继卣、王颂余、孙克纲、严六符等，均为后来的津门乃至国内的画坛主将。刘子久在津门的艺术教育上当年曾发挥了作用。令人感慨的是，当年可能还拖着辫子登上清末画坛的这位刘老爷子，1949 年后，还吭哧吭哧地绘制了《给军属拜年》《支援前线》等作品。

天津早年著名商铺和饭庄

位于竹竿巷口的"五甲子老烟铺"，是天津早年最老的商店，专售各种烟叶及鼻烟，开店已有三百余年。还有宫北大街的"秀昇锅店"及亦在竹竿巷但在中间路段的"正兴德茶庄"，至今均有近三百年历史。

最老的糕点店是"胜兰斋点心铺"，位置在毛贾伙巷巷口，胜兰斋月饼最佳，芦荟糕也是其特色糕点。北马路的祥德斋，也是历史悠久的知名老糕点店。此外还有一品香、四远香、桂顺斋、惠中、宝林祥等老字号。

天津有许多历史悠久的饭庄。聚合成、聚庆成、泰丰楼、会宾楼、登瀛楼、太白楼、全聚德、松竹楼等，都在南市。

知名的饭庄还有鸿宾楼、蓬莱春、悦宾楼、慧罗春、丰泽园、燕春坊、正阳春、天宝楼、燕春楼等。天津传统风味的则有天一坊、什锦斋、四海居等，四海居的传统单锅咸、各馅锅贴很有特色。

至于传统小吃的狗不理包子、十八街麻花、耳朵眼炸糕,历史都很悠久。

四伯记忆中的五甲子老烟铺,位于当年天津商业中心的北门外的竹竿巷东口,是天津已知最早的老商铺。店名原来叫"中和烟铺"。据说,康熙十五年(1767),《施公案》一书中的人物原型施仕纶,任仓厂总督之职,衙门就在现在的天津估衣街归贾胡同位置。左近竹竿巷口有一个山西人开的烟铺,除了卖烟叶还卖槟榔。施大人挺喜欢这个小铺卖的槟榔的口味,一天嚼得高兴,就信手给这个没有字号的小铺写了"中和烟铺"四个字。店主人如获至宝,刻成牌匾挂在店外,从此生意兴隆,成了有名的字号。三百年,是五个甲子,为了宣扬店铺历史悠久,后来改名为"五甲子老烟铺"。

至于秀昇锅店与正兴德茶庄,目前已知正兴德茶庄是由穆家的先祖穆文英于乾隆三年,即1738年创建于竹竿巷,也近三百年了。穆家是清真,由经营素茶为主的小门脸儿起家,历经多年,最终发展为批零兼营、前店后厂的大商号。民国以来,除了竹竿巷总店,梨栈大街和东北城角先后开业正兴德在津的两个最大门面。后来,穆家也进入"天津八大家"之列。而说到秀昇锅店,今人可能以为,就算历史悠久不就是个卖铁锅的嘛。殊不知位于宫北大街袜子胡同口的这个秀昇锅店,当初虽然是个小店,但占尽了天时地利,更兼善于经营,也发展为连笔者四大爷都念念不忘的大商铺。它地处娘娘宫旁边,天津人最重视年节,尤其是每逢过年,按老例儿总要添碟子、添碗儿、添家伙什,象征着日子过得红火,逛娘娘宫办年货那就必去秀昇锅店了。秀昇锅店就像个土产公司,除了看家产品铁锅炒勺,大至水锅炉、炉具烟筒,小至瓢盆笼屉、炙炉拍盖儿、碗碟筷子勺儿,应有尽有。更兼面向饭庄、买卖家、大家主儿,批量订货厨具,买卖就越做越大了。

胜兰斋点心铺和祥德斋糕点店都是老字号,但史料记载着一些津门可能更老的糕点店铺。如乾嘉时的津门才子、家居东门里经司胡同的举人杨无怪所著的杂著《天津论》中,就有这样的句子:"鼓楼北出酱肉,双立园的包子白透油,南糖北果,荤素菜头,映月斋的点心最可口。"位于老城里的这家映月斋,至少乾隆年间就是个名店了。天津人确实是好吃而且讲究吃的,杨大人也要夸夸鼓楼北的酱肉和双立园的包子。而高伟先生引述民国冯文洵《丙寅天津竹枝词》的博文中,除了胜兰斋、一品香的茶食糕点,祥德斋的什锦元宵,还提到了不少当年老城一带广受欢迎的吃食和店铺,如侯家后狗不理肉皮蟹黄包子、鼓楼东姚家门口小包子、小伙巷南阁张官牛肉包、单街子饺子孙、鼓楼西大水沟鸭子王卤煮野鸭、沈家栅栏油炸蚂蚱、鼓楼底下丁大少糖堆儿、张二炒果仁、东门脸儿郑记糖炒栗子、北门外孟记香干等。

▶ 上左图为竹竿巷
正兴德老号,余为
当年的东门脸儿、
北门外、大胡同、
东马路、南市,均
为热闹去处

天津的饭庄素有"八大成、九大楼、十大饭庄"之说。据说,主营天津菜的"八大成"为明利成、聚德成、聚庆成、聚和成、义和成、聚兴成、聚乐成、聚合成。"九大楼"为清真回民饭庄,即相宾楼、华宾楼、大观楼、迎宾楼、富贵楼、会芳楼、会宾楼、鸿宾楼、畅宾楼。"十大饭庄"主营鲁菜,为同福楼、全聚德、天源楼、登瀛楼、松竹楼、天兴楼、晋阳楼、万福楼、会英楼、蓬莱春。而对于老城一带住民,家门口的几家饭馆儿——东门脸儿的中立园和恩发德、北门西的什锦斋、西南角的四海居、北马路后来改为红旗饭庄的同聚楼,却是更令人难忘的。我家四大爷的父亲,也就是笔者大爷,当年就是位吃主儿,家中本来是换着样儿地做的,但大爷总要打发五伯到外面饭庄去点菜。据家父回忆,他也被大爷打发去北大关什锦斋去买过

▶ 上图为当年的南市登瀛楼饭庄。
下图为多年后的南市增兴德清
真饭馆旧址,增兴德的羊肉蒸饺
与炒菜口味醇厚、物美价廉

大爷爱吃的锅子菜。

天津东临渤海,河湾纵横,天津的名菜首先就是河海两鲜,如当年的银鱼紫蟹火锅、熘河蟹黄、罾蹦鲤鱼,应该是天津菜中的经典;而家居的烹对虾段儿、春海蟹、秋河蟹、鳎目黄花大麻蛤,虾钱儿虾酱炸刀鱼,也都是天津人的口头福。所以天津人有句话:"当当吃海货,不算不会过。"天津人还有句话说:"七个碟子八个碗儿。"讲的是热情待客菜品丰富。而下馆子吃席,天津系列菜品就有四扒、八大碗,乃至满汉全席中也可见津菜身影。但当年天津最早毕竟是个码头,底层民众忙于生计,即令天津后来发展成了大都会,三教九流,做文的、做事的、做工的,也都奔波劳碌,因此快餐就发展起来了。许多火爆饭馆里的饺子捞面、包子锅贴儿、回头羊汤,街头小摊儿的大饼夹素卷圈儿、夹茄夹藕盒、夹酱肉杂样儿、夹炸蚂蚱,以至早餐的煎饼果子,无不是津门富有特色的快餐。地处北方,毗邻坝上,直通西口,穆斯林早已是天津居民的一部分,清真饭庄与菜品在津门独占三分天下。吃罢了涮锅子,感觉别的好像都没什么滋味了;更兼红烧牛舌尾、黄焖牛肉、葱爆羊肉、水爆肚、老爆三、独面筋等。在抗击疫情久不出门的此时,笔者写到这里好像有点儿饿了。

天津早年茶园与戏园子

鼓楼北县阁西口福仙茶园是老茶园,此外,津门的茶园还有燕乐茶园、中华茶园、同庆茶园、群英茶园、天晴茶园、玉壶春茶园等;而戏园子则有北天仙、东天仙、大舞台、上平安、上权仙、新明大戏院等,后来又有著名的中国大戏院。

天津早期茶楼茶社都是喝清茶的。多数茶楼有说评书的,或"什样杂耍",表演清唱、大鼓书、河南坠子、京韵大鼓等,茶客边听说书或边看表演边喝茶。如位于鸟市的"东来轩茶楼",楼上的茶座就有说评书的;"玉茗春茶楼"位于鸟市后小马路,演唱河南坠子、杂耍等。还有些茶社称为"河茶社",如"宝和轩"位于北门外,每日上午是估衣街油作接头的地方,下午是茶社;侯家后小马路的"三德轩",每日上午是古玩行串货买卖的地方,下午是茶社;位于南门外官沟街的"润香茶楼",当年有著名的评书演员陈士和在楼上说《聊斋》。

当年的茶楼茶社,所设座位不是椅子,是若干条很长的长板凳,板凳前面有长条茶桌,按行排列。在开书前,有些老年人带着蝈蝈葫芦、蛐蛐葫芦,从怀里拿出来,用毛巾、手巾垫着,让它们晒太阳,自得地在那儿听蝈蝈蛐蛐叫,说书人一开书就收起来了。书说那么一段儿,就有人端着竹筲箩来收费了,计时收费,当时都是花铜钱，每次也就是五六个大铜子儿。书场里还有卖瓜子、果仁、萝卜、糖墩儿的，一边听书喝茶，一边吃零嘴儿。

茶园、戏园子、茶楼、茶社，说得今人有些不明就里，这些不同的称谓又是怎么回事呢？容笔者道来。

据传，饮茶成为风习，始于唐代的寺院，寺院设"茶堂"，每日鸣茶鼓，召集众僧与香客至茶堂品茗说禅，饮茶是佛事活动的一部分。"茶禅一味"，茶意与禅意相通，都需要悟，去慢慢体味。建于唐代的江南禅林径山寺，宋代时有日本僧人来此求学，具盛名的"径山茶宴"的程式传入日本，推动了日本茶道的发展。饮茶在唐代渐渐从寺院广布民间，从学禅演变为民俗，王公朝士、文人市民"无不饮者"，唐代已出现"茶肆"。唐代人陆羽撰《茶经》，被人们推为"茶圣"。

宋代市井生活繁华，"瓦子""勾栏"之侧，多"茶楼""茶肆""茶坊""茶房"，挑担摆摊的则称"茶司"。孟元老《东京梦华录》载"按管调弦于茶坊酒肆"，娱乐活动已经进入茶坊酒肆的店堂。至于饮茶方式，则有"唐煎宋点"之说，即茶水由唐代的"煎茶"演变为宋代的"点茶"，文人雅士尤其崇尚饮清茶，不再像唐人煎茶时加姜、盐等辅料。

中国的明代中后期，已经出现资本主义萌芽，经济和工商业获得进一步发展。部分市民阶层开始更多地追求世俗享乐，"目极世间之色，耳极世间之声，身极世间之鲜，口极世间之谭"。"沏茶"的方式开始盛行。这种以沸水浇之的方式据说来自明太祖朱元璋的无心插柳。明太祖从一个要饭的最后坐了天下，早年的艰难和军旅生涯肯定是匆促的，又要喝茶，那就一浇而成，反而"尽茶之真矣"。这就像"珍珠翡翠白玉汤"也来自无心插柳一样。"茶馆"的称谓在明代开始出现，成为茶肆的通称。大鼓评书、弹词评话，进入茶馆怡民悦众，茶馆则据此招揽生意。

清代的茶馆数量激增，堪称是该业的鼎盛时代。茶馆逐渐分类，以卖茶为主的称为"清茶馆"，十分雅致，是文士和客商们喜欢去闲坐或叙谈的地方；而"荤铺茶馆"既卖茶也卖点心茶食以至春卷、烧卖甚至酒类，近于如今的茶食店。乾隆办千叟宴，在圆明园修了个有各种店铺的商业一条街，其中就有"同乐园茶馆"，太监们扮掌柜伙计，皇上大臣们逛街，真买真卖饮酒喝茶，是个乐子。清代戏曲繁盛，嘉庆年之后，茶园、戏园，二园合一，所以旧时戏园往往又称茶园。后世的戏园、戏馆之名据说即出自茶园、茶馆。

梅兰芳先生曾回忆道："最早的戏馆统称茶园，是朋友聚会喝茶谈话的地方，看戏不过是附带性质。""当年的戏馆不卖门票，只收茶钱，听戏的刚进馆子，看座的就忙着过来招呼了，先替他找好座儿，再顺手给他铺上一个蓝布垫子，很快地沏来一壶片茶，最后才递给他一张也不过两个火柴盒这么大的薄黄纸条，这就是那时的戏单。"茶园的收费,从最初的以喝茶为主,听戏、听玩意儿为辅只收茶钱,演变为后来以听戏为主,喝茶为辅只收听戏钱。

对单纯经营饮茶生意的店铺,京津两地一般称茶馆儿,而杭州人习惯称茶室、扬州人称茶社、广东人则喜称茶楼。如上文所述,茶园则专指有演艺活动的场所。笔者四大爷忆及的天津早年的茶楼,也并非沿用了广东人的叫法或由广东人经营,只不过是有楼上的茶园。天津早年的"河茶社"确有特色,侯家后的"三德轩",笔者祖父闲居时,常到那里淘古玩。

早年天津北门里县阁西口的福仙茶园,泥人张第一代张明山就是去那里看戏时,在袖口里偷捏了也去看戏的海张五的头像,后来摆卖海张五。乾嘉时期,天津卫的城市繁华和风俗已经形成。同光中兴,百业兴旺,天津的茶园林立,其中最有名的是"金声""庆芳""协盛""袭胜"四大茶园。金声茶园在北门里元升胡同,笔者四伯所忆的福仙茶园实际就是换了东家后更名的这一家;庆芳茶园在东马路袜子胡同;协盛茶园在侯家后北口路西;袭胜茶园在北大关金华桥南西口。自清末至民初,当年的演艺名家纷纷来津在茶园演出。如"怯大鼓"名家霍明亮来津演出,刘宝全本是他的伴奏,后来刘宝全对"怯大鼓"的唱法进行了改造,起名京韵大鼓,天津的茶园成就了一代鼓王。当年久占天津茶园演出的名家不少,据考,有皮黄即京剧的黄月山、余三胜、刘赶三,小四喜班的李吉瑞、尚和玉、薛凤池;梆子的田际云、侯俊山;蹦蹦即评戏的庆顺班、义合班;相声的王二福;戏法的朱连奎等。

茶园的演出条件和环境毕竟有限,当人们从以喝茶为主转变到以听戏为主的时候,戏园子也就应运而生了。光绪十六年(1890)位于河北七区大马路即今建国道的天津第一个像样的公演舞台建成。因不远的海河西岸有著名的天仙茶园,为提示位置就起名为"东天仙",这是天津的第一所戏园子。程砚秋的老师荣蝶仙,王瑶卿的弟弟王凤卿,高庆奎,盖叫天等名角儿纷纷来津到此演出;在上海一炮走红的梅兰芳也赶到天津在东天仙演出,轰动津门。此后经年,北门里的金声茶园改建为"中天仙戏园";北大关的袭胜茶园改建为"西天仙戏园";袜子胡同的庆芳茶园改建为"上天仙戏园";而天仙茶园则扩建为"下天仙戏园"。东西上下中,天津戏园子的"五大天仙"至此全部登场。至今唯一保存下来的最早的"东

▶ 侯家后二友轩茶园、芦庄子
天仙茶园与南市的戏园子

天仙"，先后更名为"东方大戏院""天宝戏院"直至"民主剧场"。

1928年，天津劝业场落成。高星桥学习上海大世界的做法，在四楼之上建成了"八大天"，购物加上娱乐休闲，这是当年北方第一个这种新型业态的商场。"天华景"演京剧，"天乐"演梆子评戏，"天露"演曲艺杂耍，"天会轩"演文明戏，"天宫"演电影，还有"天纬"台球社、"天纬"地球社和"天外天"屋顶夜花园。劝业场还有两个不大为人所知的小剧场，一个是"卧月楼"，本是劝业场二东家庆亲王载振的私人会所，后来对外开放演昆曲；另一个是屋顶天外天的"共和厅"，专演沪剧。劝业场的少东家高渤海酷爱京剧，自营天华景，曾请人编排了连本《西游记》，真马真猴儿上台，立体花果山，真水水帘洞，吸引了大量观众，连演了两年多。后来又排演了连本《红楼梦》和根据好莱坞电影改编的京剧《侠盗罗宾汉》。据说，高渤海就是凭火爆的天华景的丰厚票房收入，盖了渤海大楼。

1934年，周信芳来津演出，在为他接风的宴席上，他说天津重镇，竟没有一座像样的大型剧场，实在遗憾。此话触动了同席的天津八大家之一的富商孟少臣，他于是着手筹建"中国大戏院"，马连良、周信芳、姜妙香、尚绮霞等均投资参股，当时的国民政府外交部长顾维钧自愿出让了名下的土地。1938年，弧形舞台、设施先进、三层座席包厢的大戏院落成，时任天津市市长张自忠和马连良剪彩。在这座堪称天津乃至北方第一的中国大戏院的舞台上，四大须生、四大名旦、四小名旦等许多名角儿，都演出拿手好戏。

天津众多的茶园戏园子，笔者很难说尽。保留有传统戏台的鼓楼南广东会馆现在是天津戏剧博物馆，如果在那里供职的我的学友张天翼来写这一段，会写得有来道去。但有一节笔者却是知道的：当年吃演艺这行饭的，不管是京昆梆子蹦蹦戏，还是大鼓相声莲花落，要想走红，就得先在天津红。当年的艺人们都要跑天津这个码头，很多演员都是在天津的舞台上得到了天津观众的认可。天津观众一捧，这演员一下子就能成为名闻全国的角儿。这是天津当年的城市地位、住民构成、社会生活状况等决定的，发达的经济和富足的城市生活孕育着文化生活。天津人懂戏，戏迷、曲艺迷广布于社会各个阶层。笔者生于平民之家，但家人亲友也不乏曲艺迷戏迷。笔者六伯就是个京韵迷，当年在劝业场做买卖，与高渤海交好，每开堂会必请小彩舞，晚年居家哼唱《丑末寅初》《剑阁闻铃》等，有韵有腔。笔者姥姥家几乎全是戏迷，笔者小时候有几年住在河北路的姥姥家，三天两头被带着去天华景和中国大戏院听戏、看猴儿戏。笔者大姨父更是个半专业，他们赵家早年是南京的大户，他沉迷于戏文，交游名角儿名票，自己也是个名票，只不过他个子矮没嗓子，是个著名的票鼓老——玩儿呗。晚年居津，有外省一些角儿来津演出也常去探望他。他有个特点，生活中遇到了什么事儿什么人，他常说起一段戏文或一个戏出人物,这就好像谁谁谁赛的。戏剧,就像是历史和生活的教科书。

天津早年饭店旅馆与澡堂子

饭店旅馆

天津早年的饭店旅馆有交通旅馆、惠中饭店、国民饭店、世界饭店、孚中饭店、熙来饭店、裕中饭店、利顺德饭店、中南旅馆,后又有天津饭店、人民饭店等。

天津的饭店发生过众多的故事。最出名的莫过于1931年末代皇帝的淑妃文绣,自静园出走住进了国民饭店,在那里演绎了历史上第一桩与皇上的离婚案,成为轰动世界的新闻。而建于1863年的天津利顺德大饭店,则堪称博物馆级的中国历史最悠久的酒店之一。在利顺德住过的格兰特和胡佛两个美国人后来都当了美国总统,早一些的格兰特当年是个将军,晚清的首辅大臣李鸿章曾屈尊到利顺德与格兰特会晤。辛亥革命后,孙中山为了走向共和,北上与袁世凯共商国是,最终让出了总统宝座。孙中山北上,三次下榻天津利顺德。其实利顺德是1886年才由德国人开业命名的,在此之前的1863年,英国人在那个地方开办的利顺德的前身叫"泥屋"酒店,曾经是一片颇具英伦风情的西式平房院落。泥屋还不是最早的西式饭店,天津开埠那年的1860年开办的环球饭店,才是天津第一个西方概念的饭店。

当年的天津就是个历史的大舞台,有多幕历史活剧在天津的饭店上演。但这毕竟离老城里的平头百姓远矣,从地理位置上那也都是发生在下边儿的租界地。倒是笔者四大爷忆及的南马路的中南旅馆也还切近些,跟经常贴着告示的法院一溜儿。老城里还有一些旅馆,笔者记得龙亭西箭道还有个大隆旅馆,当年街坊们都叫它"大隆栈"。记得东门里小学旁边有个租赁桌椅板凳的店铺,掌柜的是笔者祖父学习气功的师兄弟,是个慈眉善目的老头儿,我喊他"孙二爷",公私合营时,孙二爷就被合营到大隆旅馆去了,晚运不好,笔者父亲总给他送些钱财。

大隆栈,老时年间的旅馆就叫客栈。我们的祖先很早就四处闯荡了。王维送别元二时所作"渭城朝雨浥清晨,客舍青青柳色新。劝君更饮一杯酒,西出阳关无故人。""客舍"是唐朝人对旅馆的称谓。商周时代,就修有驿路,据《周礼》载,隔多少里就有"庐""路室""候馆"。主要接待公差,也为旅人提供食宿,民办的则称为"客舍""客馆"。历代旅馆的称谓多矣,如"逆旅""马日传""驿传""郡邸""驿""亭""邸店""行馆""会馆""馆驿""商馆""客店""递铺""驿站""客栈"等,还有"蛮夷邸""四夷馆""典客署"等是专门接待外国人的;专门供客商存放货物的则称为"榻房"。

► 上列图为利顺德饭店1895年所摄照片和1945年日本投降后挂着"欢迎国军"横幅的国民饭店。下左图为1939年闹大水时遭水淹的惠中饭店,下右图为民国时的南市玉清池澡堂

"旅馆"之称源于唐代,有唐诗为证:"旅馆谁相问,寒灯独可亲。一年将尽夜,万里未归人。"《水浒传》中,宋代的菜园子张青和母夜叉孙二娘就是开店的,只不过是黑店,差点儿把打虎英雄武松做成人肉包子。而更为年轻朋友熟知的《武林外传》也在一个店里展开故事,里面的捕快小六子操着一口纯正的天津话,跟《杨光的快乐生活》一起让全国人民知道了天津话竟然这么哏。

天津明代建城,老城里多衙署,当年出公差的大多住衙署的客房。笔者祖父清代为官时巡视直隶各县,就大多住在各县衙门。天津早年供客商居住的客栈老城里虽然也有一些,更多则分布在北门外运河沿岸直至三岔河口一带外地客商云集的地方。早年天津老城人家来了亲友很少住旅馆,那时房子宽裕,都能在家里住下。穷人就去住澡堂子,澡堂子夜间纳客,一宿很便宜,还能洗个澡。

澡堂子

天津早年的澡堂很简易,北门里、东门里都有澡堂。北门外缸店街有个澡堂,已经有些历史了,汤池不高很小;此外还另设有两个高池子,一个热水一个凉水,洗脸时自己用一个木把儿舀子,舀到小木盆儿去洗,没有自来水。脱衣服使用柳条筐子,顾客坐在大长板凳上休息。澡堂门口有一副对子:"金鸡未鸣水先暖;酒醉年高莫入池",横批是"天天来洗"。在澡堂高处设有铁制的"云盘",是一个铁罩子,罩子下面是一块下部是半圆的带孔的厚生铁片,敲击能发出响声。每天早晨天方亮时,有专人打云盘。紧十八下,慢十八下,不紧不慢还是十八下。云盘一响,表示水已经热了,开始营业。

因为都市发展,新兴的浴池纷纷建立,沐浴条件大为改善。如南市荣业大街玉清池浴馆,南市新华池浴馆、长江浴池、卫生池,大胡同温泉浴馆,北马路锦园,劝业场后身华清池,张庄大桥天兴池,还有新化池、新新池等。这些浴池大多都是二、三层楼房,设备完善,池塘高阔,淋浴用管道冷热水,上下楼有电梯,服务周到。玉清池、温泉、锦园,都有女部。

笔者四伯忆及了遥远年代的澡堂子。在笔者模糊的记忆中,好像也到用木盆舀水的澡堂洗过澡。记得东门里有个山泉池,是个很小的澡堂,很可能就是那里。当年更多是大人带着去北马路锦园洗澡,那是件令人兴奋的事,所有人都脱得光溜溜的,让还是个小小子儿的我觉得很好玩儿。天津的澡堂大多是定兴人开的,伙计也多是定兴人,出来进去带着口音朗声热情招呼。一进门,一股澡堂子的特殊气味和热气扑面而来,汤池烫澡的老爷子们热得直吆喝出气儿,然后搓澡、淋浴。烫洗乏了就在厢座上歇息,伙计不时递过来热手巾把儿擦把脸,那叫舒服。有的是闲工夫的,沏一壶高末儿,来半个现切的倍儿绿的青萝卜,在厢座上慢慢落汗儿闲聊,有的还迷瞪会儿,那是市井的真闲人。

▶早年澡堂、药店、珠宝店的幌子。右图为民国时称为光明社的光明电影院

一些老字号与传统服饰

写罢了澡堂子,笔者四伯又写下了如下几行字,茶庄:正兴德、成兴、泉祥鸿、元兴等;绸缎布匹:谦祥益、瑞蚨祥、瑞林祥、老九章、大纶绸缎庄等;鞋帽店:马聚元、日升斋、凤祥、德华馨、老美华等;海货庄:隆昌、义成裕等;中药

铺:达仁堂、同仁堂、松茂堂、大仁堂、万全堂、鸿济堂等;西药房:屈臣氏、上池馆等。

写着写着,四大爷想起嘛来了? 也许,他想起了当年在缸店街的澡堂子洗完了澡的某天,顺着估衣街或北马路,溜溜达达回家的路上,又买了些东西。

大爷、二爷都喜欢喝茶。四伯的大妹子也就是笔者的大姑嫁到了成兴耿家,亲家也常送些明前龙井、洞庭碧螺春、黄山毛峰之类让两位爷品茗尝新,但茶终究还是要买的。清代诗人张璨有句云:"书画琴棋诗酒花,当年件件不离它。而今七事都变更,柴米油盐酱醋茶。"开门七件事,哪家都得居家过日子。而老太太或是大爷闹不得劲儿,请大夫来家诊脉开了方子——那就去抓药吧,那时,北大关路西、耳朵眼对面有个裕甡堂,有些年王家就去那里抓药,老主顾挂账,隔一段时间再结账,省得日常一次次麻烦。

让老辈人难忘的是,那些老买卖家的店员都非常客气,"和气生财"嘛,不买也没关系,"买卖不成仁义在",不会给你甩脸子。老买卖家前柜的店员的服饰也非常整洁,穿着大褂儿或是子母暗扣儿的对襟上衣,袖子很长,还把里面的白色小褂的白袖口儿,整整齐齐地翻出来,显得特别精神。

辛亥革命后,没皇上了。社会变革给老王家的生活也带来了冲击。秀才公大爷,也就是四伯的父亲,断了参加科考再进一步的路,没了前程,于是有点儿改脾气,看嘛都不顺眼,"介叫嘛年头儿"是经常挂在嘴边儿的。二爷,也就是笔者的祖父,不再给朝廷当差,回到天津仍旧混官面儿。可当年的官服,二爷却始终作为一个念想保留着,一直存放在一个大皮箱里,皮箱上有个"三槐王"的封签,放在东屋,从来不动。只有一次,二爷的朋友董政国来家串门儿,那是北洋时期的一个将军,他要看老物件,看完了别的,二爷又让把这个皮箱搬了出来,看那些老官服。四伯也跟在后面扒头看:马蹄袖,前后补子,蓝顶子花翎子,朝珠一百零八颗……这些服饰已经是难得一见了。

民国时期除了官家的官服大变,平头百姓的服饰似乎也没有特别大的变化。人们只是把辫子剪了。在老王家,二爷不大讲究穿,很节俭,一件旧皮袍穿了很多年。大爷是比较讲究穿的,四伯继其衣钵。下文另纸津津有味地回忆了清末民初当年的居家服饰。兹照录。

一般就是长袍、马褂。春季穿夹袍、夹马褂;夏季穿夏布大褂、纺绸大褂、丝罗大褂、纱马褂;秋季穿寒羊夹袍、夹马褂;冬季穿棉袍、棉坎肩、棉马褂,还穿羊皮袄、皮袍、皮坎肩、皮马褂。在那个时代,穿马褂等于穿礼服,表示隆重、规规矩矩之意。天津有句歇后语就是这么说的,"二小儿穿马褂——规规矩矩"。富者,一年四季,单、夹、皮、棉、纱,应时到节,是十分讲究的,仅以皮袍为例,就有狐腿、狐浅、青狐嗉、鹤绒、二毛羊皮、紫羔皮等多种皮毛之别。俗话说，人配衣裳马配鞍。从服饰能看出一个人的身份、家境甚至涵养。

穿鞋戴帽也是有关仪容的。天津人有句话："一双破鞋，穷了半截。"所以穿鞋也得在意。一般人就穿千层底的青缎子鞋，或是礼服呢的皮底鞋。天津日陞斋、马聚元、凤祥、德华馨等这些鞋店有售。冬季则还有青缎子大鱼棉鞋、毛毡鞋（俗称毛窝）、礼服呢偏扣毡子鞋等诸多品种。这些鞋店后来也卖衣服，如礼服呢马褂、水獭领子礼服呢大衣等。而再早的清代，做官的脚下都穿青缎子厚底长靴子，居家则穿缎香缎鞋、扶宗礼鞋等。

帽子，那时人们就戴"帽翅儿"，北京人称"帽盔儿"，就是瓜皮帽。纱帽翅、夹帽翅、棉帽翅。冬季则戴六块瓦将军盔或者风帽。

殷实人家才在穿戴上有这么多讲究儿，而旧时穷苦人，寒冷的冬天就穿小棉裤小棉袄、棉袜子布鞋；炎热的夏天很多人都光着膀子。日子过得艰难，也就没那么多讲究了。

天津早年街头小商贩

早年，天津街头、胡同深处，有许多走街串巷的小商贩，五行八作，远远地听到吆喝声，就知道卖什么的来了。笔者整理补充四伯这一段回忆时，好像又回到多年前的家门口儿，好像又听到那悠悠的叫卖声，又感到那昔日的暖阳与和风，又听到二大爷"爷爷爷"的大嗓门儿和婶子大娘们"咯咯咯"的笑声。

四伯忆及的多是卖零嘴儿和卖吃食的，有些，年代较为久远了。现整理如下：

小刘庄青萝卜　这年头儿就比较早了，那时，位于海河岸边的小刘庄，还是菜园子，旁边是个码头，由南方运来的南荠，都卸在这个码头。南荠带来的土都填到菜园子了，经多年填南荠土，后来种出来的萝卜又脆又甜。小刘庄青萝卜也就因此逐渐出名。

糖墩儿　"有大红果的呀——糖墩儿咧——"叫卖声悠扬。用浅铜锅将白糖熬成糖稀，将一串串插在竹签上的红果、山药、南荠等果品浸入，拿出摆在石板上晾到成形。趁温热吃尤为好吃。早年小车上立着个粗苇把子，蘸好的糖墩儿插在上边。也有抱着个插满糖墩儿的苇把子叫卖的，就一个字儿："墩儿——"。天津年俗大年三十吃糖墩儿，象征着日子越过越香甜红火。

七十二样甜崩豆　是一个洋铁包边的大玻璃盒子，分成七十二个格，每格装一种崩豆。酥香的崩豆是都切开一半的,各种馅儿夹在中间,白糖、枣泥、豆沙、红果、豆蔻、青丝、玫瑰、砂仁等,酸甜都有,吃在嘴里美味适口。

酥崩豆 是一个人牵着头小驴儿,驴背上驮着袋子,叫卖道:"桂花味儿的酥崩豆咧——"无论成年人及老人、小孩儿,入口略嚼即碎,吃起来都没个够。

熟梨糕 多层的木制小屉儿,一屉顶一屉,米粉上加点红果酪、豆馅等蒸制而成,像小碗儿糕,用卖家提供的特制的薄木片托着吃,软糯可口。小屉儿冒着热气,热气吹着个小铜哨儿,不停地响,吸引着人们尤其是小孩子们。

豌豆糕 是儿童喜欢吃的小食品,用模子制成各种花样,蒸制而成。

吹糖人儿的 用加点儿面制成的软糖面,放到鸟兽、人物等各样模子里用吹管儿吹制,或凭技巧直接吹制而成,既能玩儿又能吃,还很便宜。现在看来有点儿不卫生。

捏面人儿的 用加黏面制成的各种颜色的彩面,捏成各种神话、戏出人物和鸟兽动物,色彩鲜艳,生动有趣,很受欢迎。

糖棉花 小贩挑着担子,一头是个白铁制成的大圆桶,圆桶中间又套着个带许多细密小孔的小圆桶,将白糖稀加入中间小桶后,脚踏带动小筒飞快旋转,糖稀从小孔飞出成丝状,飞到大桶中,用长筷绕几下,就成了糖棉花团儿,甚受孩子们欢迎,连玩儿带吃。

八宝饭　杏仁茶　油炸素豆腐　豆腐脑 都是挑着担子串巷叫卖,有各种小料,甚为适口。

切糕　江米藕　麻团　凉果 切糕有枣的、馅的、红果的;藕用江米灌好蒸熟,都是切着卖,蘸白糖吃。麻团是将糯米面发后,加糖和桂花和好,包豆馅滚成圆团蘸上芝麻,炸成金黄。凉果是用瓜果晾晒后加甘草、盐、糖,腌制而成。春秋季节最是旺季。

卷圈儿 用豆浆挑出的豆皮儿,卷绿豆菜、粉皮儿、酱豆腐等合成的素馅,滚成长卷儿,切段儿油炸,外焦里嫩。

油炸小酥鱼　油炸小螃蟹 小鲫鱼儿用糖醋腌过,小螃蟹儿也带点儿甜味儿,油炸后金黄,鱼刺都酥了,鲜香无比。每天傍晚晚饭前,挎着篮子来叫卖。此外,还有酱铁雀儿(麻雀)、酱田鸡(青蛙)腿儿、炸蚂蚱等沿街叫卖,均是极佳的下酒小菜儿。

馅儿饼　干酪 大多是回民售卖,春夏之季卖西葫羊肉馅儿饼,冬季卖干酪。所谓干酪,是用极软的水面,用木棍儿挑到面板上,擀成极薄的圆形,放一层羊肉白菜馅儿,上面再复一层薄水面,捏成圆饼,在锅内浇油几分钟煎成。皮薄肉厚,油而不腻。

茶汤 小贩推着独轮小车叫卖,用已经炒熟的大米面、秫米面,扚到碗里拌好,用大铜壶开水冲制而成,加糖吃。

除了卖吃食的,还有卖坤造皮底和耍鼓擂子的:

坤造皮底 小贩挎着个圆笼,叫卖:"坤—造——皮底",是绱鞋的。妇女小孩、单鞋棉鞋,他有各种鞋样,还能根据要求出样子,等做好了送货上门。

▶ 清代走街串巷吆喝的商贩、卖吃食的与卖艺人的照片,直面距今已有百年以上的那些奔波劳碌的人们

耍鼓擂子 小贩挑着圆笼就来了,支起来却是个小戏台,四面挂着蓝布帘子。内有锣鼓齐响,耍戏的人藏在帘内,两手举着穿着戏衣的木人儿耍动,演唱小戏。他口中含有个哨子能模拟各种声音。能表演多出小戏,有"小秃儿卖豆腐""王大娘锅大缸""猪八戒""孙悟空"等,很受欢迎。

四伯的回忆勾起了笔者记忆中的童年,也想起近七十年前天津老城里还有一些走街串巷的商贩,补充如下:

崩豆萝卜 果仁儿 乌豆 五几年吧,也是卖崩豆的,就挎着个篮子,差不多快天西就来了,吆喝就是"崩——豆——萝卜",崩豆五分钱一包,萝卜打着卖。卖炒果仁儿的也是挎个小篮儿,吆喝"五——香——果仁儿"。再有是挎着个椭圆的浅木桶,盖着棉垫子,吆喝"芽——乌豆",那就是卖又热乎又绵软的芽乌豆的了,有的卖乌豆的也卖"老虎参",煮花生天津人叫老虎参。

臭豆腐 辣豆腐 "臭豆腐——辣豆腐——北京的酱豆腐"也是个难忘的叫卖声。那时的许多家常调料都是零卖,少有小包装,青酱(酱油)、醋、面酱、麻酱,都是家大人打发孩子拿着瓶子、碗到杂铺儿去零买,那时,家家都有个如今已经难见的大酱油瓶子。

卖药糖的 卖药糖的小贩也是拿一个洋铁包边儿的玻璃盒子,挎在脖子上,也可以支起下面有一个类似大马扎的架子,放下立在那儿叫卖。各种口味和不同颜色的，甜的、酸的、带咸味儿的、橘子味儿的、菠萝味儿的、薄荷味儿的……糖块儿都粘着砂糖粒儿。简单的吆喝："卖药——糖哎，您吃我的药糖，薄荷凉糖——"还有吆喝成一套儿一套儿的："买的买咧，捎的捎呀，我卖药糖的又来了啊，您啦吃嘛味儿呀有嘛味儿，那个仁丹薄荷冒凉气儿，那个老头儿别管老婆子事儿，管了你就生闲气儿，吐酸水儿，打饱嗝儿，气得嗓子疼那个难受劲儿，吃了我的药糖就管事儿，五毛钱呀您啦买两份儿，家里头外头您啦都顺气儿那个呦哎——小孩儿吃了可不淘气儿咯——"这糖还没买，你听着就痛快，这位天津翟大爷的吆喝作为非物质文化遗产被天津档案馆收藏。当年南市上权仙电影院旁边，还有个"王宝山药糖"的铺面，专门卖药糖，以脱口秀形式叫卖，颇为知名，该铺面还注册了"双笑牌"商标。

拉洋片的　约一人多高的很厚重的深色木箱体，箱体正面是弧形的，上下沿装饰着浅雕和绘制的花纹，箱体上横向排列着几个看孔；箱体是架起来的，下部是空的，可供看客坐下时放腿。看客贴近很小的看孔，可以看到密闭的箱体内被天窗天光或灯光照亮的美丽画面，一幅接一幅地变换，由拉洋片的在侧面拉线控制，每个画面他都有解说或歌词，因为画片大多为西洋的风景或宫廷人物画面，故曰"拉洋片"。拉洋片很受欢迎，孩子大人都爱看，在当年那个封闭的年代，满足人们窥视外部世界的好奇心理。

黄雀儿叼钱　这位就背着个小书包，一根小棍儿上架着个黄雀儿，就开始了他的买卖。记得那是在津道西箭道，他把木棍儿插在墙缝儿上，养熟了的黄雀儿也没有绳儿拴着。我们交了钱，他把硬币用力向远处一扔，黄雀儿飞快地飞过去把钱叼回到他手里，他喂黄雀儿点儿吃的鼓励，接着又扔出些别的小物件，黄雀儿一一叼回。再想看，接着交钱。据宝光学友讲，早年黄雀儿还被用来算卦，叫"黄鸟叼帖算灵卦"，黄雀儿从一摞画有卜卦内容的纸牌中叼出一张，那位就根据画面的卦象一通白话，妄称为"神意"。

笔者四伯一辈子生活优裕，没为过日子操过心，一些售卖生活必需品和走街串巷干修理零活儿的，他可能觉得没什么趣味，未被忆及。其实有些与当年的生活是息息相关的：

卖柴火的　早年天津老城住民做饭烧灶，笔者赶上个尾巴，院里墙角堆立着柴火：高高的成把儿的苇子和麻秆儿，还有劈柴。若是固定的客户，卖柴火的将柴火送货上门，但柴火也对外零售。苇子、麻秆儿也是笔者这些当年的男孩子们的玩具，用长长的苇子去粘老喝（蜻蜓）是最好的。还有推小车卖玉米梃子的，排子车上用苇席围成桶状，装着满满一车干玉米梃子。

挑水的　当年没有自来水，水站是后来的事，送水的就成了家家户户离不开的买卖。一辆排子车上面一个湿漉漉的大木箱，木箱后边有个包着布的塞子，拉开塞子水就哗哗地流到水桶里。大多是固定用户，进院门高喊一声"水！"便于女眷回避，送一挑水在院门旁墙上用粉笔画"正"字的一道儿，定期付钱，后来改为买水牌儿。挑来的水都是河水，家家都有水缸，河水夹着泥沙，水缸隔些日子得淘缸刷洗，是个繁重的家务活。大年初二，挑水的准来，送来一挑水并一把苇子，谐音这叫"送财水"，主家马上赏钱。

卖菜卖鱼的 当时除了杂货铺卖菜外，也有穿胡同挑担卖菜卖鱼的。他们更受妇女欢迎，因为货品更加鲜亮（新鲜），天津人讲究吃鲜鱼水菜。至于吆喝，侯宝林的段子《改行》里有精彩的卖菜吆喝，天津的吆喝包括北京街头生活现实中的吆喝，没有侯先生表演得那么花哨。

▶ 拉洋片的、吹糖人儿的、爆米花儿的、焊瓷盆儿的、锔碗的、打竹帘子的、补锅的、卖秧米粥的、卖零嘴儿的；最后一幅是：磕灰的来了

磕灰的　收泔水的　磕灰的不是买卖，是市政，但走街串巷每天都来。收泔水的，收每家泔筲的泔水，运到四郊做肥料浇地。

以上吃喝拉撒全了，以下是修理零活儿的：

磨刀的　修伞的　"磨剪子嘞嘿——锵菜刀——"这是个令人难忘的吆喝，声音是最能勾起记忆的。磨剪子的另一种招徕方式是吹号，他有个铜号，吹出的声音属于低音音域。"修理雨伞——旱伞"吆喝则顿挫有力。

锔碗的　瓷碗摔成两半儿或磕裂了，不要扔。锔碗的来了用几个锔子把坏了的碗锔上，还能用。当年老城人家就都过着这样节俭的日子。

补锅的　生铁的炒菜锅漏了，也能补；铁勺铲子折了，也能焊上。补锅小贩的必备工具是一个小风箱一个小炉子和一个坩埚，还要用镪水。坩埚熔化的不是铁水，是用老钱熔化的熔点低的铜汁。现在的钱币收藏者应该心疼了，当年为了补铁锅，不知损耗了多少有价值的古币。

换壶底的　钢种锅钢种壶，底漏了，用铁剪子把底剪下来，剪一块簇新的圆铝片做新底，像砸烟囱那样砸边儿咬上，能接着用很多年。

修笼屉的　修搓板儿的　弹棉花的　笼屉坏了、笼帽漏了，照样修，实在没法儿修了，他带来一些新的，或者可以现场制作。搓板儿快磨平了，修搓板儿得用半月形的錾子把槽儿挖深，也能接着用。这样想来，当年的主妇，也包括笔者的娘，真辛苦呀，凑洗浆作，洗衣服把搓板儿都磨平了。弹棉花的来了，总要揽几家活儿，支起摊子在胡同里干几天。弹棉花的弓子发出"嘭嘭"的声响，幽默的天津人把技艺拙劣的弹奏者笑称为"弹棉花的"。

箍筲的　当年家家户户都有水筲，不管是干净的水筲还是泔水筲，都能修理。

打竹帘子的　夏天房门口防蚊子的竹帘子，不论是用久了秃噜边儿了或下边断线儿了，打竹帘子的都可以修。他们干活儿的工具是个齐腰高的架子。此外，新竹帘子、挑在房檐前的小苇帘子他也卖，但天棚的大苇帘子他没有。

抽签卖烧鸡的　当年龙亭街乡祠一带有个挎提盒卖烧鸡的，提盒里有烧鸡、雏鸡、鸡翅串、鸡杂串、凤爪、熏鸡蛋等。买他的烧鸡一个方式是直接交钱；另一种就是抽签，交少许的钱从他的签筒抽一根签，不同点数的签可以得到不同的美味，最幸运的可能是一只烧鸡，几乎等于白吃，但也可能什么也没有。抽中的和什么也没有肯定都是有的，但也肯定都很少。因其迎合了贪便宜人的心理，他的烧鸡卖得挺火。卖烧鸡这个小买卖还派生了一句天津俏皮话儿："卖卤鸡的挎提盒——不吃卤鸡吃窝脖儿"。早年，烧鸡、扒鸡都被天津人称为"卤鸡"。

剃头的　早年男子大多是平头或光头，只有那些洋派儿的留分头或背头，所以走街的不叫"理发的"，叫"剃头的"。从清朝时就叫剃头的，那时也叫梳头的，因为当时男子的脑后还拖着个辫子。剃头的招徕顾客用"唤头"，是一个约一尺多长的钢叉，两片之间的空隙上面窄些，不封口，左手执唤头，右手用一个钢棍儿在唤头空隙中向上一拉，就发出金属震颤的声音，人们就知道剃头的来了。剃头的挑子，一边是个方箱当座位，小抽屉放着剃头工具；另一边有盆架、脸盆、镜子、磨剃刀的黑皮条，为了向剃头刮脸的提供热手巾把儿擦把脸，挑子的这一头儿有个可以烧热水的小炭火炉，因此就有了天津的这句俏皮话儿："剃头的挑子——一头儿热"。

算命的 当年串胡同算命这个特殊的买卖，一般都是盲人。当年乡祠南有时就来一位老先生，岁数不小了，高个儿，挺瘦削，戴着副墨镜，右手攥着个探路的长竹竿儿，得得地敲着地面，左手提个小铜锣儿，用手指夹着的小锤儿敲着。我小时候是个淘气孩子，但见到瞎子从小胡同儿走出来总是躲得远远的。我们老王家有例儿：不许算命！光绪年有老辈人吃过算命的亏。请瞎子算命，有时会说你何时会有灾会有坎儿，当年的人迷信，有的人就会很惊慌。但最终，算命的会给你提供消灾避难的方法，有偿服务会换来将来的平安。即便瞎子不说灾呀坎儿呀，也会说来说去，最终掐指算出你将来会如何如何好，甚至大富大贵。所以天津人就又有了一句俏皮话儿："瞎子算命——后来好"。

也不光是艰辛，天津老城里人的生活也充满了情趣。您听：

"哎——大小金鱼儿哎——"对，这就是挑担卖金鱼儿的来了。听到这叫卖声，笔者爷爷赶紧就走出了家门。家里养的花猫长本事了，这两天跳到缸沿儿上，捞出了好几条爷爷养在荷花缸里的金鱼儿，在地上摆弄着玩儿，爷爷只好再买几条龙睛、蝶尾、水泡眼儿、红帽子了。

"芭兰花哎——晚香玉呃，海娜儿染指盖儿去吧——"这是卖花的来了。卖花的大爷已经把他的玻璃盖儿多层提盒撂在了胡同口儿，许多妇女都围了上去。海娜儿就是凤仙花瓣儿，妇女们把它捣烂了给女孩儿染指甲盖儿。奶奶们买了成串的半月形的茉莉花珠儿，半月居中再配上一朵红石榴花，戴在脑后发髻上，清香又好看。妈妈买了晚香玉，在花瓶里插上一支，夏天的夜晚满屋喷儿香，全家睡个好觉。擦黑儿的时候，几个老爷们儿正坐在胡同里说闲话儿，咦？哪儿来的香味儿？这么香！扭头一看，哟！邻家新娶的那个俊俏的小媳妇儿正从那边儿袅袅走来，旗袍前襟上别着一对儿倒垂的香气袭人的芭兰花！几个老爷们儿都看直了眼儿，有那没出息的还直咽唾沫，正所谓"秀色可餐"。

▶ 难忘打小儿在老城里胡同里长起来的那些岁月……右上为龙亭街，左下为白衣庵胡同南口儿

天津早年著名艺人

　　笔者四伯有兴致地回忆了天津早年的著名艺人。

　　天津号称"曲艺之乡"，他记下了一些当年被天津人称为"杂耍"的曲艺表演的著名艺人。天津的曲艺表演有久远的历史，前文已经说过，乾嘉至同光年间，城市的繁华形成享乐的社会风习，天津的茶园林立。各路艺人云集津门，有的进园子，有的撂地儿，研究者记下的天津当年的许多曲种，有些今人可能从来没听说过：莲花落、十不闲儿、九连环、荡子曲儿、十番清音、大鼓书、数来宝、弦子书、马头调、时调小曲儿、子弟书等。发展至20世纪三四十年代，天津作为雄踞北方的大商埠，曲艺演出场所分布在三个区域：茶楼、书场多集中在老城厢附近的南市、鸟市儿一带；撂地儿的与大棚多集中在地道外、谦德庄、三角地等处；而以劝业场为中心的新的商业中心则兴起了众多专门演出曲艺的新型剧场，如小梨园、新世界小广寒、中原游艺场和劝业场天祥大观园等。20 世纪三四十年代不仅名家辈出，他们表演的内容更是多达数十种：相声、评书、京韵大鼓、时调、梅花大鼓、单弦、西河大鼓、单琴大鼓、滑稽大鼓、太平歌词、河南坠子、联珠快书、铁片大鼓、京东大鼓、山东琴书、梨花大鼓、三弦弹戏、莲花落、数来宝、双簧、荡调、弦子书、滩簧、东北大鼓、卫子弟书、讲报、宣卷、西城板等。天津人因此尽享耳福，大饱眼福。

以下笔者仅就四伯寥寥数语忆及的几个曲种的著名演员，整理补充如次。

相声　万人迷、张麻子，后有张寿臣、马三立等。

"万人迷"倾倒无数听众，他的本名叫李德钖，又号称"滑稽大王"。"张麻子"本名张德泉。当年有名字带"德"字的八名活跃于京津两地的相声演员，号称"八德"，他们是其中两位。而八德中的另一位马德禄，就是马三立的父亲。相声起源于北京，兴盛于天津。据说第一代开山的相声演员是道光年间的张三禄；第二代是绰号"穷不怕"的朱绍文和沈春和，他们都在北京天桥卖艺。光绪年间，北京市面萧条，相声艺人生活艰难，沈春和的徒弟王二福第一个来到天津，相声从此在天津扎根。王二福来到天津，先在北开撂地儿，后来站稳了脚跟就进了园子，当年许多艺人都是从撂地画锅开始他们的艺术生涯。据说王二福是个大白胖子，大眼大嘴，有点儿像后来的白全福，擅长单口小段儿。

相声艺人讲究辈分，八德是第四代。后来在天津相声艺术上发挥了巨大影响的则是第五代的张寿臣、马三立、常连安、郭荣启、郭启儒、朱阔泉和第六代的侯宝林、刘宝瑞、赵佩如、郭全宝、小蘑菇常宝堃、常宝华、常宝霆、王凤山、尹笑声、张永熙、杨少华等人，"少马爷"马志明也属于第六代。相声也是有风格流派的，张寿臣被誉为"幽默大师"，他的段子典雅风趣；"马爷"马三立的段子如叙家常一样娓娓道来，塑造贴近生活的鲜活人物和细节，令人回味难忘，在平淡中"逗你玩儿"；侯宝林被誉为"语言大师"，对相声语言进行了升华，并有理论建树，他声音清亮优美，长于柳活儿学唱；刘宝瑞被誉为"单口大王"，他的单口无人可及，声、容、情、神兼备。这几位均堪称宗师。相声演员的第七代则有"苏批三国"苏文茂、"李大白话蛋"李伯祥、"小怪物"魏文亮、"二他爸爸"高英培，还有刘文亨、刘文贞、杜国芝、侯耀文、马季、石富宽、唐杰忠、张文顺、师胜杰、常贵田、赵振铎、范振钰、杨议、牛群。第八代则有冯巩、姜昆、郭德纲、于谦、赵炎、刘伟、笑林、李增瑞、李金斗等。这么多相声演员大多都曾活跃在天津舞台，其中有很多本就是天津人，无怪天津被称为"哏儿都"了。

天津时调　姜二顺、高五姑、赵小福，后有王毓宝。

时调是最具天津特色的曲种，曲调高昂脆亮，吸收了本地和外乡民间小调而形成，以天津字音演唱，通俗欢快的演出风格极符合天津人的爽朗性格。唱腔有靠山调、老鸳鸯调、喇哈调等变化。时调登台的脆亮开唱，常赢得满堂的碰头彩，剧场气氛顿时一片欢快。时调作为一种时兴小调，清代最初流行于市民阶层，北溜儿、河东和西头的许多劳苦人中出了许多唱时调的票友高手，而最兴盛的仍是老城里。当年每逢农历七月十五"鬼节"做盂兰盆会，晚上要放河灯，时调票友轮番演唱，各处的演唱此起彼伏。民国初年，初进园子的名艺人有高五姑、"大宝翠"赵宝翠和绰号"棒子面"的秦翠红，此后，姜二顺、赵小福、王银宝、杜顺喜、王毓宝、魏毓环、二毓宝等众多女演员也陆续登上舞台。

京韵大鼓　刘宝全、白云鹏、张晓轩，后有"小彩舞"。

京韵大鼓是由清末流行于沧州、河间一带的木板大鼓，即"怯大鼓"发展而来，怯大鼓流布于京津后曾被称为"京调大鼓""卫调大鼓"等。前文已述，清末民初，怯大鼓名家霍明亮来津演出，刘宝全本是霍明亮的伴奏，后来刘宝全对怯大鼓的唱法进行了改造，以北京语音来吐字发音，起名京韵大鼓，天津成就了一代"鼓王"。刘宝全、白云鹏、张晓轩形成三大流派。刘宝全成就最高，他的演唱"低音珠圆玉润，高音响遏行云"，真、假嗓并用，而且"似说似唱""说中有唱，唱中有说"，三国段子为其所长。白云鹏嗓音虽低但圆润浑厚，唱腔富于变化，平中见奇，稳而有变，长于红楼唱段。张晓轩本是北京人，后长期在天津演出，他身材高大，嗓音宽亮，膛音好，长于演出金戈铁马的段子，时人形容他的段子"顿足跺台板，瞪眼涨红脸，击鼓打碎板，观众看直了眼"，可惜的是张派大鼓传人已断，已成绝响。白凤岩、白凤鸣兄弟后来又开创了风格苍凉悲壮的"少白派"；骆玉笙宗师刘宝全，兼集白云鹏和少白派之长，开创了"骆派"，她的演唱音质醇厚，韵味浓郁，善于抒情，演唱高潮时常出"嘎调"。京韵大鼓的诸派名段《单刀会》《草船借箭》《大西厢》《黛玉悲秋》《探晴雯》《剑阁闻铃》《丑末寅初》《风雨归舟》《重整河山待后生》，或优雅抒情，或幽怨悲壮，几代艺术家的演唱感动了几代人。

评书

评书是个重要曲种，有广泛的听众，四伯却没有述及。这是门古老的艺术，现有汉代的击鼓说唱俑出土，宋元话本乃至明代冯梦龙"三言二拍"最初的创作初衷也均是为说唱艺人写的底本。据传近世第一代评书艺人是清初的王鸿兴，他有几个得意弟子为"三臣""五亮"。而清末民初天津著名的评书艺人有王致久、张杰鑫、常杰淼、陈士和、姜存瑞等。醒木一响，说书人便引听众进入故事。一部评书有几个段落，被称为几个"桄子"；一个桄子又包含着几个故事，被称为几个"梁子";一个梁子中有若干悬念,被称为"扣子"。以说书人口气叙述故事叫"表",模拟书中人物言谈叫"白",评说人物则叫"评"。说书人对人物事件总有是非褒贬,所以叫"评书"是一点儿不错的。

变戏法的 罗文涛、张宝卿,后有于德海。

变戏法儿也是一门古老的艺术。史载汉武帝招待外国使者的宴会上就表演了"鱼龙曼衍"和"百戏",鱼龙曼衍就是变戏法儿。汉画像石的宴饮场面中也可以看到鱼龙和百戏。唐宋至明清,中国古彩戏法一直没有中断。戏法也被称为"幻术",并形成了"手法、撮弄、藏挟"三大变法。自明清,戏法不上殿堂,主要活跃于民间,天津"三不管儿"和北京天桥、南京夫子庙、苏州玄妙观都是戏法艺人云集的地方。我们这一代人都看过古彩戏法,演员穿着件肥大的长衫,手拿一方彩单,前后交代,空无一物,在彩单的遮挡下,转眼之间托出有金鱼游动的鱼缸,复又托出鲜花、坛坛罐罐甚至火盆、活鸡活鸭等,摆满舞台。这被称为"袍里乾坤"或"捞活",属大戏法。古彩戏法经典节目还有小戏法"三仙归洞""仙人摘豆""鸳鸯棒""九连环"等。当年的艺人撂地儿变戏法儿,四面围着眼睁睁看着的人,更增加了表演难度。

四大爷还忆及几个曲种的著名艺人:

八角鼓 荣剑尘、常澍田、曹家禄等。

八角鼓就是"单弦",伴奏的乐器就是八角鼓,起源于乾隆年间。荣剑尘、常澍田、谢芮芝是民国时活跃于津门的三派。后来的石慧儒为集大成者。

乐亭大鼓 王佩臣。

给王佩臣驾弦儿的卢成科是位盲人,开唱前他先插科打诨,一通连荤带素的逗闷子,观众喊好才开始演唱。王佩臣的段子《姜太公卖面》《王二姐思夫》等"酸"味儿十足,故坊间有"醋溜大鼓"一说。

梅花大鼓 金万昌、花四宝。

二胡拉戏 王殿玉。

莲花落子 于瑞凤。

河南坠子 乔清秀。

西河大鼓 马增芬。

而有些曲种四伯没有述及,如京东大鼓,当年的名家刘文斌,哑嗓特有味儿,被誉为"麒派大鼓",收天津印刷一厂的业余演员董湘昆为徒,他们师徒的演唱,实在令人难忘。再如由天津时调派生出来的天津快板,也特色明显,笔者早年在与各地画友相聚对酌时,常每人出一个地方节目凑趣,就常以即兴的天津快板应对。下文评戏与河北梆子本属于戏曲,但对笔者四大爷来说都是去听玩意儿,唱得好的都是著名艺人,故一并列出。

评戏 刘翠霞。

评戏是五大剧种之一,是天津市民喜闻乐见的剧种。天津人管评戏叫"蹦蹦"。评戏的历史可以追溯到清嘉庆年间流行于冀东一带乡村的一种娱乐方式,叫"对口莲花落"。由两人主演或有多人帮腔,一人可能扮演几个角色,有多种乐器伴奏,连说带唱,且歌且舞,十分有趣。曲目有《王二姐思夫》《十绣门帘》《王二小赶脚》等。光绪年间,莲花落逐渐形成班社,先后进入唐山和东北沈阳、锦州等地,吸收二人转、梆子、大鼓、京剧等演出方式和技巧,多年打磨逐渐形成戏剧形式,先后在不同的地方和时段被称为"唐山落子""平腔梆子戏""奉天落子"等。光绪二十年即1894年莲花落班子首次进津。七年后的1901年,成兆才、佛动心、东发亮等几位主演带着班子来津演出《小姑贤》《蓝桥会》《小借年》等剧,天津市府斥令"有伤风化,永予力禁",将戏班逐出天津。演员兼编剧成兆才,艺名"东来顺",在评戏的发展历史上是一个不应该被忘记的人物,平生编写了近百个剧本,伴奏加了许多乐器,潜心改进唱法,以真嗓高弦低唱。此后,这个剧种开始被称为"平戏"。1915年,以"月明珠"为主演的"庆春班"复入天津,在租界地演出《小姑贤》《花为媒》等剧,大受欢迎,当时在津观剧的李大钊题词:"似戏非戏,比戏出奇,改良平剧!"平戏赢得当年许多文化人的欣赏。成兆才编写的《杨三姐告状》更扩大了平戏的影响。1924年平戏在天津演出始称"评戏",这时的评戏已经名家辈出。20世纪30年代,刘派的刘翠霞、白派的白玉霜、爱派的爱连君,被称为"天津三杰"。白玉霜南下演出,轰动上海,主演的《海棠红》被拍成电影,并被誉为"评剧皇后"。1949年后,天津的著名评戏演员有鲜灵霞、刘翠霞、六岁红、莲小君、李福安等;北京则有小白玉霜、新凤霞、喜彩莲、花月仙、李忆兰、赵丽蓉、魏荣元、马泰、张德福、陈少舫;沈阳有筱俊亭;哈尔滨有喜彩苓等。当年,无论是天津街头巷尾,还是工厂工友们歇息片刻时,《刘巧儿》《小女婿》《秦香莲》《杨乃武与小白菜》《夺印》等剧中的一些唱段,不少人都能唱两口儿。

河北梆子 韩俊卿。

河北梆子也由源头说起罢。河北梆子是由流入河北的"山陕梆子"演变而来。康乾时,山陕梆子被称为"秦腔""秦声""乱弹"或"弋阳梆子"。康熙时刘献廷《广阳杂记》载:"秦优新声,有名乱弹者,其声甚散而哀。"《梦中缘》传奇的序文载:"梨园……所好唯秦声、罗、弋,厌听吴骚,闻歌昆曲,辄哄然散去。"《都门纪略》载:"至嘉庆年,盛尚秦腔,尽系桑间濮上之音。"人们以前听惯了"咿咿呀呀"的唱腔,突然来了这"噼里啪啦哇哇"的强音,不禁一振。乾隆年有位叫魏长生的秦腔艺人进京，色艺盖京腔，使秦腔在京师大为盛行。经历了数百年无数艺人的打磨，以河北的发音进入山陕梆子的腔调，不断改造，唱腔高昂、激越、慷慨、悲忍。河北梆子这个剧种至同光时已呈繁荣，科班也不少了，名角也红了，演出除京津唐、东北外，已遍及大江南北。当年也出现了京梆子、卫梆子、直隶梆子、西路梆子诸多流派。北京的京梆子被称为"老派"，在演唱上更多地保留着山陕的韵味；而天津的卫梆子被称为"新派"，以普通话为基础，讲究唱功，文戏为主，女演员渐渐成为主角。到20世纪初，卫梆子取代京梆子成为主流，出现一批新派戏班和名角。天津的梆子著名演员众多，其中卫派河北梆子有五杆大旗：银达子、韩俊卿、金宝环、宝珠钻、王玉磬。笔者在崇化中学的同学崔金生，他的母亲也许是金宝环？或也是名角的金玉茹、金香水之中的哪一位？笔者已记不清了。河北梆子的著名剧目有《蝴蝶杯》《秦香莲》《辕门斩子》《南北和》《打金枝》《杜十娘》《三上轿》《喜荣归》《春秋配》《芦花记》等。

天津著名民间老艺人

　　在上篇《天津早年著名艺人》中，笔者四伯还记下这么一行仅九个字"老艺人泥人张、风筝魏"。另，他又有一篇回忆"刻砖张师傅"的文字，疑应为"刻砖刘"。天津民间工艺的名家，应独立敷陈成篇。

泥人张

　　津门作家冯骥才写过一篇《泥人张》，写的是泥人张摆卖海张五的故事。他的乡土文学故事与笔者前文提到的泥人张摆卖海张五，情节是不大一样的。他写的张明山在北大关天庆饭馆儿捏海张五头像，遭羞辱后批量生产海张五头像且在估衣街摆卖；笔者记下的张明山在袖口里捏海张五头像，发生在北门里县阁西口的福仙茶园看戏时，摆卖则在乡祠鸽子集而且仅一座彩塑。最大的不同在于，冯先生是名家，搞的是文学创作；而笔者记下的，是家祖父讲述的据说是发生在老时年间的一件老事儿。我家就住在乡祠，离鸽子集、龙亭街海张五家和福仙茶园都是几步之遥。但有一点，笔者与冯先生又是一致的，泥人张技艺超群。以下引一段冯先生作品的开篇吧："手艺道上的人，捏泥人的'泥人张'排第一。而且，有第一，没第二，第三差着十万八千里。"

　　泥人张第一代张明山，名张长林，字明山，清咸丰年间人。咸丰是谁？咸丰皇帝是慈禧太后的丈夫，同治皇帝的爸爸，光绪皇帝的大姨父。张明山的父亲张万全本是浙江绍兴一个衙门里的文书,后来举家北迁,带着幼小的张明山来到天津,居西北城角外,以教私塾为生。张万全后随相邻的窑工学习捏些泥玩具出售贴补家用。张明山也随父一起捏泥人泥兽,开始入门。大凡有成就的人总是有些天分的,他捏生活中见到的人物,惟妙惟肖,渐渐就上了道儿。他十八岁那年,京剧名角儿余三胜来津演出,张明山为余三胜彩塑了一座戏装演出《黄鹤楼》塑像。泥人张的彩塑是先塑形、后彩绘,十分生动逼真,这座名角塑像使他从此扬名。多年后的天津《大公报》曾在一篇纪念文章中写道:"至其如何工作?不过在观戏时,即以台上角色,权当模特儿,端详相貌,剔取特征,于人不知不觉中,袖中暗地摹索。一出未终,而伶工像成;归而敷粉涂色,衬以衣冠,即能丝毫不爽。"张明山幼读私塾,他的作品很有文化内涵。代表作品《渔樵问答》刻画了隐逸山林的两位看透人生的老人,在进行富于哲思的对话,历史上许多文士都表现过这个题材。张明山和第二代张玉亭都创作过《三百六十行》这个系列作品,生动刻画了许多市井人物,如《吹糖人》《卖糖人》,被徐悲鸿赞为"信乎写实之杰作也"。1915年,张明山的彩塑《编织女工》获巴拿马万国博览会一等奖,张玉亭的作品获荣誉奖。泥人张的彩塑中,根据文学名著、历史传说塑造的红楼仕女、三国刘关张、福禄寿三星等均是达到很高水平的代表作品,大受欢迎。泥人张第三代张景祜,第四代张铭,以至第五代、第六代均继承家传,续写新篇。

风筝魏

风筝在中国有悠久的历史,相传最早是墨子发明的。后来鲁班加以改进,称为"木鸢",能在天上飞三天而不落,用于当年列国征伐时侦察敌情。楚汉相争,项羽被围于垓下,传说韩信派人用牛皮制作了不少风筝,上设风笛可迎风作响,命士兵随笛声齐唱楚歌,以至楚军军心动摇丧失战斗力,逼得"四面楚歌"的楚霸王拔剑自刎。最早的风筝用于军事,而到了宋代,放纸糊的风筝已是人们喜爱的户外娱乐活动。《武林旧事》载:"清明时节,人们到郊外放风鸢,日暮方归"。张择端《清明上河图》、苏汉臣《百子图》,都有放风筝的情景。五代时,太监李邺在皇宫制作的纸鸢上装一竹笛,"使风入竹,声如筝鸣",这是"风筝"一名的由来。明清以降,放"纸鸢""纸鹞"也就是放风筝的习俗已遍及南北。

天津的风筝魏,指的是生于清同治年间的天津著名风筝艺人魏元泰。魏元泰的父亲叫魏长清,是鞋行手艺人,他最初送他的三儿子魏元泰去念私塾,指望他求取功名,后来家计困难供不起了,只好送他去一个扎彩铺学徒,学做风筝。四年学徒期满,他父亲张罗给魏元泰开了个"魏记长清斋扎彩铺",从此以制作风筝为生。如果勤恳地按师父教的认真去做,魏元泰也能成为一个不错的手艺人,偏偏他不仅勤恳认真,又是一个爱动脑子的人。他对风筝的扎制工艺进行改造创新,改传统的全硬翅骨架为上硬下软,可折叠,可组拆;风筝的彩绘部分则吸收年画、古建用色,十分艳丽。他也因此成了名闻津门的风筝魏。他创制的风筝品种达数百种,1914 年,他的 11 件风筝参加了在旧金山举办的巴拿马万国博览会,获金牌。他的侄子魏慎行和侄孙继承了他的手艺。

风筝魏的门脸儿在鼓楼东路南徐家大院对面。笔者小时候曾到那儿买过"魏记小燕儿",魏记小燕儿是当年的孩子们经常放飞的品种。1965 年我从工艺美院毕业,被分配到天津搪瓷厂工作,没想到却与风筝魏后人有了一番不堪回首的交集。"文革"兴起,我被造反联合指挥部从美术设计室抽调到厂部去绘制伟大领袖的画像,画了若干幅,后来又被要求画一幅挂在礼堂兼食堂的油画标准像。这需要费些时日,根据指挥部的安排,我画主席像的"画室"在原厂党委。那些天我倒是很逍遥,这项工作无人打扰,画累了我就去厂院溜达。有时我就会碰见"画室"原来的主人,被打倒的党委书记李昌希和党委副书记魏慎明,在那儿扫地。他们身体都不大好,李书记的血压特别高,魏书记脸色苍白,我很同情他们,没人的时候我还会与他们聊几句无关紧要的话。突然有一天,造反派要到魏慎明家门口去批斗他,主事的命我随车前往去刷写标语。于是一大帮子人就来到了鼓楼东风筝魏门口。我这才知道副书记魏慎明是风筝魏正根儿,但没学手艺从了政。那天贴在风筝魏门脸儿对面徐家大院墙上挺长的大标语"打倒走资本主义道路的当权派 ×××",是我奉命刷写的。没想到,后来几天,又在扫地的魏慎明有一天竟偷着跟我说:"大众,不愧是专业,字儿写得挺漂亮。"那时,厂里人都喊我"大众"。魏书记心真够宽。

刻砖刘

笔者四伯写了这么一段儿《传统刻砖张师傅的艺术》,照录如下:

这位张师傅是天津旧城北城根儿人。幼家贫,学瓦工出师后就到各工地去干活,他又跟师傅学习雕刻青砖的技术,日久天长就成了专门刻砖的师傅,在京津一带很得工艺界好评。他刻活儿有图样,供主家选择,天津八大家的很多宅院都有他的刻砖艺术作品,可惜没有流传下来。北门里沈家栅栏,卞家起盖了六道院的四合套房,后门通户部街西口。卞家请他做的刻砖,这六道院的形象都不同,连起来是整部的《红楼梦》,荣宁二府、潇湘馆等楼台殿阁,人物、山水、走兽,工艺精湛、令人赞叹。这些至今尚存的民间艺术品,应该保护起来。

笔者按:天津的刻砖技艺,自明清以来是随着富豪的兴起、大宅门的兴建而发展起来的。天津地处北方,与山陕一样,传统建筑除了必要的木结构,以砖石为主应该也是就地取材,这可能与闽粤等地建筑上多木雕相比有些不同。著名的天津刻砖刘一直活到了 1949 年以后,与泥人张、风筝魏在人民政府的支持下,将自身技艺发扬光大,是天津当代著名的民间艺术家。

资料载,刻砖刘,刘凤鸣,天津人,回族,十五岁始随他的姥爷马顺清学刻砖技艺。而他姥爷马顺清,道光年间已经把砖雕发展为建筑行里一门独立的手艺,行里人称为"刻花活儿的"。马顺清开创了贴砖法,即砖上贴砖,扩大了造型空间,增加了层次感。刘凤鸣继承发扬了他姥爷的贴砖法,在多层贴砖上立体或半立体地透雕山水、人物、花卉、鸟兽,形象生动逼真,获得"刻砖刘"的美誉。据说马顺清当年与一位叫赵连璧的一起组建了一支以回族青年为主的刻砖队伍,成员有马顺清的儿子马少德、马少清,外孙刘恩甫、刘凤鸣,徒弟穆成林、何宝田等。目前笔者见到的相关资料中没发现有姓张的师傅。

杨柳青年画

谈天津的民间艺术,不可能不谈杨柳青年画。杨柳青年画是天津民间艺术的瑰宝之一,声名远扬,与苏州桃花坞年画并称"南桃北柳"。与河北武强年画、山东潍坊年画等相比,杨柳青年画有更为端雅工丽的特征,在它的发展历史中,更多地吸收了宋明院体画和木版画的营养。杨柳青年画有许多经久不衰的经典作品,《莲年有余》《五子夺莲》等更是标志性的作品。传统的杨柳青年画多为寓意吉祥和人丁兴旺的娃娃、仕女美人、佳节合家团圆、农事风俗等方面题材。可贵的是,在近代的社会巨变中,杨柳青年画艺人们还创作了一些时事新政、乡土风貌等紧随时代的作品,展现了他们的爱国爱乡情怀。

杨柳青有年画出现的历史可追溯到元末明初,据说当时有一位长于雕版的民间艺人逃难来到杨柳青镇,逢年节他就刻印些门神、灶王等出售,人们争相模仿。这是杨柳青有年画的肇始。有人曾说:"先有杨柳青,后有天津卫"。如果上述传说属实的话,元末明初时,天津卫城地界当时确实还是海津镇和小直沽。永乐年后,漕运恢复,北运的宣纸、颜料给杨柳青年画的发展提供了物质材料。明末清初,已有戴廉增、齐健隆两家画店开业。至清光绪年最为鼎盛,以杨柳青镇为中心,周围的村子"家家会点染,户户善丹青"。杨柳青年画广销于华北、东北,更随着杨柳青人当年随西征的左宗棠"赶大营"的贸易路线,远销大西北直至新疆。至今杨柳青镇依然有霍氏兄弟等为传统木版年画传人。笔者在职时,一次美术编辑业务交流会议在津举办,笔者等作为东道主,带领来自全国的美术同行到杨柳青参观,也走访了霍庆有的家庭工作室。杨柳青年画是需要先用木版将黑白线稿刷印在宣纸上,再辅以手绘为主的着色渲染。同行们纷纷亲自上手,有兴致地体验了杨柳青年画印绘结合的制作过程。

天津鸟市儿和鱼市儿

鸟市和鱼市按天津人口语，发音为"鸟市儿"和"鱼市儿"，都加儿化音。这与"南市"和"西市"都不加儿化音不同。笔者揣想，虽然都与市场有关，但鸟市儿和鱼市儿似乎专指某一个市场，片区较小；而南市和西市则是聚集着市场、商店和摊贩的一片城区。

鸟市，位于天津东北城角外、估衣街以北，笔者四伯说那片地界儿早年叫"苇子坑"。谭汝为先生考据此地原称"干河"，是1918年天津南北运河裁弯取直工程后南运河故道的一部分。也许，苇子坑和干河指的都是一个地方。那是20世纪20年代，也就是一百多年前了，那里形成了一片空地。最早，可能有人到那里去遛早儿、遛鸟儿，后来就有一些小贩到那里来卖鸟了。逐渐形成一个买卖鸟类和虫类等各种玩物的市场。这个鸟市被老天津人称为"河北鸟市"，为什么被称为河北呢？就连后来那里盖起的电影院也叫河北电影院，因为运河裁弯取直前，那片地界儿本来是在南运河的北边，与河北区是连在一起的。裁弯取直把这片地界裁到了河这边，但老天津人还管那片地界叫河北。

早年，那又是清朝了，老城里有乡祠鸽子集和西南角达摩庵两个买卖鸟的集市，逢集才有卖鸟的。据称，当年天津最大的鸟类市场则在西头永丰屯，叫"西头鸟市"。西头鸟市的规模曾经非常大，鸟类品种众多，甚至还有外国轮船带来的鹦鹉、小猩猩、小豹、小熊等出售，吸引各地鸟贩和玩家云集。据说在附近韦陀庙的对面有一个客栈马家店，人们却叫它"画眉店"，那里住满了各地的鸟贩，日夜鸟鸣不断，百鸟争鸣。但这是老时年间的事儿了。老城北城根儿闽粤会馆附近也曾有一个鸟市，但随着庚子年城墙一拆，也就没了。而河北鸟市，自20世纪20年代兴起，逐渐成了近代天津知名的鸟市。这地方，从有遛鸟的一片开阔地，到有卖鸟的、卖虫鱼的；从有挑担摆摊的，到搭棚子盖房子，以至江苏督军李纯都在这里买地盖房、出租出售；从摆摊卖鸟的旁边也有卖吃食的、卖艺撂地的，到鸟虫玩物经营以至饭馆小吃、书场戏园子，吃喝玩乐无所不有。百米左右的一条小街，南口儿、北口儿挎着东西向的两条也不算长的街，整天熙熙攘攘，行人川流不息，成了老城厢附近的一个热闹地方。

玩家在这里流连忘返。以棚屋为主的诸多店铺和摊点，有几家专卖鸟的，画眉、百灵、黄雀、鹦鹉、玉鸟、红蓝花翅……一片鸟语欢声；有专卖鸟笼鸟食罐儿的；有专卖鸽子的；有专卖蝈蝈、蛐蛐和蝈蝈葫芦、蛐蛐罐儿的；还有专卖猫、狗、兔子的。这里有多家茶楼书场，有人是专奔这个来的，一边喝茶一边听评书，听马三立、小蘑菇的相声，听王佩臣酸味十足的"醋溜大鼓"；这里还有聚英戏院等三家戏园子，不少京评梆子的角儿都曾经在这里献艺，有时还演出文明戏；而河北电影院的电影、小黑屋里的幻灯，在当年也算是新鲜玩意儿。饿了，有的是卖吃食的，白记饺子、全盛斋抻条面、恩发祥羊肉包、德发成包子、陈记肉合子、三合成饭馆，十好几家呐，还有水煎包、羊肠子、水爆肚、坛子肉、切糕、炸糕、盆糕、面茶、茶汤、锅巴菜、老豆腐……想吃嘛有嘛。就这么个挤挤擦擦的鸟市，还有见缝插针的小人书铺、照相馆、唱片店、刻字店，街上时不时还有卖布头儿的、卖鞋的、耍猴儿的、拉洋片的、算卦相面的、卖野药儿的……20世纪三四十年代是河北鸟市最繁盛的年代，至20世纪50年代尚有余绪。当年的河北鸟市已经不仅仅是个卖鸟的市场，它已是天津普通市民百姓的一处休闲娱乐场所，是可以一饱口福的餐饮街。与当年以劝业场为中心的新兴商业圈儿相比，是一个特别接地气的地方。早年跑水运的码头船帮中曾经流传这么一个顺口溜："鸟市对着官银号，不来鸟市不知道。蛐蛐蝈蝈鸽子鸟，茶汤锅巴枣切糕。戏园茶楼有几座，停船就往这里跑。"可见这些卖大力、流大汗的人们，有多喜欢这个地方。

▶ 最早清末时的鸟市儿留影。下列左为河北电影院所在的影院街，右为附近估衣街东口单街子一带

　　笔者还是个小毛孩子时，也曾和小伙伴一起，过北马路去鸟市玩儿。在当年那些棚屋之间穿来穿去。鸟市的小人书铺对我们没什么吸引力，因为我们门口乡祠东有一个"魏胖子小人书铺"。我们看鸟、招猫逗狗、看乌龟，在那只会说"见面发财"的八哥那儿得站老半天。我们挤进人缝儿，钻进围着的一堆人中，看他们在那儿斗蛐蛐。然后我们去街中段路西一个大爷的摊儿吃田螺，小孩子没什么

钱,花几分钱买一小碟儿,掌柜的给一根针,可以从破旧长木桌上的醋壶里倒一点醋,我们小心地用针挑,津津有味地吃那点儿可怜的螺肉。不好吃,我们给螺肉起了个令人恶心的名字"鼻登痂"。但下回,依然兴致勃勃地相约:"走,咱一起吃'鼻登痂'去吗?"但几个人过马路去鸟市儿是不能告诉家长的。后来大了,在地纬路工艺美院上学,往返的路上经常穿行鸟市。记得还曾到书场去听过评书,南口儿和街中间路西的书场都去过,书场很简陋,好像是十分钟五分钱吧。难忘的倒是河北电影院旁有一个很小的剧场,在那儿听了一场天津乐团的音乐会,那是三年困难时期,没辙的天津乐团竟然在那儿演出交响音乐会,演奏的都是《蓝色多瑙河》等名曲,那是笔者第一次听音乐会,可惜听众寥寥,剧场里没几个人。"文革"后期,在东风电影院看了不少场电影,"河北"已经改"东风"了。那时放映了一批要加以批判的日本电影,东风电影院和我们搪瓷厂是合作单位,我被厂里派去成了批判组的成员,看了《日本海大海战》《山本五十六》等好几部,看罢电影,被影院邀请来的来自几个工厂的批判组成员,差不多都是有点文化的,到办公室团团围坐,相继发言说那么几句,影院还煞有介事出一期油印的会议记录的简报,就算是批判了。

以下谈老城厢附近的鱼市儿。

笔者四伯说:在南门外路西,有两条小街,就叫鱼市街。有很多卖鱼类等水产品的,很是驰名,所以被称为鱼市。那里也有一些各业商铺,也曾经很热闹。有一家"杜称奇蒸食铺",在天津很著名,卖枣的、红果的、枣泥的、澄沙馅的蒸食,美味适口。尤其著名的是他家的油酥火烧,到口酥,甚为好吃,作为传统小吃,常被当作送亲友的礼品,很受欢迎。还有一家叫作"一食居"的饭馆儿,专卖小炖肉、独面筋、米饭,很是兴旺一时。

在鱼市街还有那么一间大屋子,叫"老杠子房",里面有单杠、双杠、皮条等各种运动器械。每天有很多人来练,练出很多花样,有些动作很像是表演杂技,每天早晚练两次,随便观看不收费。

经笔者查考,天津有多处与"鱼"相关的地名,如"西于庄",早年本是个渔村,住着一些打鱼的,叫"西渔庄",后来盖起了大片住宅,才改成现在的地名。叫鱼市街的天津有两处,一条是西头的鱼市大街,地近南运河,早年鱼贩聚集,故名;另一条就是南门外地近老城厢的鱼市老街,这条街堪称"老",街东口是南关老街。那里周遭并没有水,怎么会出来个鱼市呢?

近读城里老文化人王和平先生相关考据,获益良多。关于南门西鱼市老街的形成,原来是这样的:那是很久远的年代了,天津还有城墙,天津城的四个城门都有瓮城,其中只有南门的瓮城正面没有门,出入城要走瓮城朝西的侧门。出了侧门向南,过了护城河桥,就是南关老街。那时没有正对着南门的南门外大街,南关老街在后来的南门外大街西侧,是出入南门的唯一道路。当年的城南一片坑洼,被称为"卫南洼",而与不长的南关老街并排的,有一条南北向的河,叫"赤龙河"。这条河,北通护城河,向南与墙子河交汇并再通向南乡。这条河可行船,成了一条小运河,南乡的鱼虾蔬果顺着这条河一直运到老城南门,供应当年的老城住民。于是在赤龙河北端的西岸,就形成了一个码头,叫"菜桥子",而鱼贩聚集成街,就是"鱼市老街"了。王和平先生对后来的鱼市老街的特色也有印象,除了杜称奇火烧,他还记得鱼贩中有个"螃蟹刘",挑螃蟹长脐圆脐一拿一个准儿,都顶盖儿肥,生意很火爆。

说到了鱼市的螃蟹,笔者四伯还有一小段文字记录了天津的秋令佳肴——胜芳河蟹。

天津以西有个胜芳镇,是个鱼米之乡,盛产藕、菱角,尤为出名的是那里出产的秋令佳肴——胜芳大螃蟹。每届中秋佳节,小贩们都争先恐后奔赴胜芳采购,津门街头巷尾,处处飘着蒸螃蟹的香味儿。

早年,和平区长春道有一家饭馆儿专卖胜芳大螃蟹,字号叫"春久香"。因为名声在外,食客众多,到那里吃螃蟹得等座儿,有了座则按份儿销售,每人一份儿。店家为客人准备好一套工具,有小榔头、镊子、剪子等。顶盖儿肥的大螃蟹,圆脐满满的金色蟹黄,长脐冒着白油儿,蘸着姜醋小料,佐酒而食,真美味也。有外地客商,或外地亲友来津,人们常特意引他们到春久香去吃份螃蟹,品品味儿。春久香店家考虑得很周到,食客吃罢,准备了泡着香菜的热水洗手,可以去除手上的腥味。店家也有包装好的熟螃蟹外卖,可以作为礼品送人,十分抢手。

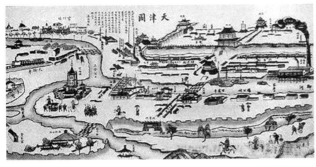

▶ 早年杨柳青年画中的城南风光。南乡的鱼虾蔬果就是顺着小河一直运到老城

天津南市与三不管儿

早年天津老城之外多是开洼野地,老城东南角城区之南是一片水泊大坑。笔者查阅庚子年天津战事史料时,曾见到有洋人拍摄的联军在城南沿城行进的照片,护城河边一条小路,南边就是一片广袤的水面。那是一百多年前天津城南的情景。老天津人管那里叫"城南洼"。笔者家祖居户部街乡祠,四伯在前文中已经忆及,早年夏天,在院中乘凉时,都能听见南洼传来的蛙声一片。

世事总是在变,城南洼多年后成为繁华热闹的"南市"。南市,曾经是多少天津人的销金窝儿?又寄寓和破碎了多少人的黄粱梦?毫无疑问,南市当年曾经是天津卫号称第一的消费娱乐中心。但那片地界儿,也是从无到有,一点点发展起来的。20世纪90年代,由四伯回忆、笔者执笔润色的一篇《天津"三不管儿"》曾在《长寿》杂志发表。以下是该文。

提起"三不管儿"这个地方,老天津人没有不知道的。如今三四十岁以上的天津人说不定还能回忆起自己童年时,让家里大人领着,或者和小伙伴结伴,去"三不管儿"看"杂耍"的情景。如果说北方的曲艺杂技艺术和摔跤等竞技体育在京津两地曾有过得天独厚的发展,那么天津"三不管儿"和北京"天桥儿",都可以说是这些艺术和竞技发展的摇篮。

"三不管儿"的得名得追溯到19世纪末至20世纪初叶。列强强迫清政府签订了一系列不平等条约,在被辟为通商口岸的天津,有九个列强国家占有租界地,他们对租界行使包括管辖权在内的种种特权。当年天津,邻接日租界以西,法租界老西开以北,有一大片荒凉的坑洼地,是一片大水坑,水坑边丛生着芦苇和杂草。这片地方,既不属于日租界当局管辖,也不属于法租界管辖,由于是一片荒洼,没有人烟,当时的天津市政当局也不管它。历经多年,拆天津城墙的灰土,城里运出的炉灰垃圾等,将这些水坑洼地逐渐填平,形成了一大片空地。于是,有人开始管这片地方叫"三不管儿"了。"三不管儿"可以解释为"都不管"。不用凿细是哪个"三",天津人说话带着幽默,就这么说这么叫。那时,人们的日子过得艰难,不少小商贩开始在这里摆摊设点,贩卖旧木器家具、估衣、古玩、食品小吃等,许多艺人也云集这里,表演各种技艺,卖艺为生。这些商贩和艺人,生活在底层,他们要挣点儿散碎银两养家糊口,而这片地界,没人管!没人收税!"三不管儿"这个地名,就经他们的口越叫越响了。因为紧邻着老城区，来这里购物的人越来越多，摊位逐渐被固定。有人开始搭棚子盖房子，逐渐形成一个市场。相对那时天津的"西市""北市"，这片地界又开始被人们叫"南市"。

　　至少在八十多年前，这里已经相当热闹，各种小商贩的吆喝声此起彼伏，叫卖各种各样的东西，生活用品应有尽有。因为没人收税，东西便宜，吸引了更多的人到这里来购物。而一圈圈的看客围着表演不同技艺的卖艺人，发出一阵阵喝彩。这里有拉弓射箭的，有对打武术的，还有摔跤的、踢毽儿的、耍狗熊的、耍猴儿的、耍木人儿的、耍双头人儿的、拉洋片的、练气功手砸石头的……有个叫"大杜"的人，练吞铁球，可以连吞三个，在腹中碰撞有声。这些艺人都很穷，否则不会做这种危险的表演，大杜吞下铁球，再一个个吐出，吐出的铁球上常常带着血。当时最有名的卖艺人是"高大愣"，他搭起了三间供表演的大敞棚，棚内摆满各种兵器，棚壁上还挂着人的骨头架子。那时他已经七十多岁了，能使八十斤重的大铁刀，还练蜡杆儿枪、三节鞭、单刀、八极拳、弹腿等，三九天他脱光了上衣，光膀子练。他卖艺与别人不一样的是练完了不收钱，只吆喝着人们买他的膏药和大力丸。

　　随着周围坑洼地被逐渐填平，这块地面也就越来越大了。以后搭盖起的木棚和布棚也越来越多。这些棚屋中，说评书的、唱大鼓的、说相声的、变戏法儿的、耍花坛的、表演口技的等，被天津人称为"杂耍"的表演应有尽有。著名的魔术师"大天一"就曾在这样的棚屋中开始他表演的起步。天津科学技术出版社出版的《中国魔术》一书中，有专门的章节介绍他。那里也有变古典戏法的。记得有这样的表演：表演者在地下画好界线，当中扣四个空碗，然后把碗翻过来，用手一点，碗中立即水满溢出；再一点，水又不见了。再有就是表演"捞活"，一大块包着青边的方形的红布，称为毯子，搭在肩上，转眼之间，从毯子后面变出带水活鱼，复又变出寿桃寿面、果品鲜花等，在地上摆一大片，观者无不叫绝。每逢旧历正月节，还有吴桥马戏团来此演出，节目也十分精彩。

　　这片紧邻着老城和租界的地界儿，当它是荒洼时，没人管；后来填成了地面，成了南市，就被视为有得天独厚的地利了。许多有钱有势的人看中了这块地方。清末民初，先后任江西和江苏督军的李纯和做过清直隶总督的遗老荣禄等人，相继在这里购置地权，建造楼房和大片平房住宅，开辟街道马路，沿街开设店铺。相继修成东兴大街、荣业大街，建物大街、慎益大街、清河大街、福安大街、广益大街等。历经若干年的发展经营，这些大街上饭庄、食品店、旅馆、澡堂、典当行等各业商店林立，行人熙来攘往，成为当时天津一个热闹繁华的新街区。当时南市知名的饭庄有聚庆成、聚合成、天一坊、什锦斋等,澡堂有玉清池、新华池、卫生池、长江浴池。在这里还先后修起了许多茶园、影院、戏园子,如:上权仙、上平安、权乐、群英、聚华、燕乐等,是当时天津文化娱乐场所最集中的地方。其中聚华、燕乐是专门的"杂耍"园子。许多老一辈表演艺术家,如骆玉笙等,都是在这里唱红了的。

这些正式剧场的兴起,当时与露天"撂地儿"卖艺的并存。当时有句话:"上园子的不撂地儿,撂地儿的不上园子"。大天一最早是撂地儿的,后来上园子了。许多著名演员,如表演古典戏法的罗文涛、张宝清及后来的于德海等人都是上园子的,但"撂地儿"的表演也一直存在着,只不过表演的节目一般都比较简单。直至20世纪50年代,东兴市场一带仍保留着一片棚场和空地,仍有许多艺人在那里表演气功、武术和摔跤等。

旧时被称为"三不管儿"的这片地方,发展为热闹的市场以至繁华的市区后,人们习惯称其为"南市";而对撂地儿卖艺比较集中的东兴市场一带,则仍称为"三不管儿"。即使这一小片儿"三不管儿",如今也已经是居民区了。但"三不管儿"和南市,却有这么一段值得一提的历史。

关于南市和"三不管儿",四伯和笔者就曾经合作过这么一篇东西。近读津门学者王和平先生撰《从地图上看天津南市的形成》一文,通过对比分析1846年的《天津市城乡图》到1946年《中华民国三十五年天津地图》,若干天津地图上有关南市部分的百年变化,辅以其他资料,对南市街区的形成进行了梳理,其中的一些史料甚为珍贵。

特别是该文开篇,描述了城南洼早年间还是一片大水泊时的情景,文笔优美。原来咱天津离老城那么近,曾经有一个那么有意思的地方。笔者不敢独享,兹掠美照录如下:

听老人讲,清末前的城南一带,是一片又大又深的水洼,据说比北平的什刹海还大。水洼的西北,有一片热闹的场地,很多艘供游人往来乘坐的小船,停在那里。到了傍晚,小船载客三五人,有人弹弦,有人敲打茶杯,对唱小曲,让歌声在水面上荡漾。

忽然,一阵微风吹过,隐约传来瑟瑟的鼓乐声。远远望去,水的中间有几座小岛,一座小岛上有座小亭子,有人在那儿把酒吟唱,非常尽兴。侧耳听去,唱的都是地道的天津味儿,颇具意境。那就是被文人雅客命名为"虚舟亭"的地方,有《津门征迹诗》"虚舟亭"为证:"远望城南草色新,虚舟近与寺为邻。平桥曲榭清凉界,四面荷花烂似银。"

　　这片水洼就叫"城南洼",也就是后来的"南关市场",一个被天津人叫作"南市"的地方。

▶ 上列图为"三不管儿"与南市大街。五行八作干什么的都有,下列图为当年卖艺的与拔牙的

▶ 民国年间南市大街街景(中图为1920年街景)。右图为1846年的天津地图,南市还是叫作城南洼的一片水泊

　　王先生文中,对南市这片城区中后来被人们称为"三不管儿"的一小片专门表演杂耍的地块的变迁,也有考据。原来,在1936年的天津市区地图上,"三不管"被标注在南市地区的东北角,荣吉大街以北,广兴大街以西一块狭小的地方,那才是老"三不管儿"。而后期"三不管儿"的位置,那时还是个水坑。在

1946年《中华民国三十五年天津地图》上，"三不管"才挪到南市中间、广善大街附近后来的位置。

至此，我们可以对南市地区的演变历史进行一番回顾与推断。

早期，这里就是被称为"城南洼"的一片水泊，小岛亭榭，"荷花烂似银"，常有文士在那儿把酒吟唱，琴瑟之声不绝。这些文士可能就是鼓楼南问津书院的书生吧，抑或是南门里涌泉寺的香客？那时的天津，城西还有水西庄、芥园、野茶馆儿，东南还有紫竹寺，都留下了文人骚客的足迹与诗篇。那时的津沽，曾有美景如许，令人神往。

庚子事变，天津遭涂炭，天津城被拆了。城南洼逐渐填土成陆。靠近城厢的这片水洼的东北角儿与南马路沿线一带估计首先成为地面，时间估计为1900年后的三五年间。首先成陆的东北角儿一带空地开始有商贩和艺人，邻近老城与租界却没人管的这片地方被这些疲于生计的人们口口相传称为"三不管儿"。后来地图标注的老"三不管"也正在这片地方。

而菜桥子对面也聚集着商贩，被称为"南关市场"，商贩越来越多，搭棚盖屋渐成规模，城南的这一片商市，开始被称为"南市"。鉴于纪年截至1911年的《天津县新志》有句云："在日本租界毗连地辟三街，曰南市大街、曰广益大街、曰荣业大街。自东南城角至南门外直街，繁华美饰，与租界不相上下。"可见1911年以前，李纯和荣禄已经完成或开始了对南市街区的开发。对南市街区的开发自那时的清代末年始，历经北洋时期，一直绵延到民国以后。

南市，曾经是天津卫的消费娱乐中心。不必讳言的是，南市也曾经是一个藏污纳垢的地方，大烟馆儿和娼妓多，混混儿横行。老城里的老门老户，管那些地方叫"杂八地"，笔者父亲上学读书时，曾被同学拉着去了一趟"三不管儿"，被祖父知道了，被罚跪了搓板儿。

天津卫三宗宝　鼓楼炮台铃铛阁

鼓楼、炮台、铃铛阁（天津人读 gǎo，三声），曾经被天津人视为三宗宝，它们在当年的城市生活中有独特的价值和作用，在建筑上也独具特色。

鼓楼。初建于明弘治年间，楼高三层。明清时，很少人家有钟表，街上虽有打更的报时辰，而鼓楼晨昏鸣钟，更起到给全城报时的作用。君不见鼓楼上对联正写着"繁华谁唤醒，听一百八杵早晚钟声"。

那正是"丑末寅初"时分，天津鼓楼的晨钟已经响过，天津的城市生活开始苏醒。且听："——架上的金鸡不住的连声唱，千门开，万户放，这才惊动了行路之人急急忙忙打点着行囊，出离了店房，够奔了前边的那一座村庄。渔翁出舱解开缆，拿起了篙，架起了小航，飘飘摇摇晃里晃荡，惊动了水中的那些鹭鸶对对的鸳鸯，是扑棱棱两翅儿忙啊，这才飞过了小河旁。砍柴的樵夫就把高坡上，遥望见坡上的浮云，云罩着青松，松藏古寺，寺里隐着老僧，僧在佛堂上，把那木鱼敲得响乒乓，他是念佛烧香。农夫清晨早下地，拉过牛，套上犁，一到南乡去耕地，耕得是春种秋收冬藏闭户，奉上那一份钱粮。念书的学生走出了大门外，只见他头戴着方巾，身穿着蓝衫，腰系丝绦，足下蹬着福履，怀里抱着书包，一步三摇脚步儿仓惶，他是走进了这座书房。绣房的佳人要早起，只见她面对着菱花，云飞两鬓，鬓上戴着鲜花，花枝招展，她是俏梳妆。牧牛童儿不住地连声唱。只见他头戴着斗笠，身披着蓑衣，下穿水裤，足下蹬着草鞋，腕挂藤鞭，倒骑着牛背，口横短笛，吹的是自在逍遥。吹出来的歌儿是野调无腔，这不越过了小溪旁——"这正是骆玉笙的《丑末寅初》，活脱也是明清时天津一天清晨的景象。笔者改动了段子中的几个字。

晨钟暮鼓，自然充满了惜时的意味，但天津鼓楼没有晨钟暮鼓，晨钟暮鼓只能是在钟鼓楼齐备的京城，或即令是津城也是在寺院之中。天津鼓楼只有钟没有鼓，不知为何却偏偏叫了鼓楼。清代诗人周楚良有《竹枝词》云："本是钟楼号鼓楼，晨昏两度代更筹，声敲一百单零八，迟速锅腰有准头。"锅腰就是驼背，当年鼓楼的敲钟人是位驼背老人，所谓一百零八下，实际是早五十四下，晚五十四下。老人准时给全城报时，四个城门也闻声开闭。

鼓楼楼基的方形城墩台，四面发券起拱，砌筑成东西南北四个阔大的楼门，内部十字相通，当年的东西南北四条大街的行人车辆，穿行其下。这是老鼓楼建筑上的一个亮点。当年的鼓楼，千斤重的钟在顶层，二楼供奉着观音、天后圣母和关羽、岳飞双忠。民国十年（1921）鼓楼曾拆除重建。1952年为贯通道路，鼓楼被拆除。拆鼓楼牵动了一些老天津人的心。笔者记得家门口子几个老太太在那里惊慌地议论："坏了！鼓楼拆了，跑出了耗子精，带着一群大耗子，跑哪儿去了？"拆古旧的鼓楼，大约是跑出了一些老鼠，那时许多老人还是挺迷信的。鼓楼最惨痛的历史，是庚子之役那年九月，天津城破那一天，天津南门、东门、西门均被联军攻陷，溃退的清军和义和团还有更多在炮火中惊魂的天津老百姓涌向打开的北门逃命，拥塞在那里。因此鼓楼成为联军的火力集中点，联军向鼓楼北开火扫射许久直至中午，史籍载："积尸数里，高数尺"。

多年后重建的雕梁画栋的新鼓楼现在矗立在那里，已经不是历尽风尘的样子，希望今人不要忘了当年的惨烈情景。

▶ 清末时与民国时的鼓楼。右为1931年日本策动便衣队暴乱时，逃到城里来的市民拥挤在鼓楼大街

炮台。三宗宝的炮台并非指海河入海口的大沽口炮台，说的是当年在天津老城周边，曾经有过有如七星一般的七座炮台。天津是座卫城，崇祯年间修的这七座炮台曾被列为"天津八景"之一，叫"七台环向"，被当年的天津人视为城市的特色景观。这七座炮台分别位于海光寺西、马家口、三岔河口北岸、河北窑洼南岸、红桥西沽、西头邵公庄东和西大弯子双忠庙南。明末修筑这七座炮台是为了强化天津卫抵御可能来犯的关外清军的能力。随着清军入关，明朝覆亡，这些炮台失去军事价值，一度成为人们游玩的景观。清崔旭《炮台》诗曰："防御森严列炮台，绕城七处亦雄哉。升平时节闲无用，断壁残基长绿苔。"

至清末，其余六座炮台都湮没废弃了，只有三岔河口北岸金家窑南的炮台独存。李鸿章主持重修了这座炮台，命名为"水师营炮台"，在那里重建了水师营。因为炮台围墙为加固压了一层青灰，呈青黑色，俗称"黑炮台"。庚子之役中，这座炮台发挥了作用，轰击紫竹林和老龙头火车站的联军，炮火猛烈，曾给联军带来大量伤亡。联军调来重炮，也仅炸坏了炮台的瞭望塔，炮台依旧猛烈发炮。庚子第二年，依据《辛丑条约》，被洋人恨透了的黑炮台被拆。同年，天津城墙也被联军的都统衙门拆除。

黑炮台原来所在的位置，现在是狮子林大街上的河北区政府，因裁弯取直工程，三岔河口北移，那里已经不临河。而另几座更早废弃的炮台，有的如今也留下了地名，如炮台庄、炮台渡口。

▶ 在与联军激战中被炸去塔尖的水师营黑炮台。右为铃铛阁留存的一幅已然十分破败的照片

至于天津铃铛阁，则曾经是天津的一处文化圣地。铃铛阁是俗称，它的正式名称是"藏经阁"。当年是位于老城西北角的"稽古寺"内的一座建筑。阁内曾经收藏有十六柜佛经，其中的《大藏经》包括了几乎全部汉语佛教经典，还有贝叶经等珍贵版本。

铃铛阁于明万历七年（1379）建成。它虽然仅只两层，但台基却有一丈多高，主体建筑高高在上。最具特色的是它优美翘起的飞檐上，悬满一尺多长的铜铃。清风徐来，悦耳的铃声由远而近，一波波响起。这铃声仿佛是由世外传来的醒世之音，提示着人们莫忘天外有天，有神灵在注视着尘世的我们。从建筑功能的角度来分析，铜铃的摇动也可以驱赶飞鸟，对建筑起到保护作用。正因有如此美妙日夜不停响动的铜铃，藏经阁才被天津人称为铃铛阁。

1890 年，一场大火将铃铛阁焚毁。原址民国年间建起天津府官立中学堂，即后来的铃铛阁中学。

"天津卫，三宗宝，鼓楼炮台铃铛阁"曾经是天津的名胜。但，尤其是老天津人，后来也不怎么提这三宗宝了。这句话后面，天津人又跟了一句伤心的话："鼓楼拆，炮台倒，大火烧了铃铛阁。"

天津的盐商与津门八大家

天津自古为退海之地，东临渤海，是个盛产盐的地方。天津滨海新区的临海一线所产的盐被称为"芦盐"。苏北沿海一带也盛产盐，因淮河横贯其间，所产之盐被称为"淮盐"。这是当年我国东部沿海两个产盐最多的地方。

盐铁自古由朝廷垄断经营，占国家收入的一大部分。宋代以来盐务开始官办民营。盐是家家户户离不开的，官办民营催生了因盐发家的盐商富户。因芦盐和淮盐发家的盐商富豪，聚居于天津和扬州，是促进明清这两大商埠繁荣的巨大力量。这些富豪建豪宅、修园林，生活奢华，他们也资助地方事业。天津的盐商办书院、修炮台、出皇会，这些地方公益他们都出钱。自清初，"长芦盐运使"衙门即设于天津。长芦盐运使衙门又称"运署"，位置就在老城里运署西街，运署衙门多年后成了衙门花园。

盐商怎么会那么有钱呢？笔者四伯说："清代，天津的盐商都出资包办官家盐滩，称为'引地'，而堆放成品盐的地方则称为'坨地''盐坨'。根据出资的多少，盐商把隶属各省的若干个县的盐的销售包办下来，官家给他们发'龙票'。拿了龙票,每年缴纳盐税,官家就不管了,那省那县的盐,他们独家经营,盐价由他们自定。这是个无赔损之虑的买卖,年积月累大发其财,怎么能不有钱呐。"

关于盐务,有许多专门家的著述,笔者查阅资料略知一二。盐商包办盐务,四伯所记大抵是确实的。史载,盐业专卖最早是春秋时由管仲在齐国实行。汉武帝则在全国推行盐业官卖。唐肃宗盐业改革,政府批发,生产与零售开始交给商人。宋代开始,形成此后延续历朝的"盐引制",即商人花钱购买"盐引",盐引是商人经营盐的买卖与运输的合法凭证,"引"中间盖印后一分为二,商人持"引纸",官家留"引根"。明代进而实行"纲盐制",全国持有盐引的商人按地区分为十个纲,未入纲者无权经营盐业。至清代,"纲盐""盐引"继续推行,经营盐业的商人大量敛财,康乾时代的大盐商富可敌国。乾隆下江南,五次驻跸天津盐商查氏水西庄;扬州盐商为乾隆建行宫,修葺瘦西湖。乾隆曾感叹:"盐商之财力伟哉!"但主持盐政的官家超发、滥发盐引,从中克扣引银,从而引发盐政混乱。雍正、乾隆两朝曾两度立案查处。乾隆朝的"两淮盐引案",纪晓岚也牵扯其中,被发配新疆。道光年改"纲盐制"为"票盐制","盐引"改称"盐票",价格随行就市;取消了"引岸"地界,盐票可以越界竞争,官督商销。

康乾朝时天津经营盐务发家的巨富有张霖、安麓村、查日乾等人。张霖在康熙年间在天津城东金钟河畔修了著名园林"问津园",清人吴雯诗曰:"河流带残雪,轻舟向前渡。沙软没履齿,柴门向溪路。却登水上楼,遥见海边树。"据说,清代戏剧家洪昇的《长生殿传奇》就是在问津园完稿的。张霖不仅是盐商还做了官,但因贩私盐遭弹劾入狱,死在监中。他的后辈在乾隆年间于问津园旧址修建了墓园,名"思源山庄";北洋时期该处改建为"劝业会场",即在现在的中山公园处。安麓村与其父均经营盐业,康熙年定居天津,在城东南修园林"沽水草堂",安麓村嗜书画,园内建"天籁阁",秘藏大批金石书画,是当年一位著名的大收藏家。至于盐商巨富查氏父子,在津西修"水西庄""芥园",园林广阔秀美,乾隆皇帝多次驻跸。查氏广交名士,演绎了诸多文坛佳话,前文已叙述备细。许多年后的道咸年间,查家败落了,而那时在他家做管事的海张五尽心尽力,帮助他接办了盐引,海张五苦心经营遂也成巨富。

而此前乾嘉年间天津知名的大家族,还有办盐务发家的"东门里权家、南斜街高家、只家胡同董家"。除了盐务,海运和粮食买卖也是当年天津的支柱产业,因此海运业的"海下高家、东门外韩家",粮商兼大地主的"杨柳青石家"也是当时的巨富豪门。

咸丰初年,天津开始流传"津门八大家"的顺口溜:"韩高石刘穆,黄杨益照临"。即"天成号韩家、益照裕高家、杨柳青石家、土城刘家、正兴德穆家、振德黄家、长源杨家、益照临张家"。这八大家中,依靠盐业发家的是高、黄、杨、张四家,粮业的有石、刘、穆三家,海运业韩一家。这八大家依靠某业发家后,有的广置地产,有的又投资其他产业,如长源杨家除包办四个县的盐引,还在各地开了数十座当铺;穆家经营粮行发家后,开设了正兴德茶庄。咸同年间,津门八大家最为显赫鼎盛。

在此后的年月中,有的家族衰落了,有的家族则勃兴而进入顶级富豪的行列。于是,八大家是哪八家就其说不一了。后来的"八大家"就是个约数了,也可能是九大家、十大家,但人们仍把这些豪门称为"津门八大家"。"李善人家、益德王家、乡祠卞家、高台阶华家",也是公认的大宅门。这时,天津又出现了新的顺口溜:"财势大,数卞家,东韩西穆也数他。振德黄,益德王,益照临家长源杨。高台阶,华家门,冰窖胡同李善人"。数一数,这是九家了。

这些大宅门的发达,主要是靠做买卖。但有的也不仅是依靠做买卖。如高台阶华家,可以说更是因华世奎的名望而位列八大家。早年,华家包办了直隶两个县的盐引,还开了一些买卖,也是有钱的。华世奎的父亲科场不利,对儿子寄予厚望,严教督学,不好好念书,不好好写字,就拿烟袋锅敲他脑袋。后来华世奎果然遂了他父亲的愿,不仅做了官,成了三品京官,而且写得一手好字,是清末民初"津门四家"之首。因了书法,名满天下。

五百块现大洋或五根金条的酬金,榜书"天津劝业场"牌匾的故事流传很广。却还有一个"练字比当总统强"的故事说来也很有趣,现说来听听。早年,华世奎在朝为官时,任内阁中书行走,与后来当了民国总统的翰林徐世昌同拜户部尚书祁世长为师。祁世长老得幼子,曾托付华、徐二人日后照料。多年后的 20 世纪 30 年代,祁家家道中落,这位幼子穷困潦倒,来津求助。华世奎感念师恩,给了他二百大洋,又亲到徐世昌府上代其求助。徐世昌那时早已卸任,闲居在家,也喜书法,号水竹邨人。徐世昌对华世奎说:"你卖字日进斗金,我也卖字,但卖钱不多,这样吧,我照你给他的钱数减一半,赠助他一百现洋吧。"据说,从徐府回来,华七爷曾就此事教育他的后辈:"你们可要好好地练字呀,字练好了,比当一任民国总统强!"华世奎和徐世昌都是天津人,笔者与华七爷的侄孙和徐大总统的外孙都相识,这道听途说的故事也不知确否? 如今难得一见,只当是笑谈吧,所幸无伤大雅。

天津开埠后的外国银行和洋行

笔者四伯写了一段不长的文字,简单回忆了天津开埠后列强在天津纷纷开设银行、洋行和开办一些实业的情况,有些语焉不详。笔者做增补,也只能尽己所知略述大概。

"开埠",对近代天津是一个重要的时间节点,天津从此发生巨大的变化。什么叫开埠?天津怎么会开埠呢?

1856年至1860年,先是英国,继而英法组成联军,向清廷统治下的中国再次开战。联军先攻陷广州,再北上攻占天津、北京,咸丰皇帝逃往热河。这就是史称的第二次鸦片战争。人们总说天津是首都北京的门户,那场战争在天津大沽口就打了三仗。1858年,英法联军舰队来势汹汹攻占大沽口,兵临天津城下,迫使清政府与英法美俄签订了《天津条约》。转年,英法美公使执意自白河(即海河)入津,再进京换约,清廷不允,英军舰队突然袭击大沽炮台,清军有所准备,僧格林沁率部炮击英舰,英军大败,撤军。1860年再战,英法联军改自北塘登陆,迂回攻击大沽炮台,激战一日,守台将士全部战死殉国。大沽失守,天津失陷,北京也就不保了,京城陷落,火烧圆明园。皇上已经跑到热河避暑山庄的清廷,分别与英法签订了《北京条约》。条约规定,中国开放包括天津在内的一批沿海沿江城市为通商口岸。

被开辟成为向外国人开放的通商口岸,就是开埠。不仅于此,在那一年的天津,英、法、美三国率先划定租界。租界内设领事馆,驻扎军队,组建工部局并设巡捕房,治安、市政、财政等均由租界当局负责施行,中国政府无权过问,俨然中国土地上的"国中之国"。开埠的天津就成了这样的地方。1894年甲午战败,德、日也在天津划定租界。1900年庚子国难,俄、意、奥、比也纷纷在天津划定租界。至此,共有九国在天津占有租界。天津成为外国冒险家的乐园,政客、投资者、教士,纷至沓来,银行、洋行、公司,如雨后春笋。社会巨变,洋人在天津追逐他们的利益、实现他们的目标、推行他们的理念,这些一拥而上的"洋玩意儿",也使天津更早地接触和引进了西方文化。

先说银行。咱们中国,自唐宋时,有由官家经营的相当于汇票的"飞钱"。明代已有"钱庄",清代出现"票号"。这些民营金融业也堪称发达。清末时天津有钱庄、银号、票号数十家,其中最知名的是嘉庆二年(1797)山西人在天津开办的"日升昌票号"。而天津开埠后的1882年,英商"汇丰银行"天津分行率先在天津开张。此后,英商"麦加利银行(即渣打银行)"、中俄法合资"华俄道胜银行"、德商"德华银行"、日商"横滨正金银行"、法商"东方汇理银行"、美商"花旗银行"、比商"华比银行"等十余家外资银行纷纷在天津落户。

汇丰银行是当年天津最有影响、资金最雄厚的外资银行,当年天津的外汇市场价格即以汇丰银行的牌价为准。资料载,当年的清政府没少向外国银行借外债,1874 年至 1890 年共借银 4136 万两,找汇丰银行就借了 2897 万两。除了放贷,吸储也是这些外资银行的主要业务,当年以及后来些年,天津租界里住着许多官僚巨商、遗老遗少,甚至下野的皇上、总统总理,这些人都是他们的业务对象。早年庆亲王奕劻就是汇丰银行的大客户。清《国闻备乘》载:奕劻一次将 120 万两黄金存入汇丰银行京城东交民巷支行,汇丰知其来路不正,压低了利息,奕劻仍坚持存入。此事被御史大夫奏报朝廷,慈禧下令追查,派员与汇丰交涉,"确查具奏"。但此事无功而返。经办的尚书奏折称:"银行向规,何人存款,不准告人;询其账目,则谓华洋字各一份,从不准以示人。"一手遮天的太后老佛爷明知这里边有事儿,却也无奈。银行在当年就是这样的新生事物,连老佛爷也无可奈何。

清末开始兴办洋务,"西学东渐"就是那时出现的。1897 年,李鸿章的得力助手盛宣怀在上海创办"中国通商银行",该行第二年在天津设分行。1908 年"交通银行"天津分行开业,此后天津陆续开办了中孚、金城、大陆等多家华资银行,但这些华资银行的行址也大部设在租界内。

再说洋行,1860 年开埠,紧随着开进天津租界的英国军队,天津城来了四个英国商人,他们在城东城墙外的东浮桥至宫北大街一带,置地、盖库房修门脸儿,开张了四个买卖——四个最早在天津开业的英商洋行。例如,这四个人中有一位叫麦克利恩,设立了"怡和洋行"。几年之后,这样的洋行在天津就已经有十好几家了,英商为主,俄美德商跟进。这些洋行仍旧集中在宫南宫北大街一带,1870 天津发生教案,火烧望海楼,此后各国洋行才陆续迁入租界。这些洋行通常售卖一些让人们感到新鲜的洋玩意儿,比如洋火儿、洋蜡、洋布、洋线等诸如此类,洋车、洋枪、洋炮甚至大烟他们都卖。洋行同时收购猪鬃、羊毛、药材以及各种山货土产,运销国外。长此以往,洋行的买卖也就越做越大。

洋行这个名称,最早兴起于很早以前的清末广东,最早本来是中国人干的经营洋货的商行,那时就叫作洋行,买卖挺火爆。天津在没有洋行之前,也有中国人开的卖洋货的买卖,天津有两条"洋货街",所卖洋货都是从闽粤商人那里趸来的。鸦片战争后,中国被迫开辟口岸,洋商进占,洋人便借用了这个已经广为人知的"洋行"称谓。此后再说洋行,差不多都是洋人干的了。

笔者四伯忆及的天津外国洋行有怡和、太古、仁记、新泰兴、米那、隆茂、三井等数家。事实上，经历了清末以来数十年的发展，至 20 世纪三四十年代，天津当时经营进出口贸易的洋行已有近千家。天津那时已是我国仅逊于上海的进出口贸易中心。在天津的诸国洋行中，英商洋行开办最早，势力也最大。仁记、怡和、太古、新泰兴，号称"皇家四大行"，怡和洋行和太古洋行曾控制我国沿海航运数十年。还有其他许多洋行也都具有相当规模。四伯之所以提到规模并不算大的英商"隆茂洋行"，是因为对其较为熟悉，笔者的姥爷，当年就供职于隆茂洋行。隆茂的业务主要是采购羊毛出口欧美。由于类似羊毛和食品出口业务不断扩大的需要，这些洋行又办起了洗毛厂、打包厂、打蛋厂等加工企业。四伯回忆，那时还有洋人开办的保险行、亚细亚煤罐、烟草公司、英商自来水公司等，比商电灯公司特别是比商电车公司对天津的城市生活产生了巨大的影响。

▶ 如今海河上的解放桥当年被称为法国桥，为货轮驶入而打开。海河商轮货运繁忙。下左为比商电车公司首开围城转的白牌电车时的镜头；下中为银行林立的法租界；下右为当年英租界跑马场（现天津市干部俱乐部）

▶ 天津老城里有个小洋货街，年代很久远了。中图为当年为实业救国在华界兴建的劝业会场（现中山公园）举办国货展览会。右图为爱国商人宋则久兴办的天津国货售品所，日本时期被迫更名为天津百货售品所

洋行虽是洋人办的,但在中国做买卖,离不开中国人,于是"买办"这个职业和阶层就出现了。买办,从字面解释就是采买、经办。作为洋行的高级雇员,实际就是经纪人、代理人。从具体职责又分为"买货手""卖货手"和"账房"。后期许多洋行的洋人东家都是甩手掌柜的,买办成了承包人,有的甚至把买卖盘过来自己经营了。早年天津的传统家庭看不上去洋行给洋人做事,笔者的老王家前辈就是如此,祖父在清朝为官曾与联军激战,身上还带着洋人的枪伤,怎么肯让自己的子弟去做"洋奴"呢。但世风日变,天津作为进出口贸易中心,买办的社会地位提升,财势也越来越大,有些大买办的财势超过了旧时的盐商,他们中的一些人也热心地方公益。他们的言行人们看在眼里,态度也逐渐转变,祖父和姥爷就成了儿女亲家。笔者姥爷本出身官宦之家,游学日本后,跻身洋行。早年他是买货手,是羊毛品级鉴定的大拿,承包了洋行的羊毛采购。1949年洋行被接管,洋人早就跑路了,"华账房"被拘押审查,姥爷卖了河北路的楼房和河东的祖产,连同积蓄一并交公。人民政府在吴家窑工人新村给了他两间房,他在那里安度晚年。

昔时名医

陆观虎、陆观豹、施今墨、古今人、董晓初、闫子风、孙介明等。

关于名医,笔者四伯就写下了这么几个名字。医者仁心,悬壶济世,给人们生的希望,这都是一些闪光的名字。近日又一波疫情袭击京师,津门也出一例。在举国抗疫的沉重日子里,医者给人们生的希望。笔者于揣揣中希冀着福佑生民,于揣揣中追怀以往,钩沉出早年名医的一些令人感动的故事。兹分叙如下。

施今墨

近代中医大家,"京城四大名医"之一。原名施毓黔,祖籍浙江萧山。他医术高超,救人无数,是一个有故事的人。

施家世代为官。1881年,他的祖父携家带口赴云南上任曲靖知府,途经贵州,母亲生下了他,故取名毓黔。他的姥爷是庚子年京城沦陷前意欲力挽狂澜的悲剧大员李秉衡。庚子年八月,慈禧已经向列国宣战了,战事不利,八国联军已经占领天津,聂士成阵亡,马玉昆溃退,京城乱成一团。而那时南方诸省却"东南自保",按兵观望,慌乱的慈禧在紫禁城等来了唯一北上勤王救主的长江巡阅大臣李秉衡。七十多岁的李秉衡请命率军去阻击联军入京。慈禧命其全权统武卫军迎战。在通州,与联军尚未交战,所率武卫军竟已悉数逃逸如鸟兽散,绝望的李秉衡自尽。

施今墨在这样的家庭中，自小受到儒家传统教育，吟诗学书，熟读经史，在修身齐家治国平天下的儒家理想中浸染。他很小的时候还随他的舅父、名医李可亭学习中医。21 岁时家中送他入山西大学堂接受大学教育。新思潮的影响和传统文化中的家国情怀，使他走上一条参与社会变革的革命之路。他因参加学潮被学堂除名。后来他到了北京，在京师法政学堂与黄兴相识，参加了同盟会，以行医为掩护参与推翻清王朝活动。辛亥革命后，他作为山西代表参加了孙中山在南京就任临时大总统大典。此后任陆军部客卿，协助黄兴制定陆军法典法令；后又任湖南省教育厅厅长等。官场十年，他深感社会腐败，于是愤而辞职，弃政从医。"不为良相，即为良医"。1921 年他更名为"施今墨"，在北京开始了他四十多年的行医生涯。"今墨"既是"黔"的拆字，又寄寓着要做"今日的墨子"，实践墨子"兼爱"的理想追求。

作为一代名医，1925 年他曾参与孙中山的会诊。1930 年还曾受邀出诊西安，治好了杨虎城的病。何香凝、溥仪、载涛、李宗仁、郭德洁等都多次请他看病。1928 年至 1929 年，他参与了"中西医之辩"和当时国民政府引发的"取消中医"之争。当年，把传统视为糟粕全盘打倒、甚至鼓吹全盘西化的思潮日盛，许多社会名流文化名人如孙中山、鲁迅、胡适、梁启超、陈独秀、梁漱溟、郭沫若、严复、傅斯年、李敖等都反对中医。当时思想激进的国民党少壮派、任行政院长的汪精卫，拟在行政院力推通过"取缔中医案"。上海、南京各界纷争激烈，施今墨奔走南北，组织请愿团数次赴南京。恰恰在这个时候，汪精卫的岳母病了，得了痢疾，遍请西医，不见成效，病情危重，几将不治。有人建议说请施今墨看看，汪精卫本不信中医，万般无奈——"试试吧。"施今墨把脉开方，说了一句："一诊可愈，不必复诊。"这个方子喝了几副，果然好了。汪精卫这才信服了中医，给施今墨送匾，内容为"美意延年"，并推动国民政府收回成命，再不提取消中医了。不久还成立"中央国医馆"，任命施今墨为副馆长。

当年根据国民政府中医条例，北平组织了对中医师的考核，当时的四位主考官是施今墨、肖龙友、孔伯华、汪逢春，他们四人从此被人们认定为京城四大名医。20 世纪 30 年代，施今墨筹办了华北国医学院，培养了许多大师级的中医大夫，天津的妇科专家哈荔田就是当年的学生。在国医学院的教学中，除了学习传统典籍，还设了生理、病理、药理、解剖等西学课程。在多年医学实践中，施今墨也常推荐患者去找当时的一些西医名家会诊，施行中西医结合。

只要利于治病的方法均随手拈来，"不可执一方以论病，不可执一药以论方，不可循一家之好而有失，不可肆一派之专而致误"。他擅用大方，但大而不乱，

"有图其便者,略行习其大方以求相似,鲜有成功者"。其单方、小方也得心应手。他还擅用"对药",即二三味药组合使用,常出奇效。法无定法,辨证施治,"以阴阳为总纲,表、里、虚、实、寒、热、气、血为八纲"。他有许多医案,每案都是故事。如用老山参浓汤频灌,治天津一妇人血崩案;如用祛邪扶正并进、有如吹火燃薪,使天津一肠伤寒病危者转危为安案等,难一一历数。据传,他平生共献出七百多个验方,20世纪50年代,他献出十大验方,北京同仁堂制成高血压速降丸、神经衰弱丸、感冒丹、气管炎丸等,畅销海内外。作为一代名医,毛主席、周总理都接见过他。他向周恩来建议,并参与创建成立中医科学研究院、中医医院、中医医学院。"文革"中,他受到迫害,周恩来让邓颖超出面干预,解救他于危难。1969年他病危弥留时,写下一首小诗:"大恩不言报,大德不可忘。取信两君子,生死有荣光。"嘱咐家人在他死后呈周总理。

陆观虎

字汝颐,江苏吴县人,1890年生。他是清代名医陆九芝的后代,家学渊源,转益多师,成一代名家。

吴县位于如今的苏州,陆观虎年少时,他家邻居有一位独居的老人,非常喜欢聪明伶俐的陆观虎,及他稍长,向他传授岐黄之学。在这位老人引导下,陆观虎熟读家中收藏的医书,《黄帝内经》《本草经》等都反复研读,传统医学典籍不仅让他窥及中医的精微蕴奥,也指点他做人的道理。二十岁左右,他已能给人把脉诊病。后师从苏州名医李彤伯,精研医理。后又赴京师从其族叔、京都名医陆晋笙,尽得其传。1920年,经中医师考核合格取得了悬壶资格。但他自1921年始一直就职于京津两地的银行,1931年才开始在天津挂牌行医。

陆观虎尊崇江南名医叶天士、王士雄之法,辨证精细,立法谨严,处方轻灵,药味简练。尤以治疗温病和妇科见长。他主张"医者须明其理,理明是为其用,用后其理更明",医理明达,方能在临床时应变万方。他说:"证同而因异者多也,因同而证异者亦每见之。""夫医,究非仙,何以良医烛照如神?无他,能四诊互勘,扶其独到处,而得其真相耳。"从其片言可知,所以为良医者,辨证探究竟,须用心矣,而用心,须医理明,医德在矣。他待人平易,诊一病、开一方必反复斟酌核审,由此更深得病家信赖。当年,位于一区泰丰里的他的诊所,求医者络绎不绝。陆观虎数十年行医,有《陆观虎医案》传世。他一个朋友的孙子讲了一件事:"我的爷爷当年在银行与陆先生是同事,还是同乡世交,我的母亲怀孕了,就请陆爷给诊脉,陆爷双手同时号我母亲的双腕,并令我母亲双眼向左向右看,然后在案上写下四个字:'获麟之喜'。后来生下的果然是个男孩,就是我。"但这个双手把脉断男女的方法并没有传下来。

陆观虎先后担任 1954 年组建的天津第一个中医门诊部主任和 1955 年成立的位于多伦道的天津中医医院院长。当年,天津陆续组建了中医进修学校、中医学校、天津中医学院,陆观虎为培养中医后学也发挥了作用。1963 年,他病危。他自己给自己把脉后,让家人把他带的几个学生都悉数招来,轮流为病榻上的自己把脉,然后讲:"这就是'绝脉'。"他讲述绝脉的特征,讲自己出现绝脉后的自身感觉。现身说法,给学生上了最后一课。

陆观虎家在赤峰道附近,他与弟弟陆观豹住在同一个楼,陆观虎住一楼,陆观豹住二楼。陆观豹也是津门名医,长于中医内科。

古今人

古今人是医号,其人为 20 世纪三四十年代的津门名医。他本名关纯厚,字思九。满族正红旗人,1894 年生于沈阳一户农家。幼家贫,靠母亲缝补浆洗挣钱供他进学堂读书。1918 年毕业于国立沈阳高等师范学校博物专修科,毕业后在沈阳教书,任小学校长,同时一直兼任"奉天贫儿学校"义务校长,多年致力于平民教育。彼时已同时学医。1931 年九一八事变后历尽艰辛,辗转到津,开始行医。1938 年在施今墨等赞助下创办"天津国医学社",并设多处廉诊所,作为学生实习基地,培养了不少中医人才。古今人行医救人,不重钱财,颇具社会声望,当年曾被誉为天津四大名医之一。

董晓初

江苏武进人,十四岁时在无锡从师学医,二十岁考取行医执照。九一八事变后来津行医,医誉日隆,四十岁时已名噪津门,中医内科、妇科、儿科均有很深造诣。1949 年后,任兆丰中医联合诊所所长。1956 年进入天津中医医院,创建天津中医医院心脏专科,所研制的"通脉养心丸"广受患者赞誉。

不查不知道,在早年的清末民初,蜚声津门的中医风云人物大有人在,如 1886 年编辑刊印天津早期医学专著《医方丛话》的徐士銮;生于 1860 年,秉持"衷中参西"理念的中西汇通派代表人物,1929 年在津开办"国医函授学校"的张锡纯;与京师名医孔伯华交好,并于 1928 年在估衣街开业诊所,每逢暑天用门口大缸满盛中药熬制的防暑汤向行人施舍的津门名医王静斋及其子王季儒等。这些人物都久已湮没在历史的烟尘中。

天津最早的医院

　　清朝时，一般人家有人闹病，请大夫看病，都是中医。那时没有西医大夫，也没有医院。想想很遥远，其实也就一百多年前。

　　西方列强敲开了中国的大门，众多的洋人蜂拥而至，来到一直闭关锁国的中华。军人政客举着枪，仗打完了就跑马圈地，圈占租界地；商人资本家开着商船提着皮包，置地盖房开办洋行银行；还有一些在本国平平无奇的人，也来咱们这儿闯天下，有的还真闯出来了，成了人物。在来华的人群中，有一个特殊的群体，其中有些是在中国的大门还没打开的年代就来了，这是些穿着黑衣的教士。他们是来传教的，是来传递"上帝的声音"的。可传教光凭嘴说是不行的，于是也有些方法策略，第一是布施，舍东西舍钱；再一就是看病，为那些贫弱的中国人看病，治好了病也就赢得了感恩的心，这有利于人们接受上帝的召唤。所以早期的医院大抵与教会有关。

　　当年的直隶总督衙门在天津，直隶总督是李鸿章。1879年8月，李鸿章的夫人莫氏中风半身不遂，据说先后请了十七位中医大夫看病，也没有效果，生命垂危。焦急的李大人想到请西医试试，他托一个相识的外国领事，请到了英国伦敦会传教士马根济和美以美会驻京女医师郝维德来为夫人治病。马根济在治疗中采用了手摇电机的医疗器械，莫氏病情大为好转。月余痊愈。李鸿章见西医竟有如此奇效，大喜过望之余，聘马根济为医官。为了争取李鸿章的信任，马根济请求做一次手术表演。于是在位于金华桥口的直隶总督衙门的庭院里，马根济当着当时天津的一众官员，表演了兔唇、割瘤、眼科几个手术。

　　众官员大呼神奇，这也确实进一步加深了李鸿章大人对西医的认识。李鸿章当年就捐款建立了天津第一所面向公众的西医门诊部，名为"施诊所"。马根济被任命为主事。

　　施诊所地址在三岔河口的大王庙（现南运河北路曾公祠西侧），免费向公众施医舍药。诊所一经建立就有应接不暇的求医者，许多病人远道而来，据说马根济诊治病人每日最多达四五百人。马根济医术高明，对病人十分尽心。施诊所看病给药均不要钱，只收少许挂号费，对穷困的病人，连挂号费也不收。西医的治疗方式令当年的天津人感到新奇，《津门杂记》载，西医院"施医舍药，求诊之人，络绎不绝，或投以丹丸，或与之针砭，瘘痹则起以电击，赘疣则施以割杀，微肿全除"。西医医院的出现，为人们的求医提供了新方式。

但收诊量有限的诊所不能满足越来越多求医者的需要。1880年,采纳马根济的建议,李鸿章又捐白银四千两,天津士绅捐银六千两,共一万两,诊所移址海大道,也就是后来的大沽路。诊所以当年一个英军诊所改成的教会医院为基础,扩建成较具规模的新院——"伦敦会施医院",又称"总督医院""养病院"。这是天津也是近代中国第一所面向公众的西医医院。1881年,根据马根济的建议,李鸿章还首肯建立了一个"医学馆",培养西医内外科人才,这就是后来的"北洋医学堂"前身。但马根济因劳累过度,于1888年在津去世,年仅37岁。

伦敦会施医院经此后多年的改建和变迁,更名为"马大夫纪念医院",以纪念献出了心血乃至健康的马根济大夫。天津人则简称为"马大夫医院"。这所医院最初是中式建筑,后多次改扩建为三面相环的四层楼房,院址成为后来的天津市人民医院,现在的天津市口腔医院。

提起天津早年的医院,很多老天津人都会想起"水阁医院",很多天津人就出生在水阁医院。1902年,那时的直隶总督兼北洋大臣是袁世凯,那一年袁世凯在津创办了"北洋军医学堂""北洋官医院"和"北洋女医院"。北洋女医院是中国最早的公立妇产科专科医院。建院初期在北运河畔李公祠附近,后来迁至水阁大街,将原来的老育婴堂改建为医院,人们就把北洋女医院称为水阁医院了。东门外通海河的这条街是条古街,据说元朝时就有了,叫"磨盘街"。乾隆二十八年(1763),这条街上修了个过街楼,叫"观音阁",这条街本是人们取水的要道,人们就把观音阁称为"水阁",这条街也就叫水阁大街了。

1907年,归国不久的中国第一位女留学生、妇科专家金韵梅,被袁世凯聘为北洋女医院院长,金韵梅院长参与主持了老育婴堂的改造,同时组建了"北洋女医学堂",隶属北洋女医院,开创了教学与临床一体的模式。培养了中国第一批助产士,以取代早年的接生婆。多年后的如今,曾经的水阁医院在城市改造中消失不见,曾被并入天拖医院,现复建于南开区北城街。

20世纪初,紧跟时代的天津热心人士在河北官立第一蒙养院成立了天津红十字会。留德归来的徐华清被推举为会长,孙实甫、金韵梅为副会长。当时天津的许多社会贤达如宁星普、李子香、严范孙、张伯苓及洋人赫牧师等出任董事。从民国元年(1912)至七七事变日军进占天津数十年间,天津红十字会曾经发挥了很大的作用。从壬子年兵变始,二次革命、直奉战争、中原大战等,天津周边直至南京都发生过激烈的战事,天津红十字会均派救护队在战场组建战地医院,大量救护伤兵与民众。在自然灾害的水旱大灾之年,天津红十字会赈灾、安置灾民、救治病人,也做了大量好事。直至日军进占后,因不肯就范于伪政权,活动终止,曾经的天津红十字会平民医院与各分院也关闭。

会长徐华清是一个传奇人物,留德医学博士,被誉为"中国军医之父"。1889年归国,适逢慈禧患乳疾,御医束手无策,徐华清奉召救治,迅速治愈。于是他被册封为一品顶戴花翎、总理医政。后总办北洋军医学堂、陆军马医学堂和天津市官医院。他出任天津红十字会会长后,还任中国红十字总会理事长,组织了北洋与辛亥革命战争时期的多次战场救治。二次革命时,徐华清亲率救护队冒险进入南京战场,历时半年,救治负伤军民数千人,被南京人称颂为救命的"天津医队"。这样一位传奇人物,六十多岁时病逝于天津红桥西于庄树德里家中。他一生救人无数,却未求个人显达与发财。

老王家大姑奶奶的二小子,也就是笔者家父的二表哥,老辈人称为张家二侄,是天津红十字会医院的外科大夫。当年笔者的五伯患肺病,二表大爷力主送西医院救治,但保守的老王家老辈人只迷信中医,喝汤药,最终耽误了。大姑奶奶曾经

▶ 天津的老胡同,老街,曾经的大马路。上左图是河北大街的一条胡同。中左图是民国时期的东马路。下左图是清代的老龙头火车站。下右图是20世纪50年代的墙子河,如今的南京路

训斥一再进言的二表大爷张大夫："小辈儿,少参言!"非常能干的五伯英年早逝,令祖父捶胸顿足,大病一场,但悔之晚矣。这位二表大爷后来辗转去了江西,曾任景德镇红十字会医院院长。

天津曾经开风气之先,较早的医院还有一些。如位于英租界的"维多利亚医院",该院外国人就医很便宜,中国人就医则很贵,被称为"金条医院"。还有天津中心妇产科医院前身的"法国天主教会育婴医院",同样历史悠久。由卞万年、金显宅创办的私人"恩光医院",虽然位于富人聚居的黄家花园租界地,但留出一些床位给穷人免费诊治使用。1929年,官办的"天津市立医院"在河北建国道创办,后来改称"天津市立第一医院",在河北区狮子林又创办了"天津市立第二医院"。1941年,太平洋战争爆发,北京协和医院被迫停办,张纪正、方先之、柯应夔、邓家栋、朱宪彝等原协和医院大夫来到天津,筹建了"天和医院",院名含意是"天津的协和"。方先之后来在津又创建了中国第一所骨科医院,就是如今的天津医院。

吃海河水长大的天津人

人不可一日无水。没有水就没有天津城,天津人格外恋水。地处九河下梢,天津古来七十二沽汊湾纵横,河湖环抱,天津人历来有亲水情结。

我家世居天津,据父辈讲祖辈明末清初自山东迁来。说到水,我曾想象,在遥远年代的天津,蓝天澄碧,到处可见的河湖"清且涟漪",夹岸杨柳依依,蛙声十里,先民们不管是打渔的、晒盐的、运粮的,还是当兵的,常常忍不住"咚"地一声跳到水中去。其中可能也有我的先祖。

▶ 上左图为明清时的三岔河口,万樯林立,正对三会海口的是早年的中式望海楼。上右图为清末民初以后繁忙的海河。下列为几幅海河旧影。中图为金汤桥。右图自南运河拍摄,不远处为老三岔河口与望海楼教堂

▶ 左图右侧建筑为当年的大清海关。中图为冬季白河取冰,右图为拉小网的,许多百姓赖海河为生

海河是天津的母亲河,天津人总爱说自己是吃海河水长大的。

据专家考证,明代天津旧城里曾有古井七处,至清初时或患苦涩难饮,或患经久淤塞。老城改造,古井频现。东门里卢家胡同的明代古井,张仲先生推为明七井中的"文井";后又发现西门里祁家胡同的百年老井,久藏于居民居室地面之下,重见天日依然甘甜清冽。

天津自元明随漕运已发展为辅畿京师的重镇,至道光二十六年(1846)《津门保甲图说》载,天津城厢人口已近 20 万,井水并不足以满足城市饮用之需。明史家谈迁北游天津有语:"城中不见井,俱外汲于河",也是大概准确的。明清时天津城里四角还各有一个水坑,东北角水坑名黄家潭;东南角的名水月池;西北角的名城隍庙水坑;西南角水坑最大,名碱台子水坑。这四个水坑各自通过穿城墙而过的水门(俗称"葫芦罐")与城外护城河相通,本是城里污水雨水等下水的去处,坑水不能饮用。天津人用水只能取之于河。

旧时天津城厢的人们到河边取水有两个去处,一取自东门外海河,一取自不远也即汇入海河的北门外南运河。顾道鑫先生曾著《乾嘉以来的津门风尚》一文,文中对津人取用河水与挑水行业所记甚详。清乾嘉年间天津城市发展迎来第一次高潮,许多城市风习已渐形成。最初,一般人家自己到河边挑水,富户则派佣工挑水。因取水困难,水很金贵,于是有人开始从河边挑水到城里来卖,形成了"挑水的"这一行业。水能卖钱,于是天津又有了这样的俏皮话:"挑水的看大河——净是钱"。那时东门外、北门外河坡下,有许多带横木条、便于上下行走的坡形跳板,俗称"水梯子",都是挑水的为取水架设的。后来,又从直接挑水入城演变为使用专门的水车,使运水较前经济省力。水车初有独轮的,车架两侧固定圆木桶;后来则多为一双轮平板车上固定一个长方体木水箱,成为沿用多年至笔者幼时仍在走街串巷的水车样式。水车木箱上部有尺余见方有盖儿的入水口,车尾水箱后下部有出水口,用包着布的木塞塞着。至于水车的动力,有的靠毛驴,但大多仍靠人力拉动。当年东门外北门外,取水的人来来往往、熙熙攘攘,冬日冰凌坑坑洼洼,常年则泥泞不堪。故崔旭《津门百咏·水车》曾感叹:"运水担夫压赤肩,独轮车子也争先,石头路滑城门外,长似黄梅雨后天。"挑水业日盛并逐渐形成行规,如两车相遇要轻载让重载;挑水的均有固定主顾,互相不能抢主顾;挑水的进主顾家要高喊:"水!"便于主家内眷回避等。初时有的在主家进门墙上画"正"字,定期与主顾结算,后则卖水牌儿,既方便用户也拉住了主顾。

那时天津城里家家要有水缸。河水夹带着泥沙,有条件的人家要预备不止一个水缸,便于沉淀"倒缸",为使水澄清常要倒缸多次。那时还有一种特制的"搅水竿子",是一根下端带孔的粗竹竿,孔内放入白矾,在水缸内搅动,可加速水中泥沙的沉淀,因此白矾是当时的家居必需之物。

当年挑水业的兴旺还使天津出现专营水的买卖的"水铺"。大水铺有铺面、有水车、有掌柜、有伙计,小水铺则遍布城区街巷,居室前堂有几口缸再垒个大灶就可开业了。水铺的特点是兼卖开水,天津人喜喝早茶,清晨用水犯不上生火,就到水铺去买开水。水铺开水大锅的铁皮锅盖多是用废包装桶打造的,上面还有五颜六色的大外文字。大灶冒着热气,"水铺的锅盖——两拿着",光着膀子的掌柜掀开半个锅盖,用水舀子舀出滚开的水,高高举起,向茶壶里"砸"水。

天津后来有了自来水,自来水管网进入老城大街小巷,但很长时间仍没有入户,一个胡同一个公用龙头,名为"水站"。挑水业萎缩了,人们开始自己到水站去挑水,但水缸仍是家居必备的。挑水和"淘缸"是十分繁重的家务,如今中年以上的普通百姓都是难忘的。那时生活艰难,买到几条活"拐子"常不舍得一下子吃掉,在水缸中养着,反正隔些时日要淘缸。天津有些城区 20 世纪还曾打过一些压把井,特制的铸铁井身约二尺高,压动支出的井把,井水就从方形水口源源流出。但限于水质,压把井的井水不能饮用。水站与压把井所在处常十分热闹,妇女们一边洗衣洗菜一边聊家常。傍晚,男人们下班了都到水站去挑水,水桶排队到老远。冬日水站常成冰场,最易滑倒人,却是孩子们快乐的游戏场。

1898 年,英商仁记洋行牵头集资,筹建最早的"天津自来水厂"。1899 年建成供水,水源取自今太原道附近的海河,但规模有限,供水仅限于当年的英法租界一带。而当时天津规模最大的民营"天津济安自来水股份有限公司"于 1903 年建成,是德商瑞记洋行担保并吸纳大量华资的天津最早的中外合资企业。水厂设于南运河南岸芥园。营业初期,只在旧城的 4 个城门口及东北角、西北角等六处供水。而当时的市民不习惯饮用"机器水",甚至有人认为喝了"机器水"会影响生育,居民对这种经水厂消毒加工的饮用水还叫"洋胰子水"。济安公司进行广泛宣传,免费供应,天津人渐渐接受了自来水这种水质良好的清洁饮水。到 1904 年,济安公司的供水区域已扩大到城厢内外及法、奥、意、俄等租界。1950 年,天津的官营与民营两家自来水公司合并,组建了"天津市自来水公司"。

几十年来,随着城市发展,天津的城市供水系统不断完善。近年兴建的引滦入津、引黄济津工程以及南水北调工程更使天津摆脱了海河水系水源紧缺,天津人守着大河吃水难的困境。如今,每个家庭内都有当年难以想象的用水系统。扳一下水龙头,水就哗哗地流出来。但这水实属来之不易。

天津人恋水。海河文化带工程的实施和天津城市及周围水系的改造,将使天津重现明清文士们曾经歌咏的美丽的水乡风貌,天津人的亲水情结将再次得到满足。

　　2004年,天津建城600周年。今晚报以《生命之水》为题征文,于是笔者写了这篇东西,刊于《今晚报》副刊。写作此稿时,曾从史料上摘抄了几首前人写天津的诗词,描绘了当年天津河湖环抱的美好景象,一并辑录如次:

《津门百咏》
崔　旭

天津城在海西头,
沽水滔滔入海流。
沽上人家千万户,
繁华风景小扬州。

《津门小令》
樊　彬

津门好,破浪快遨游。
千里帆停洋客舶,万夫力挽运粮舟,呕轧听中流。
津门好,名胜共谁探。
绕郭台形星聚七,抱城河势水分三,锁钥控畿南。
津门好,皇会暮春天。
十里笙歌喧报赛,千家罗绮斗鲜妍,河泊进香船。

玉皇阁的培元体育馆

　　海河岸边的玉皇阁与天后宫、吕祖堂，是天津市区仅存的三大道教古建筑遗存。说起玉皇阁，想起一段与玉皇阁相关的旧事。笔者祖父在 20 世纪初叶，曾创建过一个叫"培元体育馆"的健身组织，其馆址就在玉皇阁。

　　有必要将祖父的情况略述一二。祖父王建侯，字介臣，依古例以字行于世，清代时曾任武官。听老辈儿讲，初为营官，后统马队，属淮军，蓝顶子，驻防于直隶任丘、河间一带。依清代官制，蓝顶子的武官，至少应该是四品了。我记事时，祖父已是一位蓄着长须的八十多岁的老者了。因为我是长孙，甚得老来得隔辈人的祖父喜爱。祖孙相嬉，祖父把我抱在膝上把着手教我写大仿，要不就任我摆弄小杂屋中祖父保留的佩刀、长矛等兵器，最难忘的是听老人家讲他当年带兵与洋人打仗的故事。如今五十多年过去了，祖父撩起衣襟给我看他腰腿上的枪伤，以及他讲述那些系生死于转瞬间的惨烈故事时的唏嘘之态，似仍历历在目。家中曾存有祖父年轻时着官服的照片，是十分英武的，据说当年曾陈列于拍摄此片的北京前门外的照相馆，那应该是 19 世纪末照相术引进伊始时的老照片了，可惜已因故毁失。幼时，我还曾听我家老姑奶奶自豪而神秘地说过，祖父曾受过光绪皇帝的召见。联想到我家毁失的字画中，有多幅康有为赠我祖父的字幅及几帧翁同龢的奏章，以及听父辈讲祖父退隐后嘱咐他们的"不涉政事，仕途凶险"，笔者推测祖父当年肯定是参与或亲历了戊戌年帝后两党的生死之争，而且大抵是属于帝党一派的。是否如此还有待我们作为后辈觅迹寻踪再做考据。祖父退隐后寓居老城里乡祠南祖居，民国后虽也干过市政管理、开报馆之类的事情，但主要是在家赋闲。祖父早年从军报国血染疆场，与他晚年创建培元体育馆希冀造福一方，是一脉相承的。

　　20 世纪二三十年代，祖父突染疾，腹胀如鼓，多方延医不愈。后经人介绍，随寓居意租界的武举出身的王澄久老先生学习一种叫"萃英功"的功法。未几，祖父不仅病愈而且体健如初。于是，祖父拜王澄久先生为师，潜心练功，并开始醉心于这种健身活动。王澄久先生在津门弟子众多，而他最得意的弟子是在英商隆茂洋行做事，后来成为我的大姥爷的李孝清先生，人称"李三爷"。功友们称我的祖父为"王二爷"，王澄久先生则被尊称为"老王二爷"。王澄久先生还曾到上海传授功法，比较知名的弟子有程砚秋和一位香港的周先生，周先生大名不详，绰号

113

"周蛤蟆";津门弟子有徐贵荣、于泽田、韩景泉、孙秉善等人。据说当年程砚秋每来津演出,总是要给老师王澄久先生留包厢的。老王二爷广收弟子,这在当时的天津也算是一种盛极一时的健身活动了。

后来,王澄久先生过世。为了继续健身,笔者的大姥爷李孝清先生在马家口子玉华公绳麻公司楼上开辟了一个场所,当年住"下边"的就到那里去练功。而笔者祖父为便于老城里一带朋友练功则组建了培元体育馆。当年祖父是天津山东同乡会的常务董事,他联络同为山东人且也为王澄久先生弟子的杨文清先生,一同与玉皇阁庙方商议。由于祖父当年还任天津道教协会理事,杨文清先生又是玉皇阁小学校长,玉皇阁的胡姓、陈姓道长很痛快便答应提供场地。当年,有一个很新式名字的培元体育馆就这样定址于玉皇阁。祖父还请在山东同乡会相识的前北洋政府总理靳云鹏题写了馆名,裱成镜片儿,悬挂在功房内。

虽然祖父早在 1952 年就已去世,但培元体育馆的健身活动在玉皇阁一直坚持到 20 世纪 60 年代。张罗这些活动的有在东门里开桌椅板凳租赁店的孙秉善孙二爷,还有一位胡姓老先生。听父辈讲,参加健身活动是曾救治过不少病人的。笔者父亲年轻时曾患肺疾吐血不止,后也参加此项健身活动而愈。笔者小时曾随大人到"庙里"即玉皇阁看过他们练功。是在清晨,天还没有完全亮,去时玉皇阁的道士已将阁后山房的门窗大开,室内空气十分清新,地也已清扫过,并喷洒过清水,室中央地上燃起一盆木炭。炭火旺时,练习者先用腹式呼吸法辅以动作吸食炭火热气;然后再用沙袋、竹板等物击打全身与头部之规定部位,谓之"操身""操头",再练习一些有很好听名字的架势,如"摇动海""犀牛望月""推窗望月""铺地锦""踢盘"等,据说"踢盘"对去除腹部赘肉最有效果。

▶ 玉皇阁民国时期的山门。张挂着一些牌子,玉皇阁曾被一些机关作为办公地和陈列馆。当年我随大人去看他们练功,山门似乎还在,步入后至清虚阁后的功房

这种健身法的科学性如何姑且不论，但这在当时的天津的确是一种极具民族民间特色的健身活动，而其宗旨无疑是健康的。当年笔者家堂屋曾悬挂过这样的对联：上联曰"培养天和思精体大"，下联曰"元参道妙进德育才"。上下联首即"培元"二字，这显然就是培元体育馆的宗旨了。"元"者，肇始也，根本也；而人的根本不仅限于"体"，还包含着"思"，以及"德"与"才"的含义。这已经近于今人之"德、智、体"全面发展的目标了。

即将重修的津门胜迹玉皇阁，还曾经有过这样一段很少为人所知的旧事。

此文发表于 2003 年 5 月 6 日《今晚报》副刊《海河流津沽》征文专栏，吴裕成先生担任责任编辑。后于 2004 年收入纪念天津建城 600 周年的文集中。

此文甫一发表，订阅着报纸的大伯与父亲就都看到了，都高兴地打来电话。岁月流转，十几年过去了，大伯与父亲均已仙逝，他们虽均得享八十多岁高龄，但念及此，心中仍戚然。

介臣先生事略

一　西去保定从军

　　津门老城里东北角城区，民初时曾居有前清淮军旧将王建侯，字介臣。祖系山东莘县三槐王氏，宋相王旦文正公子明之后。明末清初其先辈迁来沽上，历经数代，后这一支王姓蛰居乡祠东街大井胡同。先生在清末列强入侵中华的危难岁月曾驰骋于疆场，周身枪伤累累；民元后服务市政、热心公益，虽非显赫，但也曾知名于故里。然岁月悠悠，斗转星移，物是人非，其事略早已湮没无闻。笔者忖之：透过先生之经历，正可得窥百年灾难中国的风雨烟尘；而先生在津门行止之点滴，亦可补益乡里旧闻，岂不亦善？故钩沉先生事略如次。笔者介臣先生之孙。史实多取自家父回忆遗稿。

　　先生父王治有经营着一间轿房，当年城里殷实人家代步唯靠轿子，所以日子总还过得去，乡祠、津道一带都知道这个轿房王家。但这终究是个小本经营的小买卖，苟活矣。而让老爷子舒心的是，两个儿子都长起来了，长子考中了秀才，次子也就是介臣先生随哥哥念书，老爷子给儿子起名建勋、建侯，寄予着再次光宗耀祖的期望。老爷子让建勋给建侯讲析《古文观止》中苏轼的《三槐堂铭》，令其熟读背诵。让他知道先祖文正公曾与寇准同朝为相，力促宋真宗御驾亲征，北御来犯的金兵，最终与辽朝萧太后签订了澶渊之盟，为宋赢得数百年的太平日子。老爷子期盼着儿子再次成为栋梁之才。

　　谁承想，天有不测风云。约光绪十四年（1888），满怀期待的老爷子患痢疾意外身亡，抛下了寡妻与二男四女六个儿女。王家因此一下子陷入了困顿。

　　已经教私塾的先生长兄力主典当居所房屋，把父亲按礼数安葬了。而全家生活仅靠先生长兄菲薄的束脩收入，难以为继。两个未出阁的姐姐只好没日没夜地做外活贴补家用。先生当年已十八岁，眼见家中的难处，终向家中提出外出闯荡养家。于是，求一位原本熟识的官家写了封举荐信，西去保定投军。

▶ 上左图为清代天津东北城角地图；中图的困苦日子王家也是曾经度过的。余图为先生当年所在的马队照片等

　　举荐的大人要求先生务必于年前赶到保定府报到。此时年关已近，腊月二十三小年那天，先生出发了。城墙西门拥塞着回津过年的车流人流，出城逆流西去的只有载着先生一人的这一辆马车。先生在二牛道坟地泣拜了父亲的新坟，一路颠簸赶到了保定抚台衙门。还是晚了，衙役鄙夷地对带着个破箱子的先生说：大人封印了，初六开印，回吧。先生执意不回，终被安顿在衙门夹道的一间小屋。

　　夜里，冰冷的小屋里只有一盏如豆的油灯，没有火，先生冻得瑟瑟发抖。朦胧中，先生只见自己父亲来了，惊问："您干什么来了？""我给你送一担柴火，烧烧取暖吧。咳，大老远的……"先生一急，醒了，寒夜中只有旁边的高房大屋传来划拳行令的喧哗声。第二天，衙役问先生："你的眼睛怎么肿了？""风吹的。"

　　捱到初六终于开印了，先生面见了大人，被委派为二营采买。从此，他开始了在晚清淮军中的军旅生涯。先生做事认真勤勉，很得统领赏识，数年后最终被提升为从四品的宣抚使，蓝顶花翎。曾在直隶保定、河间、任丘、沧州、景县、吴桥等地驻军驻防，隶属淮军马队。那时的八旗和绿营已不堪用，朝廷倚仗的是李鸿章李大帅统领的北上驻防的淮军。

　　当年每逢庙会，驻地县都要搭台唱戏，戏台前放两张桌子，请当地官员坐镇。先生作为驻军长官，也经常去坐镇看戏，大多是河北梆子，演《四郎探母》至见母这一高潮时，先生就落泪，想念在天津的母亲。笔者家父小时候，先生晚上无事时，经常哼唱《四郎探母》的唱段，家父都能背上几段了。忙于营务，先生很少回津，但领到了俸银，自己十分节俭，总是托人赶紧捎回天津，王家不仅渡过了难关，先生也终于让老娘和手足过上了安定且较为富足的日子。

二 觐见光绪帝

先生有写日记的习惯，这些记载着早年经历且可能还记录着所历事件的日记有若干本，曾经存放在先生书房的一个抽屉里。可惜先生去世后，由于保管不善竟毁失了。晚年的家父为此悔恨自责不已。先生早年的经历只能依靠口口相传而追记。

先生曾对家人说："久饥不可暴食。"他借此讲了一段战事经历：一次带兵马去剿匪，被困于山上，多日汤水不进处于危险的困境。双方僵持，对方也人困马乏。不日晨，忽听远方传来火枪声，官兵均大喜，援兵到了。激战半日，匪被包围悉数就擒。山上官兵被救，有体弱者已不能站立和行走，只能用担架抬下山。军医嘱咐，被救官兵不能立刻进食，急命伙夫用大锅熬稀粥，特别是伤员，一律徐徐喝米汁，一二日后方可进食稀粥，否则会发生意外。

史料载：光绪十七年（1891）十月，金丹道教教主杨玉春起事于热河，爆发了起义。京师震惊，清廷调直隶奉天两省兵力会剿，直隶提督、淮军庆军将领叶志超督师，淮军铭军潘万才部马队二营参战，庆军记名提督聂士成偏师前驱。聂以数十骑往侦虚实，陷于重围，后终以计突围，翌日挥师大进，势如破竹，破贝子府据点，俘获首领杨玉春，余众星散。史料载与先生述大抵相符，但先生隶于何部已不可考，这几支清军都有马队。

先生出身寒门，虽居官位仍保留着淳朴的本性。某年冬，先生去各处巡察驻防情况，路经某县，策马走在大堤上。适逢该地有庙会，车水马龙一片繁忙。大堤下坡有很多饮食摊贩，有个卖包子的生意很火。适逢冬季，当他一掀开蒸锅时，一团热蒸汽腾空直起，恰巧先生骑马正走到那儿，马大惊，先生用全力去拉缰绳也拉不住，惊马奔突乱跑，先生被掀下来摔伤了。卫兵不干了，摔伤了大人，这还了得！非要法办卖包子的。先生急忙挣扎立起，高声阻止："误伤！实属误伤！"先生要求部下不得难为卖包子的，为此养伤多日。

笔者老姑奶奶当年曾神秘地悄声说："你爷爷进宫见过皇上！"据家父讲，先生曾随上级官员进京，先是在颐和园勤政殿随众叩见，后又应召到玉澜堂回光绪皇帝问话。这对当年的先生和王家已经是无上的荣耀了，无怪老姑奶奶多年不忘，忍不住还要向我透露。但先生何年觐见的光绪已不可考，极大的可能是在光绪二十年（1894）甲午中日战争之前。因为先生那次进京，度过了一段还算惬意的日子，如果是在甲午战争之后，以淮军为主力的中国军队惨败于日本，身为淮军一员的先生不会有那种心情。先生还在北京着官服照了一张相，那时照相术刚刚传入中国，据说位于前门外的照相馆，为了宣传照相术，招揽生意，曾把先生的照片在橱窗摆放了很长时间。北京最早的丰泰照相馆于清光绪十八年（1892）在前门外开业。先生这幅很可能摄于丰泰的照片，约相当16开书籍大小，镶在一个精美的纸质相框中，家父一直珍藏着，笔者是见过的，只可惜后来于1966年毁失。

但先生在光绪二十四年（1898）百日变法的日子里进京觐见光绪，也有可能。戊戌年五月，清政府颁布《明定国是诏》，临朝亲政的光绪召见军事要员有极大的可能。先生曾收藏多幅带"介臣先生雅属""教正"等上款的康有为书法条幅，均未托裱，还藏有翁同龢亲笔奏章，虽然很难据此就断定先生是属于维新派的帝党，但先生对曾经觐见的皇上有特殊的感情却可以推定。慈禧发动戊戌政变，光绪被囚于瀛台，康梁出走东瀛，六君子人头落地。也许正是经历了当年瞬息万变的血雨腥风，先生后来对笔者的父辈才有不准从政的训诫。

▶ 光绪与珍妃，其中光绪为画像。右图曾被认为是光绪（中立者）与众朝臣的合影，近年被认为不确。据专家考，至今仍没有发现光绪留下的哪怕一幅正面影像。

三　两次死里逃生

笔者是先生的长孙，幼时备受先生宠爱。先生晚年喜书法，也喜欢把我抱在膝上把着手教我写大仿；先生喜欢养花，也喜欢我与他一起浇花嬉水，让我搞得一片狼藉，反而哈哈大笑。我在他的腰上腿上发现许多伤疤，我摸着问："爷爷，这是什么？"先生笑而不语。后来得知，先生半生疆场，身上有多处枪伤。

先生两次死里逃生都发生在庚子年。

庚子年盛夏，暑热难耐，先生所部与联军激烈交战，也不知是哪国的兵。先生被俘了，被绑在一棵树上。洋人抓了一个清军的官儿，还挺高兴，几个人围着他，拿枪指着他，叽里呱啦地冲他大叫，好像在问他什么。先生也听不懂，只默默地瞪着他们。洋人怪声大笑，还把先生带顶戴的帽子捋下来，戴在他们自己头上，又摆弄先生的辫子，拿他取笑。这时不远处，洋人大队那边哨子响了，这几个洋人匆匆地跑去了。

先生就寻思：完了！我命休矣！大概一会儿回来就该行刑了吧。但这时，突然从旁边树丛后边的沟里，走上来一个背着柴火的老头儿，一个中国老头儿！那老人发现了被绑在树上的先生，急忙过来，用柴刀砍断了绳子，指着树丛后的沟，指着方向，说："大人，快跑吧！"

一个乡间的老汉救了先生一命！先生逃过生死一劫。先生后来一直对家人说："那是观音！是观音化身来救了我！"从此，一直到晚年，他房间的博古架上一直供着观音。对先生此次脱险，我则心怀感恩，如果没有那位乡间砍柴老汉的相救，世上很可能就没有我们这一大家子人，也没有笔者了。

先生在哪里与联军激战呢？不详。但离天津肯定不远。那时天津的战事已经很吃紧了，先生派人给家中急送了一封信和一个包袱，嘱全家火速离津到乡下避难，而包袱里却有一面很可能是缴获的法国军旗，上面还有洋人洋文签名。先生嘱咐家人，逃难路上如遇到联军就用这面旗子去应付。天津城破之前，我家祖奶奶率全家租船顺运河逃到任丘，躲过了庚子战火。这面旗子20世纪五六十年代前一直被家父锁在衣柜的一个抽屉里，笔者也是见过的。

先生另一次遇险应该在庚子年春天，直隶南部一带，先生正在那一带驻防。慈禧在那个时间段要"以拳制洋"，义和团如火如荼。先生外出巡查驻军，不慎被义和团捉住了，说拿到了奸细，于是被捆绑起来，押上大坛。大师兄当即审问，见先生是个蓝顶官员，就说："现在抗洋要紧，你还巡查什么清兵？你说你不是奸细，怎能说清？只有依靠神灵来验证！"

说罢马上折叠黄表。所谓黄表，是用黄纸折叠成一个有一定高度的立体的方纸筒，上面印有义和团大坛印章。黄表被放在一个木盘上，让先生双膝而跪，双手托着这个木盘。大师兄口念咒语，用火点燃黄表上方。如果在燃烧中冲冒火球三次，证明是好人，不是奸细；否则可想而知，很可能将被处死。幸甚！升表时果然冒出火球三次！先生免遭杀身之祸。

▶ 上列左图为当年法国画报刊载的表现庚子激战画面。右图为庚子之战天津城破时南门城墙上躺着战死
的中国人的悲壮场面。下左图为城南护城河边的联军伤兵，对岸是城南洼。中图为义和团进津。右图为
当年一位红灯照

　　庚子七月北京城陷，两宫出逃西狩。在山西，慈禧连颁两道谕旨：一为派李
鸿章、庆亲王与各国"全权议和"；一为"严加剿灭义和团"。在奉旨取缔义和团
时，先生所部有一次抓了很多红灯照，先生让她们坐满了好多辆大车，派兵士把
她们送回各自乡里，全放了。好心的老爷子吧，这不是抗旨不遵吗？也许正是当
年先生释放红灯照的举动，后来成就了先生的一段姻缘。先生一生三次婚姻，前
两位夫人都是大户人家小姐，先后病亡，而他的第三位夫人也就是笔者的家祖母
却来自乡间。他们的婚姻曾遭到家族的强烈反对，因为家祖母早年就是一个红灯
照。这里面是否隐藏着一段感人的故事呢？
　　家父回忆他幼时，大井胡同祖居还有先生从军中带回的上有"三槐堂王"四
字的大躺皮箱，里边保存的都是清时的顶戴、军装、马镫、皮靴等。笔者幼时，在
先生携我们别居的乡祠南孟家大院的东房杂物间，还堆立着一些长枪、短刀等，

全是冷兵器。

四 在任民国警察厅开发广开

进入民国,先生回到了天津,最初供职于杨以德任厅长的天津警察厅。

天津的警察厅,应该是中国警察史的第一页了,不过这也没什么露脸的。庚子后签订的屈辱的《辛丑条约》规定:外国军队驻扎从北京至山海关的十二处要地,中国不能驻军。在天津,联军成立的都统衙门拆了天津城墙,还依条约规定天津城二十里内不准中国驻军,仅可由巡警维持治安。后来,袁世凯用了一个招儿对付洋人——大批军人脱军装穿警服进入天津,正规军摇身一变成巡警。民国后,袁又提出:"警之于先,察之于后","警察"得以治用。

杨以德,因为早年做过敲梆子的更夫被天津人称为杨梆子,他因智擒飞贼张三立得到袁世凯的赏识与重用。他用在人前强摁头使其从妓女裤裆下钻过令其颜面扫地的方式,制服了天津官面儿从来管不了的混混儿;他还拒收贿赂明断了评戏《杨三姐告状》演绎的滦南县高占英杀妻案,为时人称道。

那个年代,国将不国,从清末至北洋时期,执政者推行新政,作为北洋重镇的天津一马当先。北洋时期的天津警察厅在袁世凯的授意下,实际全面负责天津的城市管理,先生在警察厅任扫除科长,扫除科实际相当于现今的环境卫生管理局,归警察厅管辖。先生在此任上曾被总统冯国璋召见,还曾被授予二等嘉禾勋章。今人可能难以想象天津老时年间的城市环境。老城,明月亭台,清风杨柳,一座座大宅门儿,气势非凡;可街上,满城一股骚臭味儿,污水无法外排便满街乱泼,没有茅厕,随处便溺。《燕京杂记》记载着当年京城的状况:"人家扫除之物悉倾于门外,灶烬、炉灰、瓷碎、瓦屑堆如山,积街道,高于屋者至有丈余,人们则循级而下如落坑谷。"而在津门,先生下力气改变了这种状况,正是当年新政的一桩政绩。

刚刚走向共和,不必讳言的是当年的天津也确曾有某种程度的社会新象。仅以天津警察厅为例,笔者辑录了当年天津警察厅的一个告示:"照的当夏全溽暑流行,人民饮食起居,稍一不慎,莫不染患疾疫,本厅以保民为职责,对于公共卫生,尤为注意,举凡关于卫生各事项,自当妥筹进行,认真办理。查津埠近来因感受暑热,以致身故者,时有所闻,大概以劳动者居其多数,而劳动最甚者,为人力车夫,终日奔驰于炎大烈日之下,最易感受暑热。在彼车夫,为衣食所迫,故不得不如是,但揆诸人道殊属自亏,自应量予取缔,责由道路岗警,积极限制,不准车夫奔驰,以免受热猝毙,又路旁所设施茶处,在商民出资有限,囤行人获益实多,想津埠不乏明达之士,定必乐从,除分令外,合行布告,仰各商民一体遵照,切切此布。"布告透着体悯民情的善意。

先生顺应时势,开始在经营创业上动了脑筋。在任扫除科时,天津城市垃圾无处运。怎么解决这个难题呢?先生就买了西南城角儿外的一大片水坑,让把所有垃圾往水坑倒。天长日久,就把那一大片水坑垫平了。一个地方总得有个地名吧,先生就给这片地方起了个地名叫"广开",就是现在的南开区广开一带。后来先生又投资盖了些房子,形成了街道,叫广开中街。为此还成立了一个"永业公司",聘请有名的律师为永业公司顾问,经营房地产;不少人向公司租地,再在上面盖房子。从此房地产收入成为王家的主要经济来源。

▶ 上列为两幅鼓楼大街的照片,左图为庚子年遭联军轰击后的残败景象;右图为多年后逐渐恢复又呈生机的景象。下列左图为北洋时期警察厅下辖的天津警察教练所,在东门外南斜街,该校延续为后来的天津公安学校。下右图为早年天津地图,城南包括广开一片水泊

有关天津地方史志的文集中刊发过关于"广开"地名由来的文章,记得好像有几种不同的说法,但笔者所见都没有提到先生。就连这一块地面都是由先生指挥填坑造地,才有了这么个地方,并在上面开发房产形成街道,先生命名其为广

开,应是十分可信的。这是笔者家长辈的说法。笔者以为,先生至少是天津"广开"的开发者之一。也正是那同一个年代,李纯与荣禄投资开发了南市。

那个年代,终究是个"城头变幻大王旗"的年代。杨以德后来因让他的一个姓白的心腹科长去争天津县长那个肥缺,得罪了张作霖,被迫下野了。而先生也早已离开了警察厅。20世纪20年代,先生办过一份叫《民报》的报纸,但这份报纸肯定不是同盟会的那个《民报》,笔者推断应是维新倾向的一份小报;同时还办过一个"大北新闻社"。王家那时还经营过商号、钱庄,但都不成功。先生竟然还与朋友合作,干过一段戏园子,名为上平安戏院,即后来的长城影剧院。那时的南市堪称市民的游乐与餐饮中心,更是个花花世界,被老门老户人家称为"杂八地"。上平安戏院是在南市,但先生不准家中子弟去南市,家父少年时有一次被同学拉着去了一次"三不管儿",让先生知道了,被罚跪了搓板儿。

五 山东旅津同乡会

　　先生后来把更多的精力投入到山东旅津同乡会的社会活动中。

▶ 左图为笔者摄于山东莘县群贤堡的"宋相王文正公旦子明墓"。中图为王氏族谱中先祖王祐与王旦的画像。右图为介臣先生像

　　那是1930年前后,先生已经六十岁左右了。先生在同乡会任常务董事,三槐王家,那个年代的人还是高看的。天津有不少三槐王氏族亲,其中最发迹的是曾做过湖北督军的王占元,王占元隐居天津后在河北平安街一带洼地建房成巷,命名为槐荫里,后又将建国道与三经路之间大片平房拆旧建新,与槐荫里连片儿,称为大槐荫里。

　　家父回忆,先生案头那时总是放着一本同乡录,很厚的一大本儿。同乡会的名誉董事,大多为名流,像先生这样的常务董事则为实际主事干事的。那时,同乡会很忙。比如山东闹灾了,同乡会要筹款救灾,而山东经常闹灾,不是涝就是旱,要不就闹蝗灾,经常要筹款救灾。在津南还有块山东义地,旅津的山东人,死了穷得归葬不了老家,就埋在山东义地里,分文不要;在津山东人特别有困难的,找到同乡会,就设法给解决。

先生广交山东籍在津的名流,如靳云鹏。

靳云鹏曾两度出任北洋政府总理,是山东邹县人。先生与靳云鹏熟识不仅有同乡会的关系,还因为早年都是清代淮军的武官。晚年靳云鹏笃信佛教,常到东南角佛教居士林去听经。后来与他一起听经的原五省联军司令孙传芳在居士林被替父报仇的施剑翘刺杀。虽然那天因为下雨靳云鹏赶巧没有去,但此后他就不敢再出来了。施剑翘原名施谷兰,她的父亲施从滨是奉系的一位军长,在直奉战争中多次拒绝孙传芳的劝降,后被孙俘获后斩首示众。当时在天津师范学堂上学的施谷兰赶回山东奔丧后,写下了"翘首望明月,拔剑问青天"的诗句,更名为施剑翘,立志为父报仇。隐忍了十年,施剑翘终在天津居士林的那一天,潜到听经的孙传芳后排,连开三枪,血溅佛堂。靳云鹏深居简出,先生就派自己的侄儿,也就是笔者的四伯每日去英租界靳宅陪同靳云鹏一起做佛事,四伯那时已经成人,但没有出去做事,每天换上西装去靳家陪着念佛。靳家一直念着四伯的这点好处,抗战胜利后,还在敌伪产业处理局给他谋了个肥差,四伯是个老实人,不适应那份差事,不久就被辞退了,最终先生在开滦矿务局为他找了一份工作。那时先生的长兄早已过世,先生担起了父辈的责任。

靳云鹏对佛事信仰是很虔诚的,出任居士林林长时,在居士林前不远南马路口,命人张挂了许多牌子,宣传佛法。谁知不久天津市府整顿市容,地面儿上不敢

▶ 上左图为施剑翘刺杀孙传芳的天津佛教居士林,中图为刺杀成功后施剑翘在警局的照片。右图为当年箱尸案出版物

动,市府却以有碍观瞻为由强令拆除了。抗战胜利后不久,蒋介石到北方来,靳云鹏也是他想见见的人之一,于是命天津市市长去与靳联络。靳云鹏见来访的正是强令拆除他张挂的佛法牌子的市长,当即就拍了桌子:"你看得起蒋介石,与我有什么关系! 还是各自高就吧。"一边抢先往外走送客,一边嘟囔:"我混蛋是要骂的,客还是要送的。"靳云鹏奉母极孝,早年家中贫穷,其母亲就去做奶妈,靳家发达后仍保持着勤俭的家风,这些都引起先生的共鸣。当年袁世凯经常请靳母吃饭,老太太每次去袁家总要带四件礼物:鸡蛋十个,豆腐四块,煎饼六斤,咸菜一罐;而礼单上却写着"吉子十个,都福赐快,坚兵禄金,贤才一贯",袁世凯总是亲手笑纳,当场打开,分与众宾客。

先生在同乡会还结识了另一位军界人物董政国。董政国也是山东人,原是曹锟的部下,在北洋政府期间担任过陆军中将等军队要职。1928 年北洋政府倒台后一直在津闲居,担任过天津山东同乡会的董事、会长,与先生共事。董政国很尊重先生,把先生尊为前辈,他特别喜欢收藏勋章,当年在任时自制"敷威将军奖章",作为给部下的奖励与给友人的名片。有一次他来城里家中串门,与先生聊收藏,看了一些老物件。有一天先生还把家中男孩儿挨个儿叫来,董看到家父时就对先生说:"二哥! 把这个小子交给我吧! 我喜欢这小子,我带走。"先生说:"好吧,我研究研究再说。"实际是推托了这件事。家父是亲历的当事者,无怪多年不忘。董政国要把他带到哪里去,他也不清楚。

董政国的长女董玉贞被杀案是民国八大奇案之一。董玉贞与天津富家子李允之成婚,李是个花心之人,在董政国去世后不久又明娶了混血女郎史美丽为二房,以至与董玉贞感情不睦。因此二人在如今五大道的睦南道、大理道分别居住。一个雨天,董玉贞按约定去大理道找李允之外出购物买一件与史美丽一样的皮大衣,发生争吵,董玉贞被李允之和史美丽锤击致死并被分尸。李允之佯装寻人但将董的尸体装到箱子里藏到一个开汽车行的朋友家,后案破,被称为"箱尸案",轰动一时。董政国做梦也不会想到自己的女儿死得这样惨。

先生很是忙碌,在山东同乡会还结识了许多山东籍工商界朋友,如大粮商岳福臣及山东祥字号各大绸缎庄、山东帮饭庄老板等都是山东人,都在同乡会参加活动。先生因经历清末政局的波谲云诡而要求自己的子辈远离军政以求自保,通过工商界朋友的关系,他安排自己的儿子都去学买卖了,后来开买卖的、开工厂的,都成了"资本家"。

先生曾在玉皇阁创建"培元体育馆",习练者众,堪称造福乡里。晚年先生醉心书法,雅好收藏,常去侯家后有个叫三德轩的茶楼淘古董,每日晨各处古玩贩子都去此处串行各种古玩;再就是日租界一个叫大罗天的商场,也是当时天津的一個古玩市場。先生收藏瓷玉雜畫頗豐，曾自諷書齋為百壺軒、百硯堂。惜先生所藏均毀於多年的世事變遷，現千百遺存不足一，僅留下點兒念想。

　　先生故於 1952 年，亡故那天恰巧是共和國的五一勞動節，晨起時先生還去院門口插掛了國旗。

在老城里过年

在祖居老城里，逢年过节是最热闹的日子。在松林的记忆中，此后的年月，就再没有那样的年节了。

二月二，龙抬头，蝎子蜈蚣蛰麻猴。掌灯后，二姑都要举着根燃起的蜡烛，在房间墙角门后，或是院里犄角旮旯儿一通照，说是要把开春儿苏醒了的毒虫全轰走；那天还吃烙饼煎焖子，娘说这叫煎龙鳞，焖子可是秃尾巴老李的龙鳞。五月五，过端午，门前插艾叶，门上贴钟馗和五毒图，二姑给松林带上老虎耷拉，头顶抹雄黄。七月七，七夕节，大姐和二姐那天要比针线活儿，向织女乞巧，还躲到花荫下，据说可以听到牛郎织女说悄悄话；二姑和大娘还带他们去戏园子听戏，牛郎织女天河配，台上竟牵上来一头真牛！还在台上拉了一摊牛屎，哈。八月节就不用说了，那天还是奶奶的生日，奶奶上供的木瓜和佛手，特别清香，这些供果儿奶奶最后总留着让松林吃一大块。九九重阳，要登高，爸爸也领着松林，登上玉皇阁，眺望三岔河口。

逢年过节还有花会，离家不远的三义庙和县阁就有两个花会，都会到鸽子集的空场来耍。松林特别爱看耍高跷的，"起格隆咚——起格隆咚——"远远听见鼓点儿，就知道花会来了。大爷是不去看的，二姑、老姑领着他们一帮孩子去看。头棒，二棒，那花活，踩着高跷还劈叉就不用说了，松林最爱看的却是傻妈妈和傻哥哥，总是逗得人们哈哈大笑。

最难忘的当然是过年了。

腊月二十三祭灶，就过小年了。那时南房锅台墙上有个灶王龛儿，供着灶王爷和灶王奶奶，两旁各有一神童，各自抱着一个罐，一个是善罐一个是恶罐，奶奶告诉他，灶王乃一家之主，比大爷还主事儿，每日观看家中情况，做好事记下放入善罐，做坏事记下放入恶罐。晚上祭灶，由大爷上香，严厉的大爷这时也是毕恭毕敬的，二爷也要赶回来。他们把灶王神像连同灶王龛一起烧掉，灶王爷就去天上见玉皇大帝汇报去了，灶王龛那儿有一副对联：上天言好事，回宫降吉祥。俗云：男不拜月，女不祭灶。虽然女人不许参与祭灶，但二姑在神像前事先早就供上糖瓜、麦芽糖，让灶王爷嘴上甜甜的，到天上多说好话，这叫"糖瓜祭灶"。这个仪式给松林们带来了好吃的甜食。

但过年实际上从腊月初八就开始了。那是一年最冷的时候,"腊七腊八,冻死俩仨"。一到腊八,天刚亮,就有施舍腊八粥的。奶奶说,当日是佛祖释迦牟尼成道之日,如果家中有病人曾经许过愿,病好后,每年腊八这一天要舍粥,要舍数年。家中熬的腊八粥内有秫米、江米、芸豆、豇豆、珍珠米等,还有小枣、青丝、玫瑰等。天还没亮,就听见外面远远地传来喊声:"缘儿喽!缘儿喽!""烟儿喽!烟儿喽!"。二姑说"缘儿喽!缘儿喽!"是舍粥的人家在喊,听到这样喊的,准有舍粥的,穷苦人家就一边喊着"烟儿喽!烟儿喽!"一边忙着去接粥。老王家还施舍缘豆,就是煮熟的黄豆,离家不远的卞家会从房上往下倒白面馒头。

腊八那天白天,二姑还带着他们去娘娘宫一起买花儿。宫南宫北大街两边的墙上贴满了红纸条,写的是"年年在此",是年货摊的位置。二姑笑着说:"俗话说,老婆老婆你别馋,过了腊八就是年!"松林心想:我们早就馋啦。宫南宫北的年货摊热闹非常,人山人海。吊钱、春联、年画、气球、鞭炮、玻璃纸大红鱼灯、玻璃灯、走马灯、小孩拉车、年花、毛掸子、金龙、佛香、供果、灶王龛、蜡烛,还有

各种鲜花:石榴花、干枝梅、桃花、迎春花……二姑买回了石榴花、干枝梅、水仙,也没忘给松林买了一个闷葫芦。

全家都忙作一团,五哥不停地去买东西,老姑二姐洗被子、洗窗帘、扫房做卫生。二十四扫房子,二十五点豆腐,二十六炖大肉,二十七宰公鸡,二十八白面发,二十九贴倒有,三十儿晚上乐一宿。三十儿那天,大人们忙着包饺子,二爷也早回来了,晚上,全家一起在院里看五哥放鞭炮放花,松林玩嘀嘀筋、砸炮儿,还和邻家孩子们打着灯笼在胡同转悠,扯

▶ 当年过年的场景

着脖子吆喝："打灯笼,烤手啊! 你不出来我走咧……"真是难忘啊!

三十儿晚上最隆重的仪式,是大爷还要带着全家拜全神。那是一幅镶在很大的镜框里的群神像,平时收藏着,那天特意请出来在堂屋供起来,密密匝匝层层叠叠成百上千的神仙,端坐着,上端黄金位置并坐着玉皇大帝、太上老君和佛祖。拜完全神还要拜祖宗牌位,拜长辈。子夜时分放鞭炮吃素饺子。这还不算完,三十儿夜里还有卖糖堆儿的、卖大发财源糕干的,自然也大受欢迎,也不知大人孩子那天怎么那么大精神儿。

三十儿不管多晚,二爷还是要带着松林回兴仁里的。已经很晚了,但娘从不嗔怪,大年下图的是一切顺绪,和和美美。六哥又拉着他到胡同里去放炮。

大年初一很早就起来了。松林娘早就给孩子们买了新衣服新棉鞋。二爷就带着六哥和松林又到城里去给奶奶和各位长辈拜年。街上、胡同里、城里的家中,都是人来人往。男的都穿着袍子马褂,戴着礼帽,手持印着吉祥话的名片,到各家去拜年。至亲初三前要拜到,最迟也不能过了破五。家中一般只有奶奶和女人们接待来客,男士们都外出拜年了。松林能得到不少压岁钱,能分到客人们送来的各种好吃的,能得到更多的笑脸和夸奖,能在胡同里尽情地玩儿……

过年也有许多规矩,这些规矩,也被在规矩中长大的松林一一记下了:初一不能扫地,不能把财气和福气扫走,满地的瓜子皮、花生皮也不能扫。初二天还没亮,挑水的就来了,挑来一担水,送来一把苇子,苇子是柴火,要"财"的音儿,这叫"进财水",二姑马上赏钱。有时还来要饭的来拜年,进门就唱吉庆歌:"一进门儿来把头抬,增福财神两边排,刘海儿本是海卫仙,脚跐龙头撒金钱,一撒金,二撒银,三撒骡马成了群! 要赏快赏! 给老太太拜年来啦!"这时二姑就急急忙忙给钱,说这帮人可惹不得。初五以前不下生米做饭,所以家中要提前蒸出很多馒头。初六以前女人不许串门子。初六开市,开市要请一位女全科人,也就是其公婆、丈夫、子女全有且健在,她戴着红囍字儿,进门就唱:"开市大吉,吉庆有余! 炕上一坐,洋钱一大垛! 开市就走,越过越有……"开市以后女人就可以互相串门儿了。

正月十五闹元宵,是春节的另一个高潮。那天要包素饺子、吃汤圆儿。晚饭后,二爷领着金林和松林去估衣街、东马路看花灯。沿街到处张灯结彩,人群摩肩接踵。各商号比着放"盒子灯",看谁的花样多、放得时间长。盒子灯是一个很大的八角形或方形的红灯,如同衣箱一般大小,燃放时由底部点燃,有的盒子底下就掉下一架葡萄架,五光十色,燃后又掉下来一位财神及聚宝盆,都是火光明亮耀目,色彩缤纷。每个盒子灯要燃放二三十分钟。在人海中松林紧紧拽着父亲的手,一直观看到很晚才能回到兴仁里。在路上,还能看到那些不想睡觉的小孩儿,打着灯笼在胡同转悠:"有打的灯笼都出来呀! 没打的灯笼抱小孩儿呀! 金鱼拐子大花篮儿呀……"

但年总是很快就过去了。

正月二十五填仓。松林娘说,当年她们家乡这一天要打囤填仓,要蒸刺猬、老鼠,把它们全吃掉。如今到了天津卫,还是要在屋里地下画个囤的样子,还要想着把吊钱撕下来压到米面缸下边。那天,还要去买活鲫鱼熬鱼汤,天津话讲:填仓填仓,干饭鱼汤。年就算过去了。

(笔者纪实作品《父辈》节选)

曾经的美食（四则）

金裹银儿饼　锅巴鱼面汤

旧时，精米白面是金贵的，主食中棒子面是为主的。终日为炊的主妇们就变着法儿在棒子面上做文章，除了窝头，还有贴饽饽、两面儿发丝糕、杂杂汤、龙拿珠等等，花样儿也不少。当然，人们还是希望能吃上精米白面才好，金裹银儿饼的妙处就正是在一定程度上满足了人们的这个愿望。

四十多年前正是国家困难时期，粮食定量供应。那时我和弟弟妹妹们都正是长的时候，十几岁的半大小子每天最大的感觉就是一个字——饿！每天放学我们分别从北马路、仓廒街、运署西街、东门里这些不同的方向往家奔！从现在的城厢东路北口往南看，那棵最高的树就长在我家院子里。当然那时没有城厢东路，我们急匆匆地往家奔要穿过曲里拐弯的小胡同。

一进院子，看到奶奶正守着煤球炉子在炙炉上烙饼呐！我们爆发出一阵欢呼。一拥而上，没等开饭就大嚼起来。那香喷喷的白面饼呵，焦黄又软和！吹着热气一口咬下去，咦？原来白面只是薄薄的一层皮儿，饼心是冒着热气和清香的棒子面儿。金裹银儿饼！

这名字起得太好了。唯一使我不解的是，既然是白面裹着黄玉米面，应该叫"银裹金"才对，为什么叫"金裹银"呢？抑或这就是"把金裹上银"的倒装句式，把金摆在前头，起码反映了人们对金的重视程度要高于银了。

烙金裹银儿饼的要领，是必须保证那层薄薄的白面皮儿的完整，一小片儿面裹上已经用开水烫成半熟的棒子面儿，包好后轻轻地擀成饼，破了就露馅不成个儿了。奶奶在这方面有绝对高超的技术。

饼吃得差不多了，菜不菜的无所谓，但奶奶最后做的那一大锅锅巴鱼面汤是非喝不可的。锅巴鱼那时在菜市场和杂铺儿都能买到，是焙烤而成的小干河鱼，并无特别，但锅巴鱼面汤的鲜美至今想来仍令我齿颊生香。做锅巴鱼面汤的诀窍是炝锅后放入锅巴鱼在热锅里略煸，然后注水（一定要注热水），"哧拉"一声马上盖锅盖，熬一会儿汤就是白的了；下面条开锅后，夏天俏点韭菜或芫荽，冬天俏点白菜叶儿,更添鲜香。

这些年有时想吃这一口儿,但没听说还有卖锅巴鱼的,买过一些小干鱼也不是那个味儿。只好在记忆中去回味当年奶奶做的锅巴鱼面汤的滋味了。眼前不觉浮现出老城里小院中奶奶正在做饭的情景,电匣子里还正在播着《秦香莲》韩琦杀庙,白玉霜的那段儿唱呐。

鲜豆皮儿卷热棒槌馃子

当年普通人家做饭用煤球儿炉子,早上人们赶着去做工上学,来不及生火,所以大多天津人有在外边吃早点的习惯。揣着前一天剩的干馒头或凉饼、剩饽饽,花三分钱买碗热浆子(豆浆),照样吃得热热乎乎。略富裕的买块热大饼、两根热棒槌馃子,浆子里再卧个果儿(鸡蛋),就更肆亨(舒服)了。

所以那时天津有不少专卖早点的豆腐房。我家所住的东北角城里那一带就有三家:户部街华家大门往西斜对过有一家,官银号菜市后身三义庙旁有一家,乡祠东街快到白衣庵胡同还有一家。这最后一家叫三合顺豆腐房,离家最近,小时候我常去那儿吃早点。

坐北朝南一楼一底,豆腐房门脸儿不大挺有进深。进门左首依次是炸馃子的、烙大饼的,然后一个大灶台,两口大铁锅的浆子冒着热气。右边是两张方桌、几条板凳,再往里有个很陡的楼梯,一间门面却有楼上,可以上楼就餐。热豆浆等吃食,有一个一二楼上下相通的斗儿,给送到楼上去。"斗儿"是什么样的呢?就是《虎口脱险》电影里的指挥夜宿旅馆,半夜偷偷起来向楼上运吃食的那种。三合顺一楼灶台再往里有个灯光昏暗的小屋,地上水渍渍的,有磨、还有头驴,一位师傅在缸、桶、木盘子和晃动着的布兜子之间不停地忙活着,吆喝着那头被蒙着眼睛的小毛驴,围着那磨没完没了地转着。

三合顺的豆浆好,起皮儿。所以在浆子锅灶台旁的墙上,挂着一个木架,隔那么一会儿,盛浆子的师傅就用一根长圆棍儿,从热浆子锅里挑上来一层豆皮儿,架在木架上。赶上了,买上一张还温乎的鲜豆皮儿,叠巴叠巴,卷上刚出锅的热棒槌馃子,那叫香!那叫筋道儿!

记得那是"除四害"那年,在三合顺楼上,鲜豆皮儿卷热棒槌馃子,我吃得正香。突然,外边响声大作,四下响起一片敲锣、敲鼓、敲盆儿、敲桶的震天响声,辅以人众齐声呐喊。

原来是全市统一行动的剿灭麻雀的人民战争开始了。我从楼上的窗口望去，一片灰色屋顶上也站着些人，红旗漫卷。空中那些无处落脚的麻雀，扑腾着乱飞，最后有的力竭就直直地掉落下来了。后来人们发现，对麻雀来说，这是一个冤假错案，后来臭虫代替了麻雀在"四害"中的位置。

白汤杂碎

我有个同学姓王，生于一个非同一般的家庭，因故全家被遣送到山东原籍乡下去了。后来他独自返津连个住处都没有，就到我在板桥胡同的独居来与我同住了。

那时，人们的住房都不宽裕，我独居板桥胡同一间近二十平方米的斗室，几近奢侈了，于是我的一些同为运动"逍遥派"的学友，就经常到这里来闲坐以至经常聚会了。大家依然谈着艺术，在茫然中海阔天空。酒是不能少的，都是好酒，菜呢，老虎豆儿垫底，辅以午餐肉罐头，也曾不辞辛苦到天祥后门儿去买酱牛肉。饮至夜半，都已醺醺，相与枕藉乎唯一的床榻之上，不知东方之既白。一些学友曾感慨地说，当年的"板桥夜聚"真是难忘呵，那时我们正年轻。如今，这些学友大多登上了画坛，有的俨然已成名家，反而久不谋面了。

这且不表，单说这与我同住的王姓同学，引来他有个哥哥也常到我这儿来借宿。这位大哥早年是学芭蕾舞的，是当年黄家花园知名的少爷羔子，当时自然落魄了，但衣着作派依然是洋派儿的一路，嘴里叼着个大烟斗，说起《魂断蓝桥》《鸳梦重温》那些20世纪30年代的美国大片儿，如数家珍。我和他弟弟都管他叫"八级工"，为什么呢？我们那时都二十多岁，对异性的恋情初萌，而这位大哥本是个情场老手，说我们在这方面也就是个学徒工，而他自诩为八级工。所以，我们就管他叫"八级工"了。那时，我正暗恋着一个女同学，还常写一些诗之类，夜宿的八级工胡乱翻看时看到了，他清早走时留下一个纸条，夸我的诗写得好。我在那张纸条上又接着写道：我们都在同一个天空下呼吸 / 吸进的都是透心儿凉的寒气 / 春天的梦倒是挺美 / 滋味儿和爱喝的酒差不离 / 夜难成寐胡乱写下一些字句 / 遥想未来的日子像是已经微醉 / 这又像抽刀断水水更流 / 斩不断那蛛网般挥之不去的思绪！八级工自此晋升我为二级工。

一天，八级工风风火火地来了，说是发现了一种绝妙美食，以前怎么就没吃过这么好吃的东西呢？拉着我非要请我一顿。于是跟着他还有他弟弟一起来到了谦德庄。原来是个不小的回民馆儿，人声熙攘，门口的牌子上四个大字："白汤杂碎",四个小字儿："清真古教"。

要说现在卖羊汤的也不少,白汤杂碎不就是羊汤吗? 不是。现在的羊汤,汤是灰不拉唧的,喝到嘴里一嘴作料味儿;而真正的白汤杂碎,汤是乳白的,是汁儿! 这是关键。一个大海碗热气腾腾,淋上麻酱,浇上炸得喷儿香的红辣椒油儿,撒上鲜绿鲜绿的芫荽;再来上一瓶直沽高粱,几个热芝麻烧饼,我们三个吃得满头大汗,嘴里直出气儿。

过了几天,他又来了。说又发现了一家更棒的。于是随他来到河东老地道外郭庄子,这一家果然生意格外火爆。这家牌子上写着"全羊汤"三个字。架在店门口的大锅里,热热闹闹,咕嘟着乳白色的汤汁。跑堂的师傅声音洪亮,跑前跑后地吆喝:全羊汤四碗儿——羊脑儿两份儿——胎羊一份儿——,忙得团团转。店中食客众多,有光着膀子脖子上挂条毛巾的,有穿不带袖布小褂儿的,大多是凭力气吃饭的,个个吃得大汗淋漓。王兄朝那边努努嘴,原来那边有几位食客看上去很斯文,衣着考究岁数也不小了,像是很有身份的人,也在那儿笑吟吟地吃白汤杂碎。王兄说:"怎么样? 这绝对是雅俗共赏,三教九流,遐迩驰名!"这位爷来了精神儿,凳子不坐了非蹲在上面,怀也敞开了,摆了个架势显摆:"看见了吗? 吃白汤杂碎就得这么个吃法,这才叫正宗!"

听说"八级工"如今已经移居加拿大了,很难见到了。

炸蚂蚱

据说欧洲有专门吃虫儿的饭店。这并不新鲜,咱们天津人早年就吃虫儿。

记得小时候,常见走街串巷卖炸蚂蚱的。一辆小车架着口油锅,少半拉锅上边支着油乎乎的铁网子,小车车厢里一个有盖儿的大篓子,或者是一条扎着口儿还这儿那儿一动一动的麻袋。只见那小贩一把抓进去,抓上来几个豆瓣儿绿的大绿蚂蚱,把翅膀揪巴揪巴,往油锅里一扔,一会儿工夫就炸得焦黄。再来块还热乎的大饼那么一卷,一口咬下去,脆香的是蚂蚱大腿儿,咬到蚂蚱身子是一兜油儿,顺着嘴往下流。正因如此,当时吃炸蚂蚱得抻着脖子。

我不怎么敢吃这玩意儿,经不住一门口儿的撺掇,吃过一次,确实挺香。老街旧邻中有专门爱吃这一口儿的。

炸蚂蚱绝对是绿色食品。现在农药用得足了,没有蚂蚱也就没有卖炸蚂蚱的了,这是好事。可别说蚂蚱了,连小虫儿都没了,又出了新问题,所以有人又专门买带虫眼儿的青菜。去年北方大旱,报载天津郊县已发现蝗虫,据说多的地方一脚踩下去能踩死百十来个。遇上这种情况,怎么就没有人把它们捉来炸着卖,也算为灭蝗尽力,这不比卖酱田鸡腿儿、炸铁雀儿强多了吗?

读史可知,北方山东、河南等省,历来大旱之后必有蝗灾。亲历者云,蝗虫袭来是很可怕的,轰轰似有闷雷,黑压压似有乌云涌来,顷刻至,田禾被啃咬殆尽。蝗虫也是吃人的,据家父回忆,他的奶奶也就是我的老太太,本来自于冀南乡下,早年曾有其娘家侄儿来津探望走亲,家父称他们为表叔。大表叔白净斯文,是乡间的一位教书先生;三表叔却满面满身疤痕,十分吓人。老太太说,可怜的孩子,月科时天气大热,被放在院中荫凉处小桌上,谁想到蝗虫袭来,待大人赶来时,已被咬得血乎流烂,总算抢回了一条命却成了这样子。

蝗虫执行的是与日本人一样的三光政策。中国的老百姓真是可怜哪,君不闻1942年河南骇人大灾,饿殍遍野,死人无数,前有蒋介石下令炸开花园口形成黄泛区,历年大旱,禾苗难生,蝗虫紧跟疯狂啃咬,上又有日军飞机不停轰炸——天灾乎? 人祸乎?

而人间,又有多少酷吏豪强之行止劣迹几近乎蝗虫了? 诗经有句云:"硕鼠硕鼠,无食我黍"——胡不言:蚂蚱蚂蚱,食尽膏血欤?

打住,此段闲文本是谈百姓吃食的——炸蚂蚱。

此文写于2004年

萃英健身功

王澄久，清末津门武举。1935年天津《国术周刊》第6、7期合刊上刊有"沽上武道名家合摄图影"，前排就座者为刘神仙、杜心五、王澄久三人，后排站立着杜心五的记名弟子龚剑堂等人。刘神仙本名刘从云，曾被称为"民国第一妖人"；大侠杜心五后来做了孙中山的保镖，都是民国武林的传奇人物，三人并列就座可见王澄久在当年国术界的地位。王澄久在津门曾传授一种被称为"萃英功"的健身功法。据其弟子整理的著述中称，该功法传自铁鞋道人，铁鞋道人为何朝何方人氏，著述中语焉不详，已不可考，但这是一种道家功法确是无疑的。

王澄久先生在天津门徒众多，其最得意的弟子为李孝清先生，这在其弟子著述中也着力强调。李孝清先生供职于英商隆茂洋行华账房，家境优裕，他出资为老师在意租界购得宅邸一所，王澄久先生遂从世居的灰堆迁到意租界居住并多年在该处授徒。笔者祖父王介臣，清末武官，民元初供职于天津，后因患鼓症随王澄久先生习练萃英功而愈，遂入其门学习该功法。后祖父与李孝清先生结为儿女亲家，这也就是笔者父母姻缘的由来。王澄久先生过世后，笔者祖父与姥爷李孝清先生分别在宫北玉皇阁和马家口子设立了功房，继续习练与传授萃英功。

该功法通过特殊的呼吸法、操身操头、气功架等一整套习练方式，强身健体，甚至有祛病之功效，当年曾经活人无数，笔者听闻不少这样的事例，并也曾亲历。家父年轻时染肺疾肺结核，咳血，先随祖父后随姥爷练功，不久就痊愈了。本人1976年初患、1980年复发肺疾肺脓疡，病势危重，胸科医院处置意见为开胸摘肺，家父不允，吾妻不接受，家父命我随其习练萃英功。笔者那段时间除了中西医结合治疗早晚服药外，每日清晨到北宁公园随父练习萃英功。月余，笔者肺疾的痊愈令胸科医院的大夫惊讶不已。

家父曾命我随其走访灰堆王家旧宅，拜访王澄久先生即老王二爷的侄子"小老伯儿"，意在寻访有否记录此功法的文字，欲整理留存使其不致湮灭。可惜遗迹残缺，小老伯只找到了上文提到的王澄久先生弟子整理的关于萃英功著述的第一册，仅为概述部分，具体的功法介绍则无存。记得在20世纪80年代的《气功》杂志上，曾经读到南方某省作者撰写的介绍相近功法的文章，较为简略，估计是与萃英功有渊源的,因王澄久曾多次赴上海香港传授功法,南方有不少门徒。知名的有香港知名萃英功友绰号"周蛤蟆",我曾听闻武林界中人戏称该功为"蛤蟆气儿";杭州名中医董志仁自幼体弱多病,立志学医济世,1929 年随王澄久先生习练萃英功,月余精力倍增遂坚持练功,后结合医学实践和南方气候条件在他称之为"暖气功"的萃英功的基础上编创了"董氏气功按摩法",盛行于杭城。

笔者得益于此功,常怀感恩之心。既访求无果,前人已逝,今发愿谨将所知萃英功法之一二,记录于后。既传之后人,聊胜于无;又或可引发沉于市井之高人之兴致,做引玉之砖,方不负前人矣。

以下为我所知之萃英功练法:喝气,操身,操头,气功架。

喝气

萃英功之呼吸法谓之"喝气"。此为练此功要点之首,老人言:"必须喝好气。"旧时,在洁净功房之中央,燃烧一上好木炭之炭火盆,待其充分燃烧,练功者面向炭火,吸食其热气。故此功董志仁大夫称其为"暖气功",以他行医之经验,他认为吸食热气对促进血液循环、疏通全身经络确有作用。限于后来的条件,炭火盆已难备用,择一空气清新之处,亦为后来者权宜之法。笔者当年随家父在宁园礼堂前湖畔的晨光中,沐浴着朝阳练功,也取得功效。

喝气时,双脚开立,与肩同宽,含胸拔背,悬顶勾腮,舌抵上颚;双臂虚腋,双掌在腹前随呼吸做抱球与压掌动作。吸气时气自鼻入,似喉间略闭合,气入有声,故堪称"喝";喝气不扩胸,以意念导引,气入下腹归于丹田。初习者气很难下行,故需辅导者助其"顺气",当年就是老父以他温暖的双手在我前胸、后背自上而下顺气。吸气后略运气但不要强憋气,再自鼻呼出;如此七口气为一组,可以喝气多组,每组间隙可以自行按摩顺气。

听老人讲,喝气有"喝大气"和"喝小气"之别,初学者只能喝小气,冒进喝大气会出毛病。而祖父与姥爷这样"熟手"都能喝大气。喝大气与喝小气到底有什么区别,怎么喝大气,笔者不甚了了。

正确地喝气而不憋气,完成三组、五组或七组均可。

操身

所谓操身,当年是以沙袋、檀木板甚至卵石,我辈练习时则以半握之拳或掌,击打全身之相关部位。

仍双脚开立,击打左侧身位时左脚略前伸半步,左脚尖指向左前方;击打右侧身位时右脚亦然,右脚尖指向右前方。双拳击打时则双脚开立。

1.击胸。双拳半握,置于身侧,拳心向前,左脚略前伸半步,先以右拳抡击左胸左上之近肩胛处。共击打十次,前七次每击打到位时,自鼻猛出气,谓之"醒气"；后三次不醒气。击打后以拳自上而下轻击左胸部片刻。左胸击打完毕再击打右胸，右脚略前伸，动作要领如击左胸。

2. 下一个动作为击肋。还是先左后右，起始姿态如击左胸。左脚略前伸，左臂肘弯举起，左拳举在额前拳心朝前；右拳用力抢击左腋下之左肋。十次，前七次醒气。击肋后以拳自上而下轻击肋部片刻。再击右肋十次，动作要领如击左肋。

3. 第三个动作，双掌拍胸。双脚开立，双掌垂于体侧掌心朝前；双掌同时抢起，分别击打左右胸，击打后虎口恰在乳头处；共击打十次，前七次醒气。拍胸完成后，双掌自胸至腹自上而下拍击，至少三次，舒服而止。

4. 第四个动作，击腹。双拳半握，置于身侧，拳心向前；左脚略前伸半步，左臂不动，右臂肘弯举起，右拳举在额前拳心朝前，向下猛力击打小腹部十次，前七次醒气。换脚，右脚略前伸，左臂肘弯举起，左拳举在额前拳心朝前，猛击小腹十次，前七次醒气。然后双脚开立，双臂肘弯举起双拳举在额前。拳心朝前，双拳同时向下猛击小腹十次，前七次醒气。击腹全部完成后，可双拳交替轻击小腹多次，调息调整片刻。

5. 拍背。此动作需他人协助完成，协助者站在练功者身后，练功者双脚开立含胸，双臂垂于体侧。协助者以掌用力击打练功者背部正中偏上处十次，前七次醒气。完成后可双掌自上而下再拍击后背多次。无人协助时此动作可以撞树取代。

6. 拍腰腿。双脚开立，弓腰，双掌用力拍击双侧腰部十次，前七次醒气。然后沿体侧向下拍击，在髋部、膝部略停顿，着力拍击，直至小腿。沿体侧自上而下至少拍击三次。

操身后周身血脉贯通，强力抢击拍击处，均有受力发热感觉但十分舒服。

操头

操头主要是以揉搓、按摩等手法完成对头颈、五官的一系列动作。

1. 操头的第一个动作是拍击头顶，笔者随家父锻炼时，双脚开立，左手背于身后，略低头，以右掌向上挥起，拍击头顶数次；家父嘱我不可过力，适可而止。记得我幼时，姥爷李孝清先生来家串门，与爷爷在房中叙话后两位老爷子到院中切磋功法，姥爷运气后曾用檀木板、后用卵石击打头顶，全家人看得目瞪口呆。姥爷功力深厚，这已经是近于硬气功的练法了，一般人是练不了的。

2. 操头的下一个动作是按摩头颈。以双掌前后往复轻拍头颅片刻后，以双手抚于头顶两侧，两拇指按于太阳穴，转动按摩太阳穴，后沿发际用力推按直至后颈，在后颈再转动拇指用力按压颈椎旁窝处。此动作自太阳穴至后颈至少按揉推按三次。

3. 搓后颈。双手轮番用力搓后颈多次，直至后颈发热。据家父说此动作有预防感冒之效。

4. 搓后颈完成后，以右手自胸前绕至左颈后，用力拉住，然后手指用力自左颈后沿颈侧、锁骨，向右胸上部用力按拉，同时颈部向左转动使劲，口中发出一拖长的"咦"字；复以左手自胸前绕至右颈后，完成上述右手相反方向的动作，颈部向右转动，口中发"咦"字。此动作可反复数次。

5. 搓耳。先用力揉搓耳轮直至耳垂，耳垂可力揉。复以双手食指在后、中指在前，夹在脸颊的耳前耳后，用力上下搓动多次，直至发热。

6. 敲天鼓。以双手掌按住双耳，五指在脑后；手掌按紧，以五指除拇指外的四指敲击后脑，会听到"咚咚"的天鼓声。敲天鼓片刻后按压双耳，再突然向两侧松开，如此按压再松开，做三次。敲天鼓后顿觉神志清爽。

7. 搓脸。以双手像洗脸一样用力搓脸多次。

8. 洗眼。眼微闭，以双手食指弯曲骨节自山根处沿眉弓向眼外眦处按压滑动，数次；复以中指指肚自眼内眦沿闭合的眼皮向眼外眦处按压滑动，数次。

9. 搓鼻。以双手中指自鼻翼两侧始，向上搓至鼻根复向下搓至鼻翼两侧，上下力搓鼻之两侧。家父云此动作亦有预防感冒之效，可略久搓。搓后右手抬手以食指向右下稍用力拨一下左鼻翼，同时醒一下气；左手抬手向左下拨右鼻翼，同时醒气；不知何意。

10. 洗牙。口紧闭，以食指像刷牙一样搓上下牙床，左右手正反方向反复搓多次。

11. 叩齿。张闭口磕上下牙多次，叩齿有声，有固齿作用。叩齿时口中会生出津液，为精华，咽下。叩齿后张口"哈"一声，猛出一口气，不知何意。

12. 转眼。双脚开立，双眼球自左而上复向右再向下向左转动，视向上下左右四方；再反方向转动；如此循环多次。转动时是略为徐缓的，不是滴溜乱转。

气功架

气功架是全身动作，随动作开合俯仰，自然呼与吸。记得如下各式。

1. 摇动海。双脚开立，比肩略宽，含胸收腹，身略前倾臀略后撅，双臂垂于体侧。忽抬臂，右臂抬至与肩平时臂已弯，向右用力做扩胸动作，也似肘击，手为掌，掌心向下；同时左臂抬起直臂尽力向身后挥动，做勾手动作。复抬左臂弯臂扩胸，右臂直臂向身后勾手。如此循环往复，至少做十次。

2. 犀牛望月。双脚并立，先向右前方迈右腿做右弓步，同时抬右臂，弯臂在额前，手紧攥拳拳心向前；同时左臂成弧形直臂伸向身后，紧攥拳拳心向后；同时以腰带动全身向左转，回头望左后方。收右腿并步，迈左腿向左前方迈出成左弓步，抬左臂弯臂攥拳拳心向前，右臂后伸拳心向后，腰带全身右转回头望右后方。再收步循环做如上动作,至少做十次。

3. 回头望根。双脚开立,与肩同宽,腰向左扭,同时挥右臂至额前,拳心向前,左臂旋至身后拳心向后,同时回头低头看右脚跟。再腰向右扭,挥左臂旋右臂,回头尽力看左脚跟。如此循环动作至少十次。

4. 蹬腿。双脚并立,双手成拳在体侧。忽身体右倾抬左腿几近九十度,同时右臂上举到额前拳心向前,左臂旋至身侧拳心向后,此时右脚着地左腿用左脚跟全力向左下方蹬去。归正位后复身体左倾抬右腿,左臂上举到额前,右臂旋至身侧,左脚着地右腿用右脚跟全力向右下方蹬去。此动作要做出力量,如此循环动作至少十次。

5. 推窗望月。双脚并立,向前方迈右腿成弓步,身向前倾同时双臂自下而上划圈后复自上而下划回面前,双手成掌十指相对,掌心朝前,同时身体后倾成坐步;复双掌自掌根发力向前推出,身体前倾复成右弓步;推窗后双臂向两侧划弧收回体侧,同时收步。再向前方迈左腿成左弓步,其余动作如前,再次推窗。循环动作至少十次。其他健身方法的"摇橹"与此动作相近。

6. 铺地锦。双脚开立,比肩略宽;双臂举起,弯腰向左下,双掌几近地面,双掌双臂划动、转腰,俯身自左向右,然后仰身自右向左,回到起始位;如此顺时针运动多次,再逆时针运动多次。做此动作时似乎欣赏遍地似锦鲜花,情绪饱满。

7. 踢盘。双脚并立,双手自体侧翻掌至额前,左脚踢盘如同踢毽踢至腹前,同时右掌下落以掌背击打左脚内侧;复右脚踢盘,左掌下落击打右脚内侧。如此循环踢盘多次、几十次甚至上百次。注意保持身体直立,不晃动不哈腰。这是一个很有意思的功架,据说对去肚腩很有功效,当年看守宁园礼堂的一位老者就向父亲专门学此动作。早年祖父患鼓症,重点练了这个动作。

8. 侧踢后踢。双脚并立,身体直立,双手在体侧掌心向下;向体侧踢右脚,脚外侧踢右掌心,复踢左脚,脚外侧踢左掌心;如此左右脚交替踢多次,此为侧踢。直立双脚并立,左右脚交替向后踢,以脚跟踢自己的臀部,踢多次。

补气

功练完了,以微汗为佳。略事休息,来回走几圈,还需要再补一次气。按喝气的要求再喝气三口五口或七口。至此完成练功。

笔者所知该功法虽然只有一二,说来似乎也不复杂,但要得其法得其惠,仍需诚心,仍需持之以恒。

1980年我复发肺化脓,右肺上叶后段有鸡蛋大一个脓包,面临胸科医院力主摘肺的危急情况,出院后随老父练此萃英功。我那时住在一中附近贵州路勤建里,每日天还没亮就出发,94路无轨还没有出车,我徒步或骑自行车赶到渤海大楼,乘第一班1路汽车到北站;进北宁公园,在"喊早"的老爷子们悠长的吟啸声中,沿湖滨与长廊到礼堂前的东大湖前与父亲会合——如上所述的步骤练功少说也得一个多小时以上,父亲和后来也参与锻炼的老伯分别去附近的单位上班了,我自己又增添了项目,到北站体育场随一位老太太学当时风行的"吸吸呼、吸吸呼"的郭林气功,另随一位老先生学练站桩、练入静。八九点了,我乘1路汽车金钢桥附近下车,金钢花园这边有个豆腐房,一大碗豆浆冲两个果儿,一角大饼卷个果篦儿;偶尔过金钢桥,下桥右手有个饭庄,早点是馄饨、芝麻烧饼加一碟排骨。到家时已经十点多了,蒙头大睡——再加上据当时胸科医院中西医结合科刘芳英主任的药方熬成的一碗碗苦药汤子,我的病好了,病灶部位只留下些许纹路。

萃英功救我一命。岁月悠悠,更想念老爹,遥望苍天,热泪涟涟。

2022 年中伏

咱天津话

心里念着的是咱天津卫的手足情深,亲戚里道,老街旧邻;嘴上改不了的是咱天津卫的乡音。

小区里住着来自各地为"北漂"儿女看孩子的老人们,操着南腔北调的口音。说起话儿来,却都说"天津话好听!""好听?"敢情好听!"怎么个好听法儿?为嘛?"哈哈,为嘛?嘛!哏儿!"

天津人说天津话。天津话透着天津人的开朗、爽快、幽默。

在各地的方言中,天津话独树一帜。专家说:天津是个方言岛。天津话溯源可追寻到安徽、苏北,随着人员兵丁的迁徙,在天津生根。

可如今,从学校回来的孩子们,张口儿闭口儿,已经难得听到当年那个味儿的天津话了,天津口音融化在普通话中,许多口语在渐渐消失。

一年多前生出了这念头:记下咱天津话!

于是,有在网上搜集的,有自己回忆的,有学友提示的,点点滴滴。每记下一个词语,写下一个例句,就好像——又回到了咱家门口子,眼前浮现出一个个久违的面孔,耳畔响起那一串串熟悉的声音——

名曰《天津方言口语字词汇》——天津方言口语中的字、词,乃至短语的大致汇集。

天津方言口语字词汇

A

哎（ái，此部分注音为天津方言发音） 天津人常用的发语词，或为打招呼常用话，或有如京剧的叫板，预示着一场市井小戏。如少马爷马志明的相声《纠纷》中的丁文元："哎哎！说你啦哎！你轧我脚啦！"对方王德成则回应："轧你脚？应该轧你嘴！"

挨 爱 暗 按 这些字，天津人口语发音前面都有"n"音，故均列入 N 部。

B

扒 扒呲（扒，bā；呲，ci） 贬低、贬损。如"就他一个人能耐！把别人都扒得（或"扒呲得"）一文不值。"另意为拨拉、翻弄着寻找，如"你在这儿瞎扒呲嘛？"

扒头儿（扒，bā） 伸出头去看。如"我扒头儿往屋里一看，没人。"

巴结（结，发"及"，jí） 巴结。对巴结人的人则蔑称为"巴结狗子"。

巴不能够儿 求之不得，巴不得。如"你要分家？别介！你吃了秤砣铁了心啦？那就由你吧。说真格的，我还巴不能够儿呐！"

巴唧 语气助词，如"傻了巴唧""肉了巴唧""横了巴唧"。也做象声词，"巴"读成 biā，如"巴唧一声，掉就地下了。"

拔（bá） 把食物放在水中浸泡。如"把肉放在水里拔一下，拔出血水。"

拔呲 以己之能比难别人。如"拔呲拔呲你，哈，你能行吗？"

拔闯（闯，cuàng） 替别人去论理，了事，甚至打架。如"得，这回热闹了，来了个拔闯的！"

拔裂儿（拔，bá） 开裂。如"北方天气太干燥，竹椅子都拔裂儿了。"

拔尖儿 名列前茅，是尖子。如"刘师傅那手艺绝对拔尖儿，没的说。"

把（bǎ） 次、回。"别管成不成，咱先试一把。"

把兑 把给（bǎ duǐ bǎ gěi） 双方的拖欠互相抵偿，谁也不欠谁的，常用在游戏中。如"这下咱们把兑了""咱把给了"。

把滑（把，bǎ；滑，huá） 有把握，把牢了。没把握叫"不把滑"。如"这事儿我心里没谱儿，不把滑。"

把家虎儿（把，bǎ） 善于理财持家、甚至把持得过分的人。如"没辙，我家里的就是个把家虎儿！"

把巴孩子（把巴，bǎ ba） 把巴，人屎。该字实应为尸字头下一巴字的上下结构字"屄"。把巴孩子，可以解释为吃屎的孩子，常被大人用来说孩子小，不懂事。如"一个把巴孩子，您何必跟他生那么大的气呢？"

把臼手儿（把巴，bǎ ba） 像屎一样臭的臭手儿，手艺或能力低下的人。如"也太笨了！你师父是谁？教出来你这么一个把巴手儿！"

把兄弟 旧时结为金兰之好、拜把子的兄弟。也有人为显着关系近，胡乱这么说。如丁文元、王德成在派出所耗了半天儿，最后跟警察说"我们逗着玩儿""我们是把兄弟"。

把儿劲（把，发"罢"，bà） 较劲。如"我告你呵，别跟我把儿劲！"此处"告诉你"天津人少说一个"诉"字。

罢了（bà liǎo） 肯定语气的感叹语，有时又近于无奈，近于"不用说了"的意思。如"罢了，我算服了你了。"

钯踩　钯呲（ba ci，踩、呲均为轻声） 在泥泞中走路。如"二子！外边下雨了，别上胡同瞎钯呲去！"另一意为乱参与。如"这人没嘛真本事，满世（界）瞎钯踩。"也做不停努力讲，如"还别说，他终于钯呲上去了。"有时钯呲也可解释为是在艰难中去拼力。如"这么多年，好容易把你们钯呲大了……"泥泞也被单说成"钯"，如"胡同里特别钯"。"踩"单用时发 cǎ，本意为踩在泥水中走路之意。如"踩了一脚泥。"

掰生（bǎi sēng） 对自己人是"生分"的意思，客气话，如"您可别这么客气，这就有点儿掰生了。"也用于指责他人时，为"离间"之意，如"人家哥们弟兄，你干嘛给人掰生？"

掰呲（bǎi ci，呲，轻声） 在纷争中分析是非，争论。如"咱说嘛得掰呲掰呲"。

掰了 关系破裂，分道扬镳。如"他们俩掰了，翻脸了。"

掰开揉碎 形容把一件事的来龙去脉、里里外外讲得很仔细。如"我跟你掰开揉碎说了这么半天，你怎么就不明白呢？急死我了！"

白唬（唬，hu） **白话**（话，发"货"，huo） 能说，漫无边际的瞎聊。如"这小子真能白唬（或白话）"。能白唬的人也被称为"白唬蛋"。

白给 无偿地白送人，如"这些破烂东西，白给也没人要。"另一意为不是对手,如"你还要跟他比划,介不白给吗!"

白毛汗 突然出汗,冷汗。如"好嘛,吓了我一跳,吓得我出了一身白毛汗!"

白眼儿　红眼儿 白眼儿为外孙子、外孙女,旧时认为外孙子外孙女为外姓,是"白眼狼",疼也是白疼。红眼儿为孙子、孙女。

白吃饱儿 白吃饭不干事。如"他整天嘛也不干,整个儿一个白吃饱儿。"

白玩儿 白混、白忙乎、白折腾。如"得! 白玩儿了! 让人家开了!"

白费 徒劳、白忙乎。如"白费力气""白费周折""白费口舌",简言之:白费! 较具天津口语特点的则是"白费唾沫",白说了;歇后语则有"瞎子点灯——白费蜡"。

白瞎　白搭 白瞎,东西白白损失了,事情白忙乎了;白搭,时间、精力、钱财,白白损失了。如"那件事,东西白瞎了不足惜,人没伤就是万幸!"

白活一世 除了是哀叹,还用来指责人不明事理。如"你介人怎么介样呢,没这么办事的,这么大人了,白活一世!"

摆谱儿 端架子,讲排场。如"新来的这个主任特别爱摆谱儿,动不动就端上了。"

摆式 摆设,如"他家客厅里的摆式,都是他满世界旅游带回的纪念品。"也被引申为在一个单位形同虚设的人,"主任其实就是个摆式,全听刘姐的。"

摆棱 摆弄,鼓捣。如"刘大爷就爱摆棱花儿,小院儿跟个小花园儿赛的。"

甭 不用,别。如"甭搭厮那一套!"

倍儿 特别,非常。如"介小伙子,倍儿棒!"

贝儿贝儿(贝,béi,重音在第一字) 对缺心眼儿人的蔑称。如"内天听他说的像真事儿赛的,我还真信了! 介不成了个傻贝儿贝儿了吗?"

背(bēi) 折合,计算的结果。如"大伙儿均摊,每人背十块钱。""大白菜多便宜,才背两毛钱一斤。买点儿吧,二婶。"

背黑锅 替他人背负与己无关的罪名与过错。如"介不没影儿的事儿嘛,遭谁惹谁了? 我倒背上黑锅了。"

背　点儿背(bèi) 运气不好,如"买卖不好做,背! 点儿背!"

备不住 也许,可能。如"起风了,风是雨的头。备不住要下雨!"

棒槌 有两意,一意指油条,全称棒槌馃子,馃子泛指油炸的油条、油饼等。另一意为外行人,如"他就是个棒槌! 甭指着他!"

棒子　棒子面儿 棒子,除指棍棒"棍子棒子"与长形的东西如"骨头棒子"之外,特指玉米。棒子面儿即玉米面儿,曾是贫寒人家的主食,维持生计被说成"混口棒子面儿吃"。当年监狱给犯人的吃食主要是棒子面窝头,故蹲大狱也被戏称为"吃窝头"。

扳（扳,发"板",bǎn） 纠正,克服。如"你这毛病可得扳。"

板生 平整。如"刘老师特别讲究仪表,穿的衣服老是那么板生。"

板板六十四 一个古老的口语,常用来指人刻板、不能通融。如"这个人板板六十四,嘛事儿到他那儿都没商量。"另意为板生,有板有眼,规规矩矩。如"瞧人家,说话、办事儿,老是板板六十四的。"经考,此语来源于宋代,宋铸铜钱,一版六十四枚,不多也不少,每板都是如此。

包圆儿　包了儿（了,liǎo;重音在"了""圆"） 全部买下。如"这点儿虾钱儿,您全包了了吧。""我包圆儿了。"

包子有肉不在褶儿上 喻指不露富。

褒贬是买主儿（褒贬,发"包边"音,bāo biān,重音在"包"） 褒贬的褒义已经没了,只剩下贬,近于"扒吡"了。越是挑毛病越可能是买主儿,有购买意向才挑肥拣瘦。

保准儿 保证,一定。如"我保准儿去!"

保不齐 也许,有可能。如"你再找找,保不齐能找着。"

保裉（裉,kèn） 有把握。如"你就放心吧,我看介事儿保裉了。""裉"的本意是上衣腋下接缝处。

保媒拉纤儿 保媒,介绍对象。词中拼入"拉纤儿",增添了牵拉之意。如"二姑是个热心人,就爱张罗事儿,还给人保媒拉纤儿,已经说成了好几对儿了。"

抱热火罐儿 空想,痴痴的怀着希望。如"你别再抱热火罐儿了,没戏了。"

暴腾　暴土扬场 灰尘飞扬弥漫。如"你扫地压着点笤帚行不行? 太暴腾了! 你那么横划拉,撩得暴土扬场!"

半掺子（掺,càn） 事情没做完,半截。如"弄个半掺子,他甩手走了。"

半截搂儿 半截儿,没结束。如"电影看了个半截搂儿,就停电了。"

半瓶醋 不大懂,不内行。如"我就是个半瓶醋,以后可要向你多讨教。"

拌蒜 脚步和说话不利索,都可以说成拌蒜。如"脚底下拌蒜""舌头拌蒜"。

拌嘴 熟识或一家人争吵称为拌嘴,如"两口子拌嘴了""抬杠拌嘴"。

绊儿　使绊子 本是摔跤的招数,用在生活中意为给人使坏招儿,出难题。如"嘛人都有,他老使绊子、下绊儿,就是为了把别人都挤了走。"

瀑儿（瀑,bào） 次、回,专指哭的量词。如"介孩子真褶咧,一天不知哭多少瀑儿。""打老太太倒头,她哭了一瀑儿又一瀑儿"。

奔吡（奔,bèn） 奔忙。如"我一天到晚在外面奔吡,容易吗?"另一意为朝一个方向急急地去或来,投奔。如"我就奔吡你来的!"

梆硬　特别硬。如"还没煮烂呢，你尝尝，还梆硬。"

帮喝儿　帮着说话。职场中管可有可无的闲人也叫帮喝儿。如"陈二爷就是个帮喝儿的。"

膀大力的　到底了，到家了，据传源于英语。如"跟您说膀大力的吧，介房子，少八十万我是不卖！""说膀大力的吧，您啦也就是遇上了我。"

编八造模儿　制造谎言，捏造事实。如"她？是非坑！整天编八造模儿，唯恐天下不乱。"

边儿凉快喊　一边儿去，走开！如"你哪凉快哪待着喊！边儿凉快喊！"

不含糊（含，发"杭"，háng）　挺不错，不简单，如"这字儿写的真不含糊，哪像个十岁孩子写的！"另意为待人够意思，如"要说二哥自己也紧紧巴巴，可谁的忙他还是照样儿伸把手儿，真不含糊！"再一意为对他人不服气、很硬气，甚至对着干，如"怎么啦？我就不含糊他了，谁含糊谁呀！"

不开面儿　不讲情面。如"介人也太不开面儿了！咱走！不求他！"

不理会儿　没兴趣，不关注。如"您喊别人跟您去吧，听戏他不理会儿。""他从来不理会儿吃好吃歹，没拿这个放在心上。"

不通人性（性，xīng）　不通人情。如"这人有点儿不通人性，没法儿跟他共事儿，说得好好儿的，转眼儿就翻脸儿！"

不能抹醭（抹mā，醭bú）　不接受任何批评，即使是极轻微的，也很可能翻脸。如"这人不能抹醭，太个性了。""醭"为食物或衣物表面发霉的白色霉菌，如食品"都长醭了，快倒了吧"；衣物"都长醭了，快晒晒晾晾吧"。

不待见（见，jian）　看不起，瞧不起；让人看得起就是"受待见"。如"咱就得行得正走得直，别让人不待见！"

不觉闷（觉，发"交"jiāo或jiǎo；重音在闷）　不识趣。如"这人还真不觉闷，没拿自己当外人。"

不是个儿　不是对手。如"你根本不是个儿，赶紧走吧！"

不吃劲　吃不上劲，引申为没用、没必要等意。如"他本来就是个二百五大夫，你找他看病不吃劲。"

不对付　关系不洽。如"我们俩不对付，你别让我找他。"

不得劲儿　不舒服。如"这两天有点儿不得劲儿。"

不分流儿（流，liù）　手的动作不灵活。如"冻得我的手都不分流儿了。"也引申为糊涂了，迷糊了之意。如"喝高了，我都不分流儿了。"

不出材儿　形容人貌不惊人，举止平平常常，不像个能造就的材料。如"你说人家不出材儿，结果人家当处长了！"

不合爻性（爻，yáo；性，xing） 不对头，不符合规矩与习惯。如"介事儿这么办不合爻性，可别介。"爻性，实为"爻象"的变音，即卦象。"爻"是组成阴阳八卦卦符的长短线，长线是阳爻，两根短线是阴爻。

不管不顾 冒失。如"这个二愣子，不管不顾，让人不放心。"

不挨边儿 不靠谱，不着边际，风马牛不相及。如"说话怎么不挨边儿呢！"

不起眼儿 引不起注意、注目，不重要。如"不起眼儿个人，还挺有本事。"

不识逗（识，shí） 开玩笑爱急。如"他这人可不识逗，说生气就生气！"

不识劝 特别听不进别人劝告，执拗。如"这人不识劝，钻牛犄角，没辙。"

不识数 并非是连数字都不认识的文盲，而是指总是算不过账来。如"你应名儿说是不识数，可老往里糊涂。"有时还引申为不理解别人的意思。如"你可真是不识数，其实大伙儿都是为你好。"

不认式子 认不清局面、形势以及自己的实力地位，不识时务。如"人在屋檐下，怎能不低头？不能不认式子，拿鸡蛋往石头上碰，不找倒霉吗！"

不领情 不接受好意，没当回事儿。如"人家不领情，你介不多余吗！"

不着家 不回家。如"成天不着家，他光在外面打游飞。"

不吐口儿 不答应，没商量。如"这人艮之啦，就是不吐口儿！"

不防头 说话随意，不注意分寸。如"他就是说话不防头，心里其实没嘛。"

不着调 不循规蹈矩，没出息。如"介孩子有点儿不着调，烂泥扶不上墙！"

不拾闲儿 不停地动作，多动。如"介孩子一天到晚乱祸祸，脚手不拾闲儿。"也常指勤快。如"二他妈妈一天到晚不拾闲儿！"

不空手儿 去串门儿时带着礼物，没有空着手。如"我哪时去七婶儿家，都不空手儿，七婶儿那几个孩子也真爱人儿！"

不尿你 不怕你。反之，尿你，就是怕你。尿了，就是怕了、认怂了。

不咸不淡 不是指菜品咸淡正好，而是用来形容人的一种口吻和态度：不冷不热，保持着距离，潜藏着机锋。如"人家不咸不淡，给他来了个软钉子。"

不正道儿 为人不规矩，歪门邪道。如"这人不正道儿，没人搭理他！"

不说人话 说话背离人伦，是严厉的指斥。如"这人太坏了！不说人话，不办人事儿！"

不够 是说一个人为人做事不怎么样，人品很差。如"这个人真不够！"如果后面再加一个"揍"字，就是骂人的话了，"揍"应为"做"的变音，不够揍儿，似为"不是人养的"之意。

不顺南不顺北 这么那么都不行，别扭。如"打昨天就犯病儿，不顺南不顺北，怎么都不行，越就乎越来劲儿。"

不省油的灯 喻指不省事儿,多事的人。如"他? 不省油的灯!"

比乎 较量,比试。如"你别不服气,要不咱比乎比乎。"

避猫鼠 喻指一个人胆怯的样子,如"这孩子打小就胆儿小,进了学堂见了先生,跟避猫鼠赛的,躲得远远儿的。"

驳头 很快转头。如"远远儿看见工商来了,老头儿提起篮子驳头就跑!"

脖溜儿 对人的脑后颈从上往下滑动着打,是一种玩笑动作。

脖梗儿 脑后颈,也称脖梗子。如"说你你不服,轴着个脖梗子。"

玻了盖 膝盖。

步撵儿 徒步。如"当年穆先生去工艺美院上班,总是顺着海河边儿步撵儿,从来不坐车。"

别介 别,别这样。如"别介呀! 您这么一说介不礼从外来了嘛!""您啦别介呀! 不看僧面看佛面吧。"

憋嘟 发育不良,不长个儿。如"介孩子怎么越长越憋嘟了呢? 随谁呢?"

憋屈 心里郁闷,不痛快;或有能力不得施展。如"这两天心里憋屈得慌,出去散散心。"或"他一直憋屈在那么个地方,耽误人了。"

憋宝 天津旧时流传着"南蛮子憋宝"的故事,于是在日常口语中就被用来形容人费尽周折去鼓捣东西。如"天天闷在屋里忙乎嘛啦? 憋宝呐?"

病病歪歪 身体不好,疾病缠身。如"这两年老太太一直病病歪歪。"

冰房冷屋 很冰冷的房间,常用来形容境遇凄凉。如"她终究是个姨太太,韶华易失,从此冰房冷屋,晚景凄凉。"

扳不倒儿 不倒翁。

笨桥果 锛、铰、裹;也就是石头、剪子、布。童戏。

锛儿头 指人大脑门儿隆起。头部前后隆起又称"前帮子""后勺子"。

鼻登(登,发"等",děng) 鼻涕。鼻登汤儿,稀鼻涕,"登"又发一声。

鼻登眼泪儿 形容痛哭流涕或冻得鼻涕眼泪一起流的样子。如"好嘛,天儿太冷了! 冻得鼻登眼泪儿直流。"

鼻登罐儿往下流 这是一句再粗俗不过的俚语。鼻登罐儿就是满鼻子的鼻涕,此语却用来喻指人总是往下疼,对自己的儿孙给予更多的关爱。这是它的正面含义。但如果是一个老人失落地说出这句话,却充满了凄凉,透视着世态炎凉人情冷暖。可以对照曹雪芹《好了歌》的末句"痴心父母古来多,孝顺儿孙谁见了?"尽管孝顺儿女还是有的。

别拿武大郎不当神仙 流行于京津地区的俗语。别以貌取人,别看不起人的意思。

北门脸儿　老城厢的北门,在有城墙的年代是有城门楼子的,不仅说它是北门,还说是"北门脸儿",因为确实挺气派的,是城市的脸面。老城还有东门脸儿、南门脸儿、西门脸儿。

C

吃话　是说一个人听得进别人的话,不顺耳也不急不恼。如"刘大哥特别有肚量,能吃话。哪像你这么小心眼儿!"

吃货　同"废物",对不会做事的人的蔑称。如"真是个吃货!白吃饱儿!"

吃味儿　多心,不高兴。如"你尽量别张扬,省得有人吃味儿。"

吃瓜落儿(瓜,guā;落,lào)　因为别人的缘故自己跟着受连累。如"您说咱招谁惹谁了,跟着吃瓜落儿!"瓜落儿,也作"挂落儿"。

吃人儿的　指弯着心眼儿占别人便宜的人。如"你可留点儿神,那可是个吃人儿的。"

吃干赢净　下棋用语,用于生活中特别是商业竞争中,指把对方击败并吞并;而落败的一方则是输干赢净。

吃着盆儿占着碗儿　喻指只顾自己,不管他人,有点儿霸气,什么都占着。

吃凉不管酸　不操心、不受累,什么都不管。如"她妡了个吃凉不管酸的主儿,一辈子操心受累。"妡,xín,"嫁"的意思。

吃饱了撑的　常被用来指斥多事、多此一举,气愤之语。如"真吃饱了撑的!有你的嘛!"

吃不了兜着走　喻指一件事无法顺利结束,得承担后续的后果,常被用来作为一种警告。如"我告你呀,你可留点儿神,介事儿弄不好吃不了兜着走!"

眵吗糊　**眼呲**　眼屎。

擦黑儿　天要黑或刚开始黑的时候。如"擦黑儿,街上有不少烧纸的人,今天是七月十五中元节。"

擦屁乎　接手办理别人遗留的麻烦事儿。屁股,天津人发音"屁乎"。如"这小子办事太不地道,总得让别人给擦屁乎。"

插一杠子(插,cā,天津人常发齿音,类似音把 h 省略了,下同不另注)　事情过程中意料之外地突然参与与干预。如"好么眼儿地,他插了一杠子!事情又复杂了,没法儿弄。"

差样儿的　不一样的,有时意为比平时好的。如"买二斤蛋糕,您给拿点儿差样儿的。""今儿过节,咱吃点儿差样儿的吧。"

差道儿 指为人办事不怎么样，人品次。如"这小子差道儿，你得留神！"

差点儿意思 **不够意思** 指某人做事不合情谊、不够交情或不合礼数，但问题还不太严重。如"二哥，这么一来您可就不够意思了，介事儿差点儿意思。"

茬儿 **茬口儿**（茬，cá） 茬儿为断续或接口处，如"您接着这个茬儿继续说吧""话茬儿"。茬口儿，为事情的某个当口儿，如"正这个茬口儿，幸亏他来救了急。"

叉（cǎ） 事情没成功，常用于搞对象没成。如"得，这对象又叉了。"

岔头儿（岔，cà） 另生枝节。如"本来商量得好好的，怎么又出岔头儿了？"

岔胡儿（岔，cà） **满拧** 意思或意图反了，离题了。如"你是好心，可你没理解他的意思，岔胡儿，满拧！"

儳 **儳儳**（儳，发"灿"，càn） 意为东西乱放，四下乱丢到处都是。如"瞧你把这屋里儳儳的，都下不去脚儿了。干那么点儿活儿，儳得哪儿都是！"儳，本为chán，此字古时用来形容杂乱不齐。

肠热 热心肠。如"老孙这个人肠热，谁有难处他都搭把手儿。"

字儿闷儿 情况，底细。如"这事儿我也说不出个字儿闷儿来，那就再打听打听吧。"

猜闷儿 猜谜语，如"今天咱们猜闷儿玩儿"。引申为纳闷儿，如"你介话不是让大伙儿猜闷儿嘛，你就明说不就得了嘛。"

猜分 猜测、分析。如"这个事儿可不是我办的，您甭瞎猜分，您冤枉我了。"

潮（cáo） 技术不精。如"这司机手有点儿潮，介怎么开的车？"

潮乎 湿润，不干分。如"三伏天儿，哪儿哪儿都潮潮乎乎的。"

炒蓝白线儿 早年老天津人管韭菜炒绿豆芽儿叫"炒蓝白线儿"，十分形象有趣。每年立春那天，天津人家要烙春饼，炸春卷儿，炒鸡子儿，也要炒一盘儿蓝白线儿，素素净净。如果再多加些香干丝儿、胡萝卜丝儿和粉丝等一并炒，就是"炒合菜"了。

创（cuáng） 头朝下从高处向下栽在地上。如"创了个嘴啃泥！"另一意为乱走。如"你不老实在家待着，哪儿创喊啦？"

噇（cuáng） 专指大吃大喝，拼命吃。如"瞧，玩儿命噇，饿死鬼儿掏生的。"

呲儿 **呲的**（呲，cī） 责骂，数落。如"昨儿他挨了一顿呲儿。""这小媳妇够厉害，呲的他爷们儿跟呲的大儿大女赛的。"

呲了呲了（呲，cī） 暴露在空气中晾一晾。如"这白菜水汽太大了，得呲了呲了再在厨房里码起来才搁得住。"

呲牙咧嘴（呲，cī，同龇） 痛苦或吓人的表情。

刺（cī） 本是个拟声字，形容摩擦声，天津人转化为喷射之意，同"滋"。如"消防队用水枪刺水救火。""小孩儿过年喜欢放刺花。"

瓷实（实，shi） 质地紧密。如"把地面儿垫瓷实了，再铺砖。"

刺挠（挠，nao） 刺痒。

刺儿 刺儿了格唧 刺儿头 刺儿，就是事由儿多，爱生是非；刺儿了格唧，是形容刺儿的状态；刺儿头，就是总刺儿了格唧的人。如"她小嘴巴巴的，整天刺儿了格唧，趁早躲她远点儿，省得惹闲气。"

趾鼻子上脸（趾，cǐ） 蹭踏着鼻子爬到脸上去，意为不知好歹，得寸进尺。如"给你留点脸面，你倒趾鼻子上脸了！"也做"蹭鼻子上脸"。

车轱辘话（车，cē） 翻来覆去说同样的话。

扯 扯子（扯，cě） 扯，指人不稳重，说话不挨边儿。如"别犯扯了，你可真扯。"扯子，经常犯扯的人，甚至被称为"大扯子"。常为嬉笑语。

扯臊（扯，cě） 说人"胡扯"的指责语，这么胡扯也不嫌臊得慌。如"你别扯臊了，这哪挨哪儿啊。"有时又有"遮羞脸儿"的意思，说些转移话题的话，免得自己下不来台。如"他介纯属扯臊！要不他怎么出这间屋子？"

凑乎 就乎 将就，凑合，勉强过得去。如"凑乎过日子""也只好就乎了"。凑乎另一意为接近。如"你跟他凑乎嘛？那就是个狗食。"

策（cè） 抽打。如"策了他一个大嘴巴子"，打了他一个耳光。"策"字本有鞭打之意，如"鞭策"。

瞅冷子 突然，出其不意。如"他瞅冷子来这么一手儿，让人措手不及。"

嗔着（嗔，cēn） 不满，责怪。如"如果礼数不周，人家亲戚里道肯定是得嗔着了。""六婶嗔着这事儿没早告诉她。"

抻（cēn） 拉、扯。如"把洗好的床单儿抻抻再晾才平整""抻条儿面"。

趁（cèn） 拥有，富有。如"这家子趁的房产远去了""他们家特别趁"。

趁早儿 赶紧。如"你趁早儿死了这条心吧，介不剃头挑子一头儿热嘛。"

拆兑（cai dui） 借，筹措。如"手头儿紧，您给拆兑点儿。"

踩唧 踩咕 排挤，欺负，扒拁。如"这人太霸道了！踩唧人！"

撑死（重音在"死"） 最大限度。如"这回考题太难了，我撑死能及格就不错了。""撑死混个圆脸儿，甭打算落好儿！"

寸了 寸劲儿 赶寸 凑巧，赶巧了。如"寸了（或寸劲儿、赶寸），把腰扭了。"

成心（chéng xīn） 故意。如"他这是成心找别扭！"

成天 整天。如"你成天不着家，哪儿疯喊啦？"

湊（湊,cóu,"湊"异体字） 洗。如"湊衣裳",家庭主妇终日"湊洗浆作"。

皴（cūn） 冬天手背被冻得皮肤粗糙。如"擦干了手再出去,手别皴了。"皴,更是中国山水画的一种笔法,用侧锋、偏干的用笔画出山石的凹凸阴阳。

皴儿 身上搓下来的泥儿。如"当年老爸从干校回来,洗澡时让我给搓后背的皴儿。"

抽抽儿（cōu cou） 缩小,萎缩。如"岁数大了好像变矬了,越老越抽抽儿。"

抽空儿 抽时间。如"我抽空儿去看看"。

抽疯儿 有悖常情地做事。如"今天他抽疯儿,好末眼儿地,也不知想起嘛了,来这么一出儿。"

臭（臭,còu） 很差、很不好,都可以说成臭。如手很笨、手艺很差,是"臭手";棋艺很差、一直输,是"臭棋";不喜欢的地方是"臭地方儿"。但"臭小子"却是个昵称。

臭美 自鸣得意,自我感觉良好还美不够儿。如"瞧内个臭美样儿,德性。"

臭嘴 说了不吉利或叫人不爱听的话,是臭嘴;总说这种话的人,也被称为臭嘴。如"那个人就是个臭嘴!哪壶不开提哪壶!"老天津人说了不吉利或犯忌的话,常朝地上"呸呸"两声,再拍打自己的嘴:"瞧我这臭嘴!"天津还有句俗话"臭嘴不臭心",意指真正亲近的人,嘴上翻疵心仍相连。

出出（cū） 背后议论,说长道短。如"你有话当面儿说,别在背后瞎出出!"

出溜儿 下滑。如"介孩子不好好学习,成绩一个劲儿往下出溜儿!"

出数儿 像是增加数量了。如"两面发的大馒头,特别出数儿。"

出幺蛾子 意外的、不合时宜的做法。如"大伙儿都同意了,就他出幺蛾子!"

出圈儿 做事超出了界限和规矩。如"介孩子淘得有点儿出圈儿""介事儿办的有点儿出圈儿,不大像话。"

出门子 出阁 出嫁。如"王家的几个姑娘都早就出阁了。"

出彩儿 添彩儿 在过程中突然出现精彩,很露脸、很突出。如"那段儿嘎调太出彩了!""整场比赛很沉闷,只有某某某那脚射门儿还算添点儿彩儿。"添彩儿,有时为添麻烦的贬义。如"大忙忙的,介不添彩儿吗!"

醋坛子 喻指爱吃醋的人。

醋溜儿 本是烹饪方法,在生活中用来形容有的人说话酸不溜丢、或爱拽文。如"人家念了学堂,说话跟咱可不一样,醋溜儿!"当年王佩臣演唱乐亭大鼓,酸味儿十足,被时人戏称为"醋溜儿大鼓"。

粗粗拉拉 大大咧咧,另意为言谈举止粗俗、不文雅。如"他粗粗拉拉,说话就这样儿,您别往心里去。"这样的人则被称为"粗拉人",视情可儿化。

冲肺管子（冲，cōng） 直接顶撞，言辞尖锐，让人无法接受。如"你这话真冲肺管子"。

充熟的（充，cōng） 充内行，充明白。讥讽之语。如"介人就爱充熟的，充大尾巴鹰，其实满不是那么回事儿，整个儿一个棒槌。"

冲（còng） 说话、办事爽快，直通通地，无顾忌。如"那天他急急地就来了，挺冲！""这小子还真有股冲劲儿，初生牛犊不怕虎！"

虫子 某行业或某方面的专门家，行家里手。如"这事儿你得问他，他是这方面的虫子。"另一意为嗜好的玩笑式说法，如"大老远跑来，谁让我有这个虫子呐。"非同一般的嗜好，有时还被说成"毛病""病"，如"谁让我有这个病呐。"

凑份子 大家一起分摊凑钱。份子也指礼金，如"这月喜酒倒是喝了几次，份子也出了不少。"

抄摊子 歇业，散伙，不干了。如"这小子干嘛都没常性，介不开业没几天儿，又抄摊子了。"

抄猛子 顺便一点时间，或突然地。如"抄猛子就去扎一头"，意为顺便去一趟。抄猛子、扎一头，似都从"扎猛子"而来，扎猛子为猛地潜水动作。

抄三了四 马马虎虎，疑自"草三潦四"而来。如"你这抄三了四好歹这么两下子，介不应付吗！"

沉会儿 等会儿。如"二婶，我沉会儿去。""略沉一沉"就是略等一等。

吹大梨（吹，发"崔"，cuī） 说大话，吹牛。估计来源于吹糖人。天津有句俚语："大梨赚财迷"，意思是：说大话的专骗财迷心窍的。

吹了 某件事情终止；一件原本有可能的事指望不上了，没这码事儿了。如"又吹了，她的婚事把她妈愁死了！""托他那件事儿甭指着了，吹了！"

吹灯拔蜡 喻指垮台，散伙，也用来喻指人的生命终结。如"这狗官欺压百姓，嚣张一时，早晚有吹灯拔蜡那一天！"

船儿亮（船，发 cuán） 指为人处世爽快、大方、周到。近义则有"亮嘍""敞亮"。船儿亮，本意来自船家，天津本是个漕运码头，故部分方言俗语与水运相关。近闻李亮节先生认为，应为"椽儿亮"。"椽子"，房檩上架屋面板和瓦的木条。"椽亮"是个建筑术语，指屋顶开天窗、屋顶敞开的房屋建筑。"明椽亮瓦"，形容房屋大气、亮堂。后来"椽儿亮"这个词被用来形容人的敞亮、会办事。

串皮不入内 意指不往心里去。也闻李亮节先生认为，此语来自人们对江湖上所卖狗皮膏药的评价，殊为有趣。旧时，江湖上有"金皮彩挂评团调柳"八种行当，卖狗皮膏药的就属于"皮"这一行。江湖上的狗皮膏药，只走皮上不入病灶，即"串皮不入内"。这种膏药即使无效，也治不死人。

串老婆舌头　传闲话,喜欢议论、搬弄张家长李家短的是非。源于旧时代一些家庭妇女的狭隘生活。

串儿　人或动物,种族或品种不同通婚或杂交而生出的非纯种混血后代,被天津人称为"串儿"。常有贬损与嘲笑之意。

穿换　在物质和经济上有来有往,互相帮衬。如"我们哥俩儿有穿换,他一定会帮这个忙的。"穿换,疑应写为"串换"。

窜火儿　窜儿了　着急了,发火儿了。如"他介不咸不淡的话,听着就让人窜火儿。""可不嘛,要二大爷在这儿,早就窜儿了!"

撺蹬　撺掇,鼓动。如"你少撺蹬他去,那不是个好地方儿,学不了好。"

脆生（生,seng）　声音或食物口感清脆。如"王毓宝登台一开口,高昂脆生,赢得满堂彩。""介刚摘的菜瓜倍儿脆生,要不怎么叫'羊角脆'呢。"

藏蒙个儿　捉迷藏,引申为绕弯子之意。如"你有话明说,别藏蒙个儿!"

长虫　蛇。

雏儿（雏 cū）　幼小的动物,常用来形容年轻没有经验的人。如"他就是个雏儿,哪搪得了介事喊!"

揣（cuāi）　厮打,用拳击打。如"这两人说饯了,揣起来了。"

搋（cuāi）　专指用力把东西掺糅进去的动作。如"搋面""搋碱"。

踹（cuài）　本意为用脚蹬踏。引申为强令接受,如"我不买了,你别踹了";强令吃下,"再踹,该撑着了。"

踹了　死了。贬义。

戳着（戳,cuō）　站着。如"别人都坐着,就我一个人在那儿戳着。"

戳子（也发以上"戳"音）　图章。

撮一顿儿（撮,cuō）　亲友同事相聚在一起吃顿饭。如"好不容易见个面儿,今儿咱说嘛也得撮一顿儿。"

蹭饭　找便宜白吃白喝。如"过去真有这种人,人家办白事儿,进门儿他就哭,其实谁也不认识他,八竿子打不着,就为了蹭顿饭。"

矬长心　对个子矮心眼儿多的人,无大恶意的说法;与"傻大个儿"是一样的语境色彩。如"她心眼儿真够多的,要不怎么说矬长心呢。"

丑话说头里　把结果、效果可能不理想的话讲在事前。如"我可丑话说头里,这事儿不一定办得下来,尽力而为吧,但愿皆大欢喜。"

算棵葱算头蒜　意指人无足轻重。如"我说你到底算棵葱算头蒜?还真拿自己当回事儿了!"

吃冰棍儿拉冰棍儿——没话　歇后语。在日常对话中,大凡歇后语说话人常只说前半句,对方接后半句。如"我跟他? 吃冰棍儿拉冰棍儿!"对话人马上接上"好么,没话!"像说相声。

吃秤砣——铁了心啦 歇后语。喻指没有转圜余地,再不更改,死心塌地等意。

吃了萝卜喝热茶 气得大夫满街爬 民谚,具有一定科学道理。青萝卜和热茶,都是有益于健康的食品,顺气,助消化,科学研究表明合理进食可具有保健功效。尤冬令时节,吃了萝卜喝热茶,天津人喜之。

春困秋乏夏打盹 睡不醒的冬仨月 民谚。根据科学的解释,是说随着季节的变换,身体发生变化,对睡眠有不同需求。春、秋换季易困乏,据说与气温影响血循环、脑供血有关;冬天严寒,人体要求长睡蓄能;夏天觉少,打个盹也就够了。但此语常成为懒人赖床振振有词的理由。

城里 下边儿(城里,重音在"里") 为天津有特色的地名。"城里"为天津当年城墙以内区域,后拆了城墙仍一直沿用此称呼。"下边儿"为东南城角儿以南区域,因地势比城里低,故称下边儿;包括当年的各国租界地,后来的和平区及河西区一些城区,但不包括南市。

D

搭厮(搭,dā) 搭理,与其对话。如"这个人人品很差,别搭厮他。"

搭个(ge) 搭讪,与人说话。如"闲来无事,我上小花园跟大爷们搭个搭个去。"

搭把手儿 帮忙,协助。如"他有难处,咱就得搭把手儿。"

搭茬儿 别人说话跟着应声,如"人家说话,你干嘛搭茬儿?"也作接茬儿。

搭罐儿 鸟食罐儿 搭罐儿本是斗蛐蛐的术语,把斗败的蛐蛐从罐儿里搭出,结束战斗,叫搭罐儿。人们把这个术语用到生活中,从群体中被清出、被解雇除名等语意均可使用"搭罐儿"。幽默的天津人还把赖以维持生计的工作岗位称为"鸟食罐儿"。于是,被解雇就说成"让掌柜的搭罐儿了!鸟食罐儿没了!"

打斯(打,发"达",dá;斯,si) 把剩的食物全吃掉。如"姥爷净打斯他的碗底子"。"打斯"从字义字音分析疑自"打扫"变音而来。

打点(打,发"达",dá) 与普通话"打点"的"打"发三声不同,但义同。一意为收拾,如"打点打点,归置归置该带的东西,咱回天津喽!"另意为送人钱财,处理关系,如"该打点的都打点了"。

打(dǎ) 从。如"打我们家到百(货)公司,没多远儿。"

打咕 吵闹、打斗。如"这俩孩子真不让人省心,成天打咕。"

打镲（镲,发"擦",cǎ） 开玩笑。如"咱说真格的,不跟你打镲。"天津有俏皮话"拐弯儿敲锣——简直打镲。"旧时娱乐的响器配乐有敲锣、打镲,娱乐终究不是正儿八经的事,估计"开玩笑"之意缘此而来。

打锣 形容大力声张。如"你甭打锣啦,这点子事儿唯恐天下人不知怎么着!"

打脸 自食其言,自丢颜面或某件事让其丢颜面。如"本来说得好好儿的又翻车了,这可太打脸了,以后还怎么说说道道儿?"

打住 停。车停叫"打住";别说了也叫"打住"。如"行! 行! 你快打住吧。"

打下手儿 给师傅或旁人干辅助的活儿。如"别光站那儿看着,打打下手儿!"

打八岔（岔,cà） 工作有什么干什么,没固定岗位。

打小空儿 打短工。

打游飞 无固定目标和规律地四处游弋或混饭吃。如"他就这么整天打游飞,也不是长久之计呀。"

打一晃 短暂地露一面。如"这种关系,我怎么也得去打一晃。"

打歪歪 推辞了,变卦了,不认账了;或为狡辩、捣乱之意。如"怎么样? 他打歪歪了吧。""这就够乱了,你就别再打歪歪了!"

打哈哈儿 在对话中以玩笑的口吻打岔,转移话题。如"债主子来了,就打哈哈儿呗,还能有什么办法?"

打圆盘 了事儿,让双方都有回旋余地。如"介事儿就得有人打圆盘才行。"

打出溜儿 本为滑行之意,引申为变卦,半截儿溜走之意。如"咱可都得坚持到底,不许半截搂儿打出溜儿。"

打眼 走眼,上当了。如"买了个假货,打眼了。"

打眼儿 在车轮前卡一块砖头木块之类,使车不动。

打马虎眼 混淆视听,极力遮掩。如"介事儿跟明镜儿赛的,您啦就别打马虎眼了。"

打蔫儿 没有精神,萎靡不振,如植物缺水状。如"瞧他愁的,都打蔫儿了。"

打锛儿 说话接不上茬儿了,一时语塞。如"他很紧张,说话总打锛儿。"

打驳拦儿 拒绝,反对。如"您这一打驳拦儿,他脸上都挂不住了。"

打水漂儿 钱财白白地损失了,没了。如"好几百,嘛也没见着,全打水漂儿了。"打水漂儿,本为用石片儿向水面打出一串水花儿的游戏。

打死卖盐的 意思是菜做咸了。如"我说二他妈妈,今儿个怎么了? 打死卖盐的啦!"

打卤面 天津人"捞面"的标准吃法,以虾仁、肉片儿、木耳、花菜、飞鸡蛋花儿打三鲜卤；配四个碟儿炒菜：虾仁南荠、糖醋面筋丝儿、肉丝炒韭菜香干儿、炒鸡子儿，故天津又称之为"四个碟儿捞面"；"菜码儿"也甚精彩：绿豆菜、青豆、黄豆、菠菜、红粉皮儿（均焯过）、蒜瓣儿，红绿黄白相间然是好看。打卤面与炸酱面、麻酱面、羊肉白菜面、排骨面、西红柿鸡蛋面，均堪称美味。

打人别打脸　说话别揭短儿　处事诚语。

大发（重音在"大"，"发"轻声）　太多了，远了去了。如"介事儿无尽无休，差不多得了，要不花钱就大发了。"

大拿　专家，有拿人本事的人，或说了算的人。如"咱厂子老赵是大拿，人家八级工不服不行，拿耳朵一摸，就能听出机器毛病在哪儿。"

大家主儿　大户人家或大户人家出身的人。如"人家可是大家主儿，作派就是不一样。""主儿"，指在某方面专注或特别的人，如"吃主儿""买主儿""搅局的主儿""这主儿"等。褒贬意都有。

大人大量　大度的人，肚量大。恭维之语，常用来请求原谅包涵。如"您大人大量，大人不计小人过！给您了作揖了。"

大了（了，liǎo）　专门替人操持婚丧嫁娶等一应事情或出头解决、了结棘手事情的人。如"要没有二爷这个大了，介事儿没完。"

大不了　最大可能，最大限度。如"大不了损失点儿钱财，人没伤就万幸。"

大概齐　差不离　大概、大约、差不许多。如"我看这捆儿韭菜也就二斤多，大概齐，差不离。"

大撒把　撒手闭眼　形容甩手、放手，什么也不管了。如"这回刘爷真伤了心了，撒手闭眼，大撒把！他再怎么央给，也没用了。""撒手闭眼"也用来形容人离开人世而去，如"唉，七婶怎么舍得撒手闭眼，离她的孩子们而去呢？"

大马趴　仰八叉　屁乎墩儿　大马趴是全身脸朝下摔在地上。如"摔了个大马趴"。脸朝上滑倒在地则称为"仰八叉"（叉发"擦"ca音，一声或四声）。摔坐在地上则称为"屁乎墩儿"。

大尾巴鹰（"尾"是个多音字，yǐ）　强出头、充能耐的人。如"他没嘛本事，就爱充个大尾巴鹰。"

大眼儿贼　老鼠的俗称。引申为睁大着眼睛，到处寻找占便宜机会的人。可与"贼眉鼠眼"相印证。

大马猴　老妈猴　大马猴，常用来吓唬小孩儿的怪兽："听话呵，不听话大马猴可来啦。"老妈猴，又老又丑的怪兽，常用来嘲笑甚至自嘲："完了完了，老了，成了老妈猴啦。"

大子儿　袁大头儿　旧时称铜钱为大子儿，也称老钱。带袁世凯头像的银元为袁大头儿。当年通货膨胀,袁大头儿是最保值的。

大拇哥　大拇指。而食指等依次为二拇哥、三拇哥、四拇哥、小拇哥。

大伯子　小叔子　大姑子　小姑子　大舅子　小舅子　大姨子　小姨子　对丈夫和妻子的兄弟姐妹的称呼。

大鸡子儿摆浮头儿　意指把好的摆在上面,本是个小买卖道儿,爱开玩笑的天津人常以此揶揄多少有点儿自视高的人。如"行了行了,介不把你大鸡子儿摆浮头儿了吗!"

大仁果儿　果仁儿　花生,花生米。

大眼儿瞪小眼儿　两个人或众人都束手无策的样子。

大嘴巴子　大巴掌掴　大嘴巴子,耳光。大巴掌掴,用力打。

大德祥改祥记——缺了大德了　来自相声段子的歇后语、俏皮话。

单另　单独、另外,额外的。如"每逢舅爷来,总要单另上几个差样儿的菜。"

单巴掌拍不响　常用来断是非,意指双方都有错处或不足。

担待　包涵,宽容地看待。如"您就高看一眼担待点儿吧,介孩子不懂事儿。"

淡着　意指不吵不闹、故意冷淡待人的态度。如"这人特别不得人,大伙儿都淡着他。""介孩子越哄越来劲儿,就得淡着他才行,一会儿就好了。"

淡巴嘴儿　光吃主食不吃菜。如"我淡巴嘴儿吃了碗饭,菜都留给你了。"

垫吧(吧,ba)　不是吃饭时间先少吃一些。如"婚礼开桌得早了,要不你先垫吧垫吧。"

当(dāng)　以为。如"我当你不来了,正着急呐。"

当间儿(间,jiàn)　中间,当中。语间省了一个"中"字。如"请您了当间儿落座,您了是主客。"

当(dàng)　圈套,如"便宜就是当"。典当,如"揭不开锅了,再分值点儿钱的,全当了。"

待(dāi)　在,停留。如"待这儿发呆呐?"

待会儿(dāi)　过一会儿。如"待会儿你再来。"

逮(dǎi)　有,赶上,抓住,都可解其意。如"逮谁算谁""逮嘛吃嘛""逮哪天算哪天"。

歹毒(歹,重音;毒,轻声;发音有特色)　阴险、狠毒。如"这个人太歹毒,一点儿好心眼儿也没有。"

逮小辫儿　薅小辫儿(薅,hāo)　抓把柄。如"麻烦了,这下让人薅住小辫儿了,能有好吗!"

逮理　抓住占理的地方不放。如"好么!你还逮理了,还逮理不让人了?差不离儿得了,别没完没了了。"

待见 被人重视,看得起,看得上。如"这后生知书达理,是老师的得意门生,连师娘都特别待见他。"

带眼儿 顺便看着。如"二大娘!我出去一会儿,小宝儿和您家顺子正在院儿里玩儿,门也没锁,麻烦您老带眼儿照应点儿。""去吧,放心吧。"

带手儿 就手儿 顺手儿,顺便。如"二嫂子,您上菜市儿?就手儿给我捎一斤半茴香。"

带玩儿不带玩儿 本是童戏用语,后成为成人日常用语,让你参与还是不让你参与之意。如"人家不带你玩儿,你上赶着也没用。"

抖楞 有两意:一为肢体抖动,如"你赶紧吧,别到时候你就抖楞手儿了。";抖楞手儿,形容焦急、无奈的样子。另一为穿衣服少了之意,如"你得多穿点儿,春捂秋冻,别抖楞。"

抖了 说人发迹了,神气起来了。如"几年没见,小三子现在可抖了!"

抖机灵 抖,显示之意;抖机灵,则是显示机灵,显示能耐。如"这种场合,他又该抖机灵了,他就是爱出个风头儿。"

兜着 包揽、承担。如"你放心走你的吧,介事儿我兜着。"

斗心黑儿 斗心眼儿,常是不怀好意的。如"你跟他斗心黑儿,那不赚着找不素净吗?那个人惹不得!"

豆子 犯豆子 豆子,自找麻烦或损失的人;犯豆子,自找麻烦或损失。如"这不往枪口上撞吗?真是犯豆子!你就是个豆子!"

逗闷子 开玩笑,寻开心。如"别拿老实人逗闷子了"。

逗哏儿 逗乐儿 逗哏儿,好笑。逗乐儿,寻开心。如"你说话真逗哏儿,笑一笑,十年少,大家在一起逗个乐儿呗。"

逗咳子 逗闲咳(咳,前词 ké,后词 kē) 耍贫嘴。如"你该干嘛干嘛去,别在我这儿逗咳子啦。"逗闲咳,还有说说闲话儿之意。

堵 堵心 窝火 都是心里不痛快之意。如"介不添堵吗""真堵心""介事也太窝火了,不行!我还得找他再掰疵掰疵!"

堵囊塞气 说话没好气儿,别别扭扭。如"干嘛你大早起来就堵囊塞气?没个好脸儿,没睡好觉是吗?"

嘟噜 垂下来或沉下来,如"咱也不知道他嘟噜着个脸,给谁看呀?"或指较多或成串的东西,如"瞧那架上的葡萄,一嘟噜一嘟噜的。"

多晚儿 多喒(喒,zān) 什么时候。如"您多晚儿还能再来呢?""多喒有功夫咱们再聚一聚。"喒,时候之意;"那喒儿"为那时候之意,儿化。

多余（duō yǔ，余为三声并重音） 多此一举。如"我介不多余吗！真多余！"

多嘴多舌 多嘴。如"你趁早躲一边儿喊，别多嘴多舌！"

多嘴儿驴 嗔怪别人多嘴的不敬之语。如"行了，就你能耐，多嘴儿驴！"常见于下棋的与观棋的之间，输急眼的对围观、评论的可能就蹦出这么一句，甚至还再添一句："河边儿无青草，不要多嘴儿驴。"

嘚嘚（嘚，dē） 唠叨。如"您啦就别嘚嘚啦，真坨答。"

嘚啵（嘚，dē） 不停地说，聊天；也为唠叨。如"今天我们哥俩儿好好嘚啵嘚啵。""你整天嘚啵个没完，烦人不烦人？"

嘚瑟 不值当的事儿在那显摆。此语似从东北地区流入天津。

得乙 得意，甚至得意忘形、得寸进尺。如"好嘛！这小子有点得乙了！真不像话！"

得空儿　抽空儿 有时间。抽时间。如"得空儿我一定去，您放心吧。"

得棱（棱，leng） 修理。如"介玩意儿坏了，我得棱得棱。"吵架时引申为教训和整治之意。如"你别不含糊，看我怎么得棱你！"

得济 老来得到了儿女的孝顺，或得到他人的侍奉。如"刘老太太是个孤老户，得到了左邻右舍的照顾，也算得济了。"

得嘞 好了，一般为高声的肯定语气。如"得嘞！就这么办吧。"

得了 完成，得活了。如"给您扎的这身衣裳已经得了"。另意为否定意，近于"算了吧"之意，如"你得了吧，还在这吹牛呐！"

得和乐 大跟头。如"摔了个得和乐。"

德性（性，xing） 骂人品性不好或形象不佳；也用于亲近人之间责怪，甚至妻子对丈夫的娇嗔。如"瞧你这份儿德性！""你可真坏！德性——"

得儿得儿的（得，dē） 本为模拟马蹄声的象声词，转意为形容东西特别挺括，有弹性。也多用来形容身体好，有活力。如"瞧二大爷，那么大岁数了，还得儿得儿的！"

得儿当五六 也用来形容身体好，或在人前很显眼。如"你别看他吆三喝四、得儿当五六的，纪检一找他，马上傻眼！"

得（děi） 舒服、滋润、高兴的样子。如"这小子挺得！"

得亏（得，děi） 幸亏。如"早知道不如得亏。"

得会儿（得，děi） 过一会儿。如"得会儿咱们一起去""这屉包子得会儿才能熟，您略等会儿。"

得哎累（得，déi重音，"得哎"连读） 形容人胖；或对缺心眼儿人的蔑称。如"胖得哎累"；"我怎么恁么犯傻呐，整个儿一个得哎累！"

163

等的儿（重音在"等","的儿"连声） 等一会儿。如"您稍微等的儿。"

登梯爬高儿 泛指登高。如"您岁数大了,小心点儿,千万别登梯爬高儿。"

兑鼓（兑,duǐ;鼓,gu） 鼓捣着修理装配东西,或勾兑液体。如"忙乎了半天,总算把它兑鼓上了。""这药水兑鼓好了。"

扽（dèn） 用力拉。如"你们介拉过来扽过去的,大姑姥姥受得了吗? 不走了,不走了,再打两圈儿吧。"

刀子嘴豆腐心 指人嘴上厉害其实心眼儿并不坏。如"咳,她就是个刀子嘴豆腐心,您了甭往心里去。"

捯饬（捯 dáo,饬 chi） 打扮,包装。如"人就在捯饬,这么一捯饬,精神多了。""现在的月饼卖的就是包装,紧捯饬!"

捯么 捯扯（扯,che） 没完没了地想过去的事。如"你就别捯么了,你总算对得起老人家。世上的孝顺儿女都是爱捯么,后悔没能更尽心"

捯捯 回忆追索,清理。如"我真忘了,让我捯捯""捯捯账"。

捯肠子 牵肠挂肚。如"十指连心,捯肠子。"

倒血霉 倒霉,倒了大霉。常说成"倒了血霉啦!"

倒霉蛋儿 倒霉的人,运气不好的人,如背锅替别人去承担责任或后果的人。

倒霉看反面儿 看不出不利,偏以不利为有利。如"您说介不倒霉看反面儿嘛,说了半天他也不明白,真拿他没辙。"

倒头 人死了。

捣皮拳 拳击运动。

倒插门儿 上门女婿随岳父母生活,被称为倒插门儿。

倒土 倒泔箄 旧时街巷有收垃圾脏土与泔水的,每家有土箱子放垃圾,"倒土"就是倒垃圾;每家也有木桶盛放厨房泔水,称为泔箄。

到儿到儿的 面面俱到,非常到位、周到。如"您看人家六伯介事儿办的,亲戚里道,街坊四邻,都打点得到儿到儿的,就得给人家挑大拇哥!"

到了儿 到最后,结果。如"这个人吭哧瘪肚,到了儿也没个开言痛语,说不出个所以然来。""到了儿怎么着呢? 该怎么着还怎么着。"

到家 形容说话、做事已经非常到位,到头儿了。如"说句到家的话,这事儿没改了,也就这意思了。"

到哪儿说哪儿 面对、接受现实,从现实角度考虑和处理问题。如"说别的一点儿用也没有,到哪儿说哪儿。"

滴里当啷 形容东西下垂寥落不整的样子。如"瞧他那身打扮儿,滴里当啷。"也常用来形容人穷到一定程度了。如"他穷的滴里当啷。"强调人穷,还常说成"穷的叮当响"。

滴里嘟噜 形容人嘴笨或口齿不清,也常用来形容外国人说话。如"滴里嘟噜半天说不清""这个洋人嘴里滴里嘟噜,也不知说的嘛。"

滴答孙儿 孙子,小辈儿。但天津人常用来自嘲。如"我原来人五人六儿的,现在可倒好,成了滴答孙儿了。"

提了(提,dí) 字典为"提溜",拎着。如"老太太过生日,亲戚里道提了大包小包来祝寿。"把人或物从一群或一堆中特意叫出来或拿出来也称为"提了"如"这倒霉孩子不知又作嘛祸儿了,大早起来就让局所儿给提了走了。"

嘀咕神儿 嘀嘀咕咕的人。

嘀嘀 模拟汽车鸣喇叭的象声词,代指汽车,常用于说给小孩子。如"瞧马路上的大嘀嘀呦,飞过来,跑过去,让姥姥领着啊——"

嘀嘀筋儿 过年时儿童手执的纸制的可闪火花的烟花玩具,是当年幼小的孩子爱玩儿的。有童谣云:"嘀嘀筋儿,冒火星儿,一分钱,买两根儿。"当年天津孩子过年玩儿的烟花炮仗还有:砸炮儿,摔炮儿,钻天猴儿(手执的烟花),呲花(放在地上的当年多为泥制的烟花),鞭,两响(二踢脚)。嘀嘀筋儿的另一意用来形容衣服瘦小,如"你穿这么件儿嘀嘀筋儿的褂子,也不嫌难受,太不顺眼了。"

地界儿(界,jie) 地方,位置。如"大夫,就这地界儿总不得劲儿。"

地起 地根儿 从一开始,压根儿,一直。如"我打地起就不同意这么办。"

地下(xia) 意为地面上。明明是在地上,却说"地下"。如"我的东西掉地下了,受累帮助拾一下。"

地排子(排,pǎi) 两轮儿小车;常用来取笑人个子矮。

叠了 指事情以失败告终。如"完了完了,这事儿算叠了。"

掂配(配,pei) 掂量着办,酌情处理。如"我们哥俩儿喝两盅,你给掂配俩菜。"也做"掂备"。

掂巴 斟酌,估量。如"这事儿我还得再掂巴掂巴。""我掂巴这个条案,他怎么也少要不了,确实是拆迁那年出来的老物件儿。"

点卯 旧时朝廷与官衙在卯时(晨五至七点)对官员与官差点名考勤,称为点卯。后在老百姓日常用语中演化为:在该出现的时候露个面儿,有应付差事的意思。如"他也就点个卯,然后就溜之乎也了。"

点牛眼 童谣顺口溜,常用做多人童戏时决定顺序,笔者知道的如"点点点,点牛眼;牛眼花,七个茄子八个瓜;卖给谁? 卖给他!"转圈儿点,一字点一个人,最后一个字"他",点到谁就是谁了。

点灯熬油儿 夜以继日加班加点;或耗时间。如"快考试了,天天点灯熬油儿抓紧复习。"或"天天这么点灯熬油儿,介也不是事儿呀,总得想点儿办法。"

盯戗(盯,dīng;戗,qiàng) **盯事儿** 能发挥作用独当一面,能指着办事了。如"几个孩子眼看着长起来了,都盯戗了。"

盯对(盯,dīng;对,duì) 正好,合适。如"每天盘货,账与实物总得盯对。""今天吃得不盯对,胃口不得劲儿。"也做紧盯着,如"好么眼儿的,你老盯对我干嘛?"

盯班儿 值班。如"今天我盯班儿"。

盯得着末儿(着,záo) 凿细、盯着细枝末节,不依不饶。如"马勺没有不碰锅沿儿的,要都像你们这样,盯得着末儿,介日子就没法儿过了。"

盯我点儿的 我会寻找机会的,你等着吧。为打架吃亏一方表达要寻机报复之意,多听闻于小孩儿打架。

顶不济 顶不济死 最坏的可能,相当说"如果最坏的话"。如"顶不济死咱再多花俩儿钱儿呗! 把介事儿了了算啦。"

顶雷 替别人去应对麻烦事儿,承担责任。如"你甭犯愁! 我给你顶雷! 谁让咱是哥们儿呐。"

吊歪 故意作梗,成心找麻烦。如"他吊歪,就是嗔着你眼里没他。"

掉链子 正需要的时候吃不上劲,不起作用了。如"关键时刻掉链子! 太耽误事儿!"

掉点儿了 滴答点儿了 开始下雨了。

掉个儿 交换位置。如"嘛事儿都怕掉个儿,事儿没临到谁身上,站着说话不腰疼!""你们俩掉个个儿,好,准备拍照啦! 茄子——"

掉包儿 以一物偷换另一物。如"《狸猫换太子》用的就是掉包儿之计。"

端上了 拿上架子了,故作矜持状。如"本是一块儿长起来的,刚顶了个帽翅儿,就端上了。"

断顿儿 没饭吃了,家中断炊、揭不开锅了。

懂嘛 明事理,是对人的好评。如"这个人特别懂嘛,让人信得过!"反之,如果一个人不明事理,就是"不懂嘛"了。

动劲儿 动一动,动身。如"快到点了,怎么还不动劲儿呀"。

断间(断,duàn;间,jiàn) 大房间隔断成小房子。如"买不起房,只好打个断间,给儿子娶媳妇儿。"而当年殷实人家大房间里的隔断,则称为"隔扇",是几扇雕花或带花格儿的可开可合的门儿。

堆乎 东西倒塌,或人瘫倒在地。如"三九年闹大水,堆乎了不少房。""老爷子一着急,堆乎那儿了。"

怼　直怼（怼,duǐ）　相撞,直面相撞。如"好么,这两辆车怼上了,直怼!"

对口儿　顺口儿　天津口语中的对口儿,常用于说饮水的温度不凉也不烫,温度适宜饮用。如"快喝吧,对口儿的。"而词典中"对口"的"口味适宜"义项,天津人还常说成:合口儿、可口儿,更经常说"顺口儿"。从相声的角度,两个人合说的相声,称为"对口儿相声"。

对眼儿　互相看得上。常用在相亲中,如"这回对眼儿了吗?"这是经人介绍,儿女又去见面儿后,爹娘在焦急地问。

对其门　打牌术语,对门儿。有时也被用到日常生活中。

当当吃海货　不算不会过　天津的一句俗话。得近海之便,天津人嗜吃海鲜。天津人对产于河海的鲜鱼活虾,称为"河海两鲜"。

冬吃萝卜夏吃姜　不劳大夫开处方　很有道理的民谚。按中医理论,冬天人体外寒里热,夏天外热里寒,而冬吃萝卜夏吃姜,正可以进行有效调节。

E

二　二乎　用来形容一个人脑子不清楚不明白;二乎常说成"二二乎乎"或"二"。如"这人有点儿二啊,这么要紧的事儿你怎么能交给他呢?"二乎有时还有莽撞、不知深浅之意。如"年轻人嘛,难免有点儿二乎。"

二哥　老二　生活中,老二常成为那些嘻嘻哈哈的人的绰号,与排行无关。市井中谁也不愿意被人称为二哥,特别是老二,因为意指男性生殖器。

二个（重音在"二"）　长辈与长者对行二的孩子的称谓。如"二个,快过来。"

二八八　差那么一点儿。如"介也就是您了,换个二八八的,谁也不敢应承介事儿。"

二把刀　水平不高。如"这回可打眼了,找了个二把刀!耽误事儿了。"

二五眼　不大在行、没把握,如"这事儿我有点儿二五眼。"另意为没有兴趣,如"这种应酬我二五眼,你自己去吧。"

二百五　不明事理,让人作践或自我作践而不自知。

二来来　又来了,再来一次。如"一次没成功,二来来!"

二皮脸　涎皮赖脸,嘻皮笑脸。如"有完没完? 二皮脸啦?"

二愣子　愣头愣脑的人。如"你非让他去办这件事儿,能不砸锅吗!他就是个二愣子。"

二模儿　二道手。"吃二模儿",通过转手倒腾从中渔利。

二依子　女性化特征较突出的男性或变性者。

二他爸爸　二他妈　天津人称呼自己配偶常说"他爸爸","他妈"或"他娘";自从高英培说了相声《钓鱼》,"二他爸爸二他妈"使用频率变高,并具有了调侃意味。

二小儿穿马褂——规规矩矩　歇后语。如嘱咐孩子"明天进了学堂,咱可得二小儿穿马褂,规规矩矩。"

二小儿扛房梁——顶这儿啦　歇后语。如"他?白奔吡!二小儿扛房梁!""顶这儿啦!"

二姨夫——甩货　歇后语。在天津市井对话中指不重要的边缘人物,只是委屈了真正的二姨夫了。

二八月乱穿衣　农历二、八月,正是季节变换的时候,一会儿凉一会儿热的,走在街上,有穿长的有穿短的,有穿棉的有穿单的,乱穿衣!

二月二龙抬头　蝎子蜈蚣蜇麻猴　民谚。传说为秃尾巴老李（民间传说的一条龙）回家探望老母之日,天津人这一天吃烙饼、煎焖子。煎焖子,有人又称煎龙鳞,秃尾巴老李脾气暴躁,龙鳞脱落。时值惊蛰,万物复苏。

耳会　留意,注意;没留意则是没耳会,不感兴趣则是不耳会。如"他说的那个事儿,我没耳会。""你甭跟我说这些,我不耳会。"

耳背　听力不好。如"你大点儿声,我耳背,听不清。"

F

发小儿（发,fà）　从小一起长大的伙伴、朋友。如"咱可是发小儿。"

发送（发,fā）　给老人或他人办后事,发丧。

麸囊（麸,fū;囊,nang）　身体或东西经水泡膨胀,如"凑了半天衣裳,手都泡麸囊了"。或衣物蓬乱不整齐,如"瞧他穿嘛都不顺眼,老麸麸囊囊的。"麸囊,疑应写为"浮囊"。

符神儿（符,发"夫",fū）　刚好合适,平整熨贴。如"您做的这床褥子,铺上特别符神儿。"

浮上水儿（浮,fú）　眼睛向上,有点儿趋炎附势的意思。如"那小子,专门浮上水儿,没把咱小老百姓看在眼里。真是个巴结狗子!"

浮头儿（浮,发"覆",fù）　表面。如"大鸡子儿摆浮头儿!"

服　服了　从心眼儿里佩服,如"您介活儿没挑儿了!如今没这手艺道儿了,我真服了。"另意为在争斗中认怂,如"我服,还不行吗!"

服软儿　认错,认怂。如"你服个软儿,不就结了嘛。"

父母月儿　子女在父母膝前得到关爱与呵护的日子。如嘱咐要出阁的闺女"要出门子了,再不是父母月儿了,凡事要多长个心眼儿,别一宠性子。"

奋丘　轱丘（丘,qiu;轱,gù）　身体或手脚乱动,或挣脱的动作。如"坐稳了! 别跟这儿轱丘!""我那么一奋丘,就挣歪出来了。"

饭口　吃饭的时候、当口儿。如"介人真可以,为蹭这顿饭,回回赶饭口来。"

犯　独立使用时是侵犯、伤害、得罪的意思,如"我犯你了吗? 没犯呀! 干嘛你一见我就躲得远远儿的。"如作为第一个字与他字组成词组,则为发生之意,发生的大抵是不正常的状态,如"犯怵""犯嚼情""犯小性儿"等。

犯歹　错了,不对,不合适。如"我说介话犯歹吗? 不犯歹呀,她怎么就不乐意了呢?""介事儿没犯条科,不犯歹,你甭嘀咕。"

犯性　对发脾气的贬义说法。如"你就耐着点儿心烦儿,千万别再犯性了。"

犯病儿　别别扭扭,耍小性儿。如"介孩子今天有点儿犯病儿,怎么哄也不行,越哄越来劲儿了。"

犯条科　违犯了规定、规矩或道理等。如"明人不做暗事! 我到底犯了嘛条科您就扣我钱? 您也得让我明白明白吧!"

犯肝气　火儿了,却常与自己无关。如"你说有你的嘛? 你犯哪门子肝气!"

犯小人　遇上了小人。如"倒了霉了,这几天我犯小人,走倒霉字儿!"

烦人托窍　求人情,找门径。如"烦人托窍,这事儿才算翻篇儿。"

翻疵　翻儿了　急了,恼了,翻脸了。如"没想到,他翻疵了,翻儿了。"翻疵另一意为背后指责别人,如"她真往心里去了,翻疵李姐老半天了。"此意也作"翻翻"。

翻车　反悔,变卦。如"遇上这种人就没办法,这不,又翻车了。"

翻篇儿　揭过去　过去的就让它过去吧,已经翻过那一篇儿,已经过去了,就不要再纠缠其中。这是在挫折时,发生矛盾时,被经常说到的:"翻篇儿吧! 打起精气神儿!""揭过去吧,何必那么鼠肚鸡肠呢!"

方　克　均指人给他人带来不吉利和祸患。旧时的一种迷信说法,这种人被视为丧门星。如"她男人早早儿就没了,全是她方的,方人精! 克夫!""这家败了,全是这败家子儿方的!"

方前左右　附近,这一带。如"二奶奶心善,热心肠儿,手敞,方前左右没有不知道的。"

放一马　放过、饶过这一次,高抬贵手。如"这回您就放一马吧,以后再也没二次了。"

飞花　破了。如"瞧你那双鞋,都穿飞花了,赶紧给我换下来! 丢人现眼! 不知道吗？一双破鞋穷了半截！"

匪　特指穿衣打扮过分前卫、叛逆。如"你上小白楼儿看看喊，一个个儿描眉打鬓，穿得都倍儿匪！"

费劲巴伙　费了很大的工夫或力量。如"瞧那个笨样儿，费劲巴伙鼓捣了这么半天，也没弄好。"

废物鸡　废物点心　对办不成事的人的蔑称。如"说你嘛好呢？废物鸡！废物点心！"

G

哏儿（哏，gén）　有趣儿，有意思，风趣幽默。如"马三立的相声可真哏儿！"是天津最有代表性的方言。同样的意思北京人爱说"逗"，天津人则把"逗"也常组合进去，说成"逗哏儿"，如"二哥说话可真逗哏儿！"

艮（gěn）　吃食韧而不脆，如"艮萝卜"。或形容人倔强而有一定之规，不为他人所动。如"这个人可真艮！抹得下脸儿、下得去手。"用于日常则意指不能过于随和，如"你不能老就乎，就得咬咬牙，有点儿艮劲儿。"

艮硬（艮，gén；硬 ying）　吃食韧而有嚼劲儿。如"那年登庐山香炉峰，隐居山林的李老师款待我们，竹筒子焖饭、腊肉炒干竹笋，又艮硬又香，至今难忘。"

跟手儿　立即，马上。如"刚撂下电话，他跟手儿就到了。"

格色　格路　形容人与常人不一样，不近常情。如"这个人特别格色，格路！"

该　欠，拖欠。如"我该你那二十块钱，关饷时一定还你。"

杠　该　按顺序或约定轮到了。如"别愣着了，杠你了"或"该你了"。

杠着　该着杠着（着，záo，为重音）　注定的，命中注定的。如"没辙呀，是祸躲不过，该着杠着！""杠着你发财，天上愣掉馅儿饼！"

改　改人　改，取笑；改人，取笑人，拿人取笑。如"你别拿我改了。""你介不改人吗？你真是拿我找乐儿了！"

改性（性，xīng）　能记着改正，有改正的记性。如"有进步，有改性。"反之则为没改性，如"我说你这个人呐，说你嘛好呢？就是没改性。"

改锥　螺丝刀。

盖帘儿　盖帘板儿　拍盖儿　包好的饺子放到这个用高粱秆儿编的圆形用具，常用来放置包好的饺子或包子，方便拿去加热。拍盖儿，按字义可写为"排盖儿"。

归齐　到底、最后、结果的意思。如高英培相声《钓鱼》有句"归齐我一打听,明儿还有一拨儿。"

归了包堆 全部,全都算上。如"这些东西,归了包堆也值不了嘛钱。"

归置 收拾整理,把东西归位放置。如"他的写字台上东西很多,但归置得很整齐,井井有条。"

鬼么颠叨儿 特别机灵,鬼头,褒贬都可用。如"大傻子,二嘎子,三猴子;一点儿不假,我们家老二起小儿就鬼么颠叨儿。""这个人鬼么颠叨儿,你可得留点儿神,给你画圈儿。"

柜上 旧时称任职的工商单位为"柜上",东家则称为"掌柜的"。

贵人话语迟 意指人迟迟不出声,揶揄之语。如"你到底嘛意思?你可倒是说话呀,真是贵人话语迟!没个开言痛语。"

掴 掴打(guāi da) 掴,打。如"你不听话,小心你爸掴你。"掴打,拍打。如"瞧暴腾这一身土,快上院儿里掴打掴打喊。"

呱唧 吧唧 可做语气助词,如"棱了呱唧""贫了吧唧";也可做象声词,如"呱唧一下子,掉地下了";"呱唧"还可做动词,指鼓掌,"咱呱唧呱唧!"

过(guò) 有交情,有你来我往的交情。如"我们俩过""我们来往多年了,过这个,过得着。"

过儿 "过"的儿化发音,仍是交情的意思。如"随十块钱得了,没那么大过儿。"另意为过错。如"说来说去,还是我的过儿。"

过儿过 过一段时间。如"介事儿不能急,哪能冷手抓个热馒头呢?等过儿过再说吧,心急吃不了煤火饭!"

过节儿("节儿"为轻声) 嫌隙,恩怨纠葛。如"咱哥俩儿可没过节儿,您了别多想!"

过捽(捽,zuó) 超过了应该的尺度和地方,如"介怎么说的,走着走着就过捽了,还得往回走。"捽,为揪抓之意,如"捽住头发编辫子。"

过家家 童戏,小孩儿弄个布娃娃和小被子之类玩具,模仿大人过日子玩儿;后在成人对话中,引申为指责对方拿正事不当回事之意。如"你也该操点儿心了,过日子不容易,你以为你还过家家啦?"

过午不候 过了时间就不等了,常用来提醒对方抓住时机。如"你别糊涂门儿,人家可是过午不候,过这个村儿就没这个店儿啦。"

搞呲 搞关系、套近乎,或为发生的矛盾说合。如"没少跟他搞呲,白费!"

高看 有较高的评价,另眼相看。如"领导总是高看他一眼,挺器重他。"也作宽宏大量地看待解,如"您就高看他一眼吧,谁还不犯错儿呢?"

高门大嗓 声音洪亮,大嗓门儿。如"二大爷是个爽快人,说话也高门大嗓。"

高不成低不就　大事做不来小事又不做,将就材料。如"他心比天高,命如纸薄,高不成低不就,就那么过了一辈子,一事无成。"

果箆儿 煎饼馃子　天津早餐品种。果箆儿,北京叫"薄脆"。

嘎儿（嘎,gā）　面食如锅贴儿、水煎包等面食煎出的焦黄的一层,称为"嘎儿",倍儿香。当年冬天还点炉子,把馒头或窝头,在炉火上或炉膛下边烤出嘎儿来,美食。当年米饭焖糊了,糊嘎儿也舍不得扔。

嘎巴菜　天津的特色美食早点。书面写作"锅巴菜",天津人发音为"嘎巴菜"。

疙瘩袢儿　中式上衣布制的纽结与纽套儿。疙瘩袢儿,北京叫"纽子"。

疙头（疙,gā）　咸菜的当家品种,又分为老腌儿的"老疙头"和"水疙头",肉丁炒水疙头雪里蕻,是大众家常菜。疙头由芥菜头腌制而成,芥菜头被天津人称为"芥菜疙瘩",冬令上市时用其烩制芥菜丝儿;亦可凉拌,辣味儿直冲鼻子,皆为美食。

痂儿（痂,gā）　人体表皮受伤,血液与体液凝结的硬层,"结痂儿"。

旮旯儿（旮,gā）　墙角,或一切角落。也常说成"犄角旮旯儿"。

旮子窝（旮,gá）　腋窝。如老奶奶逗孩子"胳肢胳肢旮子窝儿,看我们宝贝儿有没有痒痒肉儿!"

旮子（旮,gá）　节箍,戒指。

尜尜（尜,gá）　嘎小子,或能人。如"还别说,要论这行道,这小子就是个尜尜!""六子是个坏小子、坏尜尜。"尜尜,还是中间略粗的小面球儿,加菜叶儿可做成"尜尜汤",是当年的一种稀食。

嘎呗儿（重音在"嘎",gà）　形容突然折断的象声词。如"嘎呗儿一下子就折了"。也多用来描述人突然死去。如"好好地,怎么嘎呗儿一下子人就没了呢!"。

嘎杂子流球子　坏小子,净出坏门儿,但还没到坏蛋程度,甚至还可能是夸赞。如"介小子,就是个嘎杂子流球子。"

公母俩儿　夫妻俩儿。如"那公母俩儿,特别仁义。"

拱火儿　言语刺激、拱动他人的火气更旺。如"你就别再拱火儿了,没看你爸眼眉都挽起来了吗!少说一句行不行?"如果是没安好心,拱火儿,就近于煽风点火了。

拱嘴儿　猪头肉的猪鼻子部位,有人专爱吃这口儿,下酒儿。

刚头儿　刚刚,刚才。如"刚头儿还在这儿,转眼儿就不见了。"

钢板儿　硬币。如"去,给你五分钢板儿,买根小豆冰棍儿。"

杠头　爱抬杠的人。旧时土葬,棺木需多人抬,经营此项丧葬业务的称"杠房"，棺木沉重，抬棺木的人都得鼓着力气抬杠，谁也不能松劲。"抬杠""杠头"代表的顶着来的意思可能由此引申而来。

哥们儿　亲兄弟称为"哥们儿"；也泛指相好不错的朋友。如"介似我哥们儿"，既可能是介绍自己兄弟，也可能在表明朋友之间非同一般的关系。天津当年是个水旱码头，民间帮会是十分兴盛的，拜了把子，自然就称兄道弟，相沿至今。也常连说成"哥们儿弟兄"。

隔着心　不知心，另有心机。如"你傻不叽叽把心都扑上去了，人家跟你可隔着心呐，早晚得受闪！"

个扭儿　为人很个别，或对事态度突变。如"说得好好的，他又出个扭儿。"

个里绷子　对与常人不一样的个性人的蔑称。如"那就是个个里绷子"。

个个儿（第一个"个"，gē；第二个"个"，发"格"，gé）　自己。如"每个人的难处，个个儿知道，就甭提了。"也做"自个儿"。

胳胳（第一个"胳"，发"个"gè；第二个"胳"，ge）　乳房。幼儿吃母奶就叫"吃胳胳"。

膈肢（膈，gé）　搔弄腋窝或腿根儿易痒处，是一种玩笑方式。

膈应（膈，gè）　厌恶，恶心，腻味。如"我就膈应他那个假门假事的样儿！""我一闻那个味儿就膈应。"或"听你说这事儿，像吃了苍蝇赛的，膈应人！"

各走一经　指人各有不同的兴趣、专长、发展方向。如"你看二子，只要有点空儿，就找个纸头儿在那儿画画儿，画得还特别好，各走一经。"

够呛　很不好，顶不住了。如"最近够呛！赔了！""实在没劲儿了，够呛了。"

够板　走板儿　够板，够朋友、够意思、够交情。如"介哥们儿，真够板！够仗义！"走板儿是脱离了板眼，办事说话不合适、不应该，如"你这句话有点儿走板儿，以后说话得注意分寸。"

够份儿　有派头儿。如"这身儿打扮儿真够份儿，跟归国华侨赛的。"

够口儿　差不多了，够程度了。如"我看够口儿了，该办了，别慎着了。"

钩腮帮子　被吸引了。如"一天一趟，钩腮帮子了。"

勾事鬼（事，sì）　多事、生是非的人。如"他整个儿一个勾事鬼。"

狗食　不仅指狗的吃食，多特指不务正业、不学好的人。如"那就是个狗食！你看他一天到晚有正文儿吗！"

狗头金　狗头金是实有其物的，是含其他矿物杂质的金块，古往今来均有人捡到过。状若狗头大小，故称"狗头金"。后常用来指意外的外财，大便宜。如"瞧你乐的，嘴都咧到后脑勺喊了，捡了狗头金啦？"

狗鸡　称小男孩儿的生殖器为"小狗鸡儿"。当年的老奶奶们把孩子尿尿：

"小狗鸡儿,会尿水儿,嘘——"

狗掀帘子——全凭嘴对付　歇后语。常用来讥讽光说不练,没有实际行动。

给你拿拿龙　教训教训你。从修理自行车前后轮儿拿龙而来。

给个耳朵　意指只听对方说,自己不吱声,免生纠葛。如"她坨答就坨答去呗,给她个耳朵就得了,谁让她是你婆婆呐。"

干饭(干,gān)　米饭。如"填仓填仓,干饭鱼汤。年就算过去了。"

干佬儿　干爹。

干瞪眼儿　束手无策。如"没辙呀,干瞪眼儿看着人家把房拆了!"

赶落　时间紧张。如"太赶落了,根本没法儿完成。"另意为抓紧做,快做。如"麻烦您给赶落赶落,我们二子等着穿这身儿新衣裳参加开学典礼。"

赶上了　凑巧在场。如"这不赶寸了吗,让我赶上了。"

杆儿啦　形容人又瘦又高,也泛指人不顶事。如"你还指着他? 杆儿啦一个。"

干嘛吆喝嘛　干什么行当就走什么心,就说哪行话。

● **硌窝儿**　磕瘪了但还没有破的鸡蛋。比好鸡蛋便宜,当年困难时期定量供应时不要票、不要本儿,能买到硌窝儿,就算捡个便宜。

174

关钱　关饷　发工资。饷银,为旧时军人的薪金。

官面儿　政府官方。如说"经官面儿了",即经官方介入来处理了,一般指打官司,简称"经官"。"混官面儿"是在官方机构做事。

灌篓儿　房屋院落或鞋子灌满了水。如"我蹚水回来的,鞋全灌篓儿了。"

瓜落儿　也做"挂落儿",受连累、受牵连之意,常被说成"吃瓜落儿"。如"你就别逞能了,弄不好,我们跟你一起吃瓜落儿。"此语来历似与"瓜葛"有关。

寡妇是业　形容寡妇的凄凉孤单。

光屁流　全裸,什么衣裳都不穿。如"天儿热,这几个小小子儿全光屁流下河洗澡去了,瞎扑腾、狗刨。"

呱净(呱,guá;净,jing)　顺眼,漂亮。如"她把屋里收拾得特别呱净"。

骨立(骨,gú;立,li)　即将成熟或状态良好而坚挺。如"这盆花不再打蔫儿了,骨立起来了。"

轱应　动了动。如"听她那么一说,我心里一轱应,说谁呐?"

鼓子瘪子　从字面儿指物品的鼓瘪状态,引申为人际的是非恩怨。如"嘛鼓子瘪子的,聚在一起就有缘,都高看一眼吧!"

鼓棒槌　背后进谗言、说坏话,离间关系。如"那就是个小人,净在领导那儿给别人鼓棒槌。"

嗝儿屁朝凉　人死了。贬义的说法。

关上关下　河北　西头　天津地名。"关上关下"为北门外金华桥北区域,路西为关上,路东为关下。当年天津收税的"钞关"就在金华桥位置,故名。"河北"为旧时南运河以北区域,包括现河北区及运河裁弯取直前位于运河北的现大胡同附近区域。"西头"为西门外的大片区域,当年比较荒芜。

H

顸（hān）　直径粗,线条粗。如"这棍儿太细了,去找根儿顸的来。""字的笔画太顸了,该削削铅笔了。"

顸皮赖脸（顸,hān）　形容脸皮厚、涎皮赖脸的样子。如"日子过得艰难,实在揭不开锅了,他也只好手心朝上,顸皮赖脸去求人了。"

夯夯（hāng）　语助词,"哼"的变音。如"偏不夯夯""气不夯夯"。

夯当　晃荡,拖拉。如"别再夯当了,再夯当黄花菜都凉了。"黄花菜是旧时一些酒席最后一道醒酒菜,最后一道菜都凉了,意为到得太迟了。

行市（行,háng；市,shi）　行情。如"这种东西现在卖不出去,没行市。"

寒碜（碜,发"掺",cān）　难看,丢脸。如"这闺女长得不寒碜。""张嘴儿说话就带脏字儿,也不嫌寒碜!"另意为奚落人或遭人奚落。如"同着那么多人,我把他寒碜了一顿。这通数落,让他长点儿记性!"

哼哼唧唧　形容大人不舒服或孩子别扭磨人状。

横是（横,héng；是,sì）　也许,可能。如"老没看见四奶奶了,横是不得劲儿了吧?"

横（hèng）　穷横　凶,蛮不讲理。如"他横?穷横?横的怕不要命的,我跟他拼了!豁出去了!"

活鱼摔死卖　挺好的事儿错过了时机。如"没你怎么办事儿的!介不活鱼摔死卖吗?整个儿一个得哎累!"

火儿了　急了,发怒了。如"他当时就火儿了,拍桌子了。"

火上房　紧急情况。如"赶上这事儿,火上房,嘛话别说了,赶紧走!"

火烧火燎　环境温度高或体温滚烫均可用火烧火燎形容。如吃川菜、喝热酒,火烧火燎;羞臊的脸或热血贲张的周身,同样火烧火燎。

火柿子（柿,发"四",sì）　西红柿,番茄。西红柿汤则叫火柿子汤。

祸祸（huò huo）　把一个地方搞乱。如"哎呀!你们俩怎么怎么不让家大人省心呐,瞧把屋里祸祸的,还下得去脚儿吗!"祸祸和糟践,还指女孩儿被坏人伤害。

和楞（和,发"货",huò） 把东西搅动。如"煮饺子得先用勺儿慢慢儿推,有你这么和楞的吗? 非得和楞成一锅片儿汤不可!"

黑下　黑晌儿　晚么晌儿（晌,发洒,sǎ） 晚上。为强调时分,常前面加个"大"字,如"大晚么晌儿的你介是干嘛? 瞎折腾嘛!"

黑更半夜 深夜。如"黑更半夜有人叫门,吓人呼啦!"

黑灯瞎火 黑暗,无光亮。如"你黑灯瞎火在那儿找嘛呢?"

好么眼儿 无缘无故。如"她好么眼儿地就不乐意了,也不知为嘛。"

好活　得活 圆满成功。如"再往里一点,再来点,好活!""漂亮! 得活!"

好吃好喝好待承 常用来形容一种态度,恭着、敬着,很好地招待或供养着。如"六奶奶算得侄子的继了,一直好吃好喝好待承。"

合着 归齐,原来。如"合着我为你一通忙乎,一点儿好儿也没落?"

喝居了 酒喝得正好儿,很舒服。如"大哥您今天一定要喝居了,咱们难得一聚呀。""喝高了"是酒喝多了。

喝破烂儿的 旧时,称收废品的为"喝破烂儿的",吆喝一套儿一套儿的,"破烂儿地卖,旧衣裳地卖,废铜烂铁地卖,酒瓶子地卖……"

喝腾 "腾"用于动词词尾表示动作反复连续,如折腾、倒腾、翻腾、闹腾,而"喝腾",则是不住地吆喝、招呼、宣传之意。如"你喝腾嘛! 你喝腾这么多人来干嘛?"腾,许多天津人不发 tēng,发"登"dēng。

豁棱（豁,发"喝",hē） 敞开,暴露无遗。也作"豁腾"。如"大冷的天儿,你把门大敞四开,豁棱嘛!""豁棱嘴儿"是对兔唇人的蔑称。

豁拉（豁,发"喝",hē） 裂开,切开。如"豁拉个大口子。"

豁出去了　豁个儿（豁,发"喝",hē） 拼了,不计后果地拼了。如"太欺负人了! 挤了他也是无路可走了,只好跟他们豁个儿!""这个人惹不得的,动不动就跟你豁个儿,值当的吗?""成功与否在此一举,豁出去了!"

豁擂子捣撇子 拼了。如"没有退路了,豁出去了,豁擂子捣撇子吧!"

豁亮（豁,发"鹤",hè） 开阔。如"瞧介大院子,多豁亮!"而豁亮的地方称为"豁亮地儿"。如"找个豁亮地儿,我教你打太极。"

哈拉子（拉,lá） 口水。如"馋了,直流哈拉子。"

红果儿 山楂。山楂果酱则称为"红果儿酪"。

红头涨脸 形容因着急、害臊或激烈运动而脸色通红。

红嘴白牙 红嘴白牙描述的是嘴的样子,一般用来强调一些话是亲口说的。如"那天你红嘴白牙答应的,今天怎么又不认账了?"

红白事儿　老喜丧 婚娶是红事儿,发丧是白事儿;家中的老人得享高寿归天,这样的丧事被称为"老喜丧",女人还要戴红喜字。

齁儿（齁,hōu） 形容词,特别、非常。用法与"倍儿"相同。如"齁酸、齁咸,齁不是东西!"如说"齁儿得慌"一般指太咸了。

猴儿 逮捕,关押。如"那小子让警察给猴儿起来了。"

花了胡哨（哨,sào） 形容东西颜色驳杂、花式繁多。如"这褂子嘛花了胡哨的,穿出去不顺眼。"也用来形容人玩儿花活,不实在。如"这人花了胡哨,一肚子花花肠子!"

花活　耍花活 花样,花招。在人际交往中使花招称之为"耍花活"。

话痨 话太多,成了毛病。如"他一天到晚跟个话痨赛的,话太多伤气,瞧瘦得跟人灯赛的。"

话茬子 说话的能力,一般指能说。如"二姐那话茬子,谁也比不了。"

话粗理不粗 虽是大白话、粗话,但并不是没有道理。常是对话中对某句通俗、浅近大白话的中肯肯定。

忽悠 怂恿,夸大其辞地骗人。夸大其辞骗人的人被称为"大忽悠"。

呼哧带喘 形容人气喘吁吁的样子。如"上你们家这五楼,真呼哧带喘了。"

囫囵个儿 整个儿,完整的。如"这东西我不能收下,这不,囫囵个儿给您送回来了。""你饿疯啦?那么大个饺子囫囵个儿就往下咽!不怕噎着?"

胡 常用来评价、形容一个人不明事理,甚至拿着不是当理说,凡事和他说不清。如"这人,胡!甭跟他费唾沫。"

胡天儿　胡勒　胡沁 胡说,瞎说。如"你别胡天儿了,天上能掉馅儿饼?"

胡搅 不讲道理,无理狡辩。如"介不胡搅吗!你讲理不讲理?真胡搅蛮缠!"

胡噜（胡,hú；噜lu） 有三意。一为轻抚,如小孩儿受到惊吓,老人常反复轻抚孩子的头,口中念念有词"胡噜胡噜毛儿,吓不着"。另为归拢与拂拭的动作,如"把东西都胡噜到一堆儿""把浮头儿的土胡噜胡噜"。再为应对与办理之意,如"还真够呛,胡噜不过来了。"

胡臭儿 不懂事,多用来形容小孩子。如"这孩子胡臭儿,您别生气。"

胡不喇（喇,lǎ） 不谙世事、不通人情的人,多用来形容孩子没长大,不懂事。如"您高看一眼,他还是个胡不喇的孩子。"

胡作　作祸儿（作,发"嘬"音,zuō） 胡作非为,惹祸。如"就让他们作吧,老天有眼,看能作到哪一天!""整天在外面胡作,早晚得出事!""这孩子又作祸儿了,不省心呐!"

胡吃闷睡 形容人除了吃睡无所作为。如"整天胡吃闷睡,两饱一倒儿。"

糊巴拉臭 东西糊了的气味。昔时学生考试成绩不理想,戏称为"考糊了"。

177

糊了倒账　糊涂,迷迷糊糊。如"这个人整天糊了倒账,一天三顿酒儿。"

糊涂神儿　对糊涂人的戏谑之语。老百姓曾有句云:"糊涂庙里糊涂神儿"常以此讥讽昏官或糊涂的主事人。

糊眬　糊眬局儿(眬,发"隆",lōng)　糊弄,骗人,或敷衍了事。如"介不糊眬人吗! 赚的是黑心钱!""介活儿不糊眬局儿吗! 谁干的?"

唬牌儿的　假的,或不像说的、宣传的那样的。如"电线杆子上贴那些小广告儿,包治百病,全是唬牌儿的!"

虎实　形容小伙子或男孩儿身体壮实。如"这小子真虎实,有把子力气,只要他认头干,是把好手儿。"

护气　珍惜亲朋的情谊,特别维护亲朋的利益,被称为护气。如"他们这一大家子,特别护气,晚辈的大小伙子都起来了,好么,七狼八虎!"

护犊子　袒护自己的孩子。如"你光数落我们孩子,你也太护犊子了。"

欢实　兴奋,多动而有活力。如"这孩子身体才好呐,成天倍儿欢实。"

毁了件儿衣裳　毁(汇)　并非毁坏了一件衣服,而是利用其他的衣服改制成了另一件衣服。这是当年普通人家妇女做针线活儿的一个术语。如"天儿凉了,娘用爸爸的旧衣服给二个、三儿毁了两身儿夹裤夹袄。虽是毁的,整整齐齐,穿出去一点儿不寒碜。"不知现在的年轻人可否解其意。"毁",第 7 版《现代汉语词典》中该字第④意为:〈方〉把成件的旧东西改造成别的东西。用"毁"字表此意实在离原意甚远,音是对的。还有个"汇"字,取其"聚合"之意似还接近,窃以为莫若将"汇"设为多音字,使其声相符似还合意。

会儿　用在句中的"一会儿"的缩略,时间很短。如"等会儿""待会儿"等。

会会　朋友聚聚或初识见个面儿,如"刘先生一点儿架子也没有,哪天我引荐你跟刘先生会会。"旧时武林中人约定比试比试,切磋武艺,也称"会会"。

会来事儿　和没眼力界儿、死羊眼正相反,特别能随机应变,以求好感和好的结果。如"这小子可会来事儿了,要不上峰怎么怎么喜欢他呢。"

含糊(含,发"杭",háng;糊,hu)　示弱,怂了。而"不含糊"除了不示弱,还是有能耐、很棒的意思。如"李师傅的手艺真不含糊! 嘛活儿到人家手里都不算事儿。"

嘿儿唬(唬,hu)　大声责难。如"好家伙,让他这一通嘿儿唬。"

恨病吃药　药很苦,劝病人把苦药喝下去的话。

混不拉唧　酸了咯唧　式了巴唧　分别形容人混不讲理、说话好转文或东西酸、人反应迟缓。口语特色在语助词"拉唧""咯唧""巴唧"。

混个圆脸儿　在人际相处中不伤和气,也说"混个脸儿圆"。如"你爸老实巴交,在柜上不求发达,就混个圆脸儿,有点儿人缘儿。"

混个脸儿熟 认识了一些人。如"这么些日子,没谈成买卖,只混个脸儿熟。"

混鳎玛 混事由儿 对工作的贬损的说法,常是心气儿不高的说辞,有时也是自谦。如"您问我怎么样?咳,混鳎玛呗!养家糊口。"

混儿混儿 地痞流氓,旧时在街市上形成黑社会帮派。旧时的天津,杂八地是个出混儿混儿的地方。

黄了 买卖倒闭关张了,事情办不成了。如"闹这一通,多少买卖都黄了。""眼看着介事儿都快办成了,来了个棱子插了一杠子,又黄了!"

黄花闺女和老娘儿们儿 未婚的姑娘是黄花闺女,喻其娇美无瑕;已婚的妇女则被称为老娘儿们儿。一般婚娶都在意女子的处女身,一定要娶个"黄花闺女"。而日常言语间为了强调妇女已婚,则常将其说成"大老娘儿们儿";底层市民对自己的媳妇称"我娘儿们儿"。此称谓较为粗俗,但并没有性别歧视,丈夫与成年男子均称为"爷们儿""老爷们儿""大老爷们儿"。

皇上不急急太监 流行于京津地区的俗语。主家或当事人不急,旁人倒挺着急。

话到嘴边儿留半句 想说、要说又没说,有所保留与顾忌。如"这是今天您说起来了,那天我话到嘴边儿留半句,没好意思提这件事儿。"

猴儿吃麻花儿——满拧 歇后语。如"闹了半天,咱是猴儿吃麻花儿——""满拧!"

猴儿精进冰窖——满凉 歇后语。如"我一听他话里话外,猴儿精进冰窖——""介怎么说的,满凉!"精,说成"井",jǐng。

河边儿娶媳妇儿——给王八取乐儿 旧时遭人嘲笑而恼羞成怒的人常说的一句骂人的歇后语。

河里没鱼市上见 有些事或物,看似稀少,但到该事物集中的地方,并不少。如"老刘得了个蹊跷病,到医院才知道,得这病的好些了,河里没鱼市上见。"

J

介(jiè) 这。是天津人的典型口语发音。如"介不赶紧去嘛,您了别急。"只要是这个发音,本书中"这"多写为"介"。"这"还有另一个发音(zèi,"贼"的四声),如"这个人真不觉闷。"

介似 这是。似,意为是。如"这是谁"说成"介似谁"。天津人说三字连词时还经常省去中间字,如侯宝林相声中学说的,天津人把"这是谁?这是我!干甚么?撒泡尿!"说成"介谁?似我!干嘛?尿尿!"

介恁么说的 很意外，没想到，说什么好呢。"介恁么说的，竟有这样的事。"

介份儿 到这种程度了。如"话都说到介份儿了，你怎么还不明白呢？""份儿"，还意为"派儿"、派头儿。如"人家那份儿，一看就不一般。"

接（jiē） 这是个特殊的字，却是"隔"的意思。如"接辈人"是隔辈人；"接年儿双（suàng）子"是隔年即两年内出生的兄弟姐妹；而"街（接）并儿"则是隔壁的意思，吾意写为"街并儿"似更贴近词义。

街并儿（街，发"介"，jiè；并，发"饼"，bǐng） 隔壁，近邻。似来源于北京，有些天津人也这么说。

接着门缝儿看人 隔着门缝儿看人，看不起人之意。如"这人，就是眼皮子薄，接着门缝儿看人，把人都看扁了！"

揭过去 不计前嫌，不再计较，过去的事不再纠缠。如"算了吧，谁跟谁呀！揭过去吧，别掰疵了，你们想想，世上还有谁？"

节下 节日。如"大节下的，咱不说那不痛快的事儿，好不好？"

结了 完了，结束了，了结了。如"太好了，痛痛快快儿，这不就结了嘛！"

解手儿 解溲儿（解，jié；溲，sǒu） 排泄大小便。溲，为屎尿之意；而"解"，东汉王充有句云"人中于寒，饮药行解"，意为吃药排便，可见解溲儿虽为日常口语，却由来已久。解手儿与解溲儿同义。日常则有解大手儿、解小手儿之别。

姐姐 姐姐这个称谓，在天津有不同于任何地方的特色，对除了老年妇女之外的中年以下的女士，任何年龄段的人都称其为"姐姐"。一位大爷会高门大嗓称呼一位年轻姑娘为姐姐："姐姐！请问这趟车去小白楼吗？""去，去。您慢点儿。"那姑娘并不为怪。

借光 请让个路。如"我得过去，借光借光。"意思是沾您的光了。

撅（juē 或 juě） 把东西掰断，一声。如"把这根木棍儿撅了"。另意为决绝地拒绝，三声。如"这个大窝脖儿，愣让他给撅回来了。"

家鞑子 一家人。鞑子，是旧时汉族人对北方少数民族的统称。随着民族交融，渐渐有了将一家人称为"家鞑子"的说法。

家门口子 近邻，老街旧邻；还常说成"一胡同儿的""一个大院儿的""同院儿的"等。北京人说"jie bie"，发"街瘪儿"音。

家走 家去 回家去。"家去"还常用于邀请他人到家里去。如"咱家走吧。""您了别客气，家去吧，难得见回面儿坐坐。"

家雀儿（雀，发"巧"，qiǎo） 麻雀，也称"老家贼"。黄雀，也同音，称"黄雀儿"。

夹板气儿 两头儿受气。如"介婆媳俩儿都不是省油的灯，弄得他在中间受夹板气儿,按下葫芦起了瓢,哪头儿也不落好儿,介滋味儿不好受。"

假门假事(事,发"四",sì) 虚假的样子。如"你甭假门假事的,谁还不知道谁!"

假装风魔 假门假事,如同演戏。如"假装风魔像很关心赛的,其实满不是那么回事儿!这人净玩儿虚的。"

架棱 架架棱棱 干事、干活儿姿态僵硬,不熟练。如"让你干这么点儿事儿,你架架棱棱,有完没完?说你嘛好呢!"

架眼儿 货架。如"商店的架眼儿上摆得满满登登。"

觉闷(觉,发"交",jiāo 或 jiǎo) 有自知,能自觉。常以生硬口气用在尴尬场合。如"那么大个子,觉闷吗?"而说人"不觉闷",那就快吵起来了。

觉着(觉,发"交",jiāo) 觉得。如"介事儿我觉着有点儿不合适。"

觉知(觉,发"交",jiāo) 感觉到了,知道。如"昨天净忙了,没觉知您半截搂儿走了,招待不周,真太不合适了。"

胶皮 三轮儿 早年市区两个轮儿的、三个轮儿的人力车。以此拉客为生的被称为拉胶皮的,蹬三轮儿的。天津人叫车时直呼:"胶皮!""三轮儿!"

嚼情(情,发"清",qīng) **穷嚼臭捯 能嚼善辩** 字典写为"矫情",争吵、争论。在天津方言中,争吵起来称为"犯嚼情"。如"何必呢,芝麻大点儿事儿就犯嚼情!"为什么笔者执意钟情用"嚼"字呢?因为天津口语中还有"穷嚼臭捯""能嚼善辩"等词语,嚼,很形象地表现了嘴的动作。

搅乎 搅皮赖 搅乎,是搅拌的动作。如"你搅乎搅乎饺子馅儿";而搅乎用来说人的处事,就是捣乱或说话首鼠两端之意了。如"你就别搅乎了,这就够乱的了。""刚说的话你就不认账,搅乎!胡搅!"这样的人被称为"搅乎头"。而搅皮赖,经常用于游戏时,指不遵守规则,玩儿赖的行为,动词。有这样行为的人也被称为"搅皮赖",名词。

搅家不贤 常用来指斥人无贤德,搅乎得家里有好日子没好过。旧时,多用来指斥妇女不贤惠生是非,贤惠被认为是妇女最重要的美德。

叫板 京剧演员在台上的叫板,预示着一段开唱。生活中的叫板也预示着一番争斗,是为比试实力、技艺高下发出的挑战;利益相关方的最后通牒。如"人家都叫板了,你不应也得应啊,赶紧想辙吧。"

较真儿 较真渣儿 不妥协、不罢休,认真到底。如"他一较真渣儿,对方也就没法打马虎眼了。""刘师傅对产品质量一直特别较真儿。"

较劲 不松懈,不退缩,尽力僵持比力。如"这俩人较上劲了,其实他们本来师出同门。"

脚豆儿 脚趾头。

简直走 一直走。如"您简直走,就到百公司了。"简直,除了表示程度、完全如此之意,如"简直没治了";在天津话中还有表示方向"一直"之意。

犟嘴 跟长辈顶嘴。如"再犟嘴? 大嘴巴子抽你!"这家大人脾气够暴。

贱骨肉儿 贱骨头,也有说成"降骨肉儿"的。如"现在这老人都是贱骨肉儿,当年给国家打工,现在给儿女打工,鼻登罐儿往下流!"

捡漏儿 捡了个便宜,古玩行的行话。如"卖主不懂行,买主捡了个漏儿。"

汣 汣乎(汣,发"酒",jiǔ) 加,兑。如"稀饭太糨了,汣点儿水吧。"

就地(就,发"酒",jiǔ) 地面。如"天儿太热,我在就地搭铺睡吧。"

就乎(就,jiù) 凑乎,将就。如"我一个劲儿就乎你,你也别随歪就歪呀。"

就热儿 趁着热乎。如"赶紧把这碗汤就热儿喝了吧,大冷天儿的。"

禁齇(齇,zǎn) 脏了不容易看出来。如"这块布禁齇"。

今儿个 昨儿 后儿 今天,昨天,后天。

筋道儿 形容食物有韧性有嚼头儿,如"牛窝骨筋儿特别筋道儿,有人就爱吃这一口儿。当年就是刘明告诉我,昆明路有个亭子卖牛窝骨。"

劲儿劲儿的 正带劲,正得意,如"这小卖部你干的劲儿劲儿的,怎么转让不干了?"另意为有意见而且此情绪已在行为举止中明确表露,如"也不知怎么得罪他了,一看见我就劲儿劲儿的。"

叽叽缩缩 胆怯畏缩的样子,如"瞧你那叽叽缩缩的样儿! 她是你媳妇儿! 还能吃了你!"另意为吝啬小气,如"你别叽叽缩缩的,就不能大方点儿?"

鸡子儿 鸡蛋。炒鸡蛋叫"炒鸡子儿"。鸭蛋则叫鸭子儿。

鸡吵鹅斗 带贬义地形容为琐事争吵不休。如"这家人整天鸡吵鹅斗!"

叽里咕噜 形容奔忙状,如"咳,成天忙得叽里咕噜不拾闲儿。"或模拟饥饿肠鸣,"饿得肚子叽里咕噜直叫唤!"

急呲呼啦 特别急的样子。如"他急呲呼啦跑来送信儿。"

急呲白脸 恼怒,气急败坏。如"值当地吗? 干嘛急呲白脸的!"

急皮怪脸 急了、恼了的样子。如"这人脾气真不好,老是急皮怪脸。"

急急歪歪 急恼或急急忙忙。如"你别一说话就急急歪歪的好不好。""他急急歪歪地就来了,无事不登三宝殿。"

挤了 挤兑(了,liao;兑,dui) 逼,可用于一般人际,如"你要这么说,就有点儿挤了我了,我也是没办法。"也可以指程度严重的变本加厉地排挤欺负,如"这人就是一霸,还放高利贷,多少人让他挤了的没道儿了。"如果说出了"挤了哑巴说话",那就挤了得相当厉害了。被挤了的蹦出"兔子急了还咬人呐!"那也是无奈之语。

挤挤擦擦　拥挤，东西扎堆儿空间狭窄。如"这屋里太满登了，挤挤擦擦。"

挤罗罗垛　本是一种童戏，小孩儿在墙角一起挤着玩儿，在日常用语中被用来形容拥挤。如"好么，娘娘宫看会的人远了去了，挤罗罗垛了。"

剂子　把合好的面揪成小面团儿，就是"剂子"，用以擀成饺子皮儿。

浆子　"浆"发一声，浆子为豆浆；"浆"发四声，浆子为浆糊，"浆"同"糨"。

净意（净，jìng）　特意，经意。如"他净意给你留了台阶，你却不觉知，一点儿不领情。"

接风　打牌用语，指接过上家的出牌权。

接下茬儿　搭下茬儿　在别人说话时顺着话茬儿接着说。如"老师在课堂讲课，学生不能接下茬儿。""对方刚说了两句，六子就搭下茬儿了，不含糊。"

卷铺盖　被辞退或辞职。如"你再耍乎，趁早卷铺盖走人！"

卷边　形容东西或人不成样子了。如"人经不起折腾，几天不见都卷了边了。"

见好儿就收　适可而止，该收手时收手。如"这事我看也就介意思了，见好儿就收吧。"

绝户头　喻指人办事为人不留余地，一点儿人情也不讲。说人绝户头，带有诅咒的意思，因为没有子嗣被称为"绝户"。

旧的不去新的不来　此语反映了天津人想得开的生活理念，近于近年流行的"断舍离"的新理念，主张人对物质应采取更为豁达的态度。这与节俭应是相辅相成的两端。

借我俩胆儿　惹不起的意思。如"我可不敢惹她，借我俩胆儿！"

K

咔呲（咔，kā；呲，ci）　有多意，一意为煮熟，煮烂。如"快过年了，咔呲点儿腊豆儿，再咔呲点儿豆馅儿。"一意为刮削去皮儿或去污渍。如"咔呲俩土豆儿。""把泥嘎巴咔呲下去。"另一意为占便宜或从经济上挤了人。如"他就够呛了，你就别再咔呲他了。"再一意为数落、挖苦。如"大伙儿对他这一通咔呲！"

夸呲（夸，kuā；呲，ci）　刮削。如"夸呲俩土豆儿。"

扖（kuǎi）　有两意，一意为挠。如"特别痒痒，你给我扖扖。"另一意为舀。如"上水缸扖点儿水。""扖点儿米，焖点儿干饭。"

剋（kēi）　有两意。一为用手指抠挖，如"这点儿嘎巴，你给剋下来。"另意为严厉的训斥，如"头儿把他狠狠剋了一顿！"

阔 阔死 阔,除了指有钱,在天津口语还有"好""特别棒"之意。如"介孩子介小脑瓜儿,太阔了! 倍儿灵。""你问我介事儿办得怎么样? 太阔了! 没挑儿了,阔死!"特别特别好,才说成"阔死"。

空儿(空,发"阔",kuò) 时间,空闲的时间。如"得空儿""有空儿","得空儿您去串个门儿。""有空儿您给帮个忙。"

砍 拽 跟 擂 削 搋 砍,除了用刀斧用力劈削,在天津话中还有用力扔的意思。如在球类活动中,用力把球扔出去就说成"把球砍出去";还可说成拽(zuāi),拽的一声是扔,另意是丢弃,"把东西拽了";而拽的四声则是拉,"把他拽回来"。而在足球活动中把球用力踢出去,则说成跟(liāng)或擂(lēi)"大脚儿跟"或"大脚儿擂出去"。故意用力往人身上踢,则说成削;而恶意以物掷击或直接击打他人,则是搋,"大砖头子就搋过来了"。

看哈哈儿 袖手旁观而不提供帮助,如"你别光在那儿看哈哈儿,快搭把手儿啊。"另意为行止境况遭人嘲笑,如"你可得争气,别让那帮人看哈哈儿!"天津人喜欢找乐儿,遇到可笑的人和事,也会在一旁"看哈哈儿"。

开言痛语 直说,没避讳地直接说。如"咱开言痛语,甭吭哧瘪肚的。"

开了 被开除、解聘了。另意为打破头。

开锅 沸腾。不仅用于蒸煮食物时,还常用于形容一个场景的状态:人声鼎沸,杂乱拥挤。如"刚一宣布这项新规定,全厂就像开了锅。"

开路一马斯 原为日语,意为走,回去。近代在天津市民对话中常被使用,如"完事儿了吗? 我开路一马斯了。"

坎儿 槛儿 坎儿是高出地面的突起;槛儿是门槛。坎儿常用来比喻不顺利,障碍,让人过不去的难处。如"能否过去这个坎儿,看他的韧性和运气了。"

吭哧瘪肚 吃力或语塞的样子。如"他吭哧瘪肚了半天,还是没弄好(或还是没说出一句话)。"单说"吭哧"为同义。

可惜了儿的(可,发"科",kē;了,liǎo,重音) 非常可惜。如"好好儿的东西糟践了,真可惜了儿的!"

裉节儿 节骨眼儿,紧要关节。如"这人,越到裉节儿,越掉链子!"

抠门儿 抠琐 吝啬,不大方。如"你还是得帮他一把,别那么抠门儿。""咱办事儿别抠抠琐琐的,让人瞧不起,总得拿得出手喊。"

抠儿 穷抠儿 节俭过度,什么都舍不得。如"你也太穷抠儿了,真想不开!"

扣儿 绳子结儿,如"系了个扣儿",活扣儿或死扣儿。心里有解不开的情结,或与人有过节儿、恩怨,也是"扣儿"。用计设局,是"设扣儿"。

扛着 扛刀 扛着,坚持着。如"出事快一年了,没辙,扛着呗。"扛刀则为挨饿之意。近闻李亮节先生考据,说此语来自《三国》故事。关公应鲁肃之邀赴宴,周仓扛着关公的青龙偃月刀在一边站着,有人问周仓:"你吃饭了没有?"周仓说:"吃饭? 没看我扛刀呢吗!"自此戏称挨饿为"扛刀"。

卡巴裆 人的两大腿根儿之间。如"霍元甲朝外国大力士卡巴裆踢去,其实是个晃招儿,上手出拳给他来了个满脸花。"

侉 侉不流丢 对外乡人的口音或日常衣饰色彩的不协调的带蔑视的用语。

嗑瓜子儿嗑出个臭虫来——嘛人儿都有 歇后语。"人"谐音"仁"。如"您说这世上真是嗑瓜子儿嗑出个臭虫来,""就是,嘛人儿都有。"

L

尥(发"料",liào) 特别淘气,一般说男孩儿"真够尥的"。

尥蹶子 本是指骡马用后腿儿向后踢,常用来形容人一下子发脾气,一下子发作。如"介不惹他了嘛,尥蹶子了,翻疵了。"

料 货 均为对人的蔑称。"料",对不成器的人的蔑称,如"这块料,烂泥扶不上墙!""货",对不成器特别是不正经的人的蔑称,如"介货""破烂儿货",或直接称之为"货!"

撂地砸坑儿 意为说话算数。如"咱撂地砸坑儿,谁也别拉抽屉。"

撂旱地儿 被撂在一个尴尬处境难以摆脱。如"哪有你介样儿的! 整个儿把我撂旱地儿上了。"

撂筷儿 吃饭时放下了筷子,表示吃完了。如"您别撂筷儿呀,还上菜呐。"

撂下远的说近的 说眼前的。如"撂下远的说近的,甭扯那陈芝麻烂谷子。"

拉一把儿 帮助,助一臂之力。如"关键时刻,就得拉一把儿,要不怎么叫哥们弟兄呢!"

拉抽屉 态度来回变化。如"咱签了字据,就再不能拉抽屉了。"

拉家带口 形容挑家过日子的当家人背负着家庭负担。如"上有老,下有小,拉家带口容易吗?"

邋喝(邋,发"喇",lǎ) 邋,有"落"遗漏之意;邋喝,粗心,丢三落四之意。如"介孩子也太邋喝了,语文书、数学书满没带,上学校干嘛去了!"

腊豆儿 一种寒冬腊月的方便菜品,一般做一大锅或一大盆。以肉皮为主,切丁煮至八分熟,汤已黏稠;加入切丁的香干儿、土豆、胡萝卜和泡好的青豆、黄豆,也可加少许碎辣椒,在稠汤中煮熟。冷冻后切块儿食用。

腊七腊八 冻死俩仨 民谚。农历腊月初七、初八前后是一年最冷的时候,旧时,在这最冷的时候,常有无家可归的人冻毙于街头,故有此谚。

狼嗑(嗑,发"磕",kē) 吃东西狼吞虎咽。如"你慢慢儿吃,别那么狼嗑行不行? 小心噎着。"

两说着 另说着,从另外的角度看。如"介事儿得两说着,单巴掌拍不响!"

楞 楞大头(楞,lēng) 楞,用棍棒用力打击。楞大头,敲竹杠之意。如"介不明摆着楞大头嘛!"大头,吃亏的人,如"行行行,别说了,今天这钱我出了,我就去这个大头了。"

棱 棱子(棱,léng;子,zi) 棱,说话不管不顾;棱子,说话没遮拦不计后果的人。如"你别跟他计较,他说话有点儿棱,是个棱子。"

愣不怔(怔,zēng) **冷古丁** 突然地。如"他愣不怔,吓人一跳。"

遛哒遛哒 散步,遛弯儿。如"我上马路遛哒遛哒。"

遛遛哒哒 慢慢儿走。如"这位爷遛遛哒哒就晃悠来了。"

溜打滑蹭 形容不正派人的作为和手段。如"这人,不正道儿,整天溜打滑蹭算计人,您可留点儿神,少搭理他!"

溜乎 溜须拍马,说好话。如"你甭溜乎,该怎么着就怎么着,咱公事公办。"

留步 客气话,送客时客人常请主人不要送了,"请您留步。"

劳驾 天津人最常用的请人协助的客气话,意思是劳您大驾。如"劳驾! 您搭把手儿。""劳驾! 借光!"

唠嗑 闲说话。如"罗老婶经常来和二奶奶唠嗑,一唠就快到晌午了。"

老 排行最小。如"老姨""老伯""老闺女""老小儿""老疙瘩"等。

老门老户 久居本地的人家。如"这是个老门老户人家,'忠厚传家久,诗书继世长。'"

老的儿("的儿"要连读) 家中的长辈。"对老的儿,他们健在的时候要全力尽心,可天天忙忙叨叨,谁又能说做到了? 世上的儿女总是在后悔,子欲养而亲不待,到时候就没处去孝顺了。"

老派儿 秉持传统理念与作派。如"王二爷是个老派儿人,看不上你们这一出又一出。"

老爷子 老婆子 老爷子是对上年纪老头儿的尊称,如"老爷子您高寿?"而"老婆子"除了老头儿称呼自己的老伴儿之外,就不中听了,如果再加个"穷"字,"穷老婆子"就更不中听了,可能也并非是说她穷。

老亲 新亲 老亲是多年的亲戚;新亲是因通婚结为亲家而成为亲戚。亲家的"亲",读 qìng。

老坦儿 没见过世面的人。如"你可真老坦儿,介都没见过!"源于对外乡人对农村人的歧视称呼。坦,本字是"呔",tǎi;说话带外乡口音之意。

老鼻子了　海了去了　形容很多。如"节下的娘娘宫,人海了去了!"

老谣　爱说瞎话儿的人。如"别听他的,他就是个老谣!"另意为瞎掰,没用的话。如"别的都是老谣,把身体弄得硬硬朗朗的才是真格的。"

老头儿钻被窝儿　喻指仰面滑倒在地。透露着幽默感。

老模逼失眼　形容老态。如"一过七十,老模逼失眼,精力大不如前了。"

落胚（落,lào;胚,pěi）　落魄,潦倒了。如"他本是个少爷羔子,如今落胚了,受洋罪了。"

落包涵　落了不是,受埋怨。如"咱本是好心,帮他一通忙乎吧,倒落包涵了,管闲事儿落包涵!"

落好儿　赢得好感和感谢。如"这事儿他帮了个大忙,可算落好儿了。"

落忍　心里过得去;而过不去就是不落忍了。如"老麻烦您啦,真不落忍。"落忍,也常有指责之意,如"他就够呛了,你还咔呲他,还真落忍!"

落桌　过去人家办红白事儿总要在家中开桌待客,喜宴大多也在家中办。专门请来掌勺的师傅要提前一天到,根据与主家商定的菜单,将食材提前备好,切、蒸、煮、炸,进行前期加工,称之为"落桌"。

落座　请坐。如"大家都落座吧,没外人,用不着客气。"

落倒帮子　不新鲜的菜帮子,而落魄之人常被喻为"落倒帮子"。

徕（lǎi）　用力拉,拽。如"终于把他徕过来了。"

来劲　较劲儿,变本加厉。如"我不搭厮他就算了,他倒来劲了。"也可加儿化音,口气似缓和些。如"越劝你越来劲儿,别耍小性儿啦。"

连轴儿转　黑夜白天连续不停。如"客户急着要,只好连轴儿转,给赶落出这批活儿。"

累巴巴　意指辛苦劳累,常被用于感叹或表白。如"你爸爸几十年累巴巴拉扯你们容易吗!你们可得好好孝顺他。""我介一天拼死拼活累巴巴!就挣这么一壶醋钱!"

累心　操心以致疲惫。如"您说介年头儿养活个孩子容易吗?太累心!"

敛巴　收集,聚拢,拿回。如"你哪儿敛巴这么个破玩意儿!""要下雨了,你赶紧把晾的衣裳都敛巴回来。""把这些敛巴一堆儿。"

脸子　扛脸子　脸子,不友好的脸色。如"她成天甩脸子,您说给谁看呢!"扛脸子,承受着、不得不看那不友好的脸色,如"身在屋檐下,怎能不低头?没辙!只好成天扛脸子!"

脸儿涩（涩,sēi）　不讲人情,不通融,冷脸。如"这位脸儿太涩,你说出大天也没用。"

脸儿不挂　失颜面,尴尬。如"你那么一揭老底儿,他脸儿都不挂了。"有时也说成"脸儿挂不住了。"

脸儿一抹(抹,mā)　突然绷脸儿不顾情面。如"这人,他脸儿一抹六亲不认,就认钱了！"

虑拎　计划、掂巴与思考。如"过日子不虑拎行吗? 人无远虑,必有近忧！"

咧咧(咧,liē)　对他人说的话不同意而且藐视的贬词。如"瞎咧咧""胡咧咧""你甭在这儿咧咧！""你咧咧嘛?"

咧咕(咧,liě)　走形,走样儿了。如"瞧瞧,都咧咕了,成嘛样儿了。"

冽(liè)　不是正眼地不满地使劲拿眼看,有时看后还有一个闭眼略摆头动作。在生活中很常见。如"你最好加点儿小心,没看吗? 主任老冽你！"疑为"睐"的变音,睐的本意就是不正眼看,但"冽"却是青睐的反义,那眼神很有些"凛冽"。

例儿　约定俗成的习俗、禁忌。如"可有例儿呵,大年初一不许扫地。"

哩钩拉钩　故意搭讪引起话题。如"昨儿,我哩钩拉钩跟他提了那件事儿。"

哩哩啦啦　形容不利索。如"你怎么干嘛都哩哩啦啦,没个利索劲儿呐。"

离叽(叽,ji)　形容人精神恍惚或走形的样子,常说成叠词"离离叽叽";如"瞧那离离叽叽的样儿,受了病赛的！"也用来形容东西走形。如"介椅子都离叽了,别坐了,小心别摔着人。"

离嘻　开玩笑,取笑,或者态度、说话不严肃。如"咱说正经事儿,你别老离嘻行不行?""他? 我们多少年了,见面儿就离嘻。"

离了歪斜　不正,歪斜。如"你上点儿心行吗? 瞧你这条线画的,离了歪斜。"也常用来形容人醉酒时走路晃晃当当的样子。"离了歪斜就出了酒馆儿。"

篱笆登　以篱笆糊泥做墙的简陋房子,当年就是穷苦人家的住房。如"刘二拉胶皮,全家老小住在臭坑胡同的一个篱笆登。"

礼从外来　客气话,意思是礼数颠倒了。如"您这是礼从外来了！让我们更不好意思了。"

礼多人不怪　处事周到些好,礼数周到不落话柄。如"去趟吧,礼多人不怪。"

力巴儿　生手儿,伙计,次要角色,都可以称为"力巴儿"。源于英语,laborer。如"你是个力巴儿,先在边儿上好好儿看师傅怎么干。""我就是个力巴儿,全听您的。"

䁖悉　䁖䁖(䁖,lōu)　看看。如"你那天在沈阳道买的那个鱼盘儿,让我䁖悉䁖悉行吗?""这件儿东西您看值吗? 您给䁖䁖,掌个眼。"

搂草打兔子 碰运气,意近有枣没枣打三杆子。如"今儿个咱是搂草打兔子,搂着就算咱赶上了。"

娄 娄兜(娄,lóu) 瓜熟过劲儿了,坏了,"娄了"。东西坏了、糟烂了,也可以说"娄了""娄兜了"。

露怯(怯,qiè) 露出没水平、没见识,甚至露丑。如"您还让我介绍经验?打住吧! 那么多能人在那坐着,我一张嘴儿就该露怯了!"

卤 衣物潮湿或环境潮闷难耐。如"介三伏天儿难熬,哪儿哪儿都卤得要命。"疑为"溽,rù"的变音,如"溽暑"。

路子(子,zi,常说成"扎") 门径、关系、关系网。如"唉,介年头儿办点儿嘛事儿都得烦人托窍,没路子不行。"

乱营 炸窝 喻指人群(最初很可能是军人的队列)乱了,突然骚动了。如"他扔下这么一句话,院子里一下子炸窝了、乱营了!"乱营,也用来形容东西乱了,如"好么,这么一瞎倒腾,屋里全乱营了。"

乱套 全乱了。如"这下子,全乱套了! 不可收拾。"

领情 知情不过儿 心领了 都是把对方的好意记在心里,心怀感激的寒暄之语。"心领了"常作为婉拒礼物时的寒暄之语,如"我心领了,谢谢,这些我万万不能收,您千万别过意。"

零叼 不正儿八经吃东西,左一口右一口。如"介孩子总这么零叼,不好好吃饭,瘦得跟猴登赛的。"

乐得儿 正乐意,正中下怀。如"这活儿你不找他干,他乐得儿躲得远远地。""你不让她倒班来盯几天,人家乐得儿落个清闲。有嘛不好意思的。"

乐呵乐呵 快乐,高兴。如"嘛钱不钱的,乐呵乐呵得了!"

乐乐呵呵 高高兴兴的样子。如"你看人家,一天到晚总那么乐乐呵呵。"

拢子 梳子。如"用拢子梳完头,她显得比刚才利索、精神多了。"

罗罗缸 事情麻烦难办,错综复杂。如"介不罗罗缸吗! 脑袋都大了!"

罗圈儿架 吵架吵得引起许多人参与,吵得乱成一团。如"不值当的事儿。最后成了罗圈儿架,真是有好日子没好过!"

罗圈腿儿 形容人腿骨不直,腿中间外撇。

罗合 用办法算计以谋取他人利益。如"别说了,你这不明摆着罗合人吗!"

勒尚豪斯 旧时仓廒街东口儿,面临东马路有个牌坊,上横书"乐善好施"四个字,那时的老天津人说成"勒尚豪斯"。笔者幼时家大人从河北路姥姥家雇三轮儿回城里,就这么说——"您去哪儿?""勒尚豪斯!"

萝卜快了不洗泥 喻指只求速度而忽视质量的俚语。如"他喊次咔擦倒是挺利索,可就是萝卜快了不洗泥!别人还得二来来。"

老要张狂少要稳　老辈儿人的处事经验之谈。人老了,本就暮气,应适度振作张狂一些;青春年少,本就毛躁,要尽量稳重一些。

姥姥不疼舅舅不爱　不受人待见。如"唉,我这刚被免了职,马上就没人搭厮,姥姥不疼舅舅不爱了!"

老天饿不死瞎家雀儿　俗语,天无绝人之路的意思。面临困境,小小的家雀儿尚且如此,何况人呢。瞎家雀儿,麻雀跳来飞去觅食的样子,也可以理解为含有勤快的寓意。

驴粪球儿外面儿光　表面风光。如"他就是驴粪球儿外面儿光!看穿得人模狗样儿的,家里跟破窑赛的。"

锣鼓听声儿　听话听音儿　俗语中的处世之道。与人相处,要能听出或理解人家的真实想法和意图,才能恰当地应对。这个俗语还有"打雷听声儿听话听音儿""看人看心听话听音"等多种版本的说法。

M

嘛　什么。是天津口音的典型用字。如果二声,表示疑问,如"嘛?您说嘛?"如果四声,有时用于疑问,如"嘛?""您啦说嘛?""嘛玩儿?"更用于否定句式,如"介叫嘛玩意儿啊!""嘛呀",甚至连用"嘛嘛嘛!"

嘛嘛　"嘛"的叠音,则为"很多、许多,各方面、凡事"等意。如"嘛嘛都得操心""嘛嘛都参乎""嘛嘛都拿不起来""嘛嘛都有他"等。

麻爪儿　形容束手无策。如"这回可真麻爪儿了,没辙了。"

麻花儿　天津小吃。

马前三刀儿　为讨好而尽力表现。如"这小子马前三刀儿,就会来这套!"

码儿密　偷着藏起来了,侵吞了。如"动荡年月,好多东西都让他码儿密了。"或指背人的事。如"就他那点儿码儿密,还以为谁都不知道赛的。"

闷得儿密　意同"码儿密"。

抹不下脸儿(抹,mā)　不好意思。如"你让我跟他说这事儿,我真抹不下脸儿来。"

抹痕头(痕,hen)　认头装傻。如"这事明镜儿赛的,我就装抹痕头得了。"

藐(miǎo)　以自己的所有或能力向别人显示,显摆。常说成"藐人"。如"你就拿这个来藐我?就这个值当的藐人吗?"

闷哧(闷,mēn;哧,chi)　人不爱出声。

闷儿　老闷儿　旧时妇女哄年幼的孩子,用手遮住脸或躲闪开,再突然把手拿开出现在孩子眼前,嘴里发出"闷儿"的一声,逗得孩子咯咯笑;俗称"藏老闷儿""躲老闷儿"。而待孩子略长大了,"老闷儿"却成了大人吓唬不听话孩子的怪兽之类:"听说呵,不听说,老闷儿可来了呵。"

门儿了　懵了　一下子脑子乱了,呆了。如"一见这阵势,我真门儿了、懵了、整个儿傻眼了。"

门儿清　特别清楚特别了解。如"您去问他吧,他门儿清!"

面矮(矮,发"乃",nǎi)　喻指脸皮儿薄,不好意思。如"这也就是他,顽皮赖脸真把事儿办了,换个面矮的,张不开这个嘴。"

面儿　栽面儿　有面儿　没面儿　面儿,脸面,面子或情面。如"二爷在左近这一带特别有面儿",意为二爷在这一带是个有脸面的人。"这回可栽面了",意为这回可丢了面子了。"有面儿没面儿",意为讲不讲情面、给不给面子。

模乎(模,多音字,此处发"母",mǔ)　模糊的记忆。如"这事儿,我还有点儿模乎,您一说我就想起来了。"

摸　摸黑儿　摸不着(摸,发"猫",māo,不发 mō 音)　摸黑儿,在黑暗中。如"他们摸黑儿去逮蛐蛐"。摸不着,摸不到,或轮不上、得不到。如"这些你就摸不着了,甭惦着了。"

摸索(māo suō,不发 mō suō 音)　不利索,做事慢慢腾腾,不同于探寻之意的"摸索"。如"干事儿太摸索,摸摸索索急死人!"

毛儿嫩(嫩,lèn)　幼稚,没经验。如"你太毛儿嫩啦,哪斗得过他那个老油条。"

毛躁　心浮,不细心。如"这孩子特别毛躁,你得多嘱咐嘱咐。"

毛　差不多,接近,多用于表示数量。如"毛二斤多""毛十五六了,不小了"。

猫耳朵　龙拿珠　疙瘩汤　"猫耳朵",喻指馄饨。馄饨或面疙瘩,再下面条一并煮熟,汤汤水水,热热乎乎,谓"龙拿珠"。仅有面疙瘩的汤水,是"疙瘩汤"。疙,发"夏"音,ga 一声。以上稀食均可添加菜叶儿。

猫儿蹭心　心里像有个小猫瞎扑腾,沉不下心来。如"你别跟猫儿蹭心赛的,遇事儿必须得沉稳,能降得住!"

猫有猫道　狗有狗道　天下万物各有各的道行、谋生之路的意思。但含有一定贬义。天津旧时养猫人家,木房门下部常有一方洞,冬天装一小棉帘儿,供猫出入,俗称"猫道"。

帽翅儿　本为古代宋、明时官帽上左右支出的部件,后以此代指为官职之意。说"混了个帽翅儿",是说有了官职。帽翅儿还是清末民初时男人所带帽子的天津称谓,北京称帽盔儿,也称瓜皮帽。

满登　满满登登　满登,拥挤没有空间。如"老少三代住这么个篱笆登房子,屋里太满登了,进门儿就上炕。"满满登登还有装满之意。如"这一盒祥德斋的小八件儿,满满登登。"

满世　到处,满世界。如"这点儿事,你就甭满世喝登了。"

满嘴食火　满嘴跑火车　都是夸张地形容说话不挨边儿,不靠谱。如"又来了,你满嘴食火,趁早哪凉快哪待着去!""这小子满嘴跑火车,谁搭厮他呀!"

满耽误　满完　都耽误了;全完了。如"就他这不着调,柜上的事一点儿都不带上心的,多好的买卖,满耽误! 满完!"

没说的　不用说,形容关系很近。如"我们哥俩儿没说的!"。

没正形　没个正经样子,不守规矩。如"介倒霉孩子,一天到晚没正形!"

没溜儿　没正经,没规矩。如"你怎么没溜儿呐,有点正文儿行不行?"

没边儿　不着边际,不沾边儿。如"他这个人说话没边儿,别信他的。"

没谱儿　没把握。如"这事儿我有点儿谱,那事儿可没谱儿。"

没跑儿　错不了,有把握。如"介事儿,十拿九稳,没跑儿!"

没外卖　没有外人。如"今天在座的没外卖,咱都有嘛说嘛。"

没辙(辙,"责",zé)　没办法。如"这回是真没辙了。"

没眼力界儿　没眼眉　没眼色,不会察颜观色。如"我们这宝贝儿,就是没眼力界儿,哪壶不开提哪壶。"

没治了　没比　没挑儿　都是太好了,没法再好了之意。没治了,是没法儿再好了;没比,是无可比拟;没挑儿,是挑不出毛病。形容特别好,还常说"盖了帽儿了"。兴奋之时,可能一股脑儿全用上:"好么! 没治了! 没比! 没挑儿! 说真格的,简直盖了帽儿了!"

没戏　没希望、没可能了。如"人家都说介话了,没戏了。"

没心没肺　凡事不往心里去,不爱走脑子。如"我那口子没心没肺,说话不防头,您别跟他一般见识。"

没大没小　小辈儿对长辈造次,没规矩。如"跟老师说话可不能没大没小。"

没抓没挠　心里没底,没个抓靠,没把握。如"听你这一说,我心里没抓没挠的,介可怎么办呢?"

没好脸儿　始终没有好脸色,脸色一直很难看。如"领导一直不待见他,对他一直没好脸儿。""继父对他整天没个好脸儿。"

没皮带脸　不顾及情面劈头盖脸。如"好么,他没皮带脸一通数落。"

没好逗　逗着玩儿有点过分,常用来说孩子。如"你们俩没好逗,一会儿就该急眼了。打住!"

没病找病 无故自寻烦恼。如"好么眼儿的,介不没病找病吗!撑的!"

没羞没臊 骂人的话,指斥对方没有廉耻心,不顾脸面。

没影儿的事 除字面否定意,常有无缘无故被中伤的感叹之意。如"您说介不没影儿的事吗!咱招谁惹谁了?有咱的嘛呢!"

没心眼子 形容人实在,不会耍心眼儿。如"我那口子没心眼子,也没个眼力界儿,逮嘛往外扔嘛,净得罪人!"

没屁眼子 责骂、诅咒人办事不地道,"怎么能干这没屁眼子的事儿呢!"

没那个 否定、不同意。如"没那个!没这样儿的,得了!没这么办事儿的。"

眉眼儿高低 眼力界儿,能察言观色,一般贬义时用。如"这人,没个眉眼儿高低,哪壶不开提哪壶。"

美不够儿 长时间地处于美滋滋的状态或极度喜悦,常略带贬义。如"瞧她一天到晚满世蒽蒽,美不够儿赛的,孩子大人的事儿满不带操心的。"

没牙佬儿(没,mú) 对年老缺牙的人、经常是缺了门牙的人的戏称。对换牙期的小儿也常以此戏说。"瞧瞧,二子都成了没牙佬儿了,哈哈!"

咩了儿(咩,miē) 末了儿,最后。如"好么,去晚了。归其排到咩了儿了。""咩了儿,实在看不过眼儿了,大伙儿都发话了。"

磨咕 磨蹭 磨喝(磨,mó) 磨咕,耽搁与拖延时间;也可说成"磨蹭"。如"你们就慢慢儿磨咕(磨蹭)吧,纯粹磨洋工!"另意为纠缠不休有所求。如"你们在这儿磨咕也是白搭,没有门票就不能进来。"也可说成"磨喝"。如"这孩子成天哼哼唧唧,磨喝大人抱着。"

磨分(磨,mò;分,fen) 磨磨叽叽、没完没了、纠缠不休的意思。如"不告你办不了吗?你还在这儿磨分嘛?"

磨叽 磨蹭,慢慢腾腾。如"你磨叽嘛!还不快点儿!"

默不叽的 默不叽叽 默不丢丢 挺尴尬的。如"打上回闹了个不合适,再见面儿,老是默不叽的。""你说何必呢,一进门儿默不丢丢,不知说嘛好。"

免免臊儿 一般为表示礼金、礼物太少,拿不出手的客气话。不好意思之意。如"咳,您别寒碜我了,咱谁跟谁呀,我也就是免免臊儿。"

N

内 那。如"那件事儿"说成"内件事儿""那个"说成"内个"。"那"是个多音字,nèi,本就是它的发音之一。

那口子 与别人对话时天津人对自己丈夫或妻子的称谓，经常还要在前面加"我们"，说成"我们那口子"。旧时的天津称自己的妻子为"拙荆""贱内"的很少，"我们那口子"多见；也说成"家里的"，也可能尊称为"内掌柜的"，或干脆说"我们二他妈妈"！

您了（您，实际发"尼"，nī） 说您，要加个"了"。"您这是干什么去？"天津话得说成"尼了介斯嘎嘛喊？"

挨肩儿（挨，不发普通话的 ai 音，发 nāi，以下类同） 岁数大小差不多，一般指一个接一个的兄弟姐妹或一起长起来年龄差不多的老街旧邻。如"我们是老家门口子，一起长大，挨肩儿！"

挨个儿 排队。如"咱一个儿一个儿挨个儿来，可不许排个儿。"

挨边儿 靠谱，差不多。如"您说话我爱听，挨边儿！"

挨刀儿的（挨，nái） 妇女常说的咒语，语气加重就是"挨千刀儿的"。但此语并没有"千刀万剐"那么恐怖，因为"挨千刀儿的"虽是旧时妇女的气急之语，但也常是对身边的人，自己的丈夫的怪嗔甚至娇嗔之语。如"我们那挨千刀儿的，也不怎么那么大精神儿！"

爱谁谁（爱，老天津人发音"耐"，nài，下同） 无论是谁。如"今天谁说也不行！爱谁谁！"

爱不够儿 特别喜欢。如"姥姥对小乖乖爱不够儿！

爱小 经不起小便宜的诱惑，贪小便宜。如"教育孩子千万不能爱小，尤其是女孩儿，贪小便宜最容易上当受骗。"

爱人儿 招人喜欢。如"介孩子，真爱人儿！"

爱俏儿不穿棉 棉衣臃肿，爱俏皮的人宁肯冻着也不穿。初春时节，乍暖还寒，一些年轻人心急地脱下冬装，老人就说了："爱俏儿不穿棉，抖楞嘛！"不听老人言，吃亏在眼前。春捂秋冻。老话儿是不会错的。

耐心烦儿 忍耐着不烦，有耐心。如"搜集、注释这些方言土语，不是一日之功，还真得有点儿耐心烦儿。谁让有这个兴趣呢。"

安静靠板儿（安，nān） 形容性格平和，处事不急不躁。如"瞧人家那几个孩子就是有家教，总那么安静靠板儿的，还特别有礼貌。"

摘上了（摘，nǎn） 摘，字典释义为"搦"（nuò），持、握或挑、惹之意。但在天津话中"摘"却常为"按"、以外力加上之意。如"介不好么眼儿的嘛，介罪过儿给咱摘上了！往哪儿说理喊？"

暗气暗憋（暗，nàn） 心里有气又没法儿发作发泄出来。如"二大娘病了，自从这个小媳妇儿进了门儿，太恶了！冲着儿子老太太整天暗气暗憋！"

按下葫芦起了瓢（按，nèn） 顾此失彼之意，常用于劝架了事。吵架双方互不相让时，劝架人就说了"按下葫芦起了瓢！就你们这点儿破事儿，还有完吗？"

恁么呐（恁，něng） 怎么呢。如"介倒是恁么啦？""恁"如发四声，则为这、那之意。如"要不恁么着吧。"为这么着或那么着之意。"恁么"后面天津人还常常接上再说一个"恁么"，第二个"恁"发，nèn。如"你恁么恁么腻歪人呢？"意思是：你怎么那么让人腻歪呢？

炻（本音为 ǒu，天津人发 nǒu） 炻，为酝酿、积累。如"他们俩本来就有过节，你就别再炻火儿了。"这基本接近柴草不充分燃烧而炻烟的本意。由此还引申为"耗着"的意思，如"这两口子结婚不少年了，也不张罗买房，就一直跟婆婆那炻着。"

怄（本音为 òu，发 nǒu） 怄，拿人寻开心，打趣。如"行了，你别怄人了。""我们到一块儿就穷怄！为嘛不成天乐乐呵呵的呢？"

怄气（怄，nòu） 闹别扭。如"你们两口子不好好过日子，怄哪门子气呢！别有好日子没好过。"

拿搪 不合作，拿人。如"你倒来劲儿了，介不拿搪吗？"

腻歪 让人讨厌的意思。如"这个人一点儿眼力界儿都没有，真腻歪人！"另一意是无聊。如"整天闷在家里，怪腻歪的。"腻歪，或可写作"腻味"。

拧（nìng） 脾气执拗，倔强。如"这孩子怎么这么拧呢？随他爹！"

能耐梗（重音在"梗"） 爱出头、逞能的人。如"他太爱显摆了，能耐梗！"

囊膪（nāng cuài） 猪肚皮肉。

熬鳔（熬，发"挠"，náo；鳔，biào） 与人纠缠，或没完没了地耗时间。如"你该干嘛干嘛去，别在我这儿熬鳔！"从过去木匠所用鱼鳔需长时间熬制而来。"熬鳔"另意为没完没了地专心于一件事。如"我们老大是个书迷，整天跟书熬鳔。"

熬喝（熬，发"挠"，náo） 长久地干一件事身心疲惫，或长久地磨喝人。如"介活儿熬喝人！""介孩子太熬喝人，真难摆棱！"。

熬（熬，发"孬"，nāo） 烹饪的煮。如"今儿个晌午头儿吃点儿嘛呢？小虾米儿熬荽列吧。""要不贴饽饽熬小鱼儿。"

孬心（孬，nāo） 恶心。如"闻了这股味儿，有点儿孬心。"

挠心（挠，náo） 焦急，心里抓挠。如"刘伯伯让老板开了，刘娘真挠心了，没了进项这日子可怎么过呢！"

闹心（闹，nào） 心里不平静，犯心思。如"这些日子她一直闹心。"

闹杂儿 言行有悖常理还强力炫耀、坚持。如"他介不闹杂儿吗！拿着不是当理说，纯属一个搅乎头。说嘛好呢！"另意为闹心而言行反常，如"这两天他闹

195

杂儿,不是心思,您甭跟他计较,甭跟他上论。"

孬腐（nāo fu）　**孬分**　伤口发炎、红肿、溃烂。如"大节下的,就为得棱这点儿鱼,扎了手,都孬腐了。"

黏黏糊糊　除指东西黏糊,还多用来说人办事拖拉,慢慢腾腾不利索。如"你别再那么黏黏糊糊行不行,急死我了!"

念想（念,niàn 重读;想,发"乡",xiang）　让人记着其好处,念叨、怀想。如"做个好心眼儿的人吧,留点儿念想。""偏偏有的人不留念想。"

念三音　旁敲侧击说不中听的话。如"有话你就直说,何必念三音呢。"

念语　**念声儿**　**言语**（念,发"年",nián;言,发重音;语,yu）　均为说话、吱声儿之意。如"有事儿您念声儿（或念语）,千万别客气。"

蔫诎（诎,qū）　蔫,除形容植物还指人精神不振;诎,意为口拙。蔫诎,是对不爱说话、拙于表达的人的蔑称,"诎"取"蛆"的谐音。如"你干嘛非让他去呢? 跟个蔫诎赛的。"或干脆写成"蔫蛆"。

蔫溜儿　不言不语地。如"那天大家聚会挺热闹的,你怎么蔫溜儿走了?"

蔫土匪　不爱吱声又敢干的人。说谁蔫土匪,不一定是恶意。如"大孟呵呵地笑着说:你老王真是个蔫土匪! 哈哈!"

蔫损　**蔫坏损**　指人不言不语但出损招,或形容某人又蔫又坏。如"这个事儿硬来恐怕是不行,我出个蔫损的主意吧,正所谓'不战而屈人之兵'。""你别看他们家老四平时不言不语,可是个蔫坏损,不是个好东西!"

捏咕（捏,niē）　排挤,编造,偷偷地商量。如"介不捏咕人嘛!""可不,他们几个人小黑屋一捏咕,就算给大刘定性了。一手遮天呀!"

苶了　**苶嘟**（苶,nié;嘟,du）　蔫儿了,没精神儿了,无精打采了,呆呆的样子。如"打出了那件事儿,对他刺激太大了,唉,人都苶嘟了,苶了。"组词"不傻不苶"常见于口语,如数落孩子:"怎么地了? 你又不傻不苶,怎么一考试就砸锅呢!"

暖乎（暖,发"攮",nǎng）　暖和。如"天儿暖乎了","大冷天儿,快进屋暖乎暖乎吧!"

恶吃恶打（恶,nè）　横行。如"三岁看大五岁看老,介倒霉孩子打小儿就恶吃恶打,大了好得了吗! 哼,倒吃不了亏。"

难受儿北受儿（"难",谐"南"音）　不舒服,或形容人不自在、不安分。如"你就老实待着吧,别老难（南）受儿北受儿的。"

你死不死　市井吵架或两口子没好气儿时气愤之语,意思是"你爱怎么地就怎么地,趁早死喊。"

哪壶不开提哪壶（提,dí）　人家越不爱听嘛,却偏偏说嘛。有故意的,更多的是没眼力界儿。"嗨,你怎么非哪壶不开提哪壶呢! 惹老爷子不高兴。"

哪凉快哪待着去　气愤之语,如"你就别在这儿添乱了! 哪凉快哪待着去!"

男怕选错行　女怕嫁错郎　老辈人的经验之谈。

P

爬围　变卦,说话不算话了。如"咱撂地儿砸坑儿,可不能爬围。"

派头儿　人或事显示出来的气派。如"李先生出身名门,虽家道中落依然挺有派头儿。""他们的婚礼是在利顺德办的,有派头儿。"派头儿还可以简化说成"派儿",如"他是个美院的学生,挺有派儿!"

贫气（气,qi）**贫嘴呱舌**　耍贫嘴,没正文儿。

泼实　干事儿卖力实在。如"这孩子特别泼实,靠得住。"

皮实　经折腾,不娇气。如"这孩子特别皮实,整天在胡同儿疯跑。"

皮不擦清　不利索,不清不楚。如"介事儿归其弄得皮不擦清,不明不白,说不清了。"

坯子　常指人的身材,身材高大的人被说成"坯子大"。

屁屁　形容爱吹牛又没有真本事。如"他一天到晚在那儿瞎屁屁,你还真信?"

劈哩扑噜　喊次咔嚓　均用来形容人做事利索、麻利,一下子就干完了或办完了。如"她劈哩扑噜一下子就拾掇利索了""介有嘛呢! 喊次咔嚓介不就结了吗!"

偏过了　偏您了　回答别人问话的客气话,意思是"吃过了"。如"呦! 打搅打搅,我偏您了,您慢用,我先上西屋坐会儿。"

片儿汤　本是一种稀食:面片儿汤,却被用来喻指事情砸锅了,没法儿收拾了,"片儿汤了"! 饺子没煮好,大概就成了一锅片儿汤。

撇（piǎ）　显摆,自吹,显耀。这又是个有音无字的字,只好借用"撇"字。如"没两句话,又撇上了,吹吧,吹牛不上税!"

碰命打彩儿　碰运气吧。如"病毒太厉害了,能否躲过这一劫,碰命打彩儿吧!"

碰瓷儿　一种以在路上故意碰撞摔物或倒地的方式,进行的讹诈。

攀高枝儿　通过结亲或交际方式与高门第或有权势的人攀上关系,以求显贵。与"浮上水儿"是一个意思。

跑瞎道儿　走冤枉路。如"你先想好了吧,别老让我跑瞎道儿。"

姘（pìn）　情人。由"姘居"简化而来,不发平声。

苤列（苤,piě;列,lie） 苤蓝。

螃开（开,kai） **虾钱儿** **皮皮虾** 螃蟹;半大不小的野生海虾;琵琶虾。

赔本儿赚吆喝 买卖道儿用语,意思是贱卖了,落个好口碑。

盆儿干儿碗儿净 形容食物被吃得干干净净;也用来形容买卖赔了个底儿掉。

破鼓万人捶 人落魄、走背字儿或有了短处,尽遭世人责难、欺辱。如"倒了霉了,自从那事儿之后,我成了破鼓万人捶了。"

破罐儿破摔 自暴自弃。

蒲包儿 用蒲草编成近于小筐的盛放东西的器物,大小不等,旧时用途广泛,商家多用来给顾客把所购买的鲜货、水产品等打包。

Q

且（qiě） 很长时间。如"买了一双鞋,质量特别好,且穿不坏呐。""排队的人很多,且等着呐。"

戚也（两字需连读,也发"且"音） 家中来的需好好招待的客人。如"今天老太太过生日,来了好多戚也。"

戚 形容人与他人关系,特别依赖、特别亲密。如"这孩子见了姥姥特别戚,真可人疼!""这孩子特别稀罕人儿,见谁都特别戚。"

怯 **怯勺**（怯,qiè） 怯,没见识;如"这个人特别怯",是说这个人上不得台盘。而这样的人则被称为"怯勺"。

牵着不走打着倒退 本是来自说牲口不听使唤,生活中常用来指斥人不顶事,还别别扭扭。

前后眼 能考虑到后手,有先见之明。如"倒了霉了,咱哪有那前后眼呢。"

欠 **招欠** 欠,多余的让人讨厌的动作与语言;招欠,是说动作与语言惹人讨厌。有时是多动"招欠",如"这孩子特别招欠,招把儿撩把儿。"有时是"嘴欠",多嘴多舌说了让人厌烦的话。

糗（qiǔ） 糗,本意为将食物加工为块状或糊状,如"糗虾酱"。而在天津话中,"糗"引申为聚集、拥挤,如"那帮人糗在那儿,干嘛呐?"

亲戚里道 亲戚的更亲密的说法。如"咱亲戚里道的,别见外,没说的。"

亲戚远来香 相处甚密的亲戚,难免有磕碰,于是生出"亲戚远来香"之慨。

勤行 旧时称厨师、干饭馆儿的为勤行。"掌勺儿的"手艺最高,饭馆儿厨房中又有红案儿、白案儿的分工,依分工口语中则被称为灶儿上的、案儿上的、墩儿上的。饭馆儿还需要有跑堂的、刷锅洗碗的等。

赌好儿吧您内（赌，qíng） 您就等着瞧好儿、落好儿吧。赌，又谐音"擎"，擎，是高举高抬的意思；擎好儿，含有尊重的意思。如"介事儿您了就交给我去办，您就赌好儿吧您内！"

赌着 等着。如"你就赌着挨数落吧。""你就赌着吃吧。"

赌现成儿的 享受、接受已经成为现实的结果和好处。赌，是承受财物的意思。如"二大爷什么时候都是赌现成儿的，二大娘把老爷子伺候得到到儿的。"

穷咋乎 咋乎，大惊小怪。如"你穷咋乎嘛！吓人呼啦的。"

缺哪儿了 缺德的反问。如"这个人太缺德，缺哪儿了！"妇女们爱这么说。

缺德鬼 缺德的人，但有时还是妇女对自己丈夫的昵称。

缺德带冒烟儿 对特别缺德的人的气愤之语。如"这个人太不够了！哪儿有介样儿的！缺德带冒烟儿！"

抪个儿（抪，qiá） 排队加塞儿。如"哎哎！别抪个儿哎！后边挨着喊！"

掐架 掐起来了 掐，本是用手用力捏；掐架，掐起来了，就是打起来了，如"两个人言语不合，掐起来了。""干嘛呢，动不动就掐架。"

掐头去尾 掐，截断之意。掐头去尾，去掉头尾，日常常用于表述时间，如"掐头去尾通脑儿这么两天儿，没法儿完成。"

强亮 形容人要强、能干。如"这孩子从小看大，起小儿就特别强亮！自己的事情自己干。"

强巴 强亮、要强的另一种说法，但"强巴"又带有强势、逞强，甚至有些霸气的意味。如"王熙凤强巴了一辈子，到了，也挺惨。"

戗火 赌气斗嘴，互不相让。"戗"也单用，逆向之意。"说戗了"就是吵起来了。戗，指一种用力刮削的金属加工手法，如"磨剪子戗菜刀"。

戗茬儿 既可说东西不是顺茬儿，也用于对话中，说对立、顶撞的话。如"我一说话，你怎么就戗茬儿？怎么得罪你了？"

俏嗽（发"敲嗽"音，qi） 与"蹊跷、蹊蹊"（奇怪、可疑）同音不同义。俏嗽，一意为难得、稀有；如"这个鸡缸杯真俏嗽，有点儿年头了。"另意为形容东西不坚牢；如"介玩意儿也太俏嗽了，不禁磕不禁碰。"

俏档儿（档，dàng） 没费力就碰上的好事儿。如"今天真是俏档儿，在沈阳道早市儿捡了个漏儿。"

雀蒙眼（雀，发"巧"，qiǎo） 眼病，常用来形容眼神儿不好。

起腻 赖着不走或没完没了地磨蹭，让人讨厌。如"我说你呀，该干嘛干嘛去，在这儿起哪门子腻！"

起哄架秧子　"起哄"是许多人针对某事某人一起哄闹；"起哄架秧子"也就是起哄，似有越发加码加新段子的意思。"架秧子"的本意，《国语词典》解释为是"对于富家子弟施以谄媚撮弄之术者"。秧子，就是小动植物，如"蛤蟆秧子"，架秧子，就是引诱不谙世事的"少爷秧子"胡作非为。

起伙　开伙　搭伙　从此开始起用炉灶做饭，谓之起伙、开伙；如"当年王家祖辈分家析产后，各房就分灶另爨，各自起伙了。"凑在一起开伙谓之搭伙，经常是指一个人凑到别人那里去搭伙。伙，是共同的意思；而搭伙，还用于凑到一起干事情、做买卖；如"六伯和一个朋友搭伙，在劝业场开了个买卖。"与此相关的词儿还有合伙儿、同伙儿、散伙等。

起五更（更，jīng）　起床很早。如"今儿个起五更就怕赶不上趟儿。"

全科人儿　旧时家庭春节初六开市及办红白事，都要请"全科人儿"来张罗，说吉祥话儿，一般为妇女，老人、丈夫健在且儿女双全。

全须全影（尾）儿　完整无缺。如"您过过目，这东西可全须全影儿给您送回来了。"

起大早儿赶晚集　喻指没有抓紧时间，耽误了事儿。

齐活　活儿全干完了，大功告成。如"齐活！可算喘口大气。"

奇了大怪　质疑的强烈表达，表示十分反常。如"奇了大怪了！真是太阳从西边儿出来了，今天书记怎么有笑模样儿了？"

骑马找马　常被用来喻指在一个职务上干着的同时，寻找更好的工作；或先住着这处房，同时再找更好的房子等。

清锅冷灶儿　喻指冷清，因为吃饭曾经是最要紧的事，故以"锅""灶"为喻。如"买卖不好做！天天清锅冷灶儿，没人上门儿，介不要亲命嘛！"

秋傻子　立秋后天气反而更热了，被称为"秋傻子"。

囚闷　憋闷，不自在。如"成天就这么一亩三分地儿，囚闷得难受。"

气犊子　指爱生气、小心眼儿的人。

气儿不打一处来　形容火气大，邪火儿。

青酱　酱油。

蛐蛐　老喝　蚂蚱　蝎了虎子　蚂皮　蟋蟀，蜻蜓，蝗虫，蜥蜴，蚂蟥。蛐蛐还包括三尾巴腔子、油乎鲁、三帮子；老喝还包括老青、黑老婆儿；蚂蚱类还包括刀螂、旦子勾等。

R

饶着 饶，是无偿多给的意思；饶着，形容白白地、多余地做事。如"饶着费那么大劲帮他吧，他一点儿也不领情，好像咱应该得份赛的。"

擩（rǔ） 塞给的意思。如"他非不要，我强擩给他五百块钱。"

肉 肉头 形容人动作慢。如"怎么怎么肉呢！快点儿行不行？跟你那老子一个模子扣出来的！"特别"肉"的人则被称为"肉头"。

肉头阵 在人际冲突中以不哼不哈的态度死扛。如"她给你摆了个肉头阵，开水煮不烂，你有嘛辙呢？"

肉烂在锅里 没损失。如"咳，都是家鞑子，反正肉烂在锅里了，没外卖。"另意为好东西淹浸了。如"挺好的东西肉烂在锅里了，可惜了的。"

惹惹（ré） 掺乎、张罗而无实绩、实效。也做"惹惹惹"。如"他整天也没嘛正事儿，就跟一帮无离悠，瞎惹惹。"做名词时指喜欢惹惹的人。

染一水儿 经历和进入某事或某过程，被牵扯其中。如"你本来干得好好儿的，何必蹚浑水儿，染这么一水儿呢！"

仁义 这个儒家的四海皆知的经典词汇在天津人对话中，"仁"发重音，"义"发轻音，常用于对心慈面善人的由衷评价。"这位老爷子太仁义了，现在介年头儿，往哪儿找介样儿的人喊！"善行也常说成"大仁大义"。

人来疯 在来客面前特别来劲、兴奋。如"介孩子人来疯，您瞧瞧，平常可不这样儿。"

人灯 形容人瘦得不像样子。如"太操心了，瞧他瘦得跟人灯赛的。"

人精 形容人聪明，心眼儿多。多不是褒义。如"他呀，那就是个人精，从来不带吃亏儿的。"

人模狗样儿 形容一个人摆出脱离他身份的上等人的样子，多含贬意。

人五人六儿 形容一个人发迹了，在人前充大，装模作样儿。如"他现在人五人六儿，非比以往了。"

人生父母养的 在表白、博取同情时常说的话。如"谁都是人生父母养的。"有将心比心之意。如果变为疑问句："你是人生父母养的吗？"即有骂人之意。

人家牵驴你拔橛儿 形容人没眼力界儿，为他人闯祸，承担嫌疑或后果。

人 在口语中"人家"简化为"人"。如"人谁谁""人大夫怎么说的？嘛毛病？"

人算不如天算 人在做天在看 均为警世语。

认式子 认头 式子，就是现实；认式子，接受现实。认头，认了，只好点头。如"胳膊拧不过大腿，只好认头了。不认式子过不了这一关。"

软托儿　不伤和气地拒绝、推辞。如"人家软托儿了，没指望了。"

软的欺负硬的怕　柿子拣软的捏　均为欺软怕硬之意。

S

似　是。如"是呵"天津人说成"似呐"。事，天津也说成"似"，如"哪儿的事啊""没影儿的事"，发音为"哪儿的似啊""没影儿的似"。

赛　似。如"像得了狗头金赛的，瞧他美的！"

梭　说。如"您了梭嘛，我们听嘛，还不行吗？您了消消火儿。"

色儿（色，发"腮"，sǎi）　颜色。如"这块布掉色儿。""那块布色儿真鲜活！"（鲜，发"现"，xiàn；活，huō）。

色嘚（色，发"腮"，sǎi）　**甩脸子**　均为不给好脸色之意，"色嘚"常指犯了态度，发了脾气。如"你真是不长眼，掔着挨顿色嘚。"

虱子袄（虱，sī；袄，nǎo）——生满虱子的袄，喻指麻烦，很难摆脱的麻烦。如"好不容易总算把这虱子袄脱了"，意指摆脱了麻烦。

肆亨（重音在"肆"）　舒服至极，有时也作讲究生活解释。如"这老俩口子真想得开，特别肆亨。"

是非　是非坑（是，发"似"，sì）　是，若发 shi 音，自然是"是"、对、正确的意思；但在口语中发 si 音，如"是非"则有搬弄是非之意。爱搬弄是非的人，则被称为"是非坑""是非精"。如"这人太是非！是非坑！是非精！天天没事儿生事儿。"

死性（性，发"星"，xing）　待人处事刻板，没有灵活性；如"你想让他给通融一下，连门儿也没有，那个人特别死性。"不愿与人来往或在交往中抠搜，也被称为死性。如"每次他带张嘴就来了，没这么死性的。"

死羊眼　形容人死心眼儿、不灵活，不会看眼色，还爱钻牛角尖儿。笔者上学时就被同学戏称为"死羊眼"，以上解释诸般都占全了。

死　死，在口语中常有极、特别之意。如"恨死了"（恨极了），"麻烦死了"（特别麻烦），"阔死"（太好了）等。

死猪不怕开水烫　形容此人没办法整治。如"这主儿，死猪不怕开水烫！"

塞　胡吃海塞（塞，sái）　塞，拼命往嘴里塞吃的，与"嚵"同义。如"你快塞吧，不知道的事儿甭瞎搭腔儿！"胡吃海塞，则是不管不顾地猛吃猛喝之意。如"胃口疼？你介胡吃海塞，胃口能不疼吗？"

省心　不走心　都是不费心思的意思，但"省心"常用来表达客观上不让人费心,如"二大妈里里外外一把手儿,二大爷满省心!""不走心"则常用来表达主观上不去费心思、不操心。如"二大爷甩手掌柜的,满不走心!"

圣 特别宠。如"打小儿就圣,跟个宝贝蛋赛的,宠出好儿来了吗?"

勺叨 勺勺叨叨(勺,sáo) 唠叨。唠唠叨叨。如"人老了,就有点儿勺勺叨叨,小一辈儿就得听着点儿,家有一老本是一宝啊。"

扫听 打听。如"二姨啊,托您给扫听扫听,这小伙子怎么样啊?看着倒是挺老实巴交的。"

少来 少来这一套的简化,如"你甭瞎捧,少来!"

少相(相,有人发"性"音) 长得显年轻。如"您可真少相,哪像六十多的。"

睄着(睄,sào) 盯着,看着。如"你帮我睄着点儿,别让这帮人偷奸耍滑儿。""盯梢儿的侦探一直远远地睄着。"

睄一边儿 躲得远远地。如"本来还指着你呐,可倒好,睄一边儿了!把我撂旱地儿了。"

损 损鸟(损,sún) 损,长得不好看、丑。如"瞧长得内个损样儿"。损,还为不吉利意,如"别那么说,怪损的。"在天津话中,用于不同的地方"损"有多重含义。如"找损",找难堪之意;"损德行",丑陋、晦气之意;"损吧",用于指责哭丧着脸或哭个不停的人,晦气、丧气之意。"损鸟",让人瞧不上的人,常与另词连用——"损鸟外国鸡"。"损鸟"疑为"隼鸟",隼为猛禽。《尔雅·释鸟》有句"鹰隼丑";《疏》称"隼者,贪残之鸟"。吾学友徐士启君认为天津方言中的许多字词,有音无字,此 sun,即如是,以"损"等字表之似也不妥。经高人指点,本条目中的"损"应为"鬞"。古籍中的鬞,为头发散乱,丑陋之意;发音为"舜",shùn。

损(sǔn) 为人或说话尖刻,阴坏。如"你说话别那么损行不行?嘴上留点儿德。""这个人太损了,太缺德了,真做得出来!"

顺杆儿爬 以事情的茬口儿或别人的话茬儿为由头顺水推舟去做或说。如"我正发愁呐,得嘞,我就顺杆儿爬吧。"

顺悉 顺利。如"这事到那儿就办,喊吡卡嚓三下五除二!太顺悉了!"

顺口搭音儿 随口搭腔。如"那天我也就是顺口搭音儿,根本没走脑子,现在早忘了怎么回事儿了。"也作"顺口搭语儿"。

顺头顺影儿 听话,不炸刺儿。影,疑为"尾"的变音。如"哪个头儿都喜欢手底下顺头顺影儿的。"

顺把 不顺把 听使唤,听话;不听使唤,别别扭扭。

顺情说好话 耿直万人嫌 旧时民谚,如字面意。如"要不说呢,应了那句话了,顺情说好话,耿直万人嫌。以后可得长点儿记性。"

203

爽　爽神（爽，suǎng）　爽，就是痛快、高兴。如"今儿个咱哥几个相聚，爽！"爽神，则是省事儿，不费神费力。如"今儿个都累了，就做点儿爽神的吧。"

啥么（啥，sá）　用眼四下看，揣摸。如"二哥，您这是啥么嘛呐？"

仨　三儿　仨，三个。如"给了他几个？""仨。"而"三儿"须两字连读，是长辈或年长人对排行老三的称谓。

仨瓜俩儿枣　很少，不值钱。如"您客气嘛呢！介有嘛呢！仨瓜俩儿枣！"

仨鼻眼儿　形容多管闲事，带嘲讽意，常说成"仨鼻眼儿多喘一口气儿"。

三天两头儿　经常做某事。如"他三天两头儿来，来看看大爷大娘。"

三下五除二　珠算口诀，喻指办事利索，果断。

三姨六舅母　泛指诸多老亲。如"就她的婚事，三姨六舅母可没少操心。"

三花脸儿　本是戏剧角色，喻指人善变。如"这人就是个三花脸儿，昨天还凶巴巴地逼命呐，今天她倒成了大善人了！"

四六不懂　指人没头脑，信口雌黄，不懂事。此语来源于古人崇尚的"天地君亲师"，其主旨字的笔画除了四画就是六画。一个人不知天地父母（古人认为天亦为父、地亦为母），"天"与"父"均四画，"地"六画；不知文字，"文"四画，"字"六画；不知孔老，"孔"四画，"老"六画；不知夫妇，"夫"四画，"妇"六画；不知凶吉，"凶"四画，"吉"六画。这些四画、六画的字都不知道，正所谓"四六不懂"。

傻老好子　傻佬　傻老好子，厚道、没心眼儿的人。如"我那口子就是个傻老好子，从来不琢磨人。"傻佬，对缺心眼儿人的蔑称。

傻不叽叽　形容人缺心眼儿，也可用来自嘲。如"我傻不叽叽地还没拿自己当外人呐，其实人家跟咱隔着心呐。"

傻眼　目瞪口呆的样子。

撒芝麻盐儿　这本是天津特色早点面茶的最后一道制作工序，在日常生活中借用，指给予很少，出很少的力。如"您甭客气，这事儿都是您亲力亲为才有今日之功，我充其量，也就是撒点儿芝麻盐儿。"

撒泼　又哭又闹。日常除说孩子"撒大泼"，常意指某些人吵闹时的过激之态。如"这人可惹不得，到时候撒泼打滚儿、鼻登黏咸，没法儿收场。"

撒气漏风　字面上是漏气了，口语中常用来形容顶不住、靠不住、没用。如"我说就甭指着他了，他早就撒气漏风了。"

飒利（飒，sà）　仪表整洁利索，办事干脆利落。如"您瞧瞧，二姑多飒利！说话、办事、作派，都让人那么痛快！没比了。"

说呋哧就喘（说，suō）　呋哧带喘　刚夸了两句儿，就不知道东南西北了，脱离实际的自我评价过高。如"吧,你还找得着北吗?说你吙哧你就喘上了。"吙哧,呼哧之意,发音有变,形容上气不接下气还常说成"吙哧带喘"。

说说道道 说,指手画脚,说了算。如"他成天说说道道,嘛也不干。""人家在单位就是个说说道道的。"

说话占地方儿 说了算。如"人家说话可占地方儿,咱可比不了。"

说话不防头 口无遮拦,嘴没把门儿的。如"你真是说话不防头!你没看老舅母直拿眼洌你吗?"

说出大天 说到头儿了,能说的都说了。"你说出大天,他铁了心了非得离,您说介怎么弄?"

说山(山,sān) 以成功的某事为由不住显摆,说嘴儿。如"您了听听,他总算干了件漂亮事儿,就说山了!"

说三道四 说闲话,挑毛病。如"但凡干点儿事儿,总有说三道四的,你就甭搭厕那一套,该怎么着怎么着。"

说直理(直,发"至",zhì) 率直地直言道理,不绕弯子。如"他挺让人佩服的,说直理,容不得歪的斜的。"

说嘴儿 指手画脚甚至挑剔、指责而不去亲为,如"他呀,光在那儿说嘴儿,你倒是也上手儿啊,就好像没他事儿赛的。"

说话大喘气 形容人说话对话时说了半天,要紧的迟迟没讲,压到最后。如"您介说话大喘气真要命!我们还以为您不同意呢。"

式(shì) 不机敏,迟钝,没心眼子。如"你这人怎么这么式呢?怎么领导越不爱听嘛你越说嘛呢!"这又是一个有音无字的字,字典中倒有一个同音的"媞",为聪慧之意,与此恰反义。

式了巴唧 形容人"式"的语气强化的说法。如"这个人式了巴唧!"

事由儿 事由儿就是工作。早年为维持生计,把外出工作称为"混事由儿"。找到事由儿就是有了工作,没了事由儿就是失业了。

拾不起个儿 形容东西松散不成形,或人精疲力尽不愿意动弹。早年生活困难时期,笔者经常和弟弟去津郊拔野菜,主要有马须菜和黄须菜两种。马须菜,也就是马齿苋,现又称长寿菜,做熟后发黏,当年和在白面中烙饼吃;黄须菜,多生于盐碱地,草籽儿和针状叶,和在棒子面儿中蒸饽饽,黄须菜籽儿是很硬的小颗粒,黄须菜饽饽"黑呼呼的,经常拾不起个儿,得捧着吃,嚼起来咯吱儿咯吱儿的。"人极度疲乏时,"拾不起个儿了,浑身全散了架了!"

拾毛篮 捡破烂。如"你怎么逮嘛往家里敛巴嘛!整个儿一个拾毛篮的!"旧时童谣:"拾毛篮的背大筐,一背背到谦德庄,谦德庄,万德里,扎小辫儿的不讲理!"

实轴儿（轴，zhòu） 实心儿，空心儿的反义。如"这东西是实轴儿的，可沉啦。"轴，疑为"着"的变音，因"着"用在形容词后表示程度深。"实轴儿"还常用来形容人实在，没心眼子。如"咳，我们那口子就是个傻实轴儿，人家说嘛都信，把他卖了，还帮人数钱呐！介可怎么弄？"

实受儿 不推辞，实实在在地接受了。如"本来是客气客气，他倒实受儿了。"

实打实 绝对真实，实话。如"实打实跟你说吧，错不了！"

识文断字儿 有文化。如"人家可识文断字儿，哪像你，大老粗一个。"

失了慌张 慌里慌张。如"他失了慌张就跑进来了，也不知出了嘛事儿。"

湿不棱登 潮湿。如"这地窨子湿不棱登没法儿住人。"

识举 知足。如"您了的儿媳妇儿多懂事儿呀，您就识举吧！""不识举"就是不知足，与"不识抬举"一字之差，却不是一个意思。

折了（折，shé） 东西断了，是折了；用在人事上，则是失败了，栽了。如"这回算是折了，折他手里了。"

折手 不凑手，耽误事了。如"不起眼儿的东西，没它，还真折手。"

碎嘴子 爱唠叨的人。如"我们二他妈妈人不坏，也勤快能干，就是个碎嘴子！""你别嫌我碎嘴子，我还就得多说几句。"

随歪就歪 顺水推舟，随它去吧。如"我何必凿那个真儿呢，随歪就歪，爱怎么地怎么地吧。"

水（suǐ） 形容东西不怎么样，有很大水分。如"这玩意儿够水，水货！"

水舀子 竹木制或白铁制的舀水的用具。

涮（发"算"，suàn） 拿人取笑，拿人寻开心。如"你别拿我涮啦。"至于天津"涮锅子"、北京"涮肉"的"涮"，那是美食的吃法。

涮卤 茶水冲泡多次已经没了味儿，称为"涮卤"。"涮卤啦，重沏一壶吧。"

耍乎 不好好干，不好好学，耍。如"介孩子老耍乎！介怎么学本事？"

耍单儿 没有伴儿，一个人。如"一个好汉三个帮，一个篱笆三个桩。要是光耍单儿，往往也干不成事儿。"

甩货 处理品，常用来说人不受待见。如"这倒霉蛋儿，甩货！"

甩手儿掌柜的 主事当家的，凡事还不操心不受累，甩手儿。如"我们二他爸爸就是个甩手儿掌柜的，嘛也不操心，还得伺候到儿到儿的。嘛人嘛命！"

慎着（慎，发"森"，sèn） 拖拉着，等待着。如"我就慎着，能怎么着？"

伸把手儿 伸小手儿 伸把手儿，是略出力或协助之意；如"你就伸把手儿扫扫院子，看祸祸成什么样儿了！"伸小手儿，为不当得利或偷窃之意。如"归齐他伸小手儿让师傅逮着了，这货！真不地道！"

神神叨叨　神了咯叽　形容人的言谈举止不大正常。

神头鬼脸　形容貌丑，或面目不像正常人样子。如"瞧他敛巴这帮人儿，一个个神头鬼脸。"

晌午头儿（晌，发"嗓"，sáng）　**晚么晌儿**（晌，发"洒"，sǎ）　中午，晚上。为加强语气，常说成"大晌午头儿""大晚么晌儿"。

双子（双，suàng）　双胞胎。如"道喜呀！得了一对儿双子！龙凤胎！"

上脸儿　面露不悦，恼了。如"说着说着他上脸儿啦。"另一意为饮酒后脸红。

上心　用心，注意。托人情时常说"麻烦您上点儿心，拜托了。"

上亮子　房门上方的窗子，可采光通风。

上赶着　紧跟着，甚至求着。如"人家不乐意搭厮你，上赶着也没用！"

上房揭瓦　挑房盖儿　常用来喻指孩子淘气得出圈儿。"挑房盖儿"也用于形容成人之间争斗、折腾。

生瓜蛋子　对不懂人情事理人的蔑称。"这小子生瓜蛋子一个！六亲不认！"技艺不熟，也被蔑称为生瓜蛋子，与"充熟的"在口语中的意思是对应的。

生性子　不通人情，性格执拗。如"这人就是生性子，许多事儿跟他说不通。"

生性　生分　见外。如"你说介话太生性了，咱介是谁跟谁呀。"

怂了（怂，sóng）　**尿了**　示弱了，退缩了，害怕了。如"还没比划，他就尿了（或怂了）。"

怂蛋包（怂，sóng）　胆小鬼。

烧包儿　自我膨胀，摆阔挥霍，常用来指斥脱离了自己本分的作为或穷人乍富之人，爱逗笑儿的天津人有时也以此取笑自己。如"我介不烧包儿吗？用得着吗？"

手敞　在钱财上很大方，不抠唆。如"李三爷手敞，喜欢交朋好友。他老师在意租界的宅子都是他给置办的。"

受闪　闪，指意外；受闪，就是遇到了意外，陷入困顿或冷落之中。如"厂子连地皮都卖了，业了这么多年全都一脚儿踢，可受闪了！""他倒了台不要紧，他那条线儿，全都受闪了。"

受累了　天津人受人帮助或求人帮助时会频繁说出的感激之语："受累，受累""太受累了""多受累了""可让您受累了"等。

唧了　用唇舌吮食。如"那么大了，还唧了手指头。"棒棒糖称为"唧了蜜"。

啬　涩（sēi）　吝啬，小气。如"至于吗！这也太啬（涩）了！"

谁谁　谁跟谁　谁谁，常指代想不起名字的那个人。如"人家谁谁怎么说的？"谁跟谁，常用于表示关系很近。如"咱谁跟谁呀，您可太见外了。"

四仰八岔（岔，发"擦"，cà）　仰躺在那里的不雅姿态。

身大力不亏 形容人壮实，有力气。如"这小子身大力不亏，可就是懒！"

山芋（山，发"塞"，sāi） 白薯、红薯、地瓜。

山药豆儿（山，发"塞"，sāi） 土豆。自找麻烦、自找损失的倒霉蛋儿称为"山药豆子"。

蒜毫儿 蒜薹。

守家在地 厮守在家，不离家乡故土。如"大多天津人都守家在地，很少外出闯荡，就愿意安静靠板儿过日子。"

手大捂不过天 常用于喻指权势有限。

瘦猴儿 对特别瘦的人的蔑称。

傻老婆等茶汉子 等待的人姗姗来迟时，常说的一句玩笑话。

死得屈——又回来了 歇后语。幽默的天津人在转眼之间又回来了的时候，常以此语自我揶揄，常用于熟人之间。而此语本意似来自"冤魂不散"。

T

塌秧 蔫了，走样了，常用来形容人身体疲软，没了精气神儿。如"人经不起折腾，闹了这么一场病，都塌了秧了。"

泰嗨（泰，发"胎"，tāi） 舒服自在之极。如"小日子倍儿泰嗨！"

天西 傍晚，太阳偏西了，夕阳西下时分。

太阳地儿 阳光底下。如"快进屋歇会儿吧，大太阳地儿晒着，回头中了暑！"

添堵 让人堵心，增添不痛快。如"你快别说介糟心事儿了，介不添堵吗！"

添肭渍（肭，nǎ；渍，zi） 肭渍，就是恶心、堵心、不痛快；添肭渍，就是给人添堵。如"他就是成心找不痛快，给你添肭渍。"

添乱 增添麻烦和混乱。如"大忙忙的你这不添乱吗！成事不足败事有余！"

甜咯儿 一般用来形容女孩儿长相、表情甜美可爱，与"喜兴"近义。如"介小闺女儿多甜咯儿，真招人喜欢。"

填房 继室，续娶的女人。

填乎 填科 给予，帮助。如"白填乎他，这个人没心，填科他没用。"

觍着脸 厚着脸皮。如"还真好意思进这个门儿，觍着脸就来了。"

弹弦子 半身不遂。

坨答（坨，tuó；答，da） 啰嗦。如"上岁数人就有点儿坨答。"

抬扛 抬扛拌嘴 两个人互不服气争执叫"抬扛"；一家人、两口子或亲近的人吵来吵去叫"抬扛拌嘴"；经常与人抬扛的人叫"扛头"。

铁嘴钢牙 总是振振有词而有理，能言善辩从不服输。如"这倒霉孩子，你说他服说吗？铁嘴钢牙！"

腾（规范字应为"煻"，tēng） 用笼屉、蒸锅加热食物。如"腾点儿剩饽饽剩菜，就乎就乎得了。"

挑眼（挑，tiǎo） 不满，挑毛病。如"哪有你恁么说话的，这不明摆着让老舅母挑眼吗？"

挑费（挑，tiǎo） 支出。如"物价又涨了，每月的挑费越来越大了。"

挑家过日子 承担着负担带着全家过日子。与"居家过日子"比，强调承担。

挑大拇哥 手势，夸赞之意。如"这事儿得给你挑大拇哥，太仗义了。"

听喝儿 听招呼，听吩咐。如"有事儿您念语，我听喝儿。"

听说 **不听说** "听说"除了耳闻之意，另意为"听话"，常用于说孩子。如"好孩子就得听说，听大人话。""介孩子特别不听说。"

糖墩儿 冰糖葫芦。

笤帚（帚，不发 zhou 音，发，"梭"，suō） 扫把。

掏生 六道轮回变为今生或来世。如"不做好事儿，下辈子不定掏生个嘛！"

淘换 花费力量去寻找。如"您哪儿淘换来这个梅瓶？真漂亮！"

褪套儿（褪，tùn） 从某个制约中退出来。如"我可褪了套儿了，要不得赔死。"

忒（tuī） 太，特别。如"这事儿忒不好办""这小子忒不是东西"。

推河了船儿 推诿。如"事到临头他躲得远远儿的，要不就推河了船儿，可见是没真格的！瞧你交的这些人！"

嚏奋（嚏，tì；奋，fen） 普通话的"打喷嚏"，天津叫"打嚏奋"。

通脑儿 全包括在内，一共。如"通脑儿就那么俩眼珠子，还开公司，你心也太大了，还是安生过日子吧。"俩眼珠子，意指很少的钱。

突噜 **秃噜** **吐噜**（吐，tū） 突噜，东西垂下来了，如"突噜下来了""你那衣裳都突噜地下了！"。秃噜，意为编织物毛边儿或破损。如"衣服秃噜边儿了"。吐噜，意为把本该隐藏的话说出去了，招了。如"还没怎么地，可倒好，他就吐噜了。"

秃噜皮 人的手脚等处皮肤擦伤。

头里 **头走** "头里"，前边儿、前头；如"您了瞧，头里那个打旗儿的就是我们二小子。""头走"则是先出发、先走之意。如"您了头走，我随后就到。"

偷人 指女人有外遇，在外与他人有染。

踢哩突噜 **稀哩呼噜** 均用来形容人吃饭狼吞虎咽的样子。如"好嘛！介半桌子饭菜，他稀哩呼噜全下肚儿了。""踢哩突噜"还常用来形容人衣冠不整的邋遏样子。如"瞧瞧! 瞧他踢哩突噜,也没个利索劲儿。"

踢里趿拉 形容人趿拉着鞋,不好好走道儿的样子。如"踢里趿拉晃晃悠悠就来了,走道儿也没个正形!"

趿拉板儿 旧时木制鞋底的拖鞋。

鳎玛 黄花儿 海鲈板儿 鲚头儿 拐子 撅嘴儿鲢子 麦穗儿 鳎玛即鳎目、比目鱼,与黄花儿、海鲈板儿、鲚头儿,均为海鱼;拐子即鲤鱼,与麦穗儿、撅嘴儿鲢子,均为河鱼。

W

卧了 饿了。

卧果儿 冲果儿 把磕开的鸡蛋整体置入开锅的面汤或开水中煮熟,叫"卧果儿";把打散搅匀的鸡蛋用滚开的豆浆或开水冲熟,叫"冲果儿"。如"我有点儿不得劲儿,想躺会儿,给我做碗面汤吧,卧个果儿。""来碗豆浆,冲个果儿!"

歪七扭八 歪瓜裂枣 歪七扭八,形容不正。歪瓜裂枣,除了字面义用来形容东西,也用来形容人长得不顺眼。如"'我就奇了怪了,哪儿淘换来这么一堆歪瓜裂枣,还演电影? ''介您就外行了吧,现在就时兴介个,介叫波普! 叫后现代! 您拾个乐儿就得了。'"

歪门儿邪道儿 干坏事,出坏主意,坑蒙拐骗之类。如"这小子一肚子坏水儿,净是歪门儿邪道儿。"

崴泥(崴,wǎi) 遇上麻烦了、事儿不好办了;也作"崴了"。如"崴了,崴了,介不崴泥吗!"

外脖蜡 外人,不是圈儿里人。如"'在座的都是家鞑子,就我一个外脖蜡。''您别恁么说,您也不是外人。'"也作"歪脖儿蜡"。

外国鸡 对行为举止怪异,不合情理的人的蔑称。如"没那么办事儿的,也就那个外国鸡做得出来!"常与"损鸟"连用。

外找儿 外快,额外收入。如"除了月钱,再打点儿小空儿,挣点儿外找儿。"

玩意儿 泛指一切东西和事情,也做玩艺儿。如"介叫甚么玩意儿呵!""她就是个唱玩意的。""给孩子买了个玩意儿。""你说他算个甚么玩意儿?"

玩儿赖 狡皮赖 不规矩,耍赖皮。如"咱可规规矩矩,不许玩儿赖!""你耍狡皮赖! 没人跟你玩儿了。"

玩儿闹 特指不务正业终日玩玩闹闹而衣着还很时髦的人。

玩儿去 近于"滚一边儿去"之意,重音在"去",市井下层语。如两人谈不拢，"得了吧，你玩儿去！"若中间再加一个"蛋"字，就是骂街了。

玩儿手彩　本是传统戏法的表演技法，日常生活中却成为骗子的一种骗术。笔者就受过此骗，付他一百元，后他又不卖了，退回的一百元，却是假币。

剅吡　挖。如"她削土豆皮儿真仔细，坑坑洼洼都剅吡到了。"另意为搜寻、搜索。如"半个天津卫我都剅吡到了，才学么（楚摸）来这件儿东西。"

弯着心眼儿　费力地用心思；如"他很孝顺，老爹想吃这一口儿，他跑遍天津卫，弯着心眼儿也得给楚摸到。"也可能是非好意地故意用心计。如"这位主任很江湖，凡不顺把的、没个眉眼儿高低的，他弯着心眼儿整治你。""弯着"心眼儿，对照"直性子""轴着脖梗子"，更觉出天津口语的生动。

弯子　豆角儿。

晚三春　晚了，太迟了。如"你早干嘛去了？现在都晚三春了！"三春指正月孟春、二月仲春、三月季春，三春即整个春季，晚三春则晚了整整一个季节。

碗底子　碗中吃不下的剩饭。

万已　无论如何之意。如"我万已也想不到会发生这种事儿。"试析"万已"，即"一万个已然""万般曾经思虑"，似还挺文。

窝脖儿　被人当面拒绝，很下不来台。早年天津有歇后语："卖卤鸡的挎提盒——不吃卤鸡吃窝脖儿"。

窝心　**窝火**　不痛快憋在心里，憋着不痛快无从发泄。如"介事太窝心了，搁谁也得窝火，你好好劝劝他，别憋丘出毛病来就不值当的了。"

乌突　**乌乌突突**　东西颜色不鲜明、说话说不清楚、办事儿不利索，都可用"乌乌突突"。如"遇上这么个乌乌突突，活把人急死！一杠子楞不出个屁来。"

呜里哇　模拟吹奏乐器的象声词，多代以结婚。如"你说她？人家早呜里哇了，你就甭惦着了！"

焐　**焐巴**（重音在"焐"）　保存与深藏过久，穿衣过多，遮挡隐藏等意。如"一股焐巴味儿""这两天焐巴太多了，焐出火来了""我看见了，甭焐巴了"。

五迷三道　令人迷惑。如"你说得五迷三道，到底你想怎么着？"

五脊六兽　闲得难受，不知该怎么折腾的样子。如"你干点儿正事儿不行吗？天天五脊六兽！"闻李亮节先生语，说是当年马志明听他父亲马三立先生说，此语应为"五脊六兽"。是指具一定规格的传统建筑特别是皇家建筑的屋顶上，有五个屋脊，每个屋脊上有六个、甚至不止六个神兽。这些神兽就永远那么待在屋脊上。

无尽无休　没完，没个头儿，常用来形容钱财花费的无止境或人情往来的无了结。如"要是由着性儿，那就无尽无休了，趁早打住吧。"

往心里去 计较，心里记下了。如"我那天有口无心，没想到六姑妈真往心里去了，介怎么说的！要不您帮我搞呲搞呲。"

忘性大 记忆力不好。如"你真是忘性大，这么要紧的事儿撂爪儿就忘了。"

为嘴伤身 贪吃而糟践了身体。

外甥打灯笼——照旧 歇后语，依然如故之意。如"提了多少回了，没用！人家是外甥打灯笼""照旧！"

X

瞎掰 胡说。如"别瞎掰了，我不信！世上哪有介样儿的便宜？便宜就是当！"

瞎摸海 不懂、不明白，有的还装懂装明白。如"趁早儿别听他瞎咧咧，他就是个瞎摸海。混鳎玛的！"

瞎咧咧 瞎嚷嚷 瞎说；不停地说。如"我说二他妈妈，你在那儿不住声地瞎咧咧嘛？赶紧给二他爸爸烙糖饼喊吧。""甭听她瞎嚷嚷。"

瞎摸糊眼 形容眼神儿不好。如"您瞧瞧，一个大活人站眼前，我这瞎摸糊眼，愣没看见。介叫嘛眼神儿！您介是上哪儿喊？"

瞎话儿篓子 臭棋篓子 总说瞎话儿的人；总输棋的人。"篓子"形容多。瞎话儿篓子还被称为"瞎话儿流精"，总输棋的人还被称为"臭棋老道"。

下台阶儿 有个转圜不伤脸面的机会。如"给你个下台阶儿，你还不领情。"

下该 打烊，收摊儿，停止营业。如"您明儿再来吧，我们下该了。""该"为"街"的变音。

下巴颏子 下巴。

下不去脚儿 空间被拥塞得无法插足。如"她就是驴粪球儿外面光，上她家看看喊，下不去脚儿！"

吓人呼啦 吓人。如"你干嘛一惊一乍的，吓人呼啦！"

下下叽叽 畏缩的样子。如"您甭下下叽叽的，拿自己当外人，到这儿跟自己家一样。"

香饽饽 被喜爱，被重视，受宠。如"还别说，都没看上眼儿吧，谁能想得到，他倒成了香饽饽了。"

想起一出是一出 出，本是戏剧的量词，用在生活中，"想起一出是一出"形容人心血来潮做事。

消停（停，发"听"，ting） 安静下来，停下来。如"你就消停会儿吧！紧折腾，烦人不烦人？"

喜性（重音在喜；性，xing） 人的眉眼儿看上去就带着喜庆样儿，笑不滋儿的。如"瞧这孩子多喜性，真爱人儿。"

稀汤薄水儿 形容粥汤之类不稠、不糨。如"度荒那些年，天天除了野菜饽饽，要不就是稀汤薄水儿，喝了一碗又一碗，灌大眼贼儿了。"

秀眯（眯，mi） 秀美，秀媚。如"乖乖这小丫头儿长得多秀眯！"

徐了（徐，xú，实为"絮"意） 连续重复，不新鲜了。如"这个事儿你说了多少遍了，别再说了，徐了！"

絮叨 没完没了地说。如"这老太太有点儿絮叨。"

虚了巴唧 形容人不实诚，虚情假意。如"你说他有点儿真格的吗？虚了巴唧，一点儿忙也不帮。嘴把式！"

学摸（学，xué） 寻找，四处看。如"你这学摸嘛了？"另有一字"趐"，为旋转、回折之意，与"学"同音，故可写为"趐摸"。

兴许 也许。如"兴许介事儿还有缓。""还有缓"，还有缓和与挽回余地。

饧（xíng） 把和好的面团搁置一会儿使水、面尽量结合，称为"饧一会儿"

醒醒盹儿 刚睡醒，得慢慢清醒。如"你让孩子醒醒盹儿，别急吡呼啦的。"

兴（xìng） 人神采飞扬、志得意满之状。如"太兴了！今天怎么这么顺呐！"

显摆 炫耀。如"他总爱显摆他自己如何如何。吹呗！"

献浅儿 献媚讨好。如"这个人特没劲，跟一般人带搭不理儿的，专门上领导那儿献浅儿喊！其实呢，领导也没拿他当嘛！"

闲的难受（受，sòu） 闲的无聊。如"你似不似闲的难受？瞎折腾嘛？"

闲说话儿 闲聊。如"罗老婶儿得空儿就来跟二奶奶闲说话儿。"

闲白儿 闲篇儿 正文儿 除"正文儿"之外的都是"闲白儿""闲篇儿"。对一本书来说，主体的文本或图是正文儿，其他前言、后记、注释等虽不是正文儿但也不能说是"闲白儿"；当日常生活借用了这个词儿，正文儿的意思转化为"正事儿""正经事儿"，除此之外的就都是闲白儿、闲篇儿了。孩子在看一本故事书，家长瞪眼："怎么又看上闲篇儿了！赶紧写作业喊！"一个人爱掺和事儿，老的儿数落："你哪恁么多闲白儿！还有点儿正文儿吗！"闲白儿还常被强化说成"闲白儿六大堆"。

现世 现世报儿 在世人面前丢尽了脸。如"又进喊了，介不现世吗！整个儿一个现世报儿！缺哪儿了！"现世报儿，没做好事儿，当世遭到报应。

现眼 丢人现眼 丢脸。如"你这手心朝上，介不丢人现眼吗！"

现白儿 露馅儿，丢丑。如"这回可现白儿了，再也瞒不住了。"

现上轿现扎耳朵眼儿 临时抱佛脚。以旧时需戴首饰上婚轿的女子还没扎耳洞的窘态,喻指不早做准备。如"早干嘛去了？现上轿现扎耳朵眼儿？"

稀里糊涂（稀,发"习",xí） 糊里糊涂。

稀里马虎（稀,发"习",xí） 没走脑子,不知不觉。如"稀里马虎就让他给领这儿来了。介嘛地分儿？"

稀松二五眼 马马虎虎的态度,不高的能力,不令人满意的结果。

心气儿 心态,兴致,精气神。对某事有无兴趣,说成"有心气儿"或"没心气儿"。如果精神状态不佳,打不起精神儿,则是"嘛心气儿也没有"。

心腻 心里腻歪,心烦,没意思。如"老爷子这两天心腻,看嘛都不顺眼。"

心搁当间儿（间,发"见",jiàn） 居心秉正。语间省了一个"中"字。如"咱心搁当间儿,行得正走得直,不搞歪的邪的,谁都对得起。"

心急火燎 心急如火。如"你心急火燎地跑来干嘛？出嘛事了？"

心喜心烦 心情好与坏,一般用于看不出心情好与坏时。如"他也不管人家心喜心烦,逮嘛就往外扔嘛,这不找讨没脸吗！"

妡人（妡,发"信",xín） 女子嫁人了。妡,是个借用的古生僻字。如"乡下的女人早早儿地就妡人了,爹娘生怕女儿嫁不出去。""哪个女人不愿意妡个好男人呢,命呗！"

薪（发"信",xín） 找别人无偿地要。如"二哥,我们家闸盒憋了,找您薪点儿保险丝有吗？"

信说 信着 按说,按道理说。如"信说介事儿得这么办才合爻性,您说是不是这么个理儿？""信着这月钱也该涨点儿了,这些人苦巴苦业地不容易！"信着,还有"由着"之意,如"要信着他呀,非砸锅不可！"

歇菜 买卖黄了,或曾经得势的人不得势了。如"他呀？哼！歇菜了！"

歇伏 三伏天的暑热天气上蒸下煮,人们放慢生活节奏,甚至停止辛苦的劳作,谓之歇伏。堪称养生之道。

邪了 邪门儿 很奇怪。如"邪了门儿了,一出门儿准撞上他,你说晦气不晦气！邪了。"

邪门歪道儿（门,发"么",me） 邪门歪道。如"这人净邪门歪道儿,你可留点儿神。"

邪乎 特别不正常。如"真有点儿邪乎！好几个大小伙子都拽不住,走火入魔了。"

邪火儿 不知哪儿来的火儿。如"好么,这股邪火儿冲我来了。"

血乎流烂 形容血流不止、血淋淋的样子。

懈了咣当 松懈而晃里晃荡的样子。如"你呀,还是得认真点儿,就你这懈了咣当地,能学到真本事吗!哪个师父也看不上你介样儿的。"

㸌 破 把黏稠的东西稀释,称为"㸌",如"把麻酱㸌了,咱吃麻酱面。"而把现成的米饭加水,略加热使其成为稀饭,则称为"破","破点儿稀饭"。

小性儿 小心眼儿,耍小脾气儿。如"得了得了,别耍小性儿了。"

小闺女儿(女的儿化发音是特点) 小女孩儿。

小样儿 对人的喜爱之语,多用于说小孩儿。如"小样儿,真爱人儿!"

小信了 事情没消息了。估计来自放鞭炮的"信子(芯子)"瞎火儿中断了。

小虾米儿 虾皮儿。

小嘴儿吧吧的 形容人能说,一般多用于只说不练嘴把式。"好么,这人小嘴儿吧吧的,就是没真格的。"

小铺儿的闺女——不吃亏 歇后语,对一点儿亏都不吃的人的蔑称。如"你怎么跟小铺儿的闺女赛的!人还得厚道点儿"

小婆子 对妇女的一种歧视之语,多用来贬损那些为人刁钻的女子。小婆儿,是旧时人家的小老婆。

小蜜 狎邪之语,指年轻女性。

鞋趿拉 拖鞋。

心不苦命苦 对"辛苦了"的玩笑式应答,此语显示了在艰难岁月中,天津老百姓的风趣与幽默。

Y

业 业,本为佛教用语,指人在世间的行为、语言、思想三种善恶业;而一般多指罪业。在天津人的日常用语中转意为在不易的人生中疲于奔命、奔波劳碌之意。如"为了拉扯几个孩子,爹娘业了一辈子。"

业障 业障,原为佛教用语,指人的业,即行为、语言、思想的罪孽障碍着人修成正果。故当年的老辈人常责骂自己的不肖子孙为"业障"。在天津话中,业障还转意为经历苦难。如"这几个孩子没了娘,业障了。"

业老二 指业障了、倒霉了、孤苦无助的人。"老二"在天津话中常与排行没关系,却常是一个不甚尊重、带嬉笑性质的称谓。如"倒了大霉了,都冲我来了,我成了业老二了!"

夜个 前儿个 昨天,前天。如"夜个黑晌儿",是说昨天晚上。

噎膈 食道病,不能正常吞咽。常用来骂人。如"就缺德吧,得噎膈!"

噎巴 噎巴腔儿 噎巴,是急急忙忙大口地吃东西。如"起晚了,他噎巴了两口馒头就走了。""你慢点儿吃！噎巴嘛！"噎巴，另意为用话噎人、顶撞人。如"求人难啊，话还没说完，就让人噎巴回来了。"噎巴腔儿，是噎人的腔调和话锋。如"她怎么啦？谁惹她了？怎么一天到晚噎巴腔儿？逮谁谁！"

掖咕 用力塞。如"衣柜让他掖咕得满满登登、乱乱糟糟，找点儿嘛都费劲！"掖咕还有急急忙忙把东西藏起来的意思。如"你甭掖咕，我早看见了。"

迂（yū） 木讷之意，如"这人太迂，扶不上墙。"在天津人对话中还有舒适、舒服之极的另意。如"太迂了！""小日子过得真迂！"估为"愉"或"娱"的变音。此意还常说成"迂体"（"体"发"踢"音，tī）。

硬朗 身体好，一般多说老年人，也作"硬硬朗朗"。如"老爷子的体格真硬朗"。

冤孽 替人背锅，倒霉。如"你跟他搭伙，介不冤孽吗！他是那厚道人吗？"也用于亲近的人怜惜时的代词，如"你就赶紧把这碗药喝了吧，冤孽哎——"

冤大头 吃亏上当的人，也作"大头"。如"咳，我就是个冤大头，我愿意！"

悠着点儿 别太过力，留点儿余地。如"您了悠着点儿，岁数不饶人！"

有来道趣儿（"趣"为"去"谐音） 说得高兴，有根有叶儿。如"听大哥说介老时年间的事儿，有来道趣儿的，怪哏儿的。"

有头有脸儿 在社会上有地位、有影响，被众人尊重。如"人家华七爷、王二爷、李三爷，可都是有头有脸儿的人物。"

有一搭无 "有一搭无一搭"的简化；与人心不在焉的搭话，或没有成功把握的不抱指望的行动。如"他有一搭无，带搭不理儿的。""现在只能是试着步儿来了，有一搭无吧。"

有戏 没戏 有戏，有可能成功，有希望。如"这孩子真用功，老考前三，进重点有戏！"反之，没希望、没可能就是"没戏"了。

有乐儿 找乐儿 性格幽默的天津人，总能在日常生活中发现有趣儿而逗人发笑的事情，那就"有乐儿"了；通过逗趣儿哈哈一笑，那就是"找乐儿"。

有辙 没辙 有办法；没办法。如"实在没辙了，另想辙吧。"

有根 没根 有把握；没把握。如"你到底有根没根？你倒是说呀！"

有好日子没好过 常用来指责或形容不好好过日子，无事生非。

有好话没好说 说话不注意方式。如"话到你嘴里怎么总是有好话没好说呢，听着就不顺耳。"

有今儿个没明儿 一意为形容不会过日子。如"瞧这有今儿个没明儿的，现在这年轻人花钱如流水，不会过。"另意为拼命的狠话。如"我跟你有今儿个没明儿！势不两立！"

有枣没枣打三杆子　为免遗漏先做着。如"管他呢,有枣没枣打三杆子,搂着了就算赚的。"

油干灯尽　形容人耗尽心力,心力交瘁。如"可怜天下父母心,这老俩口子苦扒苦业,油干灯尽,拉巴这几个孩子,容易吗? 唉——"

由性儿　由着性子,任性。如"在外面混事由,哪能由性儿呢? 你得改改你的脾气。"

熨贴(熨,yù; 贴,tie)　人舒服,或东西到位、衣服平整,或事情妥贴。如"二爷的日子过得倍儿熨贴!""这事儿办熨贴了。"熨贴,也作"熨帖"。

晕头打脑　迷迷糊糊,晕晕乎乎的样子。如"你喝得晕头打脑,介似干嘛! 撒酒疯儿? "

晕斗儿　晕了,迷糊了,因情急而犯迷糊。如"那天我一上来就晕斗儿了,都忘了干嘛去了,连句整话都不会说了。"此语来源于民国初年天津推行新政时的一件旧事。新生的天津消防队在东北角立了个很高的立柱,高处修了个斗状的站台,有观察哨在那居高瞭望全市有否火情。天热兼食水不到,一次观察哨就晕在斗儿里了,引起了社会关注,由此形成"晕斗儿"的说法。

云山雾罩　云山雾罩本是个山水美景,但被借用来形容人说话玄虚,似乎让人摸不着头脑。如"你说得天花乱坠,云山雾罩,没用! 白费蜡! "

月钱　月工资。如"关了月钱,他总拿出一部分存起来,攒着给儿子买房。"

央给　央求。如"你央给也没用! 今天谁也不能出去! "

洋火儿　洋蜡　火柴,蜡烛。

洋白菜　卷心菜、圆白菜。

羊肠子　羊肠子又细又长,生活中用来形容没完没了。如"你说完了吗? 羊肠子! 你说了半天还没个完了。"

痒痒话儿　事不关己、不能设身处地的表态,没用的主意;有时还有点儿看笑话的意味。如"人家都急死了,你就别说那痒痒话儿了。"

鸦默悄声儿　静默而没有任何声音。如"会场里鸦默悄声儿,大伙儿都大气儿不喘,等着宣布最终结果。"

牙花子　牙龈。如"上火了,牙花子都肿了"。

幺蛾子　岔头儿,馊主意。如"这就够呛了,你就别再出幺蛾子了! "

咬秋　立秋那天吃瓜,被称为咬秋;天气渐渐凉了,不再适合吃寒凉之物了。

要谎　在买卖道儿,与"实价"相对的是有一定落价空间的"谎价",买主儿力图挤出谎价中的水分,与卖家去讨价还价,就是"要谎";而卖家表示价格就是实价,是一口价,就会说"不要谎"。

要短儿 提出无法满足的要求,恰中短处。如"您这不是要短儿吗?请高抬贵手,容我再想辙吧。"

爷 爷爷爷 爷,旧时对男子的尊称,如"这位爷,您借光。"熟识的常前面加姓,如"张爷""李爷"等。而一连串的"爷爷爷",是见面时边行拱手礼边发出的寒暄之语。

爷们儿 男人,无论婚否泛称"爷们儿"。妇女对自己的丈夫也称"爷们儿"。为了强调男子汉气概,则说成"老爷们儿"或"大老爷们儿"。

淹浸 埋没了,白搭了,糟践了。如"好好儿的东西,跟这些乱七八糟的搅乎一块儿,介不白淹浸吗!"

腌心 很伤心。如"哪有你怎么说话的?让人腌心!"

眼呲 眼屎。

眼观鼻鼻观口 众目睽睽。如"这眼观鼻鼻观口的,介事儿没法儿办!"

眼大肚小 看到好吃的恨不得多吃,但肚子有限吃不下去了。

眼晕 看到纷纭众多的东西而目眩。

眼眬 眼前纷乱,看不过来了。如"当年灯节儿,估衣街的买卖家争放盒子灯,五光十色,一个接一个,逛街的人们看的眼都眬啦!"

眼皮子薄 看不起人。如"这小子专门浮上水儿,眼皮子特别薄。"

眼里没人 目中无人。如"这人太不懂嘛!也没个尊卑长上,眼里没人!"

异兴(异,多发"一",yī;兴,xing) 没想到一块儿;实际就是"异向"之意,或就是"异向"的变音,接近"异向思维"的意思。如"咳,昨天咱俩异兴了,结果谁也没见着谁。介怎么说的!"

应该得份 应该的,份内的。如"孝敬老人是做晚辈应该得份的。"

硬可(重音在"硬";"可"发"磕"音) 靠得住,强,结实。如"人家上边儿有硬可人儿,要不这么作妖呢!""这件儿家具挺硬可,且用呐。"

一晃(晃,huǎng 或 huàng 均可) 形容时间飞快地过去,转眼之间。如"您说的事儿跟在眼前赛的,一晃!"

一程子 一段时间。如"这一程子您忙乎嘛了?""您这一程子可好?"

一流够(流,liù) 全部或尽兴。如"这娘儿仨,劝业场遛了一流够,嘛也没买。"

一勺烩 以烩菜的烹饪方法喻指把事情一并解决,或在争斗中把某些势力全都一锅端了。如旧时有强调天津重要性的俗语"乱京不乱卫,乱卫一勺烩"。

一出儿 本是戏剧的量词,在日常生活中却用来形容可质疑的某件事情。如"你这又是哪一出呢?这么大人了,让我说你嘛好呢!"

一阵一出儿 意指多事儿善变,一会儿一个主意。如"你快打住吧!这一阵一出儿,你到底有个准宗旨没有?"

一惊一乍 突然乍乎。如"你这一惊一乍,吓了我一大跳!"

一股肠子　两股肠子 一股肠子指一门心思,两股肠子指分心。如"大凡能做成点儿事儿的,心都要专,一股肠子,一条道儿跑到黑。""后娘不好当,两股肠子。"

一边儿 为一样之意,同"一般"。如"一边儿大""一边儿高"。"一边儿大"有时也说"边儿边儿大"。

一担一挑儿 妻子姐妹的丈夫,连襟儿。常简化为"一担挑儿"。

一阵两伙 突然、偶然发生。如"他一阵两伙来一趟。"或没规律,没准儿。如"他一阵两伙,没个准脾气,高兴起来嘛都行,不知为嘛又翻疵了。"

一通忙乎(通,tòng) 好一阵不停地忙和干。

一宠性子 任性。如"她就是一宠性子,耍小孩儿脾气。"

一头儿官司 光是一边儿的理。如"介事儿光他一头儿官司,介还怎么谈?没法儿谈! 就这么不说理。"

一脚儿踢 雇主对雇员一次性结算,从此不再享受任何待遇的解聘方式。如"好么! 卖了这么多年命,一脚儿踢了!"

一脑瓜糨子 形容人糊涂,心里没数。如"他呀,一脑瓜糨子! 人家把他卖了,他还帮着数钱!"糨子,糨糊。

一肚子杂碎 贬损人没本事,没心路。如"你看他人模狗样儿的,其实一肚子杂碎! 绝说不出个一二三来,更甭提四五六了。"

一推六二五 意指推脱得一干二净。如"他是指不上,嘛事儿都一推六二五!"此语来源于旧时使用十六两为一斤时的算账口诀,如一斤价格一元,一两则为一元的 1/16,0.625 元,即六分二厘五,打算盘时口唱"一退六二五,二为一二五……"的口诀。后来,人们将"退"改为"推",用在了生活中。

一壶醋钱 形容钱少。如"您问我一个月关多钱,咳,一壶醋钱!"

一窝两块 男女再婚,所生同父异母或同母异父的子女,称为"一窝两块"。

一翻一瞪眼儿 打牌语,用于生活中形容得知结果目瞪口呆。

一根筋 性格执拗,固执己见,不灵活。如"他? 就是一根筋! 说不通。"

一报儿还一报儿 因为做在前,有前因,才招致后面的报复或后果。

一掐一大把 形容多。如"介年头儿,三条腿儿的蛤蟆没有,两条腿儿的人有的是! 一掐一大把! 你甭拿着个劲儿。"

拥给(给,gei) 因为,是天津人的特殊发音。如"拥给嘛",即"因为什么?"之意。

用人朝前不用人朝后 形象描述了实用利己主义者的变脸。

胰子　肥皂。以此衍生，香皂叫"香胰子"，洗衣粉叫"胰子粉"。

呓了巴怔　**发呓怔**（怔，发"增"，zēng）　呓了巴怔，还没完全睡醒。发呓怔，说梦话或梦中打把式。如"他呓了巴怔爬起来就赶着去上班了，不知道的还以为发呓怔了呢。"发呓怔，或应为"发呓症"。

意思意思　表示表示，为表感谢与好意略送薄礼。还常说成"小意思"。

阴凉儿（阴，yīn）　被房屋或树木遮挡，太阳照不到的地方。如"瞧你晒得红头涨脸！快上阴凉儿地儿凉快凉快，落落汗儿。"

阴凉　**阴森**（阴，yìn）　常用来形容地下室（天津人称"地阴子"）或久不见光之处，又潮又凉之状。如"那间南房，阴凉，阴森，您还是别住那儿。"

芽乌豆　**老虎参**　五香煮蚕豆；五香煮花生。均为天津传统小食品。

哑巴吃扁食——心里有数　歇后语。意为嘴上不说，心里有数。

Z

褶咧（褶，zě）　怎么都不行。用于人际，指不好相处。如"这个人真褶咧，没法儿处。"或用于说小孩子，如"介孩子真褶咧，哭哭咧咧，怎么哄也不行！"

俊（不发 jun 音，发"尊"，zùn）　漂亮。如"瞧这小闺女儿多俊呀。"

拽（zuāi）　扔。如"没用的东西趁早拽了""你快把球儿拽过来！"

跩（zuǎi）　指说话故作高深，甚至"引经据典"。如"得！没说两句，他又跩上了，要不怎么叫马大学问呢！"有时也说成"跩文"。

滋润　面色油光红润；或用来形容人的日子过得舒心。如"瞧人家这老两口子，日子过得倍儿滋润，介不又旅游去了嘛。"

糟今　糟蹋，浪费。是"糟践"的变音。如"别糟今东西。"

糟改　拿人开心，作弄人。如"你别拿我糟改了。"也简化为"改"，如"得了，你别拿我改了！"另意为事情坏了，糟了。如"介不麻烦了嘛！糟改了！"

糟心　心烦，堵心。如"一家有一本儿难念的经，难免有点儿糟心事儿。"

遭报　糟了，坏了，麻烦了，遭遇不好的结果了。应是"遭到报应"的缩略语，但在天津人的口语语境中，后果弱化了，常出现在亲近的人之间焦急、埋怨的时候。如"您说介孩子不听老人言，非得凑那个热闹，介不遭报嘛！"

招恨　**招恨不觉知**（招，发"遭"，zāo；觉，发"角"，jiǎo）　招众人怨恨。如"这事儿要这么办就有点儿太招恨了，可惜有的人招恨不觉知。"不觉知，自己没感觉。

招把儿撩把儿　**招欠**　有意无意的引发矛盾的动作。如"你非招把儿撩把儿,惹他干嘛呢?""介孩子招把儿撩把儿,真招欠! 又把小妹妹弄哭了。"招欠,招惹麻烦而欠揍,欠挨整治。

招谁惹谁 常用于自表无辜的口头语。如"我们张三老实巴交,招谁惹谁啦,干嘛老找兴我们!"

招不开盛不了 常用来形容人不自知,现状容纳不下了。如"瞧瞧他! 招不开盛不了了! 还知道自己吃几碗干饭吗?"

凿巴 找补(凿、找,záo) 凿巴,再加一些力以推进。如"再凿巴凿巴,这事儿也就基本落实了。"另意为饭后再吃一些。如"你在我们这儿再凿巴点儿?"凿巴也作"找补"。

凿细 凿真儿(凿,záo) 穷根究底,找真哑儿。如"这事儿一凿细,还真凿细出事儿来了,说出来得吓你一跳。""他这人就爱凿真儿,认死理儿。"

着了(着,záo) 睡着了。如"介孩子,这么会儿功夫,着了。"

找兴 跟别人找别扭,找茬儿。如"你这不找兴人吗? 我招你惹你啦?"

找病 没病找病 找病,招惹麻烦给自己添堵、添病。没病找病,没事儿找事儿。如"介孩子非得去拉双眼皮儿,介不没病找病嘛,真是找病!"

找不素静(重音在"找",zǎo) 找麻烦,自找不省心。如"她们家那烂鱼头事儿你管它干嘛! 介不多余嘛,介不找不素静嘛!"

找不顺绪 找不痛快,找别扭。如"有话好好说! 别找不顺绪。"

找讨没脸(重音在"找讨") 自找寒碜,自找没趣儿。如"说了多少回了,没改性,找讨没脸!"

找不着北 以不辨方向来形容懵了的样子。如"我真找不着北了,乱套了。"

早起来(来,发"嘞",lēi) 早晨,刚起床。为强化常说成"大早起嘞",如"你大早起嘞,吆了巴怔折腾嘛! 好容易歇班儿还不多睡会儿。"

炸刺儿 不服,以至直接挑衅对抗。如"我告你呵,老实点儿! 别炸刺儿! 炸刺儿没你的好儿。"炸刺儿的"炸"似应写为"奓",张开之意,"头发奓着",而炸刺儿,由此可写为"奓翅儿"。

杂铺 肉铺子 粮店儿 为当年老城里家门口儿卖日用食杂的、卖肉的、卖粮食的小商店。杂铺弥漫着一种混杂的作料味儿,带个小碗儿,几分钱的面酱、麻酱也是卖的。去肉铺买几毛钱肉,红光满面的肉铺掌柜夏天撕一小片儿荷叶,冬季用小块儿的油纸、薄木片儿,可以把那块儿肉托回家。凭粮本买粮、定量供应那些年,粮店儿人最多时,是"借粮"那一天。

杂八地 天津卫五方杂处,旧时,也形成了一些藏污纳垢的街区,那些地方,妓院暗门子林立,吃喝嫖赌妄为,黑道儿混混儿横行。天津卫的老门老户,管那些地方,如南市,就叫"杂八地",是不准子弟去的。

砸锅　砸锅卖铁　砸锅,就是事情办砸了。砸锅卖铁,则是尽全部财力的意思。如"介事不是砸锅了吗,没关系,我盯着,砸锅卖铁我也得把介事儿了了。"

栽了　栽面儿　没面子了,栽跟头了。如"今儿我算栽了!没脸见人了。"

栽歪　突然倒在地上,或斜了。如"他眼前一黑,,一头栽歪那儿了。""那棵树有点儿栽歪。"也仅指躺着,如"我累了,栽歪会儿。"

择　择席　不择食(择,zái)　择,选择、整理,如"择韭菜""择个个儿大的"。择席,在意睡觉的地方,如"夜个儿我一宿没睡,择席!"不择食,不挑剔,如用来说人就不是好话了。如"介货!不择食。"

在意　按口语习惯如果重音同时在"在意",是介意、注意的意思,如"那天他说了些什么,我没大在意。"而如果重音在"在",则是注意的引申——小心、谨慎,在乎,也有节俭的意思。如"这块砚台他用了很多年,一直很在意。""你说别的都无所谓,他就在意你那句话。"

载儿　给人以颜色、教训,使其承受。如"好么,他?我可惹不起,弄不好给你来个载儿!"

脏心烂肺　以坏心猜度别人。如"好心帮你吧,你倒脏心烂肺以为我有所图。"

长犄角翎了　不同以往了。如"介孩子长犄角翎了,说嘛他也不听了。"

指着(重音在指)　指望,依靠。如"实在没辙了,只能指着你了。"

值当的　不值当的　值当的,值得;不值当的,不值得。如"算了吧,介事儿不值当的,别老往心里去。"常连说,如"值当的吗?不值当的芝麻大点儿事儿,值当不值当的?"

直罗锅儿　去完成或想去完成好像不可能的事情。罗锅儿就是驼背。如"你可太不像话了,没收儿没管儿了,我今天还就要直罗锅儿了,非管管介事儿!"

走畸(重音在走)　走形,走了样儿了。如"病了这些日子,人都走畸了。"

走字儿　走背字儿　走倒霉字儿　霉气,运气不好。如"最近也不怎么了,走字儿了,走背字儿了,走倒霉字儿了,喝口凉水都塞牙!"这些说法似与当年人们算命批八字儿有关。

皱巴(重音在"皱",zòu)　一意为形容衣服不平整;另一意为形容人别扭、不痛快,拧着个劲儿。如"也闹不清她到底怎么回事儿,反正就是皱巴,皱皱巴巴,嘟噜个脸子,就像该她点嘛赛的。"

轴　拧(轴,zóu;拧,nìng)　均为形容脾气执拗,不回头。如"我们大小子,轴之啦,拧之啦,他要认准了,连头驴都拉不回来,随他爹!"

轴头轴脑　常用来形容男孩儿虎头虎脑,虎实。如"这孩子轴头轴脑的,真爱人儿！"

遮乎（遮，发"者"，zhě） 遮掩，辩白。如"你别遮乎了，谁不知道谁？"

遮羞脸儿（遮，发"者"，zhě） 遮掩自己的尴尬。

足嘣 饱满，形容人或物；或指分量足。如"瞧这小子长得多足嘣，真结实。"

作 作喝 作乎 作妖 作死（作，zuō，与"嘬"同音） 胡折腾，预示着不好后果的折腾。如"你就作吧（作喝吧作乎吧）！早晚得栽跟头！"作大了劲儿，就是"作妖"了；离倒霉不远儿，那就是"作死"了。

嘬瘪子 为难了。如"太大意了，这回我可嘬瘪子了。"

嘬牙花子 形容嘴发出"啧啧"之声，无奈、没办法的样子。

拙嘴笨腮 意指不善言辞，是伶牙利齿的反义。如"我们家老王老实巴交、拙嘴笨腮，您啦就多关照吧。"

左不咧 左撇子。

左耳听右耳冒 好像在听，并没有听进去。如"先生嘱咐了半天，你左耳听右耳冒，不当回事儿，太不像话了！"

坐蜡 形容处于为难的窘境；如"介不坐蜡了嘛，他一拍屁股走了，我得给擦屁乎！"受过，惹上麻烦，也是坐蜡。如"他作了祸，我跟着一块儿坐蜡。"

挣歪（挣，发"赠"，zèng；歪，wai） 挣扎，力图挣脱。如警察抓住了小偷："你老实点儿！别挣歪，挣歪你也跑不了。"

挣命 常用来形容生活不易，为生计奔波。如"为混口棒子面吃，成天挣命。"

恣歪（恣，zì；歪，wai） 不服气，还想争斗。如"就你那两下子，你根本不是个儿，别恣歪了！"

真格的 真的，真话。如"说真格的，咱不玩虚的。"或指看家的真本事。"你说他技不如人，今天比试他可来真格的了。走眼了吧？"

真咂儿（咂，zā） 真实的想法，情况或结果。如"今天我就要个真咂儿！咱就别再躲躲闪闪绕弯子啦！"咂，品味、辨别的意思。如"咂吧滋味儿"。

针尖儿对麦芒儿 严重对立，互不相让。如"这俩人，针尖儿对麦芒儿！谁也别说谁，没一个省油的灯！"

怎么来怎么去 事情的经过，来龙去脉。如"介事儿怎么来怎么去，您这么一说，我就明白了。"

抓瞎 麻爪儿 抖楞手儿 都形象地说出了人在遇到难处时手足无措的样子。如"我真抓瞎了，一点儿辙也没有。""我当时就麻爪儿了，懵了。""全完了，多年的心血全毁了，能不抖楞手儿吗！"

抓挠儿 没抓没挠儿 都是心乱、心急；没抓没挠儿更是心乱、心急加心慌。如"白菜又涨价了,刘娘心里真抓挠儿了,这一大家子可怎么弄啊。""刘爷卧病在床,刘娘没了主心骨儿,心里没抓没挠儿的。"

阵子 一段时间。如"这阵子您啦身体可好?"

正文儿 正经事儿,正经话。如"一天到晚没正文儿""别老贫嘴呱舌,你说点儿正文儿行不行?"

折饼儿 在床上翻来覆去来回翻身折腾。如"好么,就这点儿事儿,夜个晚么晌儿半宿没睡着觉,光折饼儿了!"

中着不着(着,záo) 办事儿脱离常规,无法解释。如"您说有这么办事儿的吗!介不中着不着吗!"

贼 贼大胆儿 贼,常用来形容特别机灵,心眼儿多。如"那小子,倍儿贼。"贼大胆儿,胆子特别大,略带贬义。如"那小子,贼大胆儿,蔫土匪!"

这堆这块(这,zèi) 意为"就这样的、如此这般的"。一个人或一群人,都能称为"这堆这块",带有摊牌的意味。如"就这堆这块,您说怎么着吧?"

胗膈儿(胗,发"增",zēng) 鸡胗,天津人称为胗膈儿。但在口语中,常被用到人的身上,指与外表相对的内里,很有些诙谐的意味。如"他嘴上不说,打胗膈儿里就不乐意!"或"打胗膈儿里就美"。

主家 当差的,称主人为主家;为人家办事,服务,也称这户人家为主家。

主意正 有主见,不易改变;甚至固执。如"他就是主意正,谁也说不动他。"

折了 折箩(折,zé) "折了",倒了、扔了。如"介干饭都馊了,折了吧。""折箩",旧时饭店的一种外卖,是将酒席宴上没怎么祸祸的剩菜,本来应该扔了,但不扔,一并放在笸箩上外卖。一般家庭后来也把各种剩菜放在一起,称为"折箩"。天津年俗,大年初四吃折箩。

扎(zá) 用缝纫机加工。如"扎活""扎衣裳""扎个被套"。

咋乎 小题大做嚷嚷,问题被夸大。如"孩儿她妈特别能咋乎,谁有点不得劲儿,还不够她闹唤的。"

做水 烧水。如"你去做壶水"。

沾包儿 因与他人有关系而惹来麻烦,与"沾光"反义。如"他被免了职,人们都躲得远远的,生怕沾包儿。"

䐉布 抹布,"䐉"的本意即为弄脏。

装蒜 装样子。如"你别装蒜了,早看透你了!"

装孙子 喻指低声下气、乞怜状。如"在老板那儿装孙子,跟工友吹胡子瞪眼,你说介叫嘛人!"

撞科 旧时,传说人被故去的人附体的异态,口气、声音都似故去的人,常好像对其后人说话,被称为"犯撞科"。据说遇到这种情况,用一枚铜钱立在炕沿或桌上,能直立不倒,就是真撞科,要答应他的要求。而在日常生活中,人们把那些做事不合常理的举动,戏称为"犯撞科"。如"你今天介是怎么了?犯了撞科啦!"

嘴巴子(巴,bà) 面颊;引申意为耳光。如"抽了他一个大嘴巴子。"

坐地炮滚刀肉 指没完没了、纠缠不休地跟人打架吵闹、特别能折腾的人。

最后一哆嗦 成功或完成前的最后给力。如"你可千万别懈劲儿呀!就差这最后一哆嗦了。"

转莲子儿 葵花子儿。向日葵则被称为"转莲"。

转摸摸儿 形容原地转来转去。如"走迷乎了,好末,转摸摸儿了。"

妯娌打架——改哥们儿 歇后语。如"你快别说了,你介不妯娌打架!""怎么着?""改哥们儿呀!"

站着说话不腰疼 据传是一个古老的俗语,天津人也常说。据说来源于先秦时,商鞅在朝堂论道,说到激情处索性不再跪坐,站起来侃侃而谈不止,其他大臣按礼法跪坐良久,腰酸腿麻。下朝后有大臣对商鞅说:你真是站着说话不腰疼。旧时,长工终日弯腰弓背干活儿,监工的老财仍不住催促长工干得再快点儿,长工也只敢背地发牢骚:站着说话不腰疼!

咱天津话

225

余生亦晚，但至今也已七十有余矣。

抚今追昔，往事历历，心潮难平。我们这一代人经历了很多故事，这些故事既是属于我们每个人的，也是属于那个年代的。

谨将上学时就喜欢的俄国诗人普希金的一首诗记在这里。

假如生活欺骗了你，
不要悲伤，不要心急，
阴郁的日子需要镇静，
相信吧，那愉快的日子终将来临！
心儿憧憬着未来，
而现在却常是阴沉，
一切都是瞬息，
一切都会过去，
而那过去了的
就将会成为亲切的怀恋。

过去了就成了故事

乡祠故里轶闻

一　永安胡同与孟家大院

我家世居天津老城里东北角乡祠东永安胡同。

这条胡同老年间叫大井胡同,在网上曾见过一帧清代的老城里东北城角地图,在乡祠东赫然标注着"大井胡同",这条胡同的位置肯定是有井了,而且是大井。好像是张仲先生吧,于老城拆迁前后曾经在文中提到过天津老城有几眼明代古井,没有提到这口井,也许年久湮没了。

1930年,我的祖父介臣先生说,咱们怎么能常年论辈住在井里呢,于是经向市政当局申请将大井胡同更名为永安胡同。清末民初,祖父在老城西南城外曾买下大片水坑的地权,填坑造地,开发并命名了"广开",他组建了一个"永业公司",是一个房地产公司,专营广开的地产和后来盖起的广开中街等房产。永业公司和永安胡同,都有个"永"字,可世上哪有"永"啊,早已物是人非,湮灭在历史的烟尘中了。

永安胡同是一条南北向的不长的小胡同,街坊们管这条胡同就叫"小胡同"。一共只有六个门儿。西侧南端的我家祖居是个四合院,院门朝东,开在院落的东南角,有过道,虽不奢华但方方正正,院内遍植花木,十分清幽。据家父回忆,当年我家门外的胡同南北,祖辈都铺了条石的地面,但我幼时这些条石早已不翼而飞,胡同又回归了土路,后来才铺了砖路。

永安胡同的北口隔着乡祠东街对着张家祠堂小胡同,南口则通向乡祠南孟家大院。祖父在孟家大院又购置了一个院落,十二号,是个"T"字形院落,房屋与永安胡同祖居却是紧挨着的。

老城里称为"大院"的胡同是很多的。孟家大院西接乡祠南一条,东北接永安胡同,东南接万字胡同,共有十五个门儿。最东南一隅是这个街巷最好的一所很开阔的宅子,这所宅子起初是孟三爷的,所以这条街巷才命名为孟家大院。据父亲说孟三爷与祖父关系甚洽,但孟三爷后来把这所宅子卖给了田家。

田家是个殷实之家,我幼时管田家的当家人叫田伯伯(bai bai),他与父亲年龄相仿。他的父亲是个矮个子的小老头,衣着考究,都是缎子的,还戴个帽翅儿,却有些精神缺陷。这位老爷子的岳丈十分有钱,但只有一个女儿,这位老岳丈生怕自己的宝贝女儿结婚后受男人的气,就选定了田家这位有些缺陷的姑爷,反正财产也够闺女吃一辈子的了。这段令人唏嘘的婚姻使田家锦上添花,嫁过来除带来浮财,还包括估衣街多处门面房产。这位老太太不大爱出门,但我是见过的,十分白净,像是一位很精明的人。

按说老一辈考虑得也够精细甚至过于精细了,但挡不住飞来横祸——田家遭了一次抢劫。

这所宅子的房子虽然是起脊的瓦坡顶,但临街都修了女儿墙,就像个城堡。据事后警局分析,劫匪是天擦黑儿时,从万字胡同矮房处上的房,在房上后坡、女儿墙下躲着,街上谁也看不见,待天黑,劫匪对院里一切却一览无余。半夜时,劫匪下房,开大门,拉闸盒,先朝青壮男人房间下手,把所有人捆绑后,从容劫掠,甚至在厨房做了夜宵,舒服至极。天亮后大摇大摆用车把财物拉走,如同搬家。田家遭此劫掠,但并没有伤元气,估衣街的收入仍使生活绰绰有余。

1944年农历六月初六,笔者父母的大婚之夜,我家也遭劫匪。也是从房上下来的劫匪,手法一样,先开大门拉闸盒,劫匪先到西屋把来陪房的母亲的奶妈刘姥姥的金货将走,然后用刀逼刘姥姥去叫新房的门。刘姥姥堪称义仆,誓死不从,劫匪也就罢了。劫匪又潜入院东部正房祖父居室,并在外间点燃了蜡烛,里间的祖父与那天睡在祖父房中的老伯都惊醒了,老伯那时是个大小伙子,劫匪见状急忙在堂屋抓了一些小件古董就匆匆而去了。

父亲与田伯伯是有来往的,估计他们说起这些事,一定相视苦笑:破财免灾吧。那时科技不发达,劫匪遁入人海也就渺无踪迹了,劫财不夺命,我们这两家都没有伤人。

田家院子总出案子。一九五几年的时候,几个朋友租了田家南房三间屋子开了个友联裁纸局,是为父亲经营的大文印刷局等印刷厂家做裁纸加工的。突然一天,其中的一位合伙人,我称之为庞大爷的,被抓走了。后来田家院子的大墙上贴了告示,告示说他解放前在原籍是个保长,参加过还乡团,闹出了人命,被判处死刑。

另一件也堪称案子的事情是:一九六几年的时候,田家院过道旁搬进来男孩儿叫二黑的一家人。二黑和他爸爸都是挺热情开朗的人,二黑长得确实挺黑,特别爱笑,牙挺白,比我小几岁。有一天二黑突然被抓走了,原来他们在一起玩儿的一帮小子的其中一个,不知犯了什么错儿被警察抓了,这帮小子闻讯在东门里把警车拦了,美其名曰"劫刑车"。不久,这帮倒霉孩子全放回来了,因为本来也没什么大不了的事。不知二黑能否看到王哥的这篇追记? 别怪王哥又倒腾这些事,一笑吧，谁小时候没干过歪毛淘气的事儿呢。

孟家大院南口儿不远刚进万字小胡同，路东有一家高台阶的院门。一九五几年，天津的报纸发表了一篇题为《狠心的嫂子》的报道，说是主妇嫂子虐待父母已双亡跟着哥哥嫂子过的年幼的小叔子。当我们得知新闻报道的就是这家时，我们这帮十来岁的小子，天天到那家的门口去喊：狠心的嫂子！狠心的嫂子！那家的大门更是经常紧闭了，不久那家人就搬走了。

二　老街旧邻

孟家大院胡同中部有一块比较开阔的地方，街坊们都管这块地方叫"大里"。大里的北面是两个院门，靠东侧那个门就是我家，大里的东面是永安胡同我家祖居的西后墙，大里西面又是两个大门儿。由于大里比较开阔，女孩儿们在这儿跳皮筋、跳房子，男孩儿们则弹球儿、玩"踢罐儿电报"。后来我们大些了，在墙上钉了个篮筐，玩儿小皮球，类同打篮球。我们还组队，印背心，与附近里巷的小皮球队组织"联赛"。

读父亲的《回忆》遗稿，才知道所谓"大里"，是从"大李家"演变来的。大李是实有其人的，据家父回忆，这个大李，不过那时已经称李爷了，高个子，挺魁梧，他的老伴儿是个麻子，老两口子为人都挺不错。这位李爷的经历，与万寿宫的张三链子有相似之处，也是个挑水的。张三链子在北城外庚子年遭劫掠的一个富户的荒院儿刨出了一缸元宝发了家，而我们家门口的大李，早年则给北门里各金店挑水，也是庚子年，不知什么际遇也得了外财，后来就不挑水了，陆续购买了十八号及十六号小半个院子的地权，盖起了宽房大屋，此后把朝阳观后来的兴隆化妆品厂大楼等房产都买下来了。

父亲说："包子有肉不在褶上。"这老两口子的生活仍很节俭。他们有三个儿子，其长子这一支，人都很本分，长子在棉布庄学买卖，长孙自小读书，后来做了教员，念私塾时与家父是同桌。李爷得了早，而我的祖父是老来得子，李家的长孙虽年龄与家父差不多但一直尊家父为大辈儿。后来，老城里拆迁修了城厢东路，我家的院子被拆了一半。已经移居河北区的父亲怀念故里，让笔者陪着去故宅看看，从家门出来正碰上李家的大嫂子，也就是李家的长孙媳，大嫂子把我们让到她依然窗明几净的家里，"七伯、七伯"地叫个不停，眼圈儿都红了。

大李也就是李爷的另外的儿子与他们的哥哥就大不一样了，用家父的话说就是"坐吃"。他们不做事,靠变卖祖产度日,有的大吃八喝,家门口来了抽签卖烧鸡的,必去抽签,还染上其他恶习。本非豪门,禁不起折腾,后来有的李家子孙在天津就混不下去,迁到农村去了。当然这都是很早的事了,父亲感慨地说:给儿女留下钱财,非为好事,这是李家的教训。

十六号院南房后来曾经住过王姓一家人,和我家有很好的关系,王家的姑娘小名大胖子,大名王丹辉,多年后在胸科医院医政处工作。我父亲患心脏病去该院就医,她总是推荐介绍最好的大夫。王家的大儿子叫二栋,小儿子叫金宝,现在都不知怎么样了。王家的家长叫王中昆,在他家搬来之前与父亲就是同事。七七事变,本来在东马路甲种商业学校在学的家父因学校停办失学,遵祖父之命就去北马路傅家胡同的华中印刷局学买卖了,王中昆大伯那时是华中印刷局的会计,比父亲年长,很同情父亲的失学遭遇,很是关照。王大伯擅书法,楷书行书都写得很好,晚上工余就教父亲写小楷。据父亲讲,他的为人处世,对父亲也有一定影响,板是板、眼是眼,这就像写行书,看似行云流水,实际无规矩不能成方圆。

十六号院进院向北拐,是一条甬道,两边都是房子,住着李姓一大家子。家长李景汸,是天津著名的地毯设计师。天津的地毯设计师首推两个人,一位是孙兆年,另一位就是李景汸先生了。李先生早已在北马路北海楼有工作室,1960年天津组建天津工艺美院,李先生就去工艺美院教书了,因我曾就学于天津工艺美院,所以李先生既是我的邻居大伯,又是我的老师,尽管我学的不是染织地毯专业。李先生极有风度,唇上蓄着短须,衣冠整洁,挂着根文明棍儿。不管在学校还是在家门口,我见了他总是毕恭毕敬的。李先生子女众多,长子小名叫小牛,老六、老七与我们兄弟是同龄人,从小在家门口一起踢球打弹儿。

这个院儿再往里走,有个木质的二道门儿,门里一排北房,是个清幽的小后院。起初住着一位陆姓老爷子,是北马路华中印刷局掌柜陆慰农、陆锡田的叔叔,正是这位陆老爷和永安胡同的陈二爷介绍父亲去华中学买卖。后来这个后院搬进了王姓一家人。王家老太太人很慈和,她儿子王琦是位大夫,戴着副白框眼镜,很斯文。王琦有一女叫朵莉,一子叫小秒,均面目清秀。这家人在那个小后院过着平静的日子,很低调,他家的孩子也从不在胡同和别的孩子疯跑,但街坊们哪家有人生病了,王琦总是热情地义诊。

孟家大院东头儿是个不长的实胡同,最里面是个铜铺,金属加工厂,是个脏乱差的地方。路北只有一个门儿,是个杂院,不大的院子有好几户人家,最里边的罗家则是老街坊。罗老伯最初在平安电影院工作,后调任光明电影院经理,为人淳朴热情,看上去粗粗拉拉,实际上喜读书、通文墨。罗老婶则爱说爱笑。他们的居处局促,却育有五子二女,可以想见当年生活够艰难。但他们的子女都很要强,罗大姐和二哥很早就去了新疆支边，老三三帮子、老四小海、老五小多与我们兄弟是同龄人。每逢春节，老五小多和老街坊李三爷总是初一最早来拜年的人，尤其是李三爷来得很早，所以年三十熬夜后的我家人，初一都不敢晚起，说李三爷早早儿地就该来拜年了。近年，罗家大哥小虎，大名罗春荣与我多有来往。他在女三中教语文，后升任校长，多年来一直笔耕不辍。《每日新报》刚创刊时曾连载他的小说《金糖葫芦》，表现天津老城里市井生活。据他后来和我说，小说中卖糖堆儿的，原型是他家同院儿的金老婶和她的儿子宝合，而文中士绅某某爷的生活原型就是我的祖父。他的作品发表时我并不知情，只是断断续续地看过，如是现在一定要找来研究研究。罗大哥退休后致力于妈祖文化研究，北京、台湾、福建，跑了不少地方，下了很大功夫。我介绍他与天津百花文艺、天津古籍出版社的编辑相识，已经出版了不止一本专著。

父亲曾经回忆过他幼时这两条胡同的居民情况。

那是很早了，一九二几年，距今百年了，那时父亲随陆先生读私塾，陆先生的私塾最早在大李家十八号院那个位置，是几间矮房子，那应该是庚子年以前了，大李家还没有发迹。后来陆先生才迁到十二号院。父亲说："这两条胡同的街坊四邻，还是穷人多。永安胡同二号王锦堂的父亲是警察。三号田家是做首饰的，院儿里还有个电灯匠。靳老姑是放高利贷的。胡同北口王家是卖文具的……孟家大院的杨家是开水铺的。秃喜家老大是厨子，老二摆糖摊儿。宝珠父亲是卖布头儿的。周家是跑合的，后来叫经纪人。赵大是油漆匠，赵二是拉地车的，赵二有两个女儿，由于拉车收入少，女儿穿衣服总是破烂不堪的。陆先生是教私塾的，是我的开蒙先生。宋家是在官银号常年卖荸荠的。哑巴是绱鞋的，他同院儿还有裱字画的、抬轿的、镶牙的。高四爷是锔碗的。宝合家是卖糖堆儿的。罗家老大是茶房，罗家老二在平安电影院上班。潘家是糊纸盒儿的。李大是担糖担儿的。雷家是经纪人。傅家修补羊角灯。王二哥是赁货铺的杂工，同院儿还有个泥瓦匠……"

三 杨家杂铺和大文印刷局

刚解放时，孟家大院六号罗老婶同院儿住着一户姓杨的人家，户主是个经纪人，也就是跑合的，是个搬来不久的外乡人，善聊。有一天他突然到我家找到祖父，说有事相求。什么事呢？原来他看中了我家孟家大院临街的一处闲房。那是我家祖居南房连三间后墙外在孟家大院临街的一排进深不大的房子，本是光绪年间曾祖开轿房时放轿杠的地方,已经闲置多年了。杨经纪人说自己生计艰难,想用这处房子开个杂铺。祖父那时已经是位八十岁的老人了,他见祖父没什么反应,又接着说:"房子我是买不起,要不这么着吧,我也不付房租,我用这个房子干杂铺,利润咱两家分,怎么样?"祖父笑了:"都家门口子,说这些干什么,我也不要你的利润,你有难处,理当帮忙,你就用吧,反正闲着也是闲着。"祖父答应了借房给他,这个杨家杂铺就开张了,类同现在的小区便利店,油盐酱醋、日用杂品一应俱全,每日营业到晚十一点多,街坊们都称方便,省得跑到乡祠东徐家杂铺去了,生意不错。

这样,小小的孟家大院就有了三家商铺两家工厂了。商铺,除了这个杂铺,胡同最西头儿路北,还有个水铺,经营者姓商。那时清早各家居民都还没有生炉子,开水、热水就都到水铺去买,生意也是不错的。水铺左首灶台上有两个大铁锅,其中一个开水锅热气腾腾,大锅的锅盖是一分为二两拿着的,是用带外文字的厚铁板专门做的。灶台对面的半间门面,还放着两张桌子,上面摆着茶壶茶碗儿,水铺兼有茶馆儿的业务。胡同中部,大里的西南角路南,有个小门脸儿的糖摊儿,是另一个小买卖了,兄弟俩儿经营,街坊们都喊他们大掌柜、二掌柜。卖些糖果和瓜子蹦豆儿等小食品及儿童民间玩具等,天儿热时卖西瓜、汽水和冰棍儿。每天清早这老哥俩儿去估衣街早市进货,满足着胡同居民特别是孩子们的需求。

两家工厂除了罗家小胡同的铜铺,就是父亲经营的大文印刷局了。写到此处眼前不禁浮现出父亲忠厚的面容。昨晚写到此处不禁住笔,夜竟得一梦,梦中父亲好像是被迫去一个什么地方劳作,是他还年轻些时候的样子,十分辛苦,家中人惦念他,议论着——突然醒来,不禁心中沉重,这很像是一种感应,梦中父亲的样子很像他当年干大文印刷局时的岁数。

父亲本来在华中印刷局供职,怎么自己又干起大文了呢?1947年,父亲在华中营业部,掌柜的指派他去拿下东亚毛呢公司一项招标的股票承印业务,这是一宗大买卖,天津多家印刷厂参与投标。华中有实力,父亲又做了大量细致的工作,华中中标了。父亲告知了掌柜,马上着手拟写合同。但第二天,东亚突然变卦了,停办与华中签署合同。事后得知,原来另一家中国印刷厂,按实力本来是没它的事儿,可这家老板的太太与东亚的某股东的太太是麻将桌上的牌友,使用了非常手段,宋棐卿的东亚竟变卦了。华中的掌柜不去了解这些内情,因到手的买卖又飞了,反而对父亲大发雷霆。

此事让父亲很憋屈,萌生了去意:寄人篱下不是事儿,买卖还得自己干。1948年初,解放战争的炮火已经震天响,父亲却干起了大文印刷。

最初厂址在多伦道,合作者姓郭,是大伯的朋友,原是耀华中学的教员,北京人，家中在北京开办有著名的郭纪云图书馆，也是文化世家了。但时间不长，这位郭大爷说干印刷起钱太慢，撤资不干，转营他业了。被撂在旱地儿上的父亲把机器拉回了城里孟家大院，自己干！争口气！

父亲的坚持和所谓争气也有家庭的原因。我家的祖辈一直在城里聚族而居，居住着永安胡同和孟家大院两个院落却一直共同生活。1944 年，我的母亲已经嫁到王家了，每日全家还要到永安胡同祖居就餐，刮风下雨由帮佣送饭过来。母亲的娘家是个买办家庭，居河北路一所楼房，家境优越，祖母觉得很对不住新过门的媳妇，也殊为不便，提出了分灶另爨，这却引起长房的大奶奶的不满和多想。大奶奶提出分家，于是找了中人。

那时早年是教书先生的大爷头几年已经去世了，那天大家一入座，大奶奶马上扔出一句话："我可是孤儿寡母！"中人都是亲友，举座愕然无语。更让人没想到的是祖父的表态：放弃一切祖产——包括祖居院落和浮财存款，他自己创业的广开的地产和多处门面房产，以及租给一个叫路三的人耕种的侯家台子九十多亩稻地等，全都分给嫂子。自己名下只留当时自己居住的孟家大院院落一座。举座皆惊。

祖父对父辈们说："好儿不吃分家饭，好女不穿嫁妆衣！不分家你们的大娘不是孤儿寡母，分了家你们大娘确实就是孤儿寡母了。"

事情也正如祖父所言，大奶奶的独子四伯自小娇生惯养，除了早年曾在开滦矿务局任职，后来的一辈子也没做过什么像样的事也没受过什么罪，但祖产除居所外全变卖殆尽。这倒好了，成分不高，世事难料啊。

那年已经七十五岁的祖父，视他老来得子，当时已经二十岁上下的三个儿子为他最感欣慰的财富。我的大伯本在古玩行学买卖，十分能干，几年经营，已经在劝业场二楼开了个金龙金笔行，生意红火。父亲自然也不甘落后，在解放初期政府恢复经济，扶植工商业，刘少奇号召争当红色资本家的政策感召下，大文印刷局不仅没歇业反而有所发展。那时大伯已经在新华路宝华里购了房子搬出了，老伯被大伯派往上海长驻，大文就在自家院子里干起来了。最初的大文只有两台机器，工人差不多都是亲友的子弟。后来扩大规模，家居十间房六间半都用于办厂：三间厂房七台印刷机中三台先进的德国进口设备，一间排字房、一间库房、一间伙房，自己的卧室外间兼做办公室。

1949 年的父亲还是一个二十七岁的青年，至公私合营时不过三十四岁。父亲在"文革"时一次从牛棚回来，晚上懊悔地跟我说：我生于一个封建家庭，上学受的是民国的教育，脑子里根本没有阶级的观念，当年大文干得最欢时，伟迪氏制药厂（其产品三鱼牌正痛片行销全国）的许子素经理很欣赏我，提出把大文盘给他，迁址成立伟迪氏印刷部，许我仍做印刷部经理，还给我下边儿一所楼。

爷爷奶奶当年曾被大伯接到洋楼去享福,没几天就回来了,说住不惯,爷爷不愿意我也搬走,说买卖再小也是自己的好,我觉得有理。唉,爸爸一步错,让你们都成了狗崽子……

还是回到解放初那个杨家杂铺吧。一天晚上,父亲去杨家杂铺买东西,店中无人,店主老杨突然对父亲说:七弟,昨天你在派出所开会可不应对所长那样说话。父亲心中一惊,派出所开会的情况他怎么知道呢?原来,当时户部街派出所新任的所长是一位刚刚进城的解放军干部,姓栗。栗所长不仅鼓励父亲发展大文的生产,还动员父亲做了街道代表,让父亲组织了漫画宣传组,配合形势宣传政策,父亲那时堪称街道积极分子。前一天在派出所开治保会,因留用警察私自放枪,原旧派出所遗留子弹数目不详,父亲等对所长提出质问。他真负责呀!店主老杨神气地接着说:"咱孟家大院什么事都在我肚儿里装着啦!"他见父亲面露疑惑,又转换了口气:"咳,我也是听说,七弟,你以后说话真应该注意方式。"回家后父亲和祖父念叨此事,祖父说:"这个老杨还真有点神叨儿,不过他说得也有理,以后别逮嘛往外扔嘛,少说话!"这事就被父亲搁在了肚子里。未料日子不长,这个老杨就出事了。老杨和邻居发生了口角,闹到了派出所,那时黄敬是天津市市长,派出了市长访问团深入基层,恰巧到东北角,能说会道的老杨引起了访问团的注意。经调查,他在原籍竟是个有名的双枪手,当然是国民党军队方面的了。于是被捕,在华北戏院开了他的公判大会。孟家大院的杂铺从此消失了。

四 父亲曾经是个大忙人

解放初那几年,父亲是街道代表,自己干着工厂还兼顾街道事务,这也够父亲忙乎的,好在那时他还不到三十岁,有精力。一些邻居也和他一起参加街道工作,如邻居罗家的大姑娘罗淑敏,性格开朗,充满了活力。后来她支援边疆建设去了新疆,在新疆成了家,还有了个男孩儿。未料两三年后病了,带着孩子回津治病,不久她竟不治而亡,外乡的丈夫来津把遗下的孩子也领走了。罗大姐的猝然离世给罗老婶夫妇巨大的刺激,也让父亲不胜唏嘘。父亲还因街道工作与乡祠一条的许成泰大伯相识,许大伯是个典型的老城里人,总穿着件中式的对襟子母扣的宽大的罩衫,袖长只露出手指,整整齐齐,对人说话总那么客气,总带着笑,作派特别像当年估衣街谦祥益那类大买卖家前堂的职员。

人们对从事街道工作的人员,可能也是爱恨有别,这是人们的不同际遇造成的,而且街道是最基层的政府,居民代表和后来的居委会又是更基层的人员和机构,执行着当时的政府政策,让居民最有切肤之感。出现在某些文学作品里的一些街道人物,有时近于反派。当然,不管什么事都是具体的人去干,同样的政策由不同的人去执行也大不一样,这扯得有点儿远了,父亲在回忆中,记述过当年天津在日本占领时期人们饱受欺凌的困苦日子。那时日本占领当局推行保甲制,多少户一个甲,多少甲又组成一个保,有的保甲长认贼作父为非作歹,也有的就是应付日本人。父亲曾经排队去买杂合面,当时乡祠那个保长就不是个恶人,大冷的天儿,去得比谁都早,负责用粉笔给排队的人在棉袄上写号,维持秩序,老头儿冻得一个劲儿流鼻涕。那时的人们过着老舍笔下《四世同堂》中一样的日子。

　　1948 年,父亲在孟家大院刚干大文时遇到过这样一件事。那时是国民党政府统治的最后的日子。一天,派出所突然来了一个姓朱的警察,让父亲跟他到派出所去一趟,父亲就随他来到当时位于财神殿的户部街派出所。父亲在院里等着,心中纳闷,咱也没干什么违法的事呀,让我来有什么事呢? 只听朱警察与所长在说些什么,也听不清,只听见最后一句:"那么就送吧!"父亲就被送到位于中营的分局,什么也没说,关在了一间黑屋子。良久,父亲才发现墙角还蹲着一个人,后来那人问:"你为嘛进来的?"父亲答:"不知道。你呢?""打架。"然后二人就不说话了。在此期间,家中可都慌了,派人去派出所找人,就两个字:"没有!"特别是才二十多岁带着刚刚一岁多的笔者的母亲,更害怕了,不知父亲出了什么事情。

　　父亲在分局,傍黑儿时被从监房带出,过堂。警官问清姓字名谁后,问:"你开印刷厂有营业照吗?"父亲答:"有。""置于何处?"答:"在账桌玻璃板下。"警官说:"应悬挂于明处,罚款两元!"父亲给了两元,就被放回家了。事后有人对父亲说:"你太傻了,当初警察往派出所带你,你一搋钱就嘛事儿没有了。"父亲感慨:"好人难当啊。"

　　中华人民共和国成立后的派出所所长老栗,是个南方人,说话的态度十分柔和,不仅鼓励父亲发展生产为恢复国家经济作贡献,在街道工作中也处处依靠他。父亲不禁想起被旧派出所关押的一幕,深感新旧社会两重天,就像当时的歌曲唱的:"解放区的天是明朗的天。"父亲当时的积极是发自真心的。

　　朝鲜战争爆发,抗美援朝运动,父亲被选为担任户部街派出所支分会的秘书。当时发动群众捐款,捐献飞机大炮,父亲被责成负责捐款的收集与统计。在工作过程中发生了这么一件事,父亲发现参与工作的一位邻居动用捐款。怎么办? 吃惊之余的父亲向所长如实汇报,但又介绍说这个人家庭生活确实困难,孩子又多,父亲建议不叫他再参与这项工作就是了,别再追究了。所长采纳了父亲的意见。

237

此事说明了父亲工作的细心和负责，也显现了他的为人。父亲还回忆，抗美援朝时，包括大文在内的各印刷厂还承担了一大批志愿军军用信封的印制任务，也圆满完成了。

在东北角老城里一带有几家与大文规模相近的印刷厂，记得有三义庙斜对过实胡同里的唯美美术印刷厂、白衣庵胡同北端路西的中和印刷局、卞家大墙对过万字北胡同的华新印刷厂等。唯美的经理徐光焘，与父亲交好，我称之为徐大伯，他的住家在府署街，他的儿子叫徐大用。记得一九五几年的时候，父亲和唯美的另一位经理冯伯伯带着我们三个孩子去北京，我们三个戴着红领巾的少年和两个大人在天安门前合影，那真是阳光灿烂的日子啊。徐光焘大伯既是经理又长于广告包装设计，1960年后也进入天津工艺美院，担任设计部主任，总穿着件呢子大衣，很有派头，不苟言笑，很严肃。后来，1966年他离开天津，去投奔在河北省某地部队任职的大儿子，最后在当地一个公共厕所上吊而亡。白衣庵的中和印刷局的老板姓祁，解放不久就因劳资纠纷上吊了。我记得幼时家中隔些天就有一个穿着一身浅灰素装衣裤和白鞋的妇女到家里来，原来那时的私营工商业者也有同业公会之类的组织，父亲是该类组织的基层负责人吧，定期给祁掌柜的遗孀发些生活补助。祁掌柜的儿子祁金英后来是天津工艺美院的知名设计师，是天津著名花鸟画家穆仲芹先生的姑爷。父亲做这些事，应该是他后来在工商联、民主建国会乃至政协任职的前奏。

国家那时对私营工商业执行"团结、限制、改造"的政策，对私营工商业主的资产实行赎买政策。1956年公私合营后的合营企业，有公方的厂长主要负责，也有原私营工商业者参与管理，公私合营后父亲担任了位于北门里的天津扑克厂的厂长，负责生产与技术管理。天津扑克厂有两个印刷车间，一在二道街原万盛扑克厂厂址，另一在北门里路西那个挺高的外墙贴着白瓷砖的楼，那座房子以前是华中印刷局的印刷车间，扑克厂之后又成为北门里卫生院，而扑克厂的厂部办公小楼则在北门里户部街口。我记得父亲那时总穿着一身深色中山装，上衣口袋插着支钢笔，是那时典型的干部打扮。

五　我娘和我奶奶

大文印刷局的发展离不开母亲对父亲的支持。大文扩大规模增添设备，祖父卖了些古董玩器，母亲卖了她的陪嫁首饰。父亲忙于做事，母亲则做他的贤内助，不让他为家事操心。

母亲生于一个家境优裕的家庭,姥爷是英商隆茂洋行的买办,专营羊毛生意。是羊毛质量鉴定和定价的专门家,但因一次错用药过世。大姥爷原在日商三井洋行也做羊毛买办,七七事变后不肯再给日本人做事就转到英商隆茂洋行了。20世纪30年代始,祖父与大姥爷随居住意租界的前清武举王澄久先生习练一种叫"萃英功"的健身法,相识并交好,后来就结为儿女亲家。母亲与父亲成婚,从下边儿的洋楼嫁到了老城里的平房院落,从一个洋派儿的家庭进入一个相对落后的封建家庭环境,生活习惯有巨大的改变,更承担了繁重的家务负担。那时家中虽有大师傅做饭,但父亲与母亲生了我们兄弟和妹妹五个,上面还有祖父、祖母二老,在我的记忆中,那个院落也有花木茏葱幽静的时候,但我更记得的是母亲匆忙的身影和瘦削疲惫的面容。

对于大多数人来说,1956年意味着三大改造基本完成,但对我家来说,痛切的是,母亲在那一年去世了。那年母亲三十三岁。有老人说:"三十三,归命关!"

那年我十岁,还混不懂事。我记得一天上午,我到北门西后来是三十一中学的一个大空场去看花会了,那是因庆祝公私合营而举办的,过午很晚才回到家,院子里很静,进到屋里,我一眼看见母亲靠在布帐后的床上,正在失神地望着我,母亲已经病得很重了,我怯怯地喊了一声:"娘——"。夜里,我被惊醒了,母亲正在摸着我的头,她一个一个地摸着酣睡的我们的头,哭着——。也是夜里,我被尿憋醒了,发现却睡在奶奶房里,下地却找不到鞋,沉着脸站在那里的大伯让我趿拉着一双大人的鞋到院里去,有很亮的月亮地儿,我们的居室开着房门亮着灯,我走过去,不知什么时候来的姨姥姥迎出来:"来元,给你娘磕头。"居室迎面的床板上躺着被覆盖在白单子下已经去了的娘——。入殓那天,有人抱着我,我见了躺在棺木中的母亲最后一面,那是冬天,家里人可能是怕母亲冷,母亲穿着戴着帽子的皮猴儿,帽子压得很低,母亲的面孔只露出很少的部分,眼睛紧闭,面色苍白……曾经有多少次,泪水使我的眼前模糊,但最后一面的母亲的面容却永远刻在心中——被几个人架着拉着的父亲撞头,向棺木冲去,最终被人架走了,那几天再没有看见他。母亲的奶妈刘姥姥也来了,送她奶大的母亲一程——突然下雪了,很大的雪,这么多年再没有下过1956年那样大的雪。出殡那天,我们要从乡祠南的家经过龙亭街走到北马路的灵车那里去,胡同和街巷的边儿上都堆着很高的雪堆,雪堆上和路边都拥满了人。我被两个人架着,扛着幡儿,抱着个罐儿,在我后面依次是八岁、六岁、四岁、三岁的弟弟和妹妹,妹妹被人抱着,我们却都没有哭,除了后面家人的嚎啕,路边却传来街坊邻居们的啜泣——

去年我去看望已经八十多岁的大舅。大舅光说老事儿,当说到母亲时,他哭了："你娘最有正义感，那时家里不待见我，只有三姐为我说直理。"他长叹，"你娘太累了，孩子多，你爸爸又干着大文……"我心情沉重，母亲为我们消耗了太多，我听着大舅的怨艾："干嘛呢，非玩儿命干那么个大文！"

我听亲友邻居们说，母亲是个爱说爱笑的人，是个说话不爱拐弯儿的人。我老伯的二姑娘生于 1949 年 1 月 15 日，就是天津解放那一天。炮声隆隆，子弹横飞，玻璃窗上贴着米字形宽纸条，窗里还挂着棉被。尚未迁居上海的老伯在东屋，老婶突然觉病儿了，马上要生！这可怎么办？母亲说："我去请人！"说罢顶着横飞的枪子儿就跑出去了，万字胡同有个接生的老婆婆，人家不来，母亲连求带拽，终于把这个老婆婆请来了。老婶顺利地生下了女儿，取名小唤。小声地呼唤，呼唤什么呢？呼唤一个新时代的来临。

20 世纪 60 年代我在天津工艺美院在学，在完成装饰画作业时，我创作了一幅《母与子》。画面主体是一位抱着孩子的年轻母亲，背景就像汉画像砖的构图那样排成横栏，画了一些飞鸟动物，但都是母与子的场面。来自中央工艺美院的罗真如老师对这一作品十分赞赏，因为充满了真情。

父亲当年一表人才，母亲亡故不久就有人说亲了，大约不到两年继母就与父亲成婚。对父亲续娶，我那时是有抵触情绪的。我有个同学丁伟，就住在东门里仓门口附近的丁家胡同，我到他家去过，一个房间的案上供放着他亡故的母亲的照片，带着丁伟和他哥哥、妹妹一起生活的他父亲没有续娶，这不禁使我心有所动。

我的继母为这个家庭也付出了很多，为此我后来写过一篇《我有两个母亲》发表在《今晚报》上，表达我的感恩之心。继母的娘家在鼓楼西板桥胡同，胡同的邻居都称她家为黄家大楼，黄家是干电机厂的，三舅五舅子女众多人丁旺盛，文兴、文亮、文龙、文虎、文豹、大五、宝明，有几位很能干。我后来在那里住了很多年，这些表兄弟听说我是个画画儿的，可能觉得新鲜，都去找过我，我给他们不止一个人画过像。

继母本是个老姑娘，嫁过来后生了四弟，五加一，一下子六个孩子，很不适应，于是把四弟过继给我大伯，她就又搬回娘家去了。这样的状况持续了几年，父亲则在乡祠南和板桥胡同两头跑。那些年抚养我们兄妹五人的担子就落在了我的奶奶身上。

写到此处眼前就浮现出胖胖的慈和的奶奶了，她以老迈之身拉扯、呵护了我们，她的恩情我们永远难以报答。但奶奶一生命运曲折，20 世纪 20 年代初，她三十多岁时与已经五十多岁的祖父结合，为祖父生下了父亲等兄弟三人。

我的祖父在他 18 岁时，因曾祖猝然离世家境困顿，西去保定投军，那是 1888 年，也就是光绪十四年的事。他投的是淮军，因有人保荐初为营官，在清末军中一直到清代覆亡二十多年，作为武职，一直做到蓝顶子的四品，还曾随统领进京觐见过光绪皇帝。令我们晚辈感到自傲的是，在庚子年他曾与八国联军血战，为国流血，两次死里逃生，身上枪伤累累。民国后，祖父服务于市政，负责老天津城的卫生，也有业绩，曾被冯国璋召见并授勋章。1928 年北洋时期结束，祖父已近六十岁了，退出公职，但交好的却仍为也是清军将领出身的靳云鹏、董政国等社会名流，在当时的天津，祖父应该也是一个有身份的人。

祖父一生有三次婚姻，前两位夫人娘家均为富商，但均短命。我的奶奶是祖父的第三位夫人，却是个农家女。祖父那时已五十有余，这桩婚事遭到家族的强烈反对，因为门不当户不对。但爷爷和奶奶为什么却非要走到一起呢？这对我们晚辈始终是个谜。在父辈的回忆中透露出一些信息：祖父曾在庚子激战中被联军洋人俘获，被绑在一棵树上，后被一个乡间砍柴老汉救助脱险。祖父当年在遵旨缉拿义和团时，曾释放过大量的红灯照，而且派兵士送她们返回各自乡里，而我的奶奶曾经就是一个红灯照。因线索有限，我只能根据这些蛛丝马迹去想象一个故事。

我的祖父有写日记的习惯。但父亲在他的回忆中对自己深深自责，这份宝贵的遗产因父辈的保管不善遗失了。父亲恐怕到晚年才真正意识到这份精神遗产的重要性。父亲在回忆中痛切地记述，爷爷曾经和奶奶说，将来的孩子们，看到这些日记会流泪的。祖父老来得子的父辈们，对我们说不清祖父早年从军的更具体的经历，也说不清爷爷与奶奶到底是怎么样的一桩因缘。这些会让我们这些后辈流泪的日记，肯定记述了祖父自己与社会变迁的诸多历史信息，经历了曲折跌宕岁月的祖辈的这些只言片语，绝不会是无缘无故流传的。因为祖父曾有公职，还曾任天津道教协会副会长、山东旅津同乡会常务董事等，我曾到天津档案馆去检索旧档案，至今无果。我查阅了有关清代淮军史料的许多出版物，在武职官员列表中，仅列入一品大员。近闻中国第一历史档案馆开放了清代内阁兵科档案中一万多位中下级武职官员的履历档案，希望能找到些线索，以求追踪先辈的足迹。

邻里们都喊我的奶奶为二奶奶，与我们分家的亲叔伯大奶奶却被称为七奶奶，称二奶奶也是为了叫起来好听吧。我幼时孟家大院还住着王家一位六奶奶，王家在天津本家众多，至今都断了联系了。我的远祖是山东莘县三槐堂王氏，是中国王姓的重要一支，明末清初近祖移居天津。八年前我曾到山东莘县拜祖，在套庙王村村外，在宗亲的陪伴下，叩拜了远祖宋相王文正公旦子明之墓，文正公是与寇准同朝为相的，他们辅佐北宋真宗皇帝抵御来犯的辽朝萧太后，于澶渊议和，为北宋赢得了百年的和平发展。《古文观止》中苏轼《三槐堂铭》记载了远祖的事迹与功德。我与宗亲已经无法论辈儿了，只能是奉上些银两以供修葺坟茔。其实旧时天津还有一位三槐王氏后裔，王占元，在河北建国道附近盖了大槐荫里。王占元做过湖北督军，北洋时期是直系的重要人物，居天津后有诸多产业，十分显赫。就因为太显赫了，作为宗亲也早就出五服了，素昧平生。

祖父亡于1952年，祖母亡于1964年。在我生母1956年去世后的八年间，祖母一直呵护着失恃的我们兄妹五人。

奶奶是位胖老太太，笑起来后眯起的双眼在胖脸上更显得小了。小脚的奶奶在房里喜欢坐在床边的被阁子前闭目养神，一条腿在床上盘着，另一条腿垂在床边。被阁子上层的玻璃门镶着边寿民的四幅芦雁，上下两层八个小抽屉奶奶特意给我腾出了一个，供我放我弹球的玻璃球儿。夏天，奶奶坐在院里我家特有的很矮的大板凳上，在天棚的荫凉里摇着蒲扇。家中曾先后请过帮手，其中一个我称之为大姨的干了很多年，特别爱干净，但她对我们总显出不屑的神情，因此我对她没什么好印象。虽有帮佣，但我只记得奶奶在院里，坐在大板凳上，在炙炉上烙饼，奶奶喜欢烙素韭菜合子，节粮度荒时烙金裹银饼，放学的我们像饿狼一样站在一边，烙得一个就要抓起来吃，奶奶笑着用蒲扇轻拍着我们："烫，烫！"

在奶奶卵翼下的温情日子纵有万千，但使我刻骨铭心的却是我对恩重如山的奶奶最后日子的一次不孝之举。1963年，那时大伯已经迁回，住在爷爷奶奶原来居住的北房，我与奶奶一同住在南屋，奶奶已经患了半身不遂。因已不能下床，炕拉炕尿，家中做了几个小褥子，随时更换拆洗。那是一个夏天的白天，我坐在院子里看书，那是一本法国人写的《印象画派史》，图文并茂，我看得入迷，沉浸在莫奈、毕沙罗、德加、雷诺阿等印象派大师令人神往的传奇生活和那些我正在追摹的光彩夺目的画幅中。这时，奶奶喊了："来元，我尿床了！"不能自拔的我，连头都没有从书上抬起："等会儿。"一会儿奶奶又喊："我尿了！"我仍没有抬起头："等会儿！"又一会儿，奶奶急了："小来元——"我赶紧放下书，跑到屋里了。奶奶生气了，我那天却在心里埋怨着奶奶：您怎么就不理解伟大的艺术呢，您怎么就不能等会儿呢——那时我已经十七岁了，真是混账啊！我就这样报答病榻上的奶奶！尽管我与奶奶共处一室，服侍了她很久，但仅此一次已经伤了奶奶的心。

第二年，奶奶去世了。追悔莫及的我画了很多奶奶爱吃的鱼，在灵前焚烧，这又有什么用呢！与做人相比，我的所谓艺术又算得了什么！但求我心，无问西东。说得何其好啊。

祖父去世后，奶奶的寿材也早就做好了，停放在自家院子里，在东房房山下搭了一间长长的小屋存放。父辈在我大娘的娘家西郊大下庄买了一块地，将两位老人安葬，指望大娘的娘家哥哥照应着。后来这位舅舅也去世了，再后来坟头也平为农田了。大伯在世时我问过这件事:该怎么办?是不是得去找一找呀。那已经是"文革"中了,大伯说:能怎么办?你爷爷奶奶的寿材都是好材,当年就很扎眼,说不定早就有人盯着了,咱再找人去找,不是领道儿吗?就让老人入土为安吧。又是很多年过去了,如今的大卞庄也早不是农田了,那里是栉次鳞比的楼群,都通了地铁了。只当爷爷奶奶在那里是不寂寞吧。

六 家父的学业因七七事变终止

孟家大院的街坊们都管我的父亲叫"七伯(bai)"。王家人口众多,叔伯弟兄多,按叔伯排行父亲行七。

七伯一辈子填了不知多少履历表,他是个细心的人,许多履历表都有填写的底子,用细密工整的写账那样很小的文字记录在一个专门的本子上。

他的小学是在严范孙先生创办的天津私立第一小学校上的。他很爱他的学堂,私立一小有专门的音乐教室,还有实验室、图书馆,他参加的足球队经常在西院儿的操场上练球。他的同班同学有许多当时大宅门的子弟,我的四伯、五伯、六伯、老伯,包括笔者本人也都就读于这所小学。私立一小是当年天津最早的新式小学,后来多次更名:天津私立明谊第一小学、天津第二十一小学、天津南开区仓廒街小学。细心的父亲还保存了一份他读小学一年级时,即1931年的成绩通知书,是很珍贵的资料,照录如下:

学业成绩:国语 79/ 作文 92/ 默字 96/ 习字 91/ 笔算 92/ 讲文 94/ 常识 73/ 党义 65/ 工艺 70/ 美术 65/ 音乐 65 学业平均 80.2

操行成绩:仪容 75/ 言语 80/ 友爱 80/ 服务 84 操行平均 80

考勤:告假 7 时 / 旷课 0 时 / 迟到 0 次

评语:专心向学 努力争先 再慎于言 白玉无玷

▶民国二十年(1931)父亲读小学一年级时的成绩通知书与父亲着童子军服的照片

▶ 父亲考取了天津甲种商业学校,后更名为育才学校,是一所培养商业人才的专科学校,校址在东马路,二道街街口对面。右两图为当年学堂与学生的照片

　　1936年小学毕业后,父亲投考了位于东马路的天津甲种商业学校,这所学校后来更名为育才中学,在当时的天津是一所专门培养商业人才的很有特色的学校,特别注重英文与会计学等课程。校长是徐克达先生,老师都是天津著名的专业老师。当时的天津市面儿赞誉天津育才中学除了财经的正课之外,还有三绝:书法、英语、珠算——字首先要写得好,字写不端正怎么去完成账目文牍呢;要掌握英语,英语娴熟可以应对当时更多的外贸业务需要;而账总是要算的,所以算盘要打得滚瓜烂熟。学校的毕业生被天津的银号、洋行和大工商企业争相聘用。父亲考入这样一个学堂,无疑使祖父十分满意。祖父老来得子,当时已年近七旬,他希望他的儿子早日自立。父亲在学堂度过了他学生时代的快乐生活,除了专业课,他喜欢国文课,在古文课中他喜欢苏轼。也不仅是"大江东去,浪淘尽,千古风流人物……";也不仅是苏子宦海沉浮,平生三次被贬,"闻汝平生功业,黄州惠州儋州",历尽悲凉仍一笑而起,海阔而天高;他喜欢苏轼,还有点不曾与人言说的私情。我们老王家三槐堂的铭文,就是苏老先生所撰,苏夫子和我们老王家原是老交情呵。

　　1937年七七事变。父亲的学生生活中止了。那几天,他还像在学校时一样写日记:"日军经过天津时,许多老百姓都到马路上去围观。在天津战事中,由于我们没有飞机,也无高射炮,日军飞机就毫无顾忌地飞来,轰炸金钢桥口大经路上的天津市政府。很多老百姓都到房上去看热闹!这真是令人悲哀呀!我们中国多年军阀混战,老百姓就像墙上的草,随风倒,现在倭寇都打进国门了,还去看热闹,这难道不是最令人悲哀的事吗?"

　　有一天,父亲去北大关裕甡堂药铺去给爷爷抓药,急急走着去抓药,忘记给北门路口那个站岗的日军行礼了,那个日军大吼一声,抡圆了胳膊,给了他一个结结实实的大耳光，打得他踉踉跄跄原地转了个圈儿。就是这个耳光让他尝到了当亡国奴的滋味。复课的育才中学的英语课也停课了，改学日语。父亲离开了育才中学。

作为一个敏感的年轻人，父亲对当时国家的贫弱和民众的不抗争，是充满悲愤的。也正是国民这种当看客的麻木，警醒当年的鲁迅，愤而从以治病救人为业的学医，转而走上立志于医心的文坛。我在查阅过的历史资料中，也检索到国人在国难当头时当看客的事例。如在网上披露的洋人拍摄的两张庚子年八国联军攻入北京的照片：一为英军自北京南城水门进入北京，岸边就密密麻麻站着北京市民在看热闹；另一幅为法军为进入紧闭城门的紫禁城，攀梯子翻墙而过，一些国人在那里帮着扶梯子。更甚的是，史料记载在联军攻占靠近北京的通州某地，清廷的地方官跑了，这个地方官平时贪腐压榨百姓，十分暴虐，当地百姓竟夹道欢迎外国联军进占。这岂不是更令人悲哀而警醒？涉及更复杂的社会问题不仅是一句民族大义的缺失而可以了结。

反观被国人讥为"小国岛民"的日本，当年中国的北洋舰队号称亚洲第一，造访日本某港口，日人万人空巷去港口观看，北洋舰队水手登岸寻欢作乐之际，与当地百姓发生冲突，打了人，此事件引起日本举国震动。日本天皇发愤要建设海军，自己带头节衣缩食捐款，确实带动起了日本国民，最终，崛起的日本在甲午之战中击败了当年腐败的清廷。这也为日后的日本军国主义培植了滋生的土壤。日人所著相关书籍，详尽对照剖析了当年两国的国家机器、社会状况和两军军力、士气的巨大差异。对这些，当年的肱骨重臣李鸿章在一定程度上是了然于心的，但也无力回天。这些史实难道不足以引起人们的深思吗？一个庞大的腐败的帝国被一个强悍的充满了野心的岛国用攥紧的拳头击垮了！

父亲失学后就遵祖父之命去学买卖了。最早去的是一个镒记棉布庄，位于渤海大楼后身。父亲在回忆录中以一定的篇幅记录了当年在镒记学徒的艰难日子和当时的心境。一个初入行的学徒，从清早的倒夜壶始，到垂首侍立听从一切差遣，终日没有一刻得闲，直至夜晚仍不能入睡，要为去听戏的掌柜的等门。学买卖的学徒比三条石铁工厂的学徒的境况，肯定是好得多了，但仍让刚刚离开学堂的父亲感到难以接受的压抑。他说："没有人跟你说话，我成了不能说话的奴隶，每天就是伺候柜上的所有人，一个人整天不说话无处去说话，确实是难熬的滋味儿。"饭也吃不饱，因为要伺候所有人吃饭：上菜、盛饭、添饭、备漱口水、递热手巾把儿……五桌的最后一桌虽有自己的位置，但忙于伺候，刚吃了两口，人家都已经吃好了，只好去忙于收拾了。父亲还对这个买卖的欺诈不满，晚上掌柜去看戏，特命父亲到一个小屋里，往一匹匹的线呢上打戳记，这些线呢本是从西头小道子织布工厂买来的，往上打用橡皮刻的外文字品名和洋行名称的戳记，假称进口货，卖给外地客人。"整个晚上,就让我一边等门一边干这个勾当!"

虽然劳累,夜晚仍难成眠。眼前一次次浮现的是学堂的情景,想起的是讲堂上先生的话语和当时自己的激情:"我们中国的版图……东北又成立了伪满洲国,我们的国土已经残缺不全了!唐宋元明清,我们中华历史悠久。在唐朝,日本还是蛮夷之地,到我们中国来学文化、学知识、学农耕、学技术,而如今,竟要变成中国的太上皇了!文明古国惨遭蹂躏,人民沦为亡国奴!这怎么能让人忍受呢?我们年轻人受过的教育是要爱自己的国家,国家兴亡,匹夫有责!……"这些念头终日在父亲的脑中盘旋。

父亲想起不久前的学生生活,想起唐诗宋词,想起特别喜欢的苏轼的《赤壁赋》,想起冰心,甚至想起了王人美的《渔光曲》:"云儿飘在海空,鱼儿藏在水中,早晨太阳里晒渔网,迎面吹过来大海风……"父亲不禁泪流满面了,这些不久前的日子显得多么遥远啊!这样干了半个多月,有天晚上,掌柜给父亲几小时的假,回家换洗衣服。父亲进得家门,把小包袱往炕上一放,就哭泣起来,奶奶很惊讶:"怎么啦?你怎么这么瘦呀?孩子你要给我争气呀,忍着好好地干吧!"父亲一声不吭又回到了锱记。

就在前一年,1936年,我的六伯已经遵祖父之命去现建设路口的珍昌泰古玩店学买卖了。那一年与父亲同父异母的、祖父第一位夫人所生的五伯因染肺疾突然病亡,给祖父巨大的打击和刺激。当年王家的家境尚好,四伯、五伯高小毕业后都没有继续升学,及至成年也没有外出工作,就在家里闲待着。父亲回忆五伯是个非常开朗健谈的人,曾向祖父提出要去投军,投奔张少帅去打日本,遭到了祖父的申斥:"什么打日本?东三省,连秦皇岛都丢了!什么少帅!兵荒马乱,军政险恶,去不得。"五伯犟嘴:"当年您不也投军报国吗?"爷俩个很戗,而五伯此后郁郁寡欢。五伯的夭亡让祖父自责对儿子的失职,打定主意,子弟不能被囿于家中了,他命六伯、父亲先后去学买卖了,希冀他们以这样的方式到社会闯荡,以求自食其力并有所发展。

父亲后来离开锱记,辗转到北马路华中印刷局去学买卖了。1939年天津闹大水,天津老城厢四面城,只是北马路没有水,东马路东门南有水,东门里路南有水,南马路、西马路均有水,百货大楼(那时叫中原公司)周边撑船,英法租界全被淹了。物价飞涨,食物紧缺。大灾之后必有疫情,1940年天津又发生了霍乱,那时循着日语叫"虎列拉",死了些人,日本占领当局对天津市区各处进行了封锁,各桥口要道均有日本兵把守。

父亲回忆了闹大水时的一件异事,或可得窥当时的乱象。华中掌柜有个堂兄弟叫陆镛田,住东南角晒米厂,因被水淹,带来了亲邻二百多人到华中营业部来逃水，楼上楼下二十多个房间全住满了。因是地板地，打地铺，各家各户男女老少混住在一起。人多杂乱，有一天有人发现丢了钱。来逃水的有个姓王的老者，是个算卦的，在众人的请求下，他说用"圆光"的办法就可以找出偷钱的人。于是选了一对童男童女，至晚上熄灯，在屋角点上香烛，他反复口念咒语，然后向香火处抓了一把，他让童男童女看他的手心。童女说："手心有红光！"他让再仔细看，童女呼："看到一个人！五十多岁，是个男的，高个儿，高鼻梁！"众人惊讶不已，分析来分析去，还真有这么一个人，姓L，当晚此人不在场。此后大家就留心起来，这个人不久就走了。此事父亲说得真切，当时，演口技的沈君也同来逃水。

从1937年到1945年，那八年是难熬的。中国开始全民族抗战，父亲回忆："那时日本人经常放大气球，在半空吊起大字标语：'攻占南京''攻占武汉'，人们心情沉重，半夜偷听重庆电台的广播。日本人加紧对中国人精神上的统治，宣传他们是为了'保卫东亚'，是要建设'大东亚共荣圈'，还宣传中国人与日本人'同文同种'。而事实上，1941年前后，大米白面一律改为军用，供日本人食用，中国人只能吃杂合面，是用黄豆榨完油后的豆饼和高粱等一起混杂磨成的，即使是杂合面也不好买，需要半夜去挨个儿。由于战争的需要，日本人又开展献铜献铁的'捐献'活动，家家有铜物的，箱子、大柜上的铜活，铜壶，只要是铜的，全被弄走；铁门、铁桶、铁栅栏、铁器，只要是铁的没在使用的，全部拿走，分文不给。而他们拿去做子弹，做枪炮，打咱们中国人！"

1941年末，日本偷袭珍珠港，太平洋战争爆发。也就在那一年，在艰难的生活中，祖父病了，病得很重。那一年祖父已经七十一岁了。家中请独流镇的名医岳小楼给祖父看病，也不见好，全家人惶惶不可终日，因为家中的一切都指靠着祖父了。万般无奈，几位姑奶奶和奶奶、大奶奶几位老太太议决，要去庙里为祖父"借寿"。于是就派父亲去玉皇阁后的吕祖庙为祖父借寿了。庙里的道士与祖父本是熟识的，不敢耽搁，赶紧教父亲写了一个黄表，上面写着："王宝树为父病，愿将自己寿命，移给父亲二十年"。父亲跪在掌管人间寿命的北斗佛前，双手托着木盘，上面放着写有自己心愿的黄表糊成的封筒，十几名道士，身穿绣花道袍，鸣鼓击钟吹打笛乐，道长诵经。历时弥久后道长燃烧封筒升表，这份请求就算送达北斗佛了。父亲向各位道士一一行礼致谢。

后来，祖父的病果然日渐好转了。

希冀以自己的生命去换回濒临危境的挚爱亲人的性命，在今日的生活中，我们也经常遇见或听闻这样一些让人揪心而动情的事情，而在20世纪的当年，我们的祖辈与父辈的这种心愿，就通过上述的仪式去希冀实现了。当人们面临着生活的无助时，深感人是多么渺小！那时，只好求助于神力了。这在无望中燃起了一星希望。当代科学研究已证实，影响人的健康与寿命，精神状态与其他因素相比，是第一位的；现代科学还证实，在人们特别是亲人们之间是存在着感应的。人类的认识还存在着许多未知的领域，对许多事情恐怕不能以迷信一以概之。

七 父辈老哥仨

我的父辈，大伯、父亲与老伯，老哥仨，都是非常勤勉的人，而且能吃苦。在他们正当年时，都做成了一些事情。但他们命运多蹇。他们与人为善，在共事的人们中都有很好的名声，即使落难时也曾有人相助。在街坊中，按叔伯大排行，他们被称为"六伯""七伯"和"老伯"。

我的大伯也就是"六伯"，是个非常聪明的人。年轻时吃过不少苦，后来经商有道，也享过福，用天津话说：吃过见过。

1936 年他 15 岁始，在珍昌泰古玩店学徒，祖父喜欢古玩，就给大伯选定了这个职业。掌柜的姓吕，店面在现建设路口，而其住家在天祥后门紫阳里。小学徒大伯就在这两个地点之间跑来跑去，更多的是帮着做家务。父亲回忆，冬天，大伯回家拿衣服，手面冻得红肿且满是冻疮，但大伯默不作声并不叫苦，给当时还在甲种商业学校读书的父亲很大触动。那一年，大伯受了一次重伤，险些丧命。在店里睡觉的大伯每晚都在两个玻璃柜台间搭个小铺，一夜，疲乏至极的大伯翻身时膝盖撞碎了玻璃，大腿静脉血管被割断，血流满地，被发现时已不省人事奄奄一息，急送天津第一医院抢救。治疗了数月，大伯总算捡回了一条命。

待恢复后，大伯仍没离开古玩行，继续在位于南门西的焕宝斋古玩店和位于中心公园旁的蕴古斋古玩店先后学徒与供职。焕宝斋的经理吴焕臣，是祖父在安庆的徒弟，有所关照，大伯接触了各类古玩与大件古物，逐渐成为行家里手；后被派往山西又长驻北京去收购古玩，广开眼界，大长见识；一次在山西捡漏，按铜佛价格收了一件金佛，为店里赚了大钱。蕴古斋古玩店则是曹锟的后辈开的店，五间大门脸儿，清朝遗老遗少、民国要人及后辈家人经常光顾，大伯受聘负责珠宝专柜，接触了更多的社会上层人物，磨练出健谈的口才。

祖父大病的 1941 年，为了家庭生活，大伯决定独立创业。最初在劝业场二楼与人合资开了一个专营二手照相机和名牌手表的店面。1942 年大伯与大娘成婚。但我的父辈们并没有向掌管着家政的大奶奶张嘴伸手，完全自力更生，大伯店面的货架、大伯婚房的炕箱，都是父亲在华中买了些纸包装的纸板子和木料，请人打的。后来，大伯在劝业场二楼开张了金龙金笔行。大伯五行缺金，故名宝镛，金笔行的店名也取名"金龙"。

在那个年代，大伯在经商的几年中曾两次遇险，险些丧命。一次是较早经营照相机时，那还是日本占领时期，从上海订购了一套进口的专业摄影设备，为免闪失他亲自去上海提货，设备装在一个大皮箱，乘火车返回天津，火车在半路遇上了劫匪，洗劫整节车厢的劫匪给了大伯脖子上一刀，皮箱抢走了，大伯脖子上的刀疤带了一辈子。另一次是金龙的创立初期，是国民党统治时期，那时大伯还住在城里，晚上在劝业场串柜后带着钱柜返回城里，从北马路到孟家大院是曲曲折折的小胡同，拐进永安胡同就发现已经有人跟上了，紧走跑进家门，紧跟的劫匪要推开还没来得及关上的大门，僵持中劫匪从门缝中捅进了一刀，大腿血流如注的大伯倒在了地上，家里人闻声出来，劫匪没来得及抢箱子跑了，家里人用大笸箩抬着又一次奄奄一息的大伯急送医院抢救。经此事大伯迁居劝业场附近居住。

大伯有经营才华，金龙金笔行的买卖干得风生水起，异常火爆。不仅自己买了楼，也过起了进入当时上流商贾圈儿的富足生活，与劝业场的主家高渤海称兄道弟，爱听京韵在堂会上与小彩舞也熟识了。我幼时到劝业场金龙（在劝业场二楼的东南角，门面后面还有两间房，里间是间很舒适的卧室）与新华路宝华里都去过，那里的生活环境与老城里确实是大不一样的。1949 年之后，大伯仍旧在为使金龙成为天津金笔钢笔销售的龙头老大而殚精竭虑，他做到了，金龙的销售额把国营的百货大楼都顶得一愣一愣的，这无疑给金龙的命运埋下了灾难的伏笔。金龙的生意诀窍其实很简单，最早最快地掌握信息和市场动向。早些时候，大伯让已经去一个棉布庄学买卖的老伯也到金龙协助经营，派老伯常驻上海，在上海制笔厂学习制笔，为金龙的维修业务以至未来的制造销售一条龙做准备。更关键的是，上海是国内的制笔中心，上海笔业的动向是全国笔业的晴雨表，老哥俩儿每天晚上通电话，大伯对上海以至全国的市场动向了如指掌，随时调整备货和销售策略与价格，总能占得先机。

金龙金笔行最终倒闭了。后来，经父亲协助安排，大伯在一个印刷厂做了会计，宝华里的楼房没了，他又搬回了老城里。而老伯在 1956 年后也携全家从上海返回天津故里，成为天津制笔厂的高端技术人员。改革开放，晚年的大伯又重新焕发活力，在近年兴建的天津古文化街宫北大街经营一间艺苑堂珠宝文玩店任经理，成为出资开设此店的东北角街街道办事处的"摇钱树"，又一次发挥了他的专长。

我的父亲，走的是办厂的路，但努力有一技之长却是父辈们共通的。我无意间发现并保存了十几页父亲在华中学买卖时残缺的日记，其中一些页面记录着印刷技术的内容,如气候与印刷的关系、不同纸张的不同配料和性能等,近似于学习笔记了。家中有关印刷技术的书籍也颇丰富。父亲去学买卖的华中印刷局是当年天津首屈一指的印刷厂家,集中了印刷、制版和艺术设计许多人才,如长于绘制年画的宋省三,后来蜚声天津艺坛的陈嘉祥、赵松涛、李应科等都成了父亲的同事。父亲对印刷渐渐产生了兴趣,多年的钻研使父亲成为天津铜锌版印刷方面的专家,公私合营后先后担任几个合营印刷厂主管生产和技术的厂长,后调入国营的天津第二印刷厂任技术科长。直至 20 世纪 60 年代,他被下放到车间去劳动改造,做了一名辅助工。但即使在那个年代,车间里的几位工人师傅仍然成为父亲很好的朋友,多有来往,如霍姓、刘姓师傅等,连笔者都是熟识的。工艺美院的设计师王幸,一次为一个献礼活动独出心裁地搞了一个以冰花为背景的礼品盒设计,如何通过印刷实现这个设计呢? 王幸漫无把握,她到二厂车间找到父亲求教,父亲协助她制定了印次、用墨等工艺方案,最终实现了一个精美的设计并获奖。后来,父亲作为主讲人,还经常被市印刷技术协会、商品包装设计协会等请去讲座。

父亲自年轻始,就是个敏感于心的人。他早年写于民国三十四年(1945)年初的日记残页,记录了这么一个场面:"天气渐寒,行人多惧冷,巷内有外乡贫儿为乞,日日流浪于各街。入冬患疮疾,动转难移,卧于凉石呻吟,于路人得惠度日。病见剧,污水四溅。善者见之感叹尔;侩者见之催故亡。可怜孤孩童,哭呻令人感;世间多虚伪,何人救孤贫!"那年他 23 岁。

在世事的沉浮中,他感慨于世态炎凉世道人心,记下了以下两件事。

当年父亲还在华中任职。"华中对过有一个裁纸的小作坊,守节的女掌柜领着三个徒弟,专门给糖果厂裁玻璃纸。她的二徒弟姓 W,因患滑精病,见了花布都滑精,人的气色已不是个样子了。在津治不起病准备将其送回老家,他的师兄对我说:'回到老家更治不起了,只有回家去等死!'我将此事与父亲(笔者祖父)说了,央求让他去父亲在玉皇阁主办的培元体育馆去练功,这不是救人的好事吗? 父亲答应了,因他是学徒,练功的公份钱(用来买练此功特需的上好木炭及支付体育馆其他零星开支)也不叫他交了。结果练了一年多,治好了滑精病,体格也健壮起来。后来他只要远远看见我,就急急地跑过来,不停地作揖,谢我救了他一命。做成一件好事我自然感到高兴,但嘴上却总是说:'谈何救命呢,我只不过帮你找到了一个治病的门径。'"

时光到了 1951 年,抗美援朝开展起来了,父亲经营的大文承担了印制一批志愿军军用信封的任务。"大文承制的信封委托华丰纸盒厂代为裁活,华丰的经理雷金声是华中的老同事,十分支持,而具体裁活的 W 也早就熟识(就是当年滑精的那位)。任务圆满完成后,为了感谢 W 的大力支持,我特意买了一支金笔送给他,那时大家学知识、学理论、学文化,谁也离不开用笔。W坚决不要,但让我感觉吃了个大窝脖的是,他对我的态度十分生硬,让我意想不到。但也没太放在心上。"时光又到了1966年之后。"W就住在双井,不止一次与我走到面对面,看见也不理,如同陌生人。这时我才幡然醒悟,当年送他金笔他不要而且态度很不好,因为我那时是大文经理,而他……还是工会委员,后来此人又当了某厂的厂长。"

另一件事,父亲没有写在回忆中,是曾经向我口述的。父亲当年担任天津铜版印刷厂的厂长。那时工厂的工会工作十分活跃,每月工会都向困难职工发放一定的生活补助,成为当时工厂的一项经常性的支出,就像我后来在出版社的同事、从工会中成长起来的漫画家左川在提到工会时,曾经笑谈的:"没钱找工会!"这是那个年代工人的一项福利。父亲所在印刷厂每月向困难职工发放补助的单子,由工会主席做出,再由任厂长的父亲签字发放。某月,父亲在签字前审核名单清单时,却发现工会主席自己的名字赫然在列,父亲问:"这怎么回事?"对方来了个大红脸,支支吾吾地说家中有什么事。父亲正色道:"咱们当干部的得考虑影响啊,你又是个党员。"这位主席把单子又拿回去重新做了,把自己的名字和款项去掉了,这事也就过去了。后来父亲调入了天津第二印刷厂,多年后的"文革"中,那是夏天,一次批斗会上,在台上飞机式弯腰被摁在那里的父亲,突然脖子上被挂上一个用细铁丝吊着的沉重的印刷机大铁轮子,细铁丝立马勒进肉里。父亲忍不住偷眼望去,给他挂上这个铁轮子的,正是当年那位没有拿到补助钱的工会主席。

写至此处,心中戚然。父辈们的面容又浮现在眼前,他们久已离我们而去了,树欲静而风不止,子欲养而亲不待——那一代人活得太不容易了。

八 追怀我的爹娘

昨日读到学友转发在微信群里的两个帖子,有些吃惊。再读,于是想到了很多。

一篇为《现代物理惊人发现:宇宙里一直存在着主宰一切的神秘力量!》(冷眼文摘,作者为毕业于北京大学的地球物理学家)。文中从现代物理的角度介绍了"搅乱了世界的三项科学成果",分别为:1. 至今人类没有看到找到,但通过计算确认确实存在的"暗物质",其质量5倍于我们现在看到的物质,暗物质维持着宇宙的秩序;2. "暗能量",通过爱因斯坦质能方程,计算求出的人类还没有找到的暗能量,是现有物质和暗物质的总和的一倍以上;3. 神奇的"量子纠缠",相隔很远(公里、光年甚至更远)的两个量子,之间没有任何常规联系,一个出现状态变化,另一个同时出现状态变化,而且不是巧合,物理学界已经建立了宏观量子纠缠实验基地,中国科学家已实现 13 公里级量子纠缠态的拆分与发送。这篇科普文章最后说,这三项科学成果"搅乱了哲学世界","我们原来认为世界是物质的,没有神,没有特异功能,……现在我们发现,我们认知的物质,仅仅是这个宇宙的 5%。没有任何联系的两个量子,可以如神一般的发生纠缠。把意识放到分子、量子态去分析,意识其实也是一种物质。那既然宇宙中还有 95% 我们不知道的物质,那灵魂、鬼都有可能存在。既然存在量子纠缠,那第六感、特异功能也可以存在。""我们看到的世界,仅仅是整个世界的 5%。这和 1000 年前人类不知道有空气,不知道有电场、磁场,不认识元素,以为天圆地方相比,我们的未知世界还要多得多,多到难以想象。"文章绝对是正能量的,作者最后诗曰:"每一次对世界重新的认识 / 即是我们对生命的重新认知 / 终其一生 / 其实我们只在做一件事 / 那就是了解生命 / 认识自己"。

另一帖,篇名《人类是被远古外星人流放地球的?》。这有点儿像科幻灾难片讲的故事了,但提出此推论的美国生态学家斯威尔博士一本正经地提出论据:"人类是地球上最聪明的物种,却表现出惊人的不适应性,在地球环境中容易患病,暴露在阳光下皮肤会被晒伤,人类不喜欢自然食物,较高的慢性病发病率等。"他还指出"人类婴儿的头颅非常大,分娩困难,但地球其他生物却没有这种现象。"地球存在着"诡异的引力环境",人上升到一定高度,会恐高、头晕昏迷,研究宇宙重力学的科学家发现一个惊人的事实,除了地球自身的引力,"在地球外围,似乎还存在着一个无形的引力圈。"据此,他的推论是:人类很可能"来自一个低引力星球","外星文明将地球作为监狱星球,认为人类是一种具有暴力倾向的物种。""人类还没有进化完全,在我们进化完全之前,必须待在地球上。"这位博士的理论,与基督教义有某种呼应,人是带着"原罪"来到人世的,人生来就是来受苦的,在遥远的天庭,神明在注视着世间,等待人们的是"最后的审判"!

天哪!惊讶不已的我思来想去,特别是第一个帖子,现代科学确认的人类尚未认知的那 95% 的世界,那里真的存在一个不可知的领域吗?我们思念着久已逝去的双亲,清明节快要到了,当我们祭奠时,或我们在佛堂上默祷时,他们听得到我们的声音吗?曾经有很多时候,我们总感觉他们还在一个什么地方注视着我们,这几乎像是真的了。

我家曾经发生过两次灵异事。而且都是与我的双亲有关的。我的父亲与生母虽然年龄相差一岁,却都生于农历十月初一,那一天不是个平常日子,那天是寒衣节,又称十月朝、祭祖节、冥阴节。我的父亲去世于农历二月十五,那一天是佛祖释迦牟尼涅槃日。

父亲去世于 2005 年，父亲弥留之际，总说要回家，丧礼是在家中办的。按天津的丧俗，去世的第三天"接三"，那天晚上，在父亲居处主卧室停放的父亲遗体前，有一张小桌，父亲的遗像竖立在小桌上，遗像前是供品，供品两侧是一对白蜡，供品前中间是一个香炉。仪式开始，大家面对父亲遗像跪在灵前恸哭，只有我作为长子面向大家跪在前面，紧挨着父亲的遗体，在父亲遗像的侧面。悲痛地注视着父亲遗像的弟弟妹妹们，突然惊呼："爸爸哭了！"他们都看到遗像中的爸爸哭了！转瞬即逝，待我赶过去时，父亲的遗像已经没有了眼泪。接三，传说那一天，西方接引，离世的人的灵魂就要到西天去了，在望乡台上会最后再看一眼人间的儿孙们。

父亲去世不久，悲痛万分的我，一夜得一梦，又见到了父亲。只是父亲一直背对着我，走在我的前面，双手拿着一把竹扫帚，一边走一边左一下右一下不停地扫着，一直不回头。我紧跟着，那个环境，像是从老城里乡祠前在向西走，又像是五台山五爷庙前横街在向西走，我紧跟着一直不回头的父亲到街口了，父亲向北一拐突然不见了，我极力找着，那是龙亭街又像是五爷庙前——父亲割舍不了我们，父亲是在为他的儿子扫除前行的孽障吗？

另一事发生在我的母亲身上。那时继母已经过门来到家中不久。我家孟家大院的宅子是个独院，后院的半个院子搭着遮阳的天棚，天棚的几根杉木木柱间斜向拴着粗铅丝，平时用来晾晒洗过的被单和衣服。忽一日，继母突然对同居一院的大娘和老婶说：我看见后院的西南角，晾着的被单子后面站着一个女的，瘦瘦的，中等偏高的个儿，就那么看着我，吓了我一跳，一转眼儿就没了。大娘和老婶都没好说什么，但后来她们却和别人说，根据继母的描述，那是来元娘！我家的院子很深，前院还住着老婶，外人是进不去的。继母也不可能见过我的生母——莫非真是我的母亲放心不下我们，来看一看吗？

我的母亲三十三岁就去世了。那是虚岁，她在人间只待了三十二年多一点。

我回顾母亲短暂的一生，回顾遥远的记忆中的母亲。母亲在这个世界的那些日子。

母亲李桂英，她的父亲也就是我的姥爷李孝林，他的哥哥李孝清，我们称之为大姥爷，兄弟二人。其实他们本不姓李，姓张，津北赵庄子人氏，早年丧父后随母改嫁来到了李家，改姓了李，这是清代时的事了。李家是个大家庭，老辈儿是有功名的，是做官的，姥爷李家的二伯、四伯的子女，或出国留学或上大学，应该是书香门第了。而成年后的姥爷兄弟二人却都去洋行做事了。这老兄弟俩都十分能干，据说性格却不大一样，弟弟姥爷比较老派儿，哥哥大姥爷却较为新潮，曾经到日本短期地游学过。他们挣下了一份家业，在河北路仁丰里买了一所楼安家，河东姚台儿九间房的老宅就闲置了。我幼时十分受宠，既是爷爷的长孙又是姥爷的长外孙，上小学前经常被接到仁丰里姥姥家去，仁丰里位于滨江道与长春道之间，那座二层小楼有前后小院儿，与老城里大不一样。记忆中，戴着副眼镜的大姥爷，不苟言笑，却和气端庄。父亲说："他老人家手敞，嗜为人，对钱财看得不重。"仁丰里来的朋友也多，据大舅讲，大姥爷的老师王澄久先生在意租界的宅子就是他帮助购置的。

姥爷因患感冒，小病却用错了药意外身亡。大姥爷像疯了一样要找大夫拼命，但生活还得继续，只好强忍失弟之痛，担起抚养几个孩子的担子。日本占领时期，大姥爷离开了三井洋行到隆茂洋行去了，但三井洋行还经常请他过去帮忙，因为他是天津羊毛质量鉴定和市值估价的专家，因此收入十分可观。老兄弟俩共五个子女，其中只有母亲和她的二姐即我的二姨，是姥姥、姥爷嫡生的，大姨是大姥爷一天去意租界老王二爷处练功，在海河边捡来的，大舅与老舅是给了些钱从困难的多子女人家领养来的。大姨和大舅是大姥爷的子女，老舅是姥姥的儿子，他们都在一个优越的家庭环境中长大成人。母亲的奶妈刘姥姥一直在李家帮佣。

以前家中有一张母亲年轻时的照片，摄于一所洋楼门前，母亲与二姨分坐在多层台阶两侧的台子上，母亲在近处，在阳光下青春焕发，留着披肩长发，身着浅色旗袍，微眯着眼睛在笑。透过这张照片可以想见母亲少女时代的生活，这张珍贵的照片在"文革"中毁失了。

为强身，我的爷爷和大姥爷都随王澄久先生习练萃英功，日久相知，互相倾慕，遂结为儿女亲家。那是 1934 年，当时中人给王家提供了二姨和母亲两个人的生辰八字，王家几位老太太请来了先生细批，四伯已完婚，当时还在的五伯和六伯都八字不合，只有父亲与母亲相合，于是交换了龙凤帖，定下了这门娃娃亲。但当时批八字的先生说了这么一句话："大海水命的这个小子是两个媳妇的命。"谁也没有在意这句话，未料竟成谶语。

十年后的 1944 年农历六月初六，父亲与母亲完婚。迎娶母亲那天也有一些波折。那些天天津一直下雨，那天虽然不下了，但花轿是从老城里出发的，街巷满是泥泞，待到了母亲家的河北路，轿夫与吹鼓手都卷着裤脚一双泥脚，有的还光着脚，花轿也不甚整洁了，这在河北路的洋楼群中引来了围观。大姥爷生气了，命家人紧闭上大门。天津至今仍有女方紧闭大门，迎亲的男方要在门外说好话才开大门的婚俗，但当年李家的大门是真的不开了。迎亲的赶紧回老城里告信儿，爷爷也着急生气了，紧急找了另一家轿房，人员衣着光鲜，连花轿轿衣都是新开剪的，并派得力人去李家解释赔礼。大姥爷这才转怒为喜，把嗔怪都算到了前边那家轿房身上，老王家这才把母亲迎娶进门。母亲的陪嫁丰厚，婚礼礼仪堪称排场。

那年母亲 20 岁。父亲的回忆录记述了当年大婚之夜洞房中的一幕："洞房花烛夜，金榜题名时。结婚，人生大事也。当晚，英穿一身大红绣花新娘服装，盘腿而坐，非常安详。当我挑开盖头，看到英的表情十分亲切和善，光彩照人！真是天赐良缘，我万分惊喜！英的生日也是农历十月初一，与我同月同日生！她那么文雅端庄，说话总是带着微笑。"

初婚的几年，父亲和母亲度过了一段幸福的时光。父亲在晚年仍保留着母亲的一些照片，背着继母偷藏在他的一个皮包里，他一定是在怀念着他与母亲共同度过的青春时光。

母亲的娘家李家，后来家境大变。新政权的新民主主义革命自然不能容许外国洋行在中国的存在，军管会派员进驻了位于当时的英国菜市，即后来的大沽路菜市对面的英商隆茂洋行。据大舅后来讲，隆茂华账房的陈姓大写和袁姓账房全自杀了，大姥爷也摸过电门儿，没死了，接受审查。李家与亲友均惶惶不可终日。后家中积极配合，落了个接受改造态度良好，大姥爷就被放回来了，徒刑、成分全不算了，一家人就搬到吴家窑工人新村的两间房去了。

曾经养尊处优的李家的后辈都被改造成自食其力的劳动者。大舅报名去了山西，成了一名地质队的勘探队员。成年后的老舅到父亲的大文印刷局成了一名印刷工人。大姑爷也就是我的大姨父他们赵姓在南京是个大户，年轻时是个少爷，熟知经史典故，唯好京剧，他家当年经营着南京最大的一个戏园子，他周旋于名角名票间，是个玩票的鼓佬，晚年在津卖乌豆为生。二姑爷也就是我的二姨夫本是朱熹的后人，江苏丹阳人氏，曾是傅作义麾下的一名军医，一名抗战老兵，傅部起义后曾被任命为绥远某医院院长，但二姨不习惯绥远的生活，可惜竟抛却了前程举家返津，多年坎坷，最后成为一名天津钢厂的壮工。

母亲与父亲共同生活了十二年，生养了我们兄弟姐妹五个人，消耗了她大量的心力和精力，大舅称父亲又玩儿命干着一个大文，心力交瘁的母亲终于撒手人寰。我记忆中的母亲是消瘦憔悴的，再没有当年照片上的风采。我记得一些母亲操劳的情景。记得一次母亲背着发烧的我去看病，文庙的牌坊下那时是个卫生院，看完病从那里沿着文庙大墙向西走，走不大远母亲就走不动了，只好坐在文学西箭道路口的青石上歇息。牌坊横匾上题写着"德配天地"……

抚今追昔，这篇文字断断续续已经写了几天了。今天，北京下雪了。一冬没有下雪，快到春分了，却纷纷扬扬下起了雪。我的心情就像这天气一样，时暖时寒。

清明也快要到了，也不知父亲母亲老三位在那边怎么样了。母亲还是她离世时三十多岁的样子吗？肯定不那么憔悴了，这么多年将养得又是光彩照人了吧！父亲与继母离世时都已八十多岁垂垂老矣，也许在那边又恢复成年轻时的模样？祝您们在那个世界和谐安康！

大沽渔村纪事

一　险成英模浮沉记

1965 年我自天津工艺美院毕业,按国家规定参加津郊农村的社会主义教育运动,即"四清"运动,来到海河口大沽炮台下的一个渔业生产队,在那里度过了近一年的时光。

刚走出校门的学生参加运动是要在"三大革命实践"中经受磨炼,改造世界观。我以一种近于虔诚的改造自己的心态来到了渔村。

进村后的第一次社员大会上,工作队长庄严宣告:"我们是毛主席派来的!"这宣告首先使我感到震撼。荡去畏怯,心中生出了一种已然投身崇高事业的使命感。

工作队由各区局抽调的干部、北京海军司令部的军官和我们这些学生组成,运动很快就在渔村开展起来了。不久,我被派遣随船队出海,实践与贫下中渔的同吃同住同劳动。

渔船都是约十米长的风帆木船,全仗着使帆与用舵在浩瀚的渤海上行驶。每条船上三四个渔工,生产生活条件十分艰苦。但我并不以为苦,在海浪的颠簸中,我也没有像其他同学那样晕船,不仅如此,某种久蓄于心的诗情却一下子激荡喷涌开来。

大海呵!我来了!……我从心底欢呼!与劈浪前行的船头的浪花一同激起的是我心底的浪花!碧海蓝天,日出日落,皓月繁星,长空战云,在波峰浪谷中前行的快意,渔工们那黧黑的笑脸……更令我亢奋的,是我稳稳地与壮硕的渔工并肩而立,在船身不停的倾斜与晃动中,臂膀摩挲着,伴随着嘿呦嘿呦的号子,一下一下地拉上那足有几里长的流网,银亮的鱼儿在船舱里翻滚跳跃……真是激情澎湃呵,我把这些都一一记在我的小本子上,还写了不止一首诗。当年图书馆里的拜伦、雪莱曾经教我的抒写激情,那时派上了用场。

工作队的团支书张明修是海军司令部的一位年轻军官,他在我们都登岸归队后,布置我们互相交换日记阅读,要求大家写日记原来也是他布置的。我与天大毕业的一位队友交换了日记。

过了一段时间的某天，突然召集了一次工作队全体大会。本是海军司令部某局局长的工作队指导员老孙讲话，那天老孙挺高兴，说："咱们队，真想不到啊，有这么一个青年，平时不声不响的，但心里充满革命激情，非常优秀……我们大家都要向他学习，争做革命事业的接班人！"说罢，每人发给了一本小册子，是"四清"工作总团编印的。

待我拿到手里，不禁大吃一惊！竟然是我的日记摘抄！会场上爆发了热烈的掌声，全体的目光都聚焦于我，我脸腾一下红了，周身火辣辣的。

我成了队里的标杆，成了青年的学习榜样；我感受到那种被人尊重和热情相待的滋味。团组织很快安排我填写了入团志愿书的大表。而这突如其来的变化，更给我思想上巨大的冲击，我更多地思考人生和社会的许多问题，充满了以天下为己任的念头。

我的思考肯定是十分幼稚的，以至在运动接近尾声的重新划定阶级成分阶段，事情就有了一个结局。一天晚上，我又与天大那位同学在渔场上漫步聊天。我把盘踞在心头的一个问题向他倾诉：划定渔区成份依据中央下发的一份文件，其中对曾经养船的有个计算公式，以船只数和雇工数计算出剥削量并依此划定其成分；但这份文件下发了两次，根据第一次文件，我国渔区只有少量富渔而渔业资本家几近于零；后来又下发了执行的第二份文件，降低了剥削量水准，富渔、渔业资本家就有一定数量了。我对那位同学说：我就想不通了，大家都很穷，依原来的计算，没什么阶级敌人，岂不是好事？为什么非要降低标准，算出那么多敌人呢？

我的入团问题从此渺无音讯，也没有什么人和我再谈过什么，但可以肯定的是，我不是一个可靠的革命接班人。

二　海匪张二

张二高高壮壮，身高一米九以上，他的脖子很粗，后颈与后脑是直线等宽，眼睛很小，咋看上去，是个十分憨厚的人，不多言，却常嘿嘿地笑着。但我后来得知，他过去是个海匪。

我上到了这条船，这条船的渔工中就有张二。

傍晚我们下了网，吃过晚饭就陆续下到舱里休息了，大家都累了。渔船在海上已经进入鲅鱼的捕捞季节，要下流网；流网像一面网的墙，水面是浮子，水下有

过去了就成了故事

坠石,流网直立在海水中;网眼儿的大小使小鱼游过去了,而鲅鱼恰好头钻过去卡在网上。渔船傍晚把流网下到海里,足有几里长,然后漂流,第二天再收网。

夜里,船舱里一片鼾声。我想方便一下,就爬起来轻手轻脚地钻出舱,向船尾走去。船上的方便处是在船尾的船身之外用圆木搭了个七八十公分的立体架子,下层的架子上固定了两块分开的木板,人们钻进木架,朝船头方向踏在木板上,手扶木架上一层已经磨得光滑的一根圆木蹲下就可以方便了。宋代的大画家倪云林有洁癖,他为自己设计了一座古今无二的高层厕所,他在楼上方便,污秽之物掉落到远远的楼下,但远不如渔船茅厕的清新通风和自然冲水。

那夜有很好的月色,一轮明亮的玉盘映照着深蓝的大海,波光粼粼。

但这时,我看到从船舱口突然闪出了一个人影,悄声地也向船尾走来。借着月光,我看清了:那是张二,海匪张二!我心中一激灵,大半夜的他要干什么?我急忙起身,穿过船尾的舵台,迎着他走过去。我们在船的中部主桅舱台后侧的甲板上面对面地站住了。我心中砰砰乱跳!这个张二到底要干什么?但我还算清醒,我与他虽然面对面,但中间隔着一盘粗绳;要知道这个铁塔一样的张二,如果把我拎起来就像拎个小鸡儿,一挥手,就把我扔海里去了;这可是神不知鬼不觉!要知道,这可是阶级斗争的风口浪尖呵!

我压低着声音问:"张二!你要干什么?"他不吱声,脚下却向前凑,我厉声喝道:"站住!"脚下的重心却在移向船的桅杆方向的内侧,准备迎接突然的袭击。

说呀!你要干什么!我提高了声音,舱里的人应该能听见了。张二终于开口了:"您小点儿声儿,您小点儿声儿!王同志,我要向政府坦白,我要坦白……"

他低声地磕磕巴巴地说起来了:"这些天,我一直睡不着觉,我害怕,我有罪恶……"我没有打断他,他的脸上确实有一种痛苦的表情,腰也像哈着,但我没有放松警惕,与他中间始终隔着个东西。他接着说:"我当过海匪早向政府交代了,但我有个罪恶,一直隐瞒了这么多年……我当海匪时,我家对门儿一个闺女让我糟践了,现在我向政府坦白……"

他还在不停地说着,而我的脑子却在飞快运转,怎么办?

我终于打断了他,清楚地告诉他:"张二,你今天向政府坦白,交代你的罪恶,这很好,我现在代表政府宣布,这个罪恶交代了也就不追究了,再说一遍,交代了就不追究了。现在,我命令你回舱睡觉!"

他还呆在那里,我已经回舱了。第二天,我搭乘运输船,转移到另一条渔船。

登岸回队后,我向工作队王队长汇报了这件事。王队长夸我处理得当,也很符合政策。按当时"四清"运动的政策,对生产队里的男女关系问题一律不纠缠、不追究。

王队长还说:"否则……"否则什么呢,他没说下去。可能他也不能肯定,那一晚,到底是不是一次险情。

三　咬牙切齿的"老李"

"老李"不是化名,是个官称,生产队里的人都管他叫"老李"。

他只是个普通渔工,但在渔村却很有威信。据说他走南闯北,很有阅历,渔工们有些闹不清的、拿不定主意的事,常愿意跟他念叨,他差不多总能说出个一二三来。他中等身材,是个精壮汉子,干活儿尤其是使船是把好手,队里曾经有意让他当驾长,也就是一条船的负责人,他却推辞了,说怕担不起责任,但他却常能给驾长出主意。

他喜欢喝酒,但没喝醉过。他喜欢唱戏,喜欢唱《打渔杀家》。据说他的媳妇很早就死了,他有个儿子,叫木子,是个义子,是从小就养大的。木子是个瘦削的大男孩,但十分俊俏,很腼腆,但又显得很机灵。木子也在队里的渔船上干活儿,大家都很喜欢这个孩子。

老李以上的这些,大多是事后听队里的渔工们说的,因为来到渔村后我几乎都不知道有这么个人,在工作队召集的会上,他可能仅只是在一边儿的某个角落默默抽烟的人。

直到有一天,老李突然被抓起来了。渔村的人们好像都很惊慌,但没有人敢向工作队问这件事;我也知道了,木子的爸爸被抓起来了,木子在渔村的年轻人中是很引人注目的。

没几天,一张白纸黑字的布告张贴在渔场上仓库的后墙和生产队队部门口的墙上。原来,经革命群众揭发,经工作队缜密调查,李某某解放前做过海匪;其间,参与打劫过一条化装为平民的解放军的运药船;该匪及其同伙抢劫了该船并将船上的解放军战士全部扔到海里淹死……

作为工作队员的我也感到十分震惊,这个"老李"的血债时隔多年仍要偿还,但这几乎石沉大海的旧案到底是怎么被追查出来的呢?

不久,在海河边的闸口附近,"四清"工作分团召开了公审大会,附近生产队的渔民们都被召集来了,会场上临时搭了个台子,周边站着些持枪的基干民兵。而我竟被委派担任大会的记录员之一,我们两个学生坐在台上侧面的一张桌子后面。

"老李"被五花大绑地押上来了,被两个民兵摁着头。主持人简短讲话后宣布：由揭发人控诉李犯罪行！

走上台来的竟是木子！会场上一阵骚动。

木子说，我爸爸有一次喝醉了酒，告诉了我这件事，他杀了解放军！……木子手里拿着几张讲稿，声音有些发颤地念着。而在台上的我，却留意到，劈着腿被摁着头站得离我更近一些的"老李"虽然没怎么挣扎，但摁着他的两个民兵却显得很吃力，天气很热，他的脚下的一滩水洼是他滴落的汗，而他的牙齿，咬的格格响！

木子后来不久入了团。

这是我在渔村经历的一件最触目惊心的事。

四 小邱与黄三儿

我把出海打渔当做一件浪漫的事，在船上也不惜力气，与渔民们很快就熟识了，但他们对工作队终归有所戒备，后来我在船上这儿那儿画速写，他们得知了我原来是个美术学院的学生，就对我另眼相看相处得自然多了。

这条船上的驾长刘大爷经常绷着脸，不苟言笑，有一次他与船上人说什么事，突然蹦出这么一句："咱们队，就他娘的小邱跟黄三儿最'赖'！上哪条船哪条船就得认倒霉！"

工作队进村前在塘沽集训时就介绍过，渔区人员流动性大管理难度大，人员构成复杂。工作队进村后曾经召集过四类分子会，这个生产队的"敌情"似乎并不像集训时讲得那么严重，但那次会也满满当当坐了多半个库房，这些四类分子基本都五六十开外了，奇怪的是里边竟有一个二十多岁的年轻人。后得知是个叛国投敌分子，现在被管制。

那就是小邱。回想起来那个小邱确实有点赖，与会的四类们大多低眉顺眼垂着头，或者表情木然呆坐着，唯有他东张西望，工作队长讲了什么他认为可笑的话，脸上竟现出笑意，完全是个没心没肺的样子。他是东沽本地人，父母早亡成了孤儿，有个姐姐嫁到外乡了，一个人磕磕绊绊地长大。他虽有力气但在船上不认头干，有什么闲事儿却总有他。

那是前两年的困难时期，有一次出海，船出了河口走在锚地的海面。进出天津港的货轮都要在离港口有一定距离的锚地抛锚待命，等待港口的指令。锚地海面上经常漂浮着一些东西，多是等待进港的外国货轮扔弃的废物垃圾，有时也有些有用的东西甚至整箱的饼干食品等。那时人们正在挨饿，遇到这种机会绝不会放弃。那天,小邱所在的渔船突然发现海面上漂来了一扇猪肉,整整一扇有红是白的生猪! 船上人惊呼! 但还没等反应过来,猪肉很快就漂过去了,船上人一片叹息。此时,只见小邱像一支离弦的箭飞身跃入海中! 又一阵惊呼,船上人并不都是会水的。小邱奋力游向猪肉,渔船也调转船头,紧随其后。距离渐渐拉开了,猪扇越漂越远,渔船与小邱也有一定距离。眼见猪扇飘向一艘外轮,小邱仍穷追不舍,猪扇最终没有到手,小邱被拉上渔船。后来小邱被抓了,成了未遂的叛国投敌分子。小邱好像没什么精神压力,渔村的人们甚至工作队也像没拿他当敌人。

另一位最赖的黄三儿,也是穷的滴里当啷。依然保留着他的贫渔成分的贫穷。他本是个要饭的,从外乡流落到这里,在渔村落户。说是落户但他至今三十多了仍孑然一身,谁家的姑娘肯嫁给他呢? 他精瘦,没什么力气,更偷奸要滑不肯出力气,让人们最腻味的是还爱占小便宜。但看他穷困潦倒无非偷吃抢喝,人们也就不计较了,他也成了生产队甩不掉的包袱。

"四清"运动来了,黄三儿却来了精神儿,一副天不怕地不怕的样子,声称是受迫害的无产阶级,每逢队干部的批斗会,他都格外活跃,经常蹿到前边去,又揪又搡最后还揣两脚。

工作组长老陆有一次发现我在看自己带到渔村来的《中国新诗选》,就与我亲近起来,原来他是位业余诗人,他最得意的诗句如"巴拿马是把美丽的腰刀……"发表在声援巴拿马反美运动时的报章上。那晚我们聊起白天的批斗会,我学说了船上刘大爷的话,提醒他:"黄三儿对干部又打又踢这恐怕不大好,会上的大爷们都在瞪他。"老陆沉吟片刻,说:"我也注意到了,但黄三儿是货真价实的贫渔,有什么办法呢? 何况——搞运动也需要这种人。"

说罢他翻过身去:"要不明天我找他谈谈吧,关灯睡觉!"

五 痛哭失声的赵书记

"四清"运动的主要斗争对象是"四不清"干部。工作队进村后,生产队所有的干部当即全部解职"下楼洗澡",接受群众的揭发批判和工作队的审查。

这个生产队的书记姓赵,个子不高,眼睛很亮,一看就是个很精明的人。

运动搞了一阵子,也没查出他有什么大的经济问题,无非是干部吃吃喝喝,顶多算个多吃多占。但这个赵书记最终被开除出党,他的主要罪状是:第一,敌我不分,依靠阶级敌人,执行资产阶级反动路线;第二,腐化堕落,生活作风糜烂,追求资产阶级生活方式……还有若干条，但这两条是主要的。

渔业生产队的生产组织方式是这样的：全队共有十几条风帆木船，仅有的机帆船是书记和队长坐镇指挥的队长船以及运输船，所有这些船在捕捞季节组成船队出海。船队在海上是在一个大的海区范围内，彼此保持相当距离，我在海上时，常看不见周围有船，但渔民们视力很强，指着天边说："草鞋来了，那是尖嘴儿。"这些都是船的绰号。每条船有一位驾长，负责指挥全船的航行与捕捞生产，独立作业的每条船上的驾长要具有一定的海上经验和能力。首先是能掌舵，能指挥使帆，海上的气候和海流情况复杂，瞬息万变，要能指挥全船应对事关全船身家性命的各种情况。我在海上遇到过六级风，风浪就大得很吓人了。驾长更要善于寻找鱼群，指挥全船在恰当的区域下网，以求最大的收获，这对生产队来说无疑是最重要的。

这个生产队的十几位驾长有几位是经验丰富的老渔工，但也有几位是成分较高的富渔甚至还有渔业资本家或他们的子女。这是个贫穷的渔村，没有渔霸，历史上就没有养很多条船称霸一方的人，但生产队里也有一些过去养过船的人，这些人的成分多为富渔和渔业资本家。赵书记的定性材料中提到：让阶级敌人和他们的子女把持了相当数量的驾长这个至关重要的位置，岂不是放弃了无产阶级的领导权？作为书记还经常和他们吃吃喝喝，岂不是江山变色了？在批判会上，赵书记嗫嚅着辩称："这些人内行……"

渔区那时的男女关系十分混乱。渔民们长期出海，他们的女人在家熬不住了，不少就与附近化工厂和盐场的工人胡搞。工作组长老陆笑曰，食色性也，这也没办法。工作队不纠缠这些事。出海的船队全是清一色男人，唯有队长船上有一位电报员是唯一的女性，于是就和书记搞到了一起，两个人已经很多年了，这在生产队是个公开的秘密。那个女人起码三十多了，也没什么姿色，很瘦小；他的男人是个矮个子，据说很得书记关照，对老婆的事好像并不大在乎，在批判会上还跑前跑后的。

后来的某一天，在库房那排房子前，我与已被开除出党的赵书记狭路相逢，周围没有别的人。他站住了，注视着我说："小王同志，我想和你谈谈。"谈谈就谈谈呗，我与他走进清寂无人的库房，在墙角堆放的杂物上坐下了，他坐在我右首的那面墙前。

他捂着脸呜呜地痛哭失声。好半天才缓过气来，抽抽嗒嗒地说："小王同志，我看你人不错，才和你说……我1947年参加革命，没想到，落了这么个下场……"

他说了好久，我却不知说什么好，我是个仅参加过少先队的刚刚步入社会的学生，我应该说些什么呢，但我真动了恻隐之心，心里也有些难过。

当他终于停止了叙说,我终于想起了说什么:"老赵呵,在哪里跌倒的就在哪里爬起来……"

六 芦队长被绑起来了

生产队的队长叫芦大发,也是个高大的壮汉,动作还十分利索;他是个大脸盘儿,说话高门大嗓,咋咋呼呼、大大咧咧。渔船上很需要这么个人当队长。也没查出芦队长有什么问题,在运动中期,他很早就被"解放"了,在渔汛季节,还需要他带船队出海。

渔汛过去了,船队都回来了。有些船被拉到渔场上扣放在那里,需要修补、刮腻子、刷桐油;渔网也晾晒在渔场上修补。渔民们每天很早就忙起来了。

工作队派我每天早上开始干活儿前,组织渔民们在渔场上学习。学什么呢,读报。我每天选一些两报一刊的社论或有关国内外形势的文章,起个大早去给社员们宣读。工作组很忙,后来我选定了一位有文化的青年,头天我把宣读的报纸交给他,第二天由他去读,我有时去检查巡视一下。这样运行得很好,只是有时我头天忘记布置了,那位青年社员很早就到我睡觉的那间简易工棚来砸门,我因头天熬夜还没起呐,在枕头下随手抽出一张报纸,抱歉地点着:"这篇,那篇。"好在那时报纸上连篇累牍都是这类文章。

有一天早上,我因为头天事先布置了读报学习的文章,起床后就很有些悠闲地去巡视。远远望去,渔民们并没有学习读报,只见队长芦大发站在围坐在渔场上的人们中间,挺胸叠肚挥着胳膊,正在高声地讲着什么,人们聚精会神一动不动地听着。

咦? 走到近前,我听清了,芦队长气宇轩昂:"我告诉你们,以后都老实点!有些人瞎折腾,最后怎么样? 我还得管着你! 我芦大发还是队长,还能管着你!下面,我就宣读我与工作队一起研究敲定的这份名单,大家听好了,'左'派、右派、中间派! 清清楚楚……"

说着,他从怀中掏出来两张纸,大声地念起来。而这两张纸正是工作组长老陆昨晚交给他的那份"分类排队"名单! 这应该是保密的。

糟了! 我转身急忙向队部跑去。

运动已经进入了后期,工作队对渔村的所有人进行了"分类排队",哪些人是"左"派——依靠对象,哪些人是右派——打击对象,哪些人是中间派——团结争取对象,列了一份大名单。这是"四清"清政治的重要内容,被认为是运动的重要成果。那时,工作队还有相当的政策观念,比如有些在运动中表现抢眼、上蹿下跳的人,并不一定被认为是当然的左派,工作队将这些人称为"勇敢分子",近似于流氓无产者,既不是"左"派,也不是右派,只好划入中间派,例如黄三儿之类,就属于这类人。

昨晚,老陆与芦队长长谈,夸赞他被"解放"后表现得相当不错,鼓励他好好干,启发他经过运动要有政治观念,并把这份左中右的分类排队名单交给他。老陆还语重心长地和他说:"毛主席在《中国社会各阶级分析》中早就教导我们,我们到底要依靠哪些人?谁是我们的朋友?谁是我们的敌人?这是中国革命的首要问题。"

待工作队王队长和我疾步赶到渔场,渔场上已经一片混乱。人声沸扬,正是黄三儿等几个人正在那里大吵大闹!王队长也是个大个子,是个转业军人,总穿着身褪色的旧军装;只见他大步走上前去,本来就黢黑的脸更黑了,指着芦大发:"你住嘴!你炮制瞎编了这么一个名单,还瞎说是工作队定的,工作队依靠的是广大革命群众!"

王队长指着黄三儿,示意他坐下,然后又厉声呵斥芦大发:"你好大胆!胆敢破坏'四清'运动!来人!把他给我绑起来!"

七 吃派饭吃出了一身汗

渔村是很穷的,活儿是很苦的。农家的冬天有农闲时节,老婆孩子热炕头,但冬日的渔村依然很忙。我们随社员一起去窖冰。夏季时为了保证鱼的新鲜,船舱里要备些冰,渔村的人没条件去花钱买冰,就冬天自己窖冰。在一年中最冷的时候的晚上,离渔村不远的水坑都已经冻得结结实实了,冰面足有半尺多厚。我们站在冰层的边儿上,学着用"穿子"把冰一条条地凿下来,再运到已经挖好的冰窖。不久前与外孙女一起看迪士尼的《冰雪奇缘》,我告诉她们,片子开始时克里斯托夫的父兄们"穿冰"的活儿,姥爷当年也干过。

冬天最艰苦的莫过于出海"拉冬网"。天气奇寒,但河口并没有封冻,我随着照常出海的渔船来到冬日的海面上,海风吹过来,我穿着家里带来的厚棉裤再套上油布裤,却好像什么也没穿,而渔工们都穿着反穿的皮毛在外的狗皮裤,是不怕海水溅到身上的。拉网最难熬,戴着胶皮手套的双手很快就僵了,勾住带着冰碴的网眼儿往上拉，双手都不觉得疼了。我们还去浅海地拉过蚶子，天津人叫麻蛤，用一种带耙子的网。冬网拉上来的鲅头鱼和麻蛤都是天津人喜食的美味，殊不知冬日海上渔民的艰辛。

待我从海上归来，双手都是冻裂伤。那时，工作队安排队员们到渔村的各家各户去吃派饭。组长老陆说："小王出海够辛苦，今晚去这家吧，估计伙食不会错。"

那晚有事耽搁了，去得晚了，路上寂静无人。顺着河堤，拐过闸口，走向通往东沽渔村的路。我听着自己"噗噗"的脚步声，昏黄的路灯，把我长长的影子投在坑坑洼洼的路上，投在渔村土房灰黄的墙上。贫穷渔村的暗夜、荒寂的土路，让我心生一种苍凉感，后来还写了一首诗《我走在夜路上》，记录那种感受。

敲开了那家的门，门开处迎接我的是一位中年妇女："呀！同志呵，你可来了！"进到屋里，我看到室内十分整洁，显得格外亮堂；随着温暖的热气马上闻到诱人的饭菜香，进门右首的炕上摆着小炕桌，桌上满摆着几碟菜，细心地用碟子盖着。"呀！等您半天啦！快脱了棉袄上炕吧！来，先喝口热茶。"我问："大叔呢？""那个死鬼呀，这不是拉冬网刚回来嘛，准是又上三块板儿那个酒馆儿喝酒去啦！咱不管他，咱吃咱的。"我这才看清这位大嫂约四十多了，十分白净，微胖，双眼流盼有神；穿着件米色毛衣，最显眼的是腰间扎着条蓝印花布的短围裙，这装束与渔村妇女们可是大不一样。

我猛然想起：她好像是？……正沉吟间，她见我只把着炕边坐着，就急忙走过来，"上炕！上炕！"她推我上炕，我躲闪着，竟被她按倒在炕上，她几乎趴在我身上——我闻到一股脂粉的香气，而她已经蹲下了，把我的鞋脱了下来。

我与她在炕上盘腿对坐，我已经出汗了。"先喝一杯驱驱寒气吧！……哟！手都冻裂啦，也去拉冬网了吧，真遭罪呀！……吃呀，吃呀，多吃菜……"这是我在渔村吃到的最丰盛的一顿饭，但我不记得吃出了什么滋味儿。

第二天，组长老陆问我："怎么样？昨晚吃得不错吧。"我说："确实，但这倒是怎么一户人家呀？""贫渔，绝对贫渔。""我是说那位女主人。""我下过这户，热情呵。"他见我不吱声，就接着说："嗨，那大嫂，过去确实是个风尘女子，可也是个苦命人呐。"老陆正色道："你可别把好心当驴肝肺！再说了，小王同志呵，要能经得起各种复杂情况的考验呀。"他竟哈哈地笑了。

我与书

一　埋书记

　　打开我的书柜，一股熟悉的气味扑面而来，那是站立在书柜黄金位置的一排旧书发出的带有一股霉味的书的气味。这像是一位老朋友的气味，熟悉而亲切。我常常捧出他们其中的一位，摩挲着，或者翻开来，让他们再一次陪伴我度过又一个夜晚。

　　往事有时也浮现在眼前。

　　1966年"文革"，家中因父亲的资本家成分被抄家。我那时刚从大学毕业，正在大沽参加"四清"运动，因为钱包丢失了，回天津家中取粮票和钱。家门口把守着戴着红袖章的赤卫队员，其中有一位是邻居的赵婶，是街道代表，说："是这家的，这家的老大。"我才能进得家门。家中一片狼藉，房中院中到处砸的搅得稀巴烂。母亲带着幼小的妹妹正躲在南房的一间小屋里，见到我时，母亲颓丧疲惫的脸上竟掠过一丝喜色："是白天抄的，你爸爸被厂里带走了，几个大点儿的弟弟妹妹都去学校闹革命去了；你回来得正好，家中粮也没有、钱也没有，你正好可以想想办法……"

　　我的居室自然也不能幸免。遗存的祖父收藏的两柳条箱字画，包括翁同龢的两个奏章和一些善本线装书，我在美院读书时整理过，还造了册，都置于柳条箱内，一并抄走了。因为是工厂来人抄家的，我居室的书籍他们倒不大在意，散乱地扔得遍地。

　　我从大沽结束参加"四清"返津后，红色风暴也已经过去了。后来我搬到鼓楼西板桥胡同母亲娘家她曾经的闺房去居住。那是一间北房，但被东房遮蔽了大半，隐藏在夹道的角落里，十分幽静。庭阶寂寂，小鸟时来啄食，颇有点"项脊轩"的意思。室内方砖墁地。房间面积17.23平方米，十分宽敞。得知我搬到这里独居，几位谈得来的同学就经常在晚上光顾了，有时有的就留宿。大家谈话的内容依然是艺术。偏巧那时我又被借调到市里去搞展览，每个展览都有讲解员，多是漂亮的小姑娘，中午休息时我就给她们画头像，有的送她们了，有的就带回来，同学也带来他们的画作，在斗室贴了满墙。

有一天晚上，我独自在家，正在灯下看书。突然闯进来几个戴红袖章的人，把我吓了一大跳。"怎么？怎么？"领头的一位很凶，指着满墙的头像："挂这么多女的，搞什么呢！""我是画画儿的，正在市里搞展览，这都是展览讲解员的像，业务练习。"他凑近去看，幸亏每幅我都习惯署上画于破四旧展览、大批判展览等等，他识字，又说："群众反映，你这里老聚着一帮子人，搞什么名堂？""都是画画儿的，都在搞革命宣传。"我已经理直气壮了。"别搞非法活动啊！"他走到书桌前，又像发现了敌情："看的什么书？""《两地书》。""什么？两个皇帝！封资修！这可有问题！"他的眼眉又挽起来了。这是一个很老的版本，繁体字而且竖排，封面与书页都泛黄了。"这是鲁迅先生的著作。"我把书拿起来，指给他看。他看了半天，版权页上发现了问题："鲁迅倒是鲁迅，这怎么'中华民国'呢？这本书有问题！""没问题。"我费尽口舌向他解释，这是鲁迅先生当年与国民党斗争时出版的，当时年代都这么标年代才能出版，这就像游击队只有化装了才能深入敌后……"这个我懂，不用你说。"我总算把他说服了，这不是封资修的反动书籍。但我提着心，书桌前偌大的旧式圈椅挡着衣柜的门，我的衣物不多，衣柜被我当做书柜，里边全是书，几乎全是封资修！如果打开来——但这终究不是抄家，只是巡查；他们又看看这儿看看那儿，告诫了几句，终于走了。

他们走后许久，我才打开衣柜，对我的书籍进行了一番自我鉴定。没有一本反动书籍，但绝大多数又是封资修，除了古人就是洋人。这算是反动吗？如果纠察队员再一次来巡查并由他们来鉴定，会有怎样的后果？

我彻夜难眠。最后我想出了一个主意。

那时我有时到西安道我的一个王姓同学家去，他的嫂子是冯骥才的姐姐，冯骥才也经常去，几个人在那里聊大天，话题是文学。冯骥才十分健谈，聊起欧·亨利式的结尾，聊起茨威格《象棋的故事》中人性的扭曲，眉飞色舞。记得我们还聊过历史上的非常时期一些作家如何把文稿藏起来，大冯那时已经偷偷在写东西了，但他没有透露把文稿藏在什么地方，从他后来发表的作品中才得知当时他把文稿卷成卷儿，藏在旧自行车的车架内。

那晚的巡查，促使我决定把我的书埋起来！自古以来，把宝物最稳妥地藏起来的办法就是埋起来。我记得看过的一本历史故事里讲，秦代的孟姜女的丈夫万杞良是个书生，包括他在内的一些书生就曾把诸子百家书埋起来了，所以诸子百家才得以传诸后世，看来埋书也有历史上的先例。

事不宜迟，我马上动工了。我先给同学友人打电话，谎称要出差几天都不要来找我，这个工程我要独自秘密完成。

我找了两个小木箱，是父亲从所在的印刷厂买来的油墨的包装箱，是买来放杂物的，40多厘米长，高与宽都是30多厘米，大小刚好，可以放两摞16开或四摞32开的书，还有箱盖儿。我先用塑料布在箱内壁仔细地包裹好，力求严密，再把筛选出来的书籍整齐码入码满，最后封盖儿。我把双人床的床屉搬开，床下的方砖掀起若干，就开挖了……

奋战通宵，终于完工。达·芬奇、米开朗琪罗、普希金、托尔斯泰、契诃夫、巴尔扎克、雨果、福楼拜、莫泊桑、狄更斯、欧·亨利、拜伦、雪莱、曹雪芹、蒲松龄、冯梦龙、吴敬梓、郁达夫、巴金、沈从文……还有《论语》《通鉴纪要》《古文观止》，几本《古典文艺理论译丛》和学世界美术史时在中山路地摊上购到的一本《圣经》，统统被我埋到地下去了。

十年，掐去头儿，再续上尾，也差不多十年。他们终于又出土了。

他们丝毫无损，只是更加泛黄了。现在，他们依然站在我的书架的黄金位置。打开书柜，一股带有霉味的书的气味扑面而来，像一位老朋友的气味，亲切而熟悉，我捧起他们，心生感动，他们是我共过患难的老朋友。

二　淘旧书记

那时，天祥商场二楼的古旧书服务部，是我们经常光顾的地方。

我还在天津工艺美院读书，与好友赵君约好，在下午上自习课的时候，一起逃课直奔劝业场。先到劝业场六楼的天宫影院去看一场电影，再去淘书。天宫影院放映的都是复映片不是新片，票价很便宜，放什么片子我们都是提前在报纸上看好了的。记得在哪里看过《早春二月》《红菱艳》《带阁楼的房子》《圣彼得的伞》等几部电影，《带阁楼的房子》中俄罗斯乡间的悠闲生活和美景，画家"我"与达吉亚娜纯洁而终究失去的爱情，笼罩整部电影的优美与忧郁情调，都让我们心动；要知道契诃夫小说原著中画家的原型正是契诃夫的朋友，风景画巨匠列维坦。而《圣彼得的伞》则充满了温馨的人情味儿和神秘感，片子开头一个略显沙哑的男音旁白："这就是丹麦——"于是一连串优美的有如世外的画面，令人神往。这两部片子都很想再看，可惜再也没有放映过。

看罢电影就去天祥二楼淘书了。那真是一座宝库呵。二楼靠和平路与长春道这一隅很大的一片楼面，曲曲折折立满了书架，从地面到楼顶都插满摆满了书。柜顶摆放的多是成捆大套。书店靠外侧走廊开阔处还有几个大台子，摆放着画册碑帖之类。书架上的书都是很仔细地被分类摆放的，密密麻麻而整齐，让我们应接不暇,想看的好书可真多呀。

每本书的封底上角盖着一个红方框图章,里边写着卖价,都比原定价便宜很多,除非很老的版本另柜陈列。尽管选书的人不少,但这里仍是一个安静的所在。我们那时仍在读书,拿不出更多的钱买书,即使不买你在这儿看一整天也没有人管你。但我还是在那里买了不少书,《普希金文集》《契诃夫小说选》《彼得堡的故事》《高老头》《牛虻》等都购自那里。我还特别关注《古典文艺理论译丛》刊物,如有一期是巴尔扎克专刊,除了生平还集中刊发了《巴尔扎克论》等研究著作,读后获益匪浅;《世界文学》也是我努力搜求的,记得有一期刊发了莱辛的《拉奥孔》,这是一篇经典的美学著作,虽然篇幅并不长,莱辛剖析了各艺术门类的美学特征和艺术个性,使我获益终生;在《世界文学》上还读到了卡夫卡的《变形记》,这篇现代文学的开山之作令人震撼。《世界文学》《诗刊》的创刊号都是在天祥二楼淘到的。我还超出财力购买了《闻一多文集》的一卷,其中收有闻先生关于初唐诗坛的讲稿,真是让人不能释卷,特别是讲张若虚的《春江花月夜》,"江畔何人初见月? 江月何年初照人……"诗与闻先生都引你进入一种境界,从闻先生那里第一次听到"宇宙意识"这个词。

天祥二楼的古旧书店陪伴我们度过青年学子时代的难忘时光。1966 年之后,古旧书店歇业了。我那时在一个工厂上班,应该说早期读过的书使我"中毒"不浅,心里依然坚守着善良与理智的底线,苦闷与茫然是必然的。

有一天,我从白衣庵胡同出来,沿着北马路向东北角方向走着。突然发现,路边一个破旧的门脸儿平房的四扇破旧的门的中间两扇打开着,门内架着一块铺板,上面摆放着一些旧书。我站住了。屋内很乱,一个正在忙着什么的男人转头走过来:"买书吗?"我很吃惊,竟然这里有个卖书的人!"好,我看看。"书都很破旧,有的残缺不全,我发现了一本民国时代的国文课本,大 32 开,很厚的一本,道林纸印刷,竖排,书前已经残页了,书后的版权还有。我很惊讶民国时代的中学国文课本竟然收有这么多古代与现代的文学作品。卖书人很高兴有人买书,他四十多岁,戴着一副深度的近视眼镜,很瘦弱,脸上带着病容。他说:"没有办法呀,还得活下去,只能糊纸袋儿养家糊口了,从废品站进纸中选些,卖几个钱。"我这才看见凌乱的屋内他用铺板架起的工作台,上面的糨糊桶、刷子、纸张和糊好的纸袋。他说:"你等等。"然后顺着屋角的一个梯子爬到暗楼儿上去了,一会儿吃力地下来,手中竟然捧着一本《爱的教育》,也是民国的版本。

他呲着很黄的大牙笑着,说:"再来呀,有好书我给你留着。"于是我们竟像成了朋友。我没问过他姓什么,以前是干什么的,但我每次去他那儿,看着他一圈儿一圈儿的镜片后面那期待的眼神,心中总不是滋味儿。他给我留过几册日本 20

年代出版的日文版的画刊，16开，每册约1厘米厚，全书均用深赭色与灰色双色印刷，内容为介绍欧洲中世纪与文艺复兴时期美术，有一册集中介绍了达·芬奇，可惜我不会日文，内容全然不识，但图的印制十分精美。后来，我还在他那里买过许多本一个叫《哲学译丛》的内部刊物，深黄色纸的封面上只印着刊名四个字，也没有出版单位。说是《哲学译丛》却收有许多政治经济方面的理论文章，记得有研究南斯拉夫体制与国际共运方面的文章，我似懂非懂地看了，别的如读天书，只好摞在那里，后来被曾在我那里借宿的一位朋友全部拿走了。北马路的朋友还给我留过一本巴金的《新生》，是当年的初版本，封面还在，后来在三联书店出版的书影书上见过这个封面，前面的内页却缺了很多。当时我想办法借了一本《新生》来，找了一些与残本相近的糙纸，手抄补齐粘在了书上。

许多年过去了，城市改造使老城厢已经荡然无存，不知北马路的朋友现在怎么样了，还在吗？

三　在漩涡中看书

"文革"兴起，学生造反。那时我在天津搪瓷厂的车间劳动。

一天，厂人事科的初香波突然来找我，手里拿着一封信，是"天津市一轻局六五届大中专毕业生造反联络站"寄来的，勒令厂里立即让本单位该届毕业生到联络站报到参加革命，不得有误。老初见我犹豫，就说：去吧，去参加革命吧！老初可能是不敢落这样的包涵。于是我就去参加革命了。

在大同道一轻局机关的二楼，我找到了这个已经占领了原局长办公室的联络站。站长是个天大的女毕业生，年龄比我们大许多。她让我与已经早于我报到的另两位同校同学刻蜡版、印传单，她带着一帮人去散发张贴了。第二天，这位站长夸我们蜡版刻得非常好，让我们三个同学马上到该组织的天津市造反司令部报到，去支援那里的革命。这个司令部当时占领了解放路后来盖了天津市政府大楼的原戈登堂，那是原英租界一座著名的历史建筑。当时里面空寂无人，光线昏暗，由着那么一帮人在里面折腾。司令也是个天大毕业生，南方人，个儿不高，说话哇啦哇啦的，很神气，当即让我们继续刻蜡版。他身边跟着一群女生，这位司令走到哪儿这帮女生就呼噜呼噜跟着，我们看这帮人不像正经人，这位司令的颐指气使也让我们不能接受，当即离开了那里，各自回厂了。

但革命是不可能脱离的，回厂不久，我就又从车间被抽调到厂大批判组去画画儿了,偌大的大批判栏上的漫画、宣传画,画了许多。其实那时搪瓷厂设计室有几位天津美院毕业的老大姐,都画得很棒,但她们更擅长国画花鸟,还要忙于产品的花样设计,而后来成为天津美协副主席的张寿庠等几位低年级的学友还没有分配到厂,于是我就像个缺宝儿一样在大联合大批判组及以后的革委会宣传组耽搁了约两年左右的时光。

在毛主席像章热那阵子,领导授意说咱们要搞个天津市最大的,命我设计出图。于是最终制成一个圆形的搪瓷大像章,微笑的毛主席头像后面红光万丈。这实际是个大搪瓷盘子,直径35公分左右,后来参加市内游行时全厂职工每人脖子上挂一个,果然社会反响强烈。

那时到处兴起了树立伟大领袖画像与塑像的热潮,搪瓷厂自然也不能落后。在厂大门对面马路边立起了约两层楼高的大铁牌子,选定了伟大领袖的照片,就由我用油画颜料去放大完成。事关重大,我每天在脚手架上爬上爬下,认真作业,使出了当年专业训练的全部本事,终于大功告成,赢得一致好评。此任务完成后的直接后果,是要完成一幅又一幅的伟大领袖画像,除本厂各车间,甚至还有邻近厂以至柳滩大队的,领导发扬风格一律接受下来。而此后的许多小幅画像都需要在室内完成,特别是挂在礼堂的标准像更需要在室内仔细绘制。

宣传组占用的是原厂党委书记的办公室,我的特殊任务使这里又一次成为被人们敬畏以至很少被人打扰的地方。一开始还有领导与熟识的师傅光顾,后来很少有人去。所在的房间在一幢高台阶的平房的西端,窗外对面就是食堂兼礼堂,中午格外热闹,车间三班倒的师傅们敲着饭盆儿去就餐,每逢大会更是人声鼎沸。高音喇叭更是全天响彻厂区。而我的所在竟像成了洪流与漩涡中心一个没有外力干扰的地方。我没有经过油画的专门训练,特别是标准像的布面油画,只能学着去做,吸油了就刮掉重新再画,好在没有人催我,就在那里日复一日地画。有一天我累了,午休时躺在椅子上睡着了,待我醒来时发现日已西沉,仿佛被人们遗忘了。

我必须承认我缺乏革命激情,而且绘事也有不忙的时候,于是我就开始看书了。先是看鲁迅,《彷徨》《呐喊》《故事新编》,杂文集也看了一些;还偷偷地看过一本《牛虻》。房间里有一个原党委的书柜,《资本论》读不进去,我把《共产党宣言》认真通读了。"一个幽灵,共产主义的幽灵,在欧洲游荡……"书中开篇的这句话,在后来返回车间有一阵子全民学习《反杜林论》时,在讨论发言时我竟脱口而出,显然是有些卖弄了,被班组的一位老师傅报告到车间支部,引起了一场事关反革命言论的风波。在党委的藏书中我发现了一本灰色封面的小册子《美国银幕上的中国与中国人》,是一本内部出版物,是难得看到的。这本书我读得津津有味。书中说,早期美国电影中,中国是个遥远的神秘的地方,而出现在早期美国电影里的中国人同样都是神秘人物,多是反派人物,出现在银幕上的形象是:扁平的脸,一双细小的眼睛,脑后拖着个辫子,面无表情,也不知在想些什么;但会突然搞出一些让人意想不到的名堂,如气功、武术、针灸等之类,使人猝不及防……我们自诩中华文明博大精深,中国封建士大夫甚至视西方为蛮夷之地,但早期美国电影里的中国人竟至如此,今日有些欧美人也未必不持有这样的认识,何况早期当年的中国正在闹义和团呢。如今今非昔比了,但每个民族和国家又都存在着多个迥然不同的侧面。就整体民族性格而言,可能美国人与我们确实有很大不同,我的妻妹现居美国,她的丈夫是个美国人,来中国多次,接触中感觉,按中国人的标准好像更为单纯一些,外露一些,没我们周边的人那么多心眼儿。

但当年我在"画室"中并未生活在世外桃源。一天,我正在绘制着主席的标准像,外面熙熙攘攘的,也没太在意。后来外面似乎静下来,但又听到高音喇叭的声音,说搪瓷厂怎么怎么。我走到厂区院子里,偌大的厂区寂静无人,机器全停了,只有厂门口有一堆人,我走过去。站在厂门口,看到从马路南边轰隆隆开过来几辆推土机,推土机后面,就像坦克掩护冲锋的步兵,慢慢走过来一列一列并排大汉组成的方队,都戴着安全帽,每个人鼻子上都贴着块橡皮膏,手中拖着或舞着很长的钢钎;而同时,后面卡车上的高音喇叭发出震耳的声音:搪瓷厂是五代会的黑窝点!端掉黑窝点!端掉搪瓷厂!……传达室的牛师傅赶紧关上了厂大门。

厂门口大门内聚集着二十人左右。已经结合的肖厂长看见了我,说:大众,你也没跑,好样的!一千多人的厂,现在就剩我们这些人了。大家围拢来,肖厂长让我们返回各自岗位,保卫国家财产!我走回画室,坐在主席画像前,准备应付突然的事变。我心想:如果他们冲进来,面对主席像,又敢怎么样……

那天,搪瓷厂没有被端。大联筹的队伍转而进攻了天津电缆厂,那就是"文革"中天津著名的609武斗。我在离厂回家的路上,看到经过的附近的铁路地道洞上,摆满了一排排的硫酸瓶。

四 在工厂的日子

我在搪瓷厂美术车间刻版组随支师傅学习焊版。后来,分配来一个和我一起干活儿的小师妹,是印尼反华时归国的华侨,叫丽娜,是个非常漂亮可爱的小姑娘。丽娜的到来使日复一日近于枯燥的班组生活变得生动有趣了。师傅们大多四五十岁开外了,怀着异样的目光接纳了这个服装另类的小学徒,但大家很快就都喜欢她了,她很开朗,很爱笑,而且,漂亮的小姑娘总是讨人喜欢的。

刻版组的活儿一点儿也不累,但需要细心。一边干活儿大家都一边聊天,丽娜和我坐在并排的两台电焊机前,也边干边聊,慢慢就熟了。那时她还是个十七八的大孩子,有一天她央求我:"王大哥,给我讲个故事吧,光闷头干活怪腻味的。"

讲什么呢? 我刚刚读过《牛虻》,于是就给她讲起了发生在亚瑟和琼玛、和蒙太尼里之间感情剧烈冲突的故事,故事情节那时我记得滚瓜烂熟。这个故事讲了不止一天,忙起来只好下回分解,丽娜听得很入迷。她很淘气,她说:"我是琼玛,你是亚瑟。"她把班组里的人都编排成故事里的人物,然后就咯咯地笑。师傅们都不知道她笑些什么,只有我知道她在搞笑。

讲完了《牛虻》她磨着还要讲,我哪还有什么故事,只好把以前听来的 20 世纪 30 年代美国大片的电影故事讲给她,讲了《魂断蓝桥》,又讲了《鸳梦重温》,爱听,又磨着再讲。于是又讲了欧·亨利小说里的故事,《财神与爱神》《黄雀在后》《警察与赞美诗》等等,记得讲到《最后一片藤叶》,讲到那个老画家,为鼓起那个病弱姑娘的生活勇气,冒雨在对面的墙上画上了最后一片不落的藤叶,姑娘终于振作起来,老画家却染病而亡——丽娜的眼圈儿都红了。这真是一段难忘的回忆,我很投入地讲,一个单纯可爱的小师妹那么投入地听……此情此景多年后回忆起来仍觉得十分美好,文学是有魅力的。

一天,丽娜情绪不振,女娃犯什么心思,谁也不便问。下班时她突然叫住我:王大哥,你别走。这两天在三马路老有个流里流气的人拦住我,说要和我交朋友,你能送送我吗? 我害怕。其实丽娜的哥哥也在搪瓷厂,只是上三班倒,与我们常白班不是一个下班钟点。于是我就成了护花使者。她与哥哥姐姐在河北三马路租房居住,我回老城厢也是顺路,从此晨接晚送若干时日。我那时身高 1 米 78,年轻气壮,再没有见那个小玩闹来骚扰。她的哥哥邱士杰在歇班时还特意去我在鼓楼西的居处表示感谢。

丽娜兄妹和我成了很好的朋友。邱士杰后来回了印尼,一直做燕窝生意。多年后的近年,已移居香港的丽娜多次回津,那年我摔得颅脑蛛网膜下腔出血,病势危重,她恰回津,去家中探望,暖声安慰并服侍。女儿很奇怪,这个华侨怎么跟你这么好呢? 是呵。她歌儿唱的很好,女中音,在香港有专门的声乐老师辅导,一次回津在东方之珠,她唱了黄品源的《你怎么舍得我难过》,苍凉深情,哀婉凄恻;"……秋天的风一阵阵地吹过,想起了去年的这个时候,你的心到底在想些什么,为什么留下这个结局让我承受;最爱你的人是我,你怎么舍得我难过,在我最需要你的时候,没有说一句话就走……"举座屏息静听;歌声的幽怨与老友久别重逢又略带伤感的情绪十分吻合。她对我说:"王大哥,你的声音很好,也能唱好这首歌,再通电话,我一定要听你唱,我可要考你呦。"

工艺美院的低年级学友陆续分配到搪瓷厂。有些学友处事严谨稳重,而张寿庠、徐世启、安玉凯等几位当年却都是玩儿主儿,我也应该包括在内。搪瓷厂那时也安置了多名华侨,这些美校的学生与这些华侨少男少女就玩儿到一块儿了,下班也不走,一起到食堂打乒乓球,一起去水上游园,一起去小白楼吃红叶餐厅吃上海面馆的大排面。这帮人在厂里很惹眼,厂里的师傅们管这帮人叫"搪瓷老美华"。

我终于落实政策到设计室去了。几位天津美院毕业的老大姐人都非常好,花鸟画都十分有功力,她们的先生又都是美院和工艺美院的老师,我在那里度过了一段在那个年代却依然十分温馨的日子。工厂的工人师傅们绝大多数也都是如此,充满了人情味儿。我很幸运,在那个年代生活在那个群体中。在回设计室前,我还在车间干过瓦工,盖更衣室;干过木工,打更衣箱,不过是铁桦木匠;还干过电气焊。记得我与另一位师傅一起盖更衣室时,两个人一通猛干,大汗淋漓,然后躺在厂院地上的草帘子上,望着蓝天胡聊。中午一起去回民小食堂,吃穆师傅的白汤杂碎,多加芫荽和麻酱,自有劳力者的一番惬意。

我的国画功底不强,也不喜欢画些花花鸟鸟,就别出心裁地搞些另类的图案设计,但很不成功,绝大多数被三结合的审稿小组毙掉了。但在设计室却有一件难忘的事。搪瓷厂所属的玻璃搪瓷公司的领导,要求我们设计出一批当时很时髦的迎客松和仙人洞画面的产品,设计人员异口同声:"没见过,画不好,得去写生。"公司领导竟同意了,组成了一个写生团,有当时保温瓶厂的何延喆和器皿厂的刘亚俊等共5人,我忝为带队。

五岳归来不看山,黄山归来不看岳。匡庐奇秀甲天下。那一次真是开了眼界,领略了祖国河山的壮美。特别是登黄山,那时还在"文革"中,山上没什么人。我们在人字瀑、百丈泉开笔,攀过梦笔生花,到达迎客松;下雨了,在玉屏楼楼上小憩,午休后推开窗子,我们都呆住了,但见云海茫茫,群峰时隐时现,云都飘到窗里来了;我们攀登天都峰,几乎是蹲行着走过两边都是万丈深渊的鲫鱼背,越过仙桃石,眼前豁然开朗,层峦叠嶂,目极千里;在始信峰,我们站在清凉台上,远望石笋矼,这才明白古人所言,至此始信黄山之冠绝天下……何延喆一直用焦墨钩皴在较大幅宣纸上作画,而我画了一批八开的水粉色彩写生。画儿还是得不停地画,出去了半个多月,后半段就比较得心应手了。至今我已经基本离开画界了,那是自己难得的一批画,虽然水平有限,但当时归来后何延喆还带着李洪起,大老远的跑到搪瓷厂把这批画借走了一段时间。写生途中,与小何聊得很投机,当时就觉得他书读得多,有很广博的文史知识,如今果然成器,在美术史论和北宗山水上很有成就。

五　美术活动与文学创作的尝试

我长期被市、局抽调出来去搞展览,基本离开了搪瓷厂,每月仅回去一趟取工资。现在想来当年也怪,厂里就这么支持市、局的工作,让我先后在一宫、一轻局和天津烈士纪念馆被借调工作了好几年。

当年天津的职工美术活动开展得很活跃,我在一宫参加活动,如今已经成为美院教授的史如源那时经常协助张跃组织活动。职工文艺汇演我们就去画速写,关牧村是一机局代表队的,董湘昆是一轻局代表队的。我们还曾到玉田矿区去采风,那是我第一次也是唯一一次下煤窑。五一节组织为工人师傅画像,如今也是美院教授的孙建平和我面前排队的人最多,自己颇有点小得意。一次组织业务进修,辅导的刘贵宾老师多有指导,对我画的老人素描头像多有肯定,那时我正在看契斯恰科夫的一本书,书中引述列宾的话:全部的奥妙在于暗部与中间调子。那天我特意选择画逆光。

我被张跃和白杜杜中兴先生借调到一宫去画英模事迹的展壁用画,当时天津职工美术的领军人物有"黑杜白杜疙瘩杜"之说,即杜明岑、杜中兴、杜滋龄三位,今已蔚为大家。一天中午,张胜找我们去玩儿,李洪宝一幅英模在病房的画已经接近完成了,张胜拿起笔来在床头茶几上很快加画了一个阳光下插满鲜花的花瓶,光感和色彩赢得一片喝彩。这小子怎么画得这么好呢,他是搪瓷厂会计科长宋治安的外甥,是舅舅把他带大的。张胜后调入天津人民美术出版社,是《中国油画》的编辑。

在一轻局我被借调了更长的时间,与科研处的老孟(宪德)搭档,主抓一轻系统的展览。老孟是位参加过抗美援朝的转业军人,人很稳重,兴趣广泛,与我感情甚笃。那时的展览可真不少,抓革命促生产、双革四新……名目繁多,一轻局有意搞个展览办公室,由老孟和我搭班子,所以我一直被留在局里。那时工业系统的展览主要在天津工业展览馆举办,得识张汝为、刘小兵、庄征、杨义诸君。在工业馆也发生过一些趣事,那时还在文革中,但这些画画儿的都是不拘形迹的人。忘记了是张胜还是林让玉,在将要举行一个开幕式的工业馆门口,因为提着一个油画箱进馆上班作画受到刁难,被两个警察扭住,可能是被怀疑图谋不轨,就像现在被怀疑为持炸弹袭击者,被喝斥、拉扯,咱们这位爷给警察下跪,采取了一种特殊的抗议方式,在画画儿的群体中引为笑谈。还有一次,天儿热,这帮画画儿的中午就去工业馆里面的河里游泳,谁承想旁边的迎宾馆更是个戒备森严之地,经常有高层领导来,有时甚至有直升机在头顶盘旋;那天游泳就被迎宾馆发现了,对岸来了很多人,喝令这些人上来,馆里包括许多讲解员小姑娘都去围观,大家都上来了,只有后来画了许多连环画的刘传芳就是不上来,原来那天他裸泳。

没有展览任务,我仍被留在局机关;后来开全国科学大会,命我帮助整理上报材料。一次,北京人民大会堂与天津接洽,要在大会堂搞个售卖天津轻工产品如五一手表、胶卷等的小卖部,局里派我随肖传道局长前往商谈,意思是定下地方让我拿设计方案;接待人员引我们参观了大会堂主会厅和各省厅,中午在宴会厅吃了一顿饭,虽然是在宴会厅一角落的便饭,味道也是不错的。

1976年注定是被历史记住的一年。

年初,周总理去世,举国哀恸!失去支撑危局的人,这个国家会怎么样呢?经济凋敝,政治空气凝滞,小道消息满天飞,人们心中满是忧虑与沉重。1976年清明,"四五"运动爆发。夏,朱德、毛泽东相继离世。风雨飘摇。而金秋十月,华国锋、叶剑英力挽狂澜,一举抓捕了"四人帮"。写到这里,耳畔响起常

▶ 当年《文艺周刊》的版面

香玉的唱段:"大快人心事!粉碎四人帮!粉碎四人帮啊——啊——"仿佛又回到了那个年代……

在文坛复苏的春风中,我与妻子合作发表了短篇小说《冰雪消融》,在《天津日报·文艺周刊》占据了几近整版,与田间先生的诗、孙犁先生的一篇短书跋和呼延夜泊先生的一幅小画同版刊发,倍感荣幸。这个短篇是以李可染先生与其某弟子在"文革"中的一段际遇为原始素材而创作的。小说的主角何川本是李先生的得意弟子,甚至即将被招为婿,在"文革"的风暴中他却深深地伤害了先生;"文革"后他无颜再见恩师,但心胸博大的先生最终原谅了他。小说结尾我设计了

一个语意双关的情节：先生受邀为中青年画家参展作品评画指点，在何川的群马图前，先生停住了脚步："这匹马怎么低着头呢，应该昂起头，向前看！何川呢？何川是我的学生，何川怎么躲着我？"躲在暗处的何川，满面泪痕地冲到挂着拐杖像一株老松的先生面前……在实际生活中，不知李可染先生是否原谅了他那负心的弟子，但我的立意却在于如题的"冰雪消融"。责任编辑阮梅（远千里先生的女儿）多有鼓励，说李霁野先生对你的稿子有很好的评价，后报社请梁斌先生等给新作者讲座，都通知我去听了。

我还把多年来自认为写得不错的新诗，整理后寄给了《诗刊》。不久接到复信，编辑雷霆信中说："你的诗写得很好，但现在还不适于发表，你去天津机床厂去找一个叫林希的人，去聊聊，相信你能写出很好的诗。"这位雷霆先生的信写得多么恳切呀！满是提携我的好意。但我没有理解他的好意，反而不知好歹地想：不发就不发呗，还让我去找什么天津机床厂的林希，不去！当时我还真有点儿狂，对初登诗坛的诗人只特别服气北岛："卑鄙是卑鄙者的通行证，高尚是高尚者的墓志铭"，就凭这两句，我就服气。就此失去得识一位真诚的前辈诗人的机会，也辜负了雷霆的苦心。几年后才得知，林希本名侯红鹅，50年代初发表诗作，后被打为胡风分子，下放工厂劳动改造。当我得知这些时，林希已调入作协，我不可能再去找他了。后来百花文艺出版社的闻树国给了我两本《林希津味小说精品集》上下卷，林希先生是天津侯家后侯家的后辈，他熟知天津市井旧事，复出后致力于津味小说创作，其中《蛐蛐四爷》等尤为知名。

未料不平静的1976年我遭受病患袭扰。唐山大地震，地动山摇，阴雨绵绵，我忙于照顾父母弟妹与新婚不久的岳父母，兼淋雨，突高烧；医院都在抢救砸伤伤员，我就医不及时，转肺炎，复转化脓性肺炎、肺脓肿，病危。胸科医院胸外科专家黄夏力主摘肺一叶，吾父吾妻坚持保守治疗，经胸科医院中西医结合科刘芳英主任精心治疗，病情得到控制。出院后每日清晨赶赴北宁公园，随吾父晨练祖传"萃英功"，再兼药物饮食调养，数月后竟得痊愈。赘述这些，唯对高堂对拙荆对医者怀感恩之心矣。患病期间同窗幼伟兄及其夫人克玲医生，老同窗赵家二姐，搪瓷厂张立柱老兄都曾给予关怀与精神鼓励，众均未敢忘也。

此症在1980年刚刚进入出版社时又一次复发，不仅使刚刚接触的出版社的领导对我打出了一个问号，也影响了我向文学的冲击。养病期间，也还读一些书，养生书、医书之类，活命要紧。

六 张泽苁老师助我进入出版社

在水上公园北部建立了一个烈士纪念馆,我被借调到那里去绘制展室中介绍烈士事迹的画幅。烈士纪念馆是一座体量很大的堂馆建筑,被一大片果园包围着,我们在一楼展厅工作,楼上存放着近千骨灰,多为天津战役牺牲的烈士。纪念馆的负责人是民政局的老杨、老魏,都是极好的人。为搞好展馆,他们带我们去北京八宝山取经。

参观瞻仰后中午就餐时,八宝山的同志感慨地说,搞咱们这个工作也有为难的时候,说起了陈毅追悼会的事。那天,毛主席突然要来参加追悼会,中央办公厅来人通知说,一会儿主席要来,要求悼念大厅的温度一定要控制在 20 摄氏度上下,不能低也不能高,主席必须一直生活在这个温度环境中,这是个必须完成的政治任务。那天很冷,八宝山也没有暖气,大厅也很凉,这可怎么办?时间紧迫,紧急搬来了两个大炉子,烧木头,又搬来抽风机排烟,派几个人测温度,待室内比 20 摄氏度略高几度,又七手八脚赶紧拆撤,紧闭大门保持温度。除周总理等几位提前进入大厅外,其余高层领导都在院里站着,免得开门室内温度下降。最终总算没有误事。

当时借调到天津烈士纪念馆的美工们是一个和谐的群体。在那里我结识了张泽苁老师。一起工作的还有后来专门研究剪纸的天津美院的教授仇风皋,我的同窗师姐李萍年、现居美国的师妹李树荣。陶家元去画了几天就走了,张礼军、魏中谦还没有调入。李萍年非常开朗,李树荣爱开玩笑,仇风皋是个好脾气,大家每天一边工作一边说说笑笑。

张泽苁老师是天津《新晚报》即现《今晚报》前身的资深美术编辑,当年她在《新晚报》连载的连环画《小丫日记》风靡全国,我们也可以说是看着她的幼儿连环画长大的。张老师学养深厚,非常儒雅。于是很自然的,书就成为我们的话题。记得我们聊过《金蔷薇》那本书,张老师十分推崇。《金蔷薇》是俄罗斯作家帕乌斯托夫斯基的一本著名的美文集,之所以称之为美文集,是因为这部书本是一部研究介绍许多文学大师的创作活动、探讨文学创作过程与方法的颇有理论深度的书,但写得一点儿也不枯燥,文笔优美。这位斯基高屋建瓴而又细致入微地描绘了人类的美好感情和大自然的如画美景。我们与张老师谈的很热烈,我那时刚刚发表了短篇小说,张老师与我谈得格外投机。

我那时的人事关系已从搪瓷厂调入一轻局美术公司,但我对那里的工作和人际关系非常不适应,很想离开那里。烈士纪念馆的老杨想让我留在纪念馆工作,我婉拒了。学友檀凯华曾约我为他所在的天津自然博物馆画过小幅的油画,以此为缘由,凯华和孙其峰的女公子孙智璞就向馆里举荐,让我听消息。而这时,张泽苾老师和我说:去美术出版社吧,我帮你联系。张老师那时早已调入天津人美社,郭钧老社长已经离休,新任赵泮滨社长正在招兵买马。我求之不得,更为她的知遇之恩感动。那是 1979 年底,全国的出版社迎来了一个大发展,纷纷挂牌儿、招人。

时间不长,已经回社的张老师通知我:定了,一共定了十个人,连到社后的工作都定了,就在她主持的年画宣传画组,让我抓紧报到。

我就喜滋滋地去马场道报到了。没想到事情突然发生了变化。

人美社人事科一位姓李的先生接待了喜滋滋的我。他满脸严肃,劈头问我:"你在外面还搞了什么活动?"我愣了,这从何说起?没搞什么活动呀。那时"文革"结束没几年,他的话让我有点儿懵。他继续引导:"你是不是还联系了什么单位?自然博物馆。不对,还有。"我想起来了,工业展览馆的刘小兵曾经和我一起联系赤峰道的天津人民出版社,人民社挂出了几块牌子:人民、百花文艺、科技、新蕾,由陈新负责美编调入的审定,我们把作品都交陈新了,刘小兵已经调入天津科技出版社,陈先生大概没看上我,没消息。我只好向这位李先生据实"招供"。他终于笑了:"这就对了,你去科技出版社报到吧。"我说:"那边没定,您这儿定了,再说我也愿意到人美社来工作。""你愿意不行,人美社不要你,你去科技吧,保证要你,那边已经定了。"我又与他谈了半天,没用。我喜滋滋地去,垂头丧气地回来了。正在工业馆一起搞展览的一轻局的老孟和塘沽盐场的书记老刘帮我分析,他们都是官场中人,说这里肯定有情况,你也拧不过大腿,天津科技社是新建社,也不错,就去吧。于是,我就到了科技出版社。

问题还是出在我自己身上。报到的前一天,我去劝业场办事,路过赤峰道,上楼找了刘小兵,因为他和我通过电话,说还帮我办。那天我告诉他,甭办了,我要去人美了。我走后,刘小兵上楼就跟主管社长宋西陵翻疵了:"人都让人家抢走了。"老宋笑了,说别急。当即抄起电话就打给了人美社,说我们是新建社,人美是老社,人才济济,别跟我们抢人呐(又一次成了缺宝儿)。人美社很快回了电话:"这个王众,我们让了,但有个条件,你们还得再接一个人。"原来,人美的于化鲤一直托社里帮助解决他夫人的工作问题,他夫人 1957 年被打成右派,落实政策后工作一直不理想,于化鲤是社里的老人儿,又是知名漫画家,社里真给办事儿。有这么个茬儿,他的夫人董大姐就与我一起进入了科技出版社。董大姐是个非常爽快的人,一直在《科学与生活》杂志编辑部工作。后来我知道了内情,与她也熟了,就跟她开玩笑:"咱俩儿可是萝卜白菜一起搭着来的。"缺德!她不住地咯咯笑。

我后来多次去看望过张泽苾老师,张老师也为不能共事感到遗憾,她苦笑着说:没有办法。当年,如果我到了人美社,很可能走上另一条不同的艺术道路,人美社的美术编辑都画画儿,有很浓的艺术氛围。即令我才力有限,不像周围的许多人那样,对绘画那么挚爱、痴迷和有才华以至有所成,我也会做一些不一样的事情。归根结底,我是个随遇而安的人。

我就这样进入了出版社,终究从此与书结缘。

七　初入出版社的日子

我是爱书的。一个爱书的人,到了一个以书为业、编书造书的地方,可以想见我当时的心态。我为成为一个出版人感到幸运。

赤峰道 124 号的建筑主体是幢建于民国早期的近于折衷主义的三层楼房,据说国民党统治时期曾经是个特务机关所在地,一层以下的地下室曾经是关押人犯的地方。而 1980 年我来到这所院落时,这里聚集着天津除人美之外的所有主要出版社,人民、百花、科技三家出版社的编辑室犬牙交错地分布在这幢建筑相通的主楼和侧楼内,新蕾出版社则位于马路对面的另一座小楼。在“文革”结束百业俱兴,特别是文化复苏的那个年代,这个院落充满了一种蓬勃向上的气象。院落里走廊上人来人往,提着大包小包稿件的作者走进这个院落,在狭小的接待室里与编辑促膝而谈,不时传来开怀的笑声;这些作者有的白发苍苍,有的正当华年,他们捧来的是不知经历了多少个日日夜夜的心血;在我所在的科技出版社的医学、理工、农业、科普编辑室里,编辑们都伏首书案,或在沉思,或在执笔修改,或在与应约而来的作者就稿件的某个细节窃窃私语……我热爱这些难忘的画面,我欣赏这些辛勤笔耕的人们;带着油墨芳香的书籍正是经历这样的劳作被制造出来,奉献给万千读者。

我是个爱书的人,我爱这样的劳作。

几家出版社都十分重视美术编辑室的工作,把采光最好的房间给了美编室。侧楼一楼一间凸出到院落里的全是窗子的半圆形的阳光房和连通的大房间是人民社的美编室,来自《天津日报》的前辈赵克以及刘丰杰、蔡延年、王德隆、冯贵才、王玲是较早的成员。赵克先生是位非常令人怀念的老先生,是位忠厚长者,号称“题图尾花大王”。他原是《天津工人报》《天津日报》的资深美术编辑,培养提携了许多热爱美术的年轻人,早年曾经得惠于先生的左川、于世铎等人一直对先生执弟子礼。先生腰部有疾，写到此处我好像又看到他哈着腰走来的样子；先生为人直率开朗，瘦削的脸上经常带着笑意，眼神里经常掠过顽皮的神色。我曾与先生一起赴哈尔滨参加过一个全国性的美术编辑会议，会上同宿一室，饭店的位置极好，从窗口望下去，脚下是江边的防洪纪念碑，宽阔的松花江汩汩流过。那次先生很开心，遗憾的是我虽然尽量抢着为先生代背行囊，陪着他去一些景点，但那次因我携小女与会，没有陪难得出门的先生在江城多转转。先生在归程时对我说："因为你与会所以我才决定也来走一遭。"闻听此言，我甚为自责。

人民社美编室阳光房的上面二楼是一个同样半圆形的露天大阳台，那是这个院落里唯一的大阳台，上面摆满了盛开的盆栽的鲜花和绿色观叶植物，从阳台推门而入就是我们所在的科技社的美编室。刘小兵那时已经恢复本名刘洪麟了，白慧敏、曹知非和我是较早的成员，后来李风雨、罗晓华、杨卫华、左川等陆续调入。科技社美编室的两位女士白慧敏和罗晓华是两位才女。社里后来曾经送白慧敏和罗晓华先后去中央工艺美院进修。专攻图案的知名教授柳维和先生十分欣赏白姑的图案构成和色彩才华（白慧敏性格直率，人称"白大姑"，她索性取笔名为白姑），柳先生向白姑提出要招她为研究生，用意是将来留在中央工艺美院做先生的助手，但白姑因割舍不了天津的家庭放弃了，殊为可惜，尽管她后来在书籍装帧艺术设计上也取得了显赫的业绩。另一位才女罗晓华在中央工艺美院进修后不久，调入紫禁城出版社（现故宫出版社），后又被送赴法国公派留学，拓展了更大的发展空间，经历了大不一样的人生。就算不以成败论英雄，失去机遇，也就走上不一样的人生旅程，重要的是不一样的人生旅程会有不一样的境遇和心路历程。我也是有切肤之痛的。

百花文艺和新蕾两家出版社则云集了原出版社美编中的高手。张德育、吴燃、汪国风虽然已调离出版社去了天津画院，但还经常回来叙谈。张德育先生一来，他势必成为谈话者的中心，他个子大、嗓门也大，不时爆发出开怀大笑；他为孙犁《铁木前传》所做的插图是中国插图艺术的经典之作。一次去北京观展归来，在火车上张先生和我们聊了一路，他说他在中央美院本是学油画的，他笑称："油画我连同班的孙滋溪都画不过，还画它作甚？"于是他改攻彩墨，一下子就画出了《岭南风》。吴燃先生是一位十分谦和的让人十分好接近的长者，他的版画作品蜚声画坛。而汪国风先生则特立独行，在"文革"中他蹲过大狱，去画院后他后来也不怎么画画儿了，他对我说过："画画儿没什么意思。"他转而研究哲学了，后来他一来就到侧楼对面小二楼魏钧泉的宿舍小屋去和小魏高谈阔论，一般人他是不屑于谈的，至少我就不知道他持有怎样的哲学理念。老一辈的百花文艺出版社的陈新先生是书籍装帧方面的专家、权威，作品与理论均有建树；新蕾出版社的王治华先生,童话题材的连环画作品更堪称经典。百花的朱欣根、左建华、陶家元、王书朋、赵中令及搞摄影的蔡诚忠,新蕾的郭占魁、王文治、华克齐,及以上述及的其他社的美编,在各自的领域均有建树。如其中的学友王书朋以其《微神》《金老大的最后一夜》油绘连环画和插图作品确立了在画坛的位置,而华克齐无愧其先祖华世奎,在书法领域攀登到一定高度。

这仅只是较早在出版社工作的从事美术工作的人们,而后来进入这几家出版社的美术人员中更涌现出马寒松、陈九如、张跃来、杨锋、樊海忠以及近期恢复联系的令人震惊的张伟觉圣等艺术英才。这些曾经工作在出版社的美术人才,他们都曾经奉献自己的才华给书籍出版。

在百花和新蕾美术编辑的老人儿中,王治华先生和左建华大姐是大好人,当然我并不是说别人都不是好人,能说老实巴交的朱欣根先生和家元不是好人吗? 我只是行文至此觉得王先生和左大姐作为好人给我格外深刻的印象。王先生心广体胖,总是平静慈和的带着笑意,有问题去求教,他总是耐心倾听再给以指点和帮助。左大姐则真像个大姐,也总是平静温和的,而且总是理智的。百花是以出散文为特色的,左大姐为百花的小开本散文设计的封面,淡雅而充满抒情的意蕴,与她为人的风格十分相合。出版社美编有几次活动也邀请美院的先生们参加,会后酒宴左大姐的先生张世范和吕云所两位都嗜酒豪饮,吾亦酒徒,举杯对酌不止,左大姐恐担心夫君身体,似有阻止之意,但张先生不以为意,也就由其尽兴了,诚贤妻也。

我刚到出版社不久,出版局老局长孙五川在广州参加一次出版展会,为提高津版图书外观水平,自广州来电急召各社美编组团飞赴羊城观展学习。那次赴穗,王治华先生和左大姐都去了。一下飞机一股热浪扑面而来,王先生坚持着到会展中心观摩,然后就躲在住宿的招待所房间里再也不出来了,那时的招待所没有空调,但平房掩映在树荫下也还凉快些。与他同宿一屋的华克齐和我从外面活动回来,一推门,只见大胖身子的王先生赤着膊,只穿着条大裤衩,端坐在床上,笑呵呵地像弥勒。他指着对面的床下高兴地告诉我们:"我发现那儿有个蜘蛛,有这么大。"果然,像他比划的,约麻酱烧饼大小的大蜘蛛蛰伏在床下。那时广州是全国闻名的服装集散中心,但社会治安水平有待提高。那时去广州买服装的标配是T恤衫和牛仔裤,左大姐和白姑去买服装,我与华克齐保镖,待她们选好并谈好了价钱,左大姐并不马上交钱,先到旁边一个旮旯儿,由我们挡着,她在我们身后掏钱,大额现金既没放在衣兜里也没放背包里,而是放在内裤夹缝的一个口袋里。

出版大院里的美编们虽然隶属不同的出版社,但这个群体终日在交流。那时没有电脑,全部手绘,上三楼去厕所,也顺便去百花美编室遛遛;画累了,就下楼去人民或者过马路去新蕾,看看这几天又搞了些什么,随时观摩;也聊聊天开几句玩笑，放松一下。《小说月报》的美编赵中令开朗大咧，最爱开玩笑，大家都管他叫赵老二；科技美编室几位男士像江湖一样按年龄排序：刘洪麟是大哥，李风雨是二哥，我是三哥，杨卫华是老四。赵中令一来玩笑斗嘴开场，一声"赵老二"马上引来回应，如果李二哥搭腔，势必你来我往。那天白大姑就感到奇怪了："怎么他们都不愿意当老二当二哥呢？为什么？"没人回答。白大姑噔噔噔就上三楼了，问陈新先生同样的问题，陈先生从书案上抬起头，从花镜上边看着白姑，笑吟吟："我知道，就不告诉你，回家问你们老谭去！"第二天还真有人问白大姑："问老谭了吗？"一帮缺德鬼！

科技出版社的编辑大多是学医学和理工科的，美编室的活泼气氛很有感染力。把我鼓捣到科技社的宋西陵副总编主管着包括美编室在内的几个编辑室，有几年他不在楼上社长室非要搬下来和我们一起办公。当时科技出版社的领导班子主要是三个人，党委书记是徐革非，平时话不多，但很有风度，很得大家的尊重，他与老局长孙五川都是晋察冀的老同志，据说级别比局长还高，他的夫人姓纪，是纪晓岚的后人。总编辑康敏，与我在工艺美院读书时教哲学的老师王强一样，都曾是解放初天津市委马列讲师团的成员，为人十分沉稳。而副总编老宋早年就读于燕京大学，曾参加"一二·九"学生运动，人称"宋大炮"，进城后多年在《天津日报》与石坚等一起工作。那时的领导真廉洁呵，老宋来出版社后多年，还和妻子和三个女儿一直挤住在鞍山道日报宿舍大院的一间旧房子里。那时孙犁先生也住在那个院儿。老宋离休后晚年患重症，一天，他打来电话，说："我想你们，我非常怀念那几年和你们在一起的日子，给我画一张画儿吧，想你们我就看看画。"大家的心情都很沉重。李风雨急画了一幅山水，加急托裱，第二天我们就去看他了。他那时终于已经搬到现友谊北路附近的一个单元里。他躺在床上，十分虚弱，我们把画挂在他卧床对面的墙上，老宋笑了。不久他就去世了。

八　我始终是个文学爱好者

我爱文学。早年在学时，我读过鲁迅先生翻译的小泉八云的一本文学入门类著作，那是民国的一个版本。我始终记得书里的一句话："写东西的习惯是一种道德的行为。"那本书也教人训练自己提高写作能力的方法，简言之，可以随时随地把你看到的东西记录下来，把见到的人、环境、发生了什么事情、是一种什么氛围等，尽量记录、描写得准确、生动。记得书中还说："作家，就是人生的记录员。"

我那时还真那样去做了,我上学时的笔记本上,经常穿插着这些东西:课堂、讲课的老师的样子、同学、窗外飞来了两只小鸟、窗外静悄悄的校园等等,有时还有速写插图。对了,这就像画速写,是一种基础训练,训练观察和驾驭文字的能力,我是因此获益的。但这还不是文学,真正的文学来自心里,这仅是文字训练而已。

更重要的是要多看东西,特别是名著。浸润在那些名垂青史的文学名著中,确实会潜移默化地重新塑造人,让你的心灵更纯洁,让你的感情更丰富,让你更加洞悉人生。在不期或求索中,一些手法,怎么把你想说的话说出来,会给你下意识的影响或启示。冯骥才早期发表的若干伤痕文学作品,就大量采用了欧·亨利式的结尾;他写的短篇《高女人和她的矮丈夫》被认为颇有19世纪俄罗斯作品的味道,这不能不说是与他饱读文学名著相关。当然,真正的文学更是属于作家自己的,才能是他自己的,心灵是他自己的;不管是忧患、是激情还是冷峻,或是百般的柔情,都是从他们的心里呕出来的。

我在学生时代就开始做文学梦。也许,我应该说那仅只是少年的痴想,但爱好是确实的。记得当时工艺美院有一次因为什么活动,组织有关以"青春"为题的文章。我奉献了一首诗,抒写自己真情实感的青春的躁动,全诗不记得了,只记得最后一句"就连腋下也在发痒"。太另类了。就那两天,曾经给我们代过"文选"课的教务主任肖斧老师在厕所碰见了我,就我们两个人,肖先生问我:"来元呵,你一直看什么书呵?"这怎么回答?他又问:"最近看哪本文学书?""《德国古典短篇小说选》。""哪篇?""《没出息的人》。"肖先生笑了:"很好,很好。"肖先生很有学问。但我至今也不知道那天的"很好"是不是对我的夸赞,但我的另类的诗肯定已经引起了先生们的注意。

小说《冰雪消融》的发表着实使我兴奋。友人和师长们也给我鼓励,学友罗俊义写来了热情洋溢的信,来自广东的雕塑家庄征居所不远,特来登门拜访。那时我已经调入天津科技出版社了,每次去三楼上厕所,厕所旁由阳台改造的房间门口的《小说月报》编辑部的牌子总使我怦然心动,那个简陋的门里面是我心中的殿堂。一次还是在厕所,碰到了郑法清,那时他还不是局长也不是百花文艺的社长,但我们已经熟识了,一边撒尿一边聊了几句别的。他突然对我说:"王众同志还是能写出些东西来的。"郑法清,笔名管蠡,写有记述和研究孙犁的著作多部,其中专著《孙犁》获天津市鲁迅文学奖,他应该也是"荷花淀派"的重要成员了。以上这些,无疑都是鞭策。

工作之余,我又写了一个短篇,篇名《老神儿》。我又开始误入歧途了。我听妻子讲过她所在的电机厂技术科有这么一个人,这个人曾经读过大量的马列主义经典著作,在这方面有超出常人的兴趣,人整个都进到书里去了,在日常工作和生活中,他言必称马列,大家都管他叫"刘克思"。当然是闹出了不少笑话。这个人物引起了我的兴趣和思考。这个人有些病态,而个人迷信造成的盲从和脱离实际的教条主义正是一种病态,疯狂的盲从给我们的国家和民族造成了深重的灾难。生活中的原型只是个书呆子,我却引申想到盲从也是国民性中的一种劣根性,甚至自诩地想到鲁迅笔下的阿Q精神胜利法不也是一种劣根性吗!我采取了一种直通通的实写,真写起来又感觉这个题材太敏感了,尺度很不好拿捏。于是只能如篇名那样做漫画式的处理,避重就轻。这样写就没什么大意思了,也没什么积极意义,所以编辑阮梅很快就退稿了。我很感激阮梅,即使轻描淡写,这篇东西还是有一定的敏感性。现在想来,我完全可以采取一种与当下保持一定距离的写法,把人物推到历史的某个节点,而且深入一些,盲从一定要造成对人性的摧残,造成人生的悲剧。后来读到刘恒、苏童等人写的一些作品,不知写的是什么年代,但写出了人性中的某种东西。冯骥才也很聪明,他在写出伤痕文学的一些作品后,转而写了《三寸金莲》《神鞭》等一下子远溯到清朝的故事。

我心里还存着一个人物,想写。那是我的一个同学,他在上学时是个学生干部、团干部,是人前光彩焕发的人物;进入社会,适逢新时期,他很快承包了项目,掘了第一桶金;彼时与此时,他谈话的内容、炫耀的内容是大不一样的,他喜欢炫耀。他总是得势、总是得烟儿抽,他与死眉塌眼的人(比如我)恰成对照,这仅只是人物原型。有待设计的是一个潮头人物和一个"死羊眼"在生活中会发生怎样的碰撞,这中间应该有些悲欢离合,我没有想好这个故事如何能使人心动。

法国作家福楼拜一生只写过一本《包法利夫人》,仅此一本就使他在文学史上占有一席之地。法国的短篇小说之王莫泊桑就是尊福楼拜为师的。《包法利夫人》的中文版的扉页前配有一幅法国漫画家的画,福楼拜手拿一把解剖刀,正在"解析"玩偶一样的包法利夫人,这幅漫画生动地表现了福楼拜对人物深刻的剖析。以我的人生阅历,我没有对人生和人物的深刻的理解,也不机智,很难驾驭那些揭示性的沉重的题材,如余华写出的《在细雨中呼喊》等那些震撼人心的作品。我是随性而天性简单的,易于激动而珍惜真情,我意识到,如果坚持下去,也应该顺着这个路子去开掘,倒可能搞出些富于人情味儿的东西。

新时期文学的井喷,涌现出许多出色的作家,为人们奉献出精神大餐,他们一波又一波的作品也给文学爱好者们以启迪。张贤亮的《牧马人》和同时期的电影作品《芙蓉镇》重现了那些苦难的岁月,讴歌了历经磨难的人们的坚韧与真情。莫言的《红高粱》和根据苏童的《妻妾成群》拍摄的《大红灯笼高高挂》不由得使我去回望自己的家族和祖辈,似乎深挖任何一个家族的历史,都可以发现一些传奇,成就一部大书。我是在城市里长大的,我喜欢听老人讲过去的乡里旧闻,于是很自然的,我喜欢生于天津的邓友梅的《那五》《烟壶》等京味故事和林希的津味小说。我是学艺术的,苏州才子陆文夫的《小巷深处》的诗情画意和《美食家》的风流偶傥自然是引人入胜的;而山里娃贾平凹的《满月儿》《山地笔记》《静虚村记》是十分优雅的美文。本是一名农民报记者的刘震云的《一地鸡毛》事无巨细地再现了平头百姓们处处为难的琐细的日常生活,却并不让人感到琐碎;此后,他的一系列官场小说使当代的官场现形,又远离敏感的政治,他真是个聪明人。王朔作品及他与冯小刚等几位一天一天现侃现拍的《编辑部的故事》,人物活灵活现,在嬉笑中又有玩世的味道……

那时我刚调入出版社不久,住在体育馆附近勤建里一个三室伙单的其中一间。从出版社下班回来,等妻子和已经四岁的女儿睡下了,我就躲到屋角的写字台前,把可控台灯的光旋到最小,开始我的写作。写东西是需要进入状态的,有时候感觉很顺利,有时候又有举棋不定的焦躁。一次,我从抽屉里翻出了一盒已经戒掉的烟,到楼道里抽了一支。已经睡了一觉醒来的妻子发现了,急了:"你刚刚肺化脓出院! 你不要命啦!"

一天,我在黄家花园碰到了冯骥才,他两眼白眼球通红。"你的眼怎么了,上火啦?""不是,熬夜熬的,眼底血管出血。""那得小心点儿,别太玩命了。"

得。这话好像是对我自己说的。还是再说吧,我刚刚进入出版社,珍惜刚刚稳定下来的生活。我是一个庸人、我是一个俗人,我的才华和精力有限,更缺乏像写出《平凡的世界》的路遥那样一种拼了命的使命感。耽于生计、耽于俗务,应了西方的那句谚语:活得匆忙,来不及思考。

我后来倒还是写了一些与文学沾边的小东西,虽然也有一些反响,但量不多,确实不足挂齿。好在即使是小东西,我也是认真的。"文章千古事,得失寸心知"。写一些东西,把一些感受说出来,如果是认真的,必有辛苦,也有甘甜。

我始终是个文学爱好者。

九 设计封面 写论文

在出版社工作了二十多年,除了策划、编辑了《文物鉴赏手册》《广告装潢设计百科》等几本还算拿得出手的书以及做了一些七七八八的事之外,我好像主要就做了两件事:画皮子和写论文。

在出版社，书籍的封面曾经被称为"皮子"，这是负责印制的出版科叫起来的，于是我们所从事的封面设计也就是在"画皮子"了。当然，在我的文章中，是用另外的语言来说这件事："书籍是人类发明的一种奇妙的容器，人们把智慧、知识和情感盛放在里面。而这个奇妙的容器，它的外观，应该是个什么样子呢？这就需要美术编辑来完成对它的设计。"这其实说的是一码事。

适应人们最基本的阅读需求，也出于经济考量，绝大多数出版物是普通平装本，而当年的大部分平装书对书籍的版式也没有特别的要求，于是只剩下书籍的封面也就是皮子，交给了这帮子画画的去加以美化，而责任编辑包括总编辑也总要求这帮画画的，能画出些什么才叫多加美术。因此，说这件事是画皮子也不为过。当年的封面大多以铜锌版印制，美术编辑需要绘制彩色稿送审，通过后还要绘制分版墨稿，许多书名的美术字也要手工绘制完成。

我于1980年进入出版社，20世纪80年代正是个文化复苏的年代，人们从多年的文化禁锢中解放出来，读书蔚然成风，图书的社会需要量很大，聚集着复牌和新组建的好几家出版社的赤峰道124号那个三层楼房的院落中，充满了一种热火朝天的气氛。那时的人们好像终于释放了憋着的那股劲儿，要成就一番事业，把失去的时间夺回来，也没有更多经济的金钱的考量，心无旁骛。不言而喻，对书籍而言，人们更看重的是书籍的内容，即使这个容器是简陋的，但里面装的是文化珍宝，人们也是心驰神往的。但既然是与此相关的，我们为什么不把它的皮子弄得更好一些呢。我没有去成美术类出版社做一个真正的美术编辑，天津科技出版社出版的书的皮子也不像文学类出版社的皮子那样更适于表现出一种诗情画意或人文情怀，但来自工厂企业的我，珍惜着这个工作，喜欢这个院落的氛围，很认真地一件又一件地绘制着科技书封面上的科技图像或自然与生活场景。

我那时读到一本书——《鲁迅与书》，鲁迅也是搞过封面设计的，他还曾别出心裁地把他的书搞成毛边书，五四时期的许多大家如陶元庆、钱君匋、陈之佛都搞过封面设计。这不禁给以此为业的我们很大的精神慰藉。最近有一篇文章回顾了20世纪80年代，那个年代的文化气象真的令人怀想。这就像民国初年推翻了几千年的帝制，又像一九五几年刚刚解放结束了多年的战乱，文化的发展使得优秀作品的涌现有如井喷。处于艺术园地角落里的这个书籍艺术设计门类在20世纪80年代也充满生机，国家出版局成立了装帧研究室，推出了装帧艺术相关专刊，《中国新闻出版报》辟有装帧与插图专版；中央工艺美院成立了书籍艺术系，邱陵、余秉楠两位先生推出他们的著作，分别从中、西不同的角度推介装帧艺术和现代设计。包豪斯的设计理念和平面构成、立体构成、色彩构成三大构成先后被引进中国。人们对"设计"有了一种全新的认识，而理论家则断言：二十世纪是一个设计的世纪。我们也渐渐领悟,书籍的外观应该是个什么样子。

出版界的交流活动频繁,以国家图书奖领头的国家级的图书评奖有九项定期举行,书籍装帧也是其中一项。1982年,我为本社(天津科技出版社)设计的《中国医学科学年鉴》获全国装帧二等奖,还有一件设计同时获三等奖,在北京饭店举行的颁奖会上,连中两奖的我小出风头。我们美编室的其他几位也都有所斩获。我们这个群体引起一些专家的关注。当时,北京的王卓倩先生和上海的任意先生的装饰风格的设计在国内有很大的影响,任意先生为《中国历代服饰》所做的设计荣膺在莱比锡评出的"世界最美的书"殊荣。我们与二位先生都有往来,王卓倩先生更是多次到天津,她的先生邵柏林也总是一起来,邵先生是当时邮电部邮票发行局的总设计师,是第一枚生肖票猴票的设计者。邵先生本是天津人,王卓倩先生却称我们是她的"娘家人"。

不久我开始写论文了,因为有论文是评职称的一个条件。应该说从一开始,我的思路就没有流于工作总结或经验谈之类,出版大院儿中有许多学养深厚的前辈,这是他们曾经谆谆告诫过的。我们编辑室平时闲聊,曾说:搞艺术就得攀高枝儿。意思是说起点要高,"取法乎上,仅得其中"嘛。我完成的第一篇论文的题目是《谈书籍装帧的历史发展和艺术个性》,口气也不小,洋洋洒洒写了数千言。此文从结绳记事写起,写到文字的出现,甲骨文、钟鼎文、石鼓文直至简册、帛书等我国最早形态的书;造纸术、印刷术又催生了卷轴装、经折装、蝴蝶装直至线装等中国古代的书籍形态;古腾堡的现代印刷术的发明结束了西方泥板书、莎草书、羊皮书的时代;而西学东渐使中国的书籍形态与世界融为一体。就单本书而言,自封面、书脊到封底、书腰及函套,到打开来的内文的各个部分,自又有一番评说。而该文的着力点又在于剖析一本书的形态怎么才堪称好,通过图像、字体、色彩等形式要素及材料与工艺的选择,传达一种与书籍内容相合的感觉,一种气息与品格,适应与满足人们阅读的功能与心理需求,才是书籍设计的最终目的。我深受莱辛那篇著名的美学论文《拉奥孔》的启发,将书籍的形态设计与建筑艺术类比,甚至谈到其艺术个性近于闻一多先生说过的"写诗犹如戴着脚镣跳舞"。

未料此文得到了较高的评价,获奖并被推荐参加了当时的全国出版理论研讨会。我揣着这篇论文,与孙五川、徐柏荣、金荣光、陆克文等我市的编辑前辈去贵阳参会。会上宣讲的许多论文使我茅塞顿开,精彩的宏论和论者们的风采也使我大开眼界。那次参会激发我思考理论问题的兴趣,与共同参会的我市的几位老先生也熟识了。老局长孙五川谦和稳重,他是晋察冀的老干部,当年住在佟楼外文书店那座楼的楼上。书店后面,楼门入口旁的墙上就挂着个"晋察冀研究会"的牌子。我后来又写了些东西,承老局长垂青,在他离休后主持天津出版工作者协会和编辑学会时,力荐我担任一些学会的职务,鞭策我在出版理论上多做一些工作。徐柏荣先生是百花文艺出版社的元老、编辑部的负责人,他是百花的散文书系的主要策划者,百花以出散文为特色驰名海内,他是主要的推动者;当年贾平凹的第一本散文集投到了百花,因其非主流的情调被毙掉了,徐先生慧眼识珠、力排众议才得以出版;同时,徐先生是一位可敬的学者,早年做过记者,写过诗,著作等身;我后来和徐先生还曾又一次结伴去贵州赴会,对灯夜话,漫步当年尚未修葺、满目沧桑的夕阳中的甲秀楼,听先生谈古说今,当年的情景至今难忘;此后多年,每逢学问上、文字上遇到疑难,把电话打到他在天拖南的家中,总能得到先生的指教。后来,我与百花的老社长林呐也相识了,林呐同志是文化单位一位难得的领导,尊重知识与人才,他是位老革命。记得一次我们在睦南道天和医院前偶然相遇,在马路边聊了很久,他说他正在着手写一本书,以当年他收编国民党残余土匪武装的经历为素材,由于身体原因这本书可能最终没能完成。

我是爱书的,又成了一个做书的人,对有关书的学问充满兴趣,读了一些书,留意着这方面的讯息。而且我认为从书籍的发展源流上去梳理和思考,是掌握这门技艺的正确门径。于是在第一篇论文的基础上又撰写了《中国装帧艺术的回顾与展望》。这篇论文还是从遥远的古代的书籍形态写起,但写入了一些新的资料,如:考古发现的龙山文化陶片文字是迄今人们见到的最早的中国文字,早于殷商甲骨,存五行十一字;人们熟知的东汉蔡伦造纸,实际上是总结了前人所成,考古已经发现了西汉古纸;雕版印刷始于我国隋代,而现存最早的雕版实物是发现于韩国一座寺院佛塔中自我国流入的唐代雕版,因为那块汉字雕版上有武则天当朝时敕令造的几个特殊的字。这篇论文满含对中华古代文明的景仰之情,如写到简策这种中国古代主要的书籍形态时,列举了"学富五车""韦编三绝"等成语,当年写到此处时眼前仿佛出现孔夫子带着弟子周游列国的场景,弟子们并没有背着行囊与书箱,而是轰隆隆地赶着好多辆牛车,车上沉甸甸堆满的是刻写在一卷卷竹片上的诗与书。此文对中国古代纸本书籍的各种"装",宋版书字大行疏的版式风格,清末民初从事书籍设计的一些文化名家等均叙述备至。展望部分则言及当时出版界的一些热点如已出现的电子书等问题。

这篇论文入选了当年在北京举办的第三届国际出版研讨会。由中国编辑学会承办的这个研讨会以中国、日本、韩国及新加坡等东亚国家为主,也有少数来自欧美的汉学家与会。兴冲冲到了北京,中国编辑学会的会长邵益文先生却马上就找我谈话了。此后些年也熟稔起来的邵先生是个十分干练的人,南方人,说话的语速很快。那天他十分客气,他首先肯定了我的论文,但说,这篇论文就不在会上宣读了,因为文中写到了在韩国发现的那块唐代雕版,韩国人有不同看法,他们据此认为雕版印刷起源于韩国，与我国学界甚至有很激烈的争论，何必为此在这个会上起争执呢？这可是我万万没有想到的。我一个小编辑写了一篇论文，竟会引发与"国际友人"的争执，只好大局为重了，我也没有那个学力。心中愤愤地参加了那个会，我也不认识哪位是韩国人，来自讲谈社等名社的日本出版界的学者倒是好认，有的年纪很大了，据说都是元老级的人物，在电梯里遇见了，也总是深深地向我们鞠躬致意。近现代，日本文化对中国有一定影响，书籍装帧的"装帧"一词就是民国初年我国自日本借用引进的。

年复一年，在多年的业务交流活动中，也曾得识我国的一些编辑前辈，他们举止言谈儒雅，阅历和成就都令人肃然起敬。他们的道德文章垂范我们这些后学。在贵州的那次研讨会上与上海的老出版家赵家璧先生就曾有几天短暂的相处。赵先生是当年曾经与鲁迅先生共过事的老出版家，在分组讨论时我与先生在一个小组，听他谈起了当年鲁迅去世后他参与料理后事时的一件事。鲁迅先生入殓前曾请一位日本人制作面模，完成后又剪下了鲁迅的一些胡须粘在面模上，未料此举却引得当时年幼的周海婴笑个不停，还去揪面模上的胡子，被悲痛中的许广平慌忙拉走了。赵老之所以谈这件事是忧心当前的图书质量，一个知名出版社一本纪念鲁迅的文集，赵老供稿并附上他当年所摄面模照片，照片却放扭转了，看清样时他紧急去函指出了，也没有纠正。我据此写了《从鲁迅先生的面模谈到良心》发表在《今晚报》上，指出老先生把图书质量上升到一个文化人应具有的良心高度。

中国装帧艺术研究会的会长曹辛之先生也是一位曾经与鲁迅共过事的人，他当年是鲁迅扶植的青年木刻家之一，他也写诗，出过一本《九叶集》，在人民美术出版社设计装帧；高高瘦瘦的他，总是穿着一件考究的风衣，总是面带微笑，不大爱讲话，说话的口音很难让人听懂，他却是当时民进中央的宣传部部长。装帧美术界的许多前辈除事业有成，为人也极富风采和感染力。多有交往的王卓倩先生是个爱干净的人，她爱干净不仅体现在日常的卫生习惯上，也体现在她所面对的世态人心，因此这位文静柔弱的老太太也常常显示出棱角；不仅在业务上，在做人上她是我一直敬重的；记得一次去北京，在她家聊到很晚，以至不得不留宿在她离国子监不远的家中。人民文学出版社的张守义先生的简约风格的外国文学插图与封面设计独树一帜，他的举止也特立独行，他本来瘦削却总是穿着一身黑装就更显瘦削了，他喜欢站着讲话，长长的头发还时不时向上一甩一甩的，讲着讲着还突然唱起了"信天游"，借以说明问题；他从来不喝水只喝啤酒，所以会议桌上大家面前都是水杯，他眼前却戳着个啤酒瓶子，他是全国政协委员，不知他参加政协会时如何解决饮水问题，忍着呗。他还喜欢收藏，专门收藏历代油灯和世界各国的啤酒起子，那年我们天津办会，会址在八一礼堂，会议之余各地代表就到沈阳道去逛,张先生淘来一个早年的绣花钱包,俗称"腰掖子",他炫耀在夹层里竟发现了当年京张铁路通车第一班车的车票,不禁手舞足蹈;而另一位来自哈尔滨的先生则因为错失了一件圣旨正在那里后悔不已,圣旨是不容易造假的。

我们天津办会还是很有特点的。那次会议期间我们办了两个讲座,受到各地同行的欢迎。一是请了冯骥才。大冯那时已经发表了《铺花的歧路》《啊》《高女人和她的矮丈夫》等多篇小说,蜚声文坛,名声在外。这样的一位知名作家来到现场自然大受欢迎。他个子不是一般的高,风度翩翩,口若悬河,众人全神贯注,被他的风采征服。记得那天他还很具体地谈了对书籍设计的见解,提出书的设计应该是立体的,由此又强调应重视书脊的设计,因为书是经常插在书架上的,人们看到书的第一眼常常是书脊。朋友们没想到他谈书籍设计也头头是道,太在行了,十分折服。其实大冯本就是门里人,在登上文坛之前本也是个画画儿的。早年,他在天津和平工艺美术社工作过,日常工作就是画彩蛋,是很精细的画法。年轻的大冯曾经下过很大的功夫,光《清明上河图》就全卷全色临摹过两幅,一般画画儿的都没下过那么大功夫。另一位讲座人也同样了不得,中国艺术研究院的研究员柯文辉先生。但见一位光头老者,尺余长美髯,微胖略矮,身着一身宽松的中式衣衫,仿佛自另外的年代穿越,飘然而至;甫一登上讲台即海阔天空,古往今来,旁征博引,听得朋友们目瞪口呆,惊叹世上真有如此博学的人。柯先生作为艺术理论家,其对美术、书法、戏剧等广为涉猎,与刘海粟、林散之、李可染、钱君匋等交游。那天他由远及近,由此及彼,希冀大家从浩瀚的艺海、悠长的文脉中去吸收营养,创造高品位的艺术。令人难忘的是讲座结束后大家似乎还意犹未尽,那天到场的郑法清局长与柯文辉先生进行了一番对谈。大家团团围坐,听他们二位滔滔不绝,高谈阔论,只记得话题比较跳跃,谈些什么已淡忘了,无非文史文论之类,但他们机敏对谈的情景至今难忘。郑法清虽然当了局长做了官,但他本是一个文人,是从编辑起步扎扎实实做起的。他笔名管蠡,所著《孙犁》获天津鲁迅文学奖。那天他们二位堪称棋逢对手,对得上话茬子。

在广西的一次美编会议上得识的一位中国少年儿童出版社的老先生也令人难忘,他与作家柳青同名,某日小组讨论结束,白发苍苍的他仍坐在那里与我娓娓而谈。他说他本是学油画的,年轻时对自己有很高的期许,刚解放时他创作了一幅战争题材的巨幅油画,表现淮海战役的场面。谈到最后他欣慰地笑了,他说他最近致力于画给孩子们的画,如今生活得充实而快乐。

我对生活的要求近于朴素,对环境与衣着不注重捯饬,若依我的性情,一本书的书皮,有个书名去辨识区分就是了,谁知却从事了书的捯饬也就是设计的职业。书的设计,图像的表现经常是设计的主要课题。作为一个艺术学徒,我对图像的表现经历了写实—装饰—意象，一个逐渐认识的过程。从手法上去说写实、装饰及意象，是为了把问题的条缕说清楚，在实践中这些手法实际是交织在一起的。图像的写实，不是照相式的，也势必表现出画者赋予的各具个性特征的意象；装饰的点、线、面的抽象或图案化的手法，同样传达着意象；而所谓意象的表现，也需要通过具体的可视形象去完成视觉传达。后来我写了一本《意象设计——设计观念对话录》，总结我的认知。

我们从事科技书的封面设计，很难像文学书社科书那样直抒情怀，但我们也力图不断变换花样，以求更多地说出些什么。那时，我们的设计水平和工作态度已经被总编辑和责任编辑们逐渐认可了，他们说只要我们觉得可以，他们就签字发稿。这很利于我们做新的尝试，着力去尝试进行"意象的表现"。我们那时已经用电脑完成设计了，"佛特绍普"和"考兆"等图形软件玩得滚瓜烂熟。我为天津大学邹德侬教授的《中国现代建筑史》做设计，整个封面是一堵色彩凝重的斑驳的墙，而在这堵墙前的显要位置是一把斜置的同样色彩凝重的錾子，錾子头儿闪

着金属的光泽。其中的寓意不言自明，那本书的版式也逐页设计，邹先生由此与我成了很好的朋友。《休克学》是一本医学专著，在封面中部稍偏书脊我安排了一个边缘虚化的黑色椭圆，面朝着椭圆的是一圈表情各异的人，或焦急、或惊讶、或关切地向下俯视着，黑色椭圆的中心是白色粗黑体书名；我没有休克过，但曾经晕倒在地，有曾经的体验，当我睁开眼，看到的是一群环绕着我的面孔。我使用的这幅图片，种种表情的那一

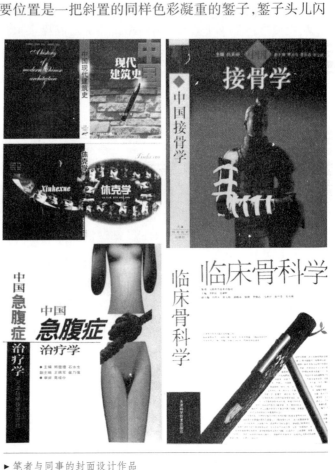

▶ 笔者与同事的封面设计作品

圈儿人中恰巧还有一个躲在角落里窃笑的幸灾乐祸的人，这很有点意思，人们面对的世上并不都是善良。不会有人认为或留意到一个科技书的封面还会有如此这般的寓意，但起码这个封面的图像还是切题的吧。

为尚天裕大夫的《中国接骨学》设计的封面获得一定的成功。获全国装帧设计银奖。听责任编辑介绍，尚先生在骨科的主要建树是接骨小夹板技术，于是我让一个负伤的兵马俑胳膊上戴上了小夹板。整个封面呈浓重的红黑色调。一本画册这样评价这个设计："在如何体现中国接骨学的民族特点、悠久历史与神奇功效上，用胳膊上打着石膏扎着绷带的秦兵马俑作为该书设计中视觉主体的创意，一举解决了以上诸多问题，且并不使人产生突兀感和生硬感，一个成功的设计首先是创意的成功。这种超现实主义设计在国内书籍设计中是不多见的，无疑能起到先导的作用。"从此，我们的一些设计被贴上了"超现实主义"的标签。那些年，国内的艺术思潮涌动，"主义"满天飞，一些离经叛道的画家，可能是受当年法国印象主义画家在官方美术大展之旁举办落选作品展览而一举崛起的启发，在中国美术馆外的马路上，也曾举办"星星画展"。

我们不追求什么主义，只是找到了一条路子，我与我的同事们热衷于顺着这条路子去设计出一些有趣的作品。在又一届全国装帧艺术展中，我室摘得两块金牌。我设计的《中国急腹症治疗学》和同事白慧敏设计的《临床骨科学》同时获得金奖。"急腹症"一书的封面图像主体是一个从腹部断开的木雕人体，偏右直立充满画面，在人体断开的位置是一个扭着劲儿的颜色深暗的纠结的粗麻绳扣儿，与之并列的是大号斜体的黑体"急腹症"三个字，其余书名文字另行排列。这个设计让人一下子会意，有一定的视觉冲击力。白慧敏设计的《临床骨科学》，图像主体是一段斜置的粗木桩，中间偏上已经断裂，但断裂的部分已经使用金属件接合，自接合部位有一根金属棒支撑着倾斜的木桩，木桩与金属棒整体形成一个大大的"人"字，点睛之笔是木桩上部已经生出了嫩绿的芽儿。中华书局的卫水山先生为这件设计写了《创意充满理性表现富于人性》的专评。这两件金奖作品实现了天津在这个奖项上金奖为零的突破，《今晚报》做了报道，在全国装帧界乃至出版界也引起注目。中央电视台派摄制组来天津对我们进行了专访，相关内容于《美术星空》播出。这两件作品及《中国接骨学》等设计均被收入《中国现代美术全集》。

艺术贵在创新。而从事艺术创作如何去寻求突破？我写了一篇《关于异向思维的思考》进行探索。定向思维、单向思维，只能循规蹈矩走老路；而逆向思维、多向思维、发散思维，是一条创造之路。文中介绍了国外心理学家用动物做的一个著名的实验，用铁网围了一块场地，铁网内放了一块肉，笨狗一个劲儿地冲撞铁网，但还是吃不到那块肉；而聪明的狗则掉头而去围着铁网转圈儿，最终找到缺口吃到了肉。搞艺术创作的人都有过难以寻找到突破口的痛苦体验，文中写到了"顿悟"，"众里寻他千百度，蓦然回首，那人却在灯火阑珊处"！这蓦然回首，岂不正是逆向思维？此文的后半还就思维的品格，如深刻性、条理性等展开叙述。如老夫子言，可教的孺子"举一隅而反三"，而这可贵的思维联想植根于思维的条理性，同时也就有了深刻性。我们常常忧心于晚辈的学习成绩上不去，整天抱着本书念个不停可能无济于事，引导孩子整理整理思路，培养那种提纲挈领的能力才最要紧。这篇论文入选了国内某文库。

一天我在楼道里碰见了当时的出版局局长李树人，他原是天津人民出版社的总编辑，本是熟识的，他说他很喜欢这篇文章，他说王众你的论文很有点思辨性。这自然是过誉了，但他是搞社科的专业人士，他的评价还是令人高兴。李树人看上去就是个好脾气的人，至少我见到他时从来没见过他绷着脸，他大抵总是在咧着嘴笑，浅框眼镜后面的眼睛很亮。

当年我刚进入出版社时曾有一次难忘的上海之行。上海的朱仰慈先生发起了一个有七家科技出版社响应的美术编辑的交流活动，于是我们这些大多是初涉书籍设计的美编们，带着我们的新作，聚集在承印上海科技图书的一个印刷厂的招待所，热切地进行了几天的交流和切磋。招待所没那么多床位，我们在几个房间打了地铺，吃饭就在工厂食堂，条件很艰苦但我们都深有所获。老朱还周到地安排了几次讲座，那堪称是我们的一次启蒙之旅。条件之所以艰苦是因为办会的经费都是老朱自掏腰包，由于特邀到会的中华书局的卫水山把全国版协科技出版委员会的常紫中主任也请到会了，上海相关方面才得知此情并予以报销。生活中你真能遇到这样的人，为了他希望做成的事，不计得失。后来这项活动由浙江的周盛发继续主持，后任的科技出版委员会的周谊、陈元直主任和许多社的社长总编也总是到会，这项活动从自发民办变成了官办，规模也越来越大，全国大部分省市的相关人员都曾到会。老周是由美编升任的为社领导的，组织能力强，我和温克信、黎隆安、朱珠、蔡康菲等来自各省市的几位美术编辑一直协助他谋划和组织这项活动，活动几年一次，延续了很多年，在提高科技书装帧水平上发挥了作用。与会的美编虽然来自各地，但平时干着同样的活儿，齐聚一堂就像一个大美编室，交流与切磋是切实切题的，也结下了长久的友谊。

这些同行中有许多有才华的人，除了本职工作，在绘画的国、油、版等也各有专长，但他们把他们的大好年华都献给了书籍设计。福建的吴丹波，每到一地，会下也不休息，总是不停地画风景速写，他曾给我看他存在电脑里的许多山水画稿和构思草图，量很大，许多场面也很宏大，他说他退休后一定要好好画些画，谁知这个天天必在闽江游泳的壮汉,刚刚办了退休手续竟一病猝然而去。浙江的詹良善,确实良善温和,我到杭州孩儿巷他与陆游故居相邻的家中去过,他退休后也醉心于山水画,还在老年大学授课,竟也突然因病撒手西归。这些朋友没有做成他们退休后才有时间和精力去做的挚爱的事,想来令人伤情。那年我病了,当时诊为膀胱肿瘤,惊动了许多朋友打来电话,山西的朱珠竟自太原驾车直驱天津来专程探望,术后病榻上的我异常感动。共同志趣的友谊是深厚的,而让人更多怀想的是当年相聚时的快乐时光。陕西的高应新,还在画色彩浓烈的西藏风光油画吗?他是个转业文艺兵,他讲起当年驻防西藏时的奇特见闻也生动有趣。上海的卜允台,他为某自然科学大百科全书绘制的彩色插图非常逼真而精致,与上海人的精细是一致的。江苏陈园,设计格调文雅,他还是金陵新文人画派的一员。他总是不声不响的。而与温克信、与江苏教育出版社的潘小庆的交往,才使我得知南京人更多的是直筒子,比咱们号称直率的天津人还敢说,对艺术圈子里因人情裙带而生的双重标准直言不平。

在办活动中也有一些趣事。一次,四川的一位李先生到会,他蓄着长须,头戴礼帽,手持拐杖,风度翩翩,可大家都管他叫"山大王"。他画封面,还画国画人物,已进入四川画院,是位院外画家,唐装马上仕女人物据说卖得很好。他来参会还带来一位女士,他说是他夫人。我们的活动是不允许带家属的,但既然来了就给他安排了一个单间,吃住照章收费就是了。不料一天,有人向我"举报",说那个女人管他叫"李老师",那是他老婆吗?岁数也差不少呀。这可怎么办?大忙忙的这不添乱吗!老周担心给活动造成不好影响,让我拿主意,我说,咱搞业务交流,又不是人事保卫科,管他老婆不老婆,咱甭管。会上一切无话。只是李先生对我与白姑十分热情,对我们的金奖作品极尽赞美,会后还多次来信,邀我们去成都玩。后来白姑恰巧去成都出差,李先生极尽地主之谊,还在家中宴请。白姑回来说,那位女士真的是他老婆,在家里也管老李叫"李老师"。他们就是一对师生恋。

由于曾担任我市以至国内一些学会研究会的秘书长、委员甚至副主任委员之类,那些年我也就干了一些七七八八"惹惹惹"的事。但有些事也并非仅是惹惹惹。天津编辑学会秘书长的差事就是如此。

某年某天,我在编辑室突然接到孙五川老局长的电话,他说,中国编辑学会与《中国新闻出版报》商定出一个"编辑工作与编辑学"专版,由编辑学会组织稿件,这几天就出第一期,但邵益文来电话说稿子还没配齐,老邵让咱们天津提供一篇,我与徐柏荣手里都没有现成的没发过的稿子,你如果手里也没有就由你赶写一篇,三千字左右,明天就要。撂下电话我就寻思了,编辑工作与编辑学?写些什么呢?于是就写了篇《编辑六艺"新"说》。没几天就见报了,还是头条,文字没什么改动。当时各社每个编辑室都订有《中国新闻出版报》,那时我们已经搬到海河边的出版大楼,大楼里有几位见到我都夸写得不错,说应该多写点儿。此文以散文笔调完成,读来还是有趣的。是这样起首的:

孔夫子大概是中国编辑行当的鼻祖了吧?他老先生整理六经"去其重",《诗》《书》《礼》《乐》《易》《春秋》,被奉为儒家普遍的人生法典,是为"六艺"。他还办学,尊为先师,所开创的教学体系设六门课目:礼、乐、射、御、书、数,也被学子们称为"六艺"。然身为编辑鼻祖,竟没有给后世编辑留下些编辑津梁什么的,或年代久远已然散佚也未可知。故有好事者狗尾续貂。

好事者曰,编辑六艺:文、专、博、坐、走、贫。

文中谈文、专、博,可以想见写了些什么;而坐、走、贫,不免令人生疑。撷句如下。"坐,安可成艺?为文者,为编辑者,均须耐得寂寞,而耐得寂寞是要长久地取坐势,坐则坐矣,然思绪随文思而飞扬,激情逐字句而涌动,自有一番境界。坐艺非枯坐,静中有动也。""走",易于展开,"走出社门乃至走出国门,走出套子走向大千世界;在走中去辨识去采集。一个好的编辑必是一个活跃的活动家,勇敢的开拓者。"而"贫"呢?"贫又安能称之为艺?难道穷还成了一种本事不成?好事者回首古今,但见世事浮沉中真为文者为真文者十有八九贫,盖因真为文为真文本非以逐利为目的之故也。贫穷固然不是一种本事,安贫却绝对是一种操守。于当今商品大潮风起云涌之世,更不得不讲求一点'安贫乐道',故贫亦为一艺。放眼望去,书摊之上书肆之中,媚眼流盼,血肉横飞,云山雾罩,光怪陆离,一个钱字生出万千的奥妙。钱不是万能的,没钱是万万不能的,为文者为编辑者也要柴米油盐老婆孩子,怎能不怦然心动?但双效好书凤毛麟角,世上的事情常常难能两全;在这当口,既不肯干脆下海去干别的营生,也只好耐着性儿,喝着汤儿,伴着灯儿,厮守着'文章千古事',默默地为他人缝着嫁衣裳。不义之财不取,为富不仁不干,不能不称之为一艺。"

邵先生和专版的编辑大抵是满意的,这不仅是因为此文略带调侃的可读性,而且在当时也是切中时弊的。虽匆匆为文,但文中有许多却也是身有所感。那些年有个词儿"全民经商",《编辑部的故事》里不还有个余德利吗?从计划经济向市场经济转型,"不管黑猫白猫,逮住耗子就是好猫""让一部分人先富起来",似乎也在鼓励人们发家致富。人人都想发财。我本愚钝,却也曾遇到这样的事情。我那时住在体育馆附近某小区,旁边楼栋有个邻居叫小德,是相熟的,一天突然找我,说他国外有个亲戚想助他做买卖,服装来料加工,亲戚提供最新的时装样子,而且来料是有富裕量的,除给亲戚交货,多做出的部分再批给百货大楼,两头赚。他说:"王哥我看你人不错,也有脑子,咱一起干吧,只需招些人办个服装加工厂。"事出突然,我婉拒了,我那时一脑瓜子书籍文化,美不滋地鼓捣着"超现实主义",怎么肯去办什么服装加工厂呢? 小德很失望。君不闻,岂不正是那些年小德们掘了第一桶金,然后就去开发房地产了,而死心眼子的吾侪,依然"耐着性儿,喝着汤儿,伴着灯儿,厮守着——为他人作嫁衣裳。"我在东北参会,认识了海拉尔的内蒙古文化出版社的美编室主任陶夫,他是蒙古族人,是位王爷的后代。有一阵子他接连来了几封信,很急,急什么呢? 那时黑龙江有几个口岸,洋货贸易很火爆,他说他有渠道可以搞到俄罗斯的钢材,车皮也没问题,他可能是看我在会议上很活跃,希望我在天津这边联系买家,不久还带着儿子专程到天津来找我。记得我请他们爷俩在劝业场附近一个饭店吃饭,酒酣耳热之后,这位王爷的后裔的一番话却使我不得不对他刮目相看,他很有民族自豪感,话里话外,他自北向南望去,那口气好像现在还是元朝似的。我惊异于他的指点江山与宏图大略,却没有他想象中的本事,钢材转口贸易也就不了了之了。听说后来他举家迁到蒙古国去了。

编辑学会为扭转历来的"编辑无学"的窘状,极力推动编辑学的研究。某年某日孙五川老局长又打来了电话,说咱们天津承接了一个任务,要完成一个《编辑学理论框架》,由你执笔。我极力推诿,我是个美编,有那么多理论素养很高的文字编辑,徐柏荣先生就是最佳人选;我虽为编辑学会秘书长,跑跑颠颠还是可以的,此事可能做不好。但孙局长说就由你来执笔。于是不久就召集了一个群贤会,由天津在出版理论方面有见地的,如陈景春、董延梅、谢大光等都到会出点子,我一通猛记,就愣打鸭子上架了。编辑理论的实的部分,即应用编辑学,如编辑流程及编辑素质等较好梳理,但既称为"学",就应有一定有较强理论性的概念或规律的部分,以此来纲举目张才堪称之为"学"。于是,编辑的概念;作为名词的编辑及编辑的主体与客体,以及编辑主体与编辑客体的关系;作为动词的编辑及编辑活动,以及编辑活动的社会性、专业性及在社会文化发展中的作用,如此等等。现趸现卖,写得我脑瓜仁儿疼。但最终总算完成了,定名为《书籍编辑学理论框架》。老局长和当任的李、郑两位局长都看了,通过。此框架后以内部资料的方式由中国编辑学会印行,向全国出版单位发送。

不久,我随孙老局长赴宁夏,参加由中国编辑学会在银川召集的编辑学理论框架座谈会。那次到会的代表规格很高,来自北京、上海、山东、江苏等地的老先生居多,原任职三联书店、大百科全书出版社、中国青年出版社等社的一些编辑前辈德高望重,王子野等两位领导也大驾光临。这些老先生都十分认真,大多都备好了发言稿。我们的框架稿确实起到了抛砖引玉的作用,座谈只是一次沟通,此后国内出版的一些编辑学著作,自有不同的各家之言。我市的徐柏荣先生就出版了一本《期刊编辑学》。沙湖碧波荡漾,西夏王陵隐没在雄浑的贺兰山下的阵阵沙尘中,银川之行也留下了一段回忆。

十　毁失的书

这个题目一直在心中萦绕,却一直不愿动笔,堵心。我也堪称是个爱书的人,本文开篇写了《埋书记》,在那特殊的年代,我曾不惜把心爱的书埋起来以求留存。但,一些书,一些很有价值的书,却也曾因自己保管不善,呵护不力,以致毁失了——如今回想当年自己对它们的轻慢,不禁悔之莫及。

我的祖父是个军人,是当年李鸿章麾下的一位将军;我的父辈均致力工商,干买卖开工厂,在世事变迁中命运浮沉。我家不是一个书香人家,但家中藏书还是有的,老辈儿人都还念书看书。

时光流逝,世事风云,家中长辈的收藏品免不了有所毁失,如我能记起的爷爷的《通鉴纪要》《朱子治家格言》、父亲的《爱的教育》《处世奇术》等均已无存。

记得还有以下的一种,却格外记得清楚。我把它与翁同龢的奏折包在一起、放在装字画的柳条包最上面,我读美院后,祖父遗存的字画就由我保管了。后来1966年"破四旧"时,这些珍贵的字画连同奏折及上述书籍种种均遭毁失,殊为可惜。

清末的《天津画报》

那时我家虽然住着一个独院儿,但父母带着我们五个住着两间北房一间南房,也很局促,家中一些不当季的杂物,如凉席、鞋子之类就被塞到床下。一次,父亲命我钻到床下去取什么东西,在床下最里边我却发现了几捆尘封的书籍。我如获至宝,我那时十五六,正爱看闲书。其中的《封神演义》竟是我读的第一部长篇小说。单说其中书捆上面被父亲精心包裹的一个扁纸包,打开来却使我大吃一惊。薄薄的一本,一折一折的,规规矩矩密密麻麻地写着小字:什么什么臣翁同龢跪/奏请什么什么恭摺奏祈/圣鉴什么什么……,这什么呀? 看不懂,但最终看出原来是一个清朝的大臣翁什么给皇上的奏折。好家伙,无怪父亲精心包着、藏着。而那一摞大本儿的线装书,每本儿也都很薄,每本长辈还另加了书皮儿,写着"天津画报"四个字。

画报! 我津津有味地读起来。很大的方开本,是很薄的黄色纸,需小心翼翼地翻,每页用墨线分割成扁方或方的四或六个画面,手绘着人物和场景,每图都有竖排的小楷的说明文字。

可真是新鲜呀！记得有这样的一幅：画面上画着一个妇女，梳着抓髻，模样好像很俊俏，偏大襟上衣还带宽花边儿，紧裤腿儿，小脚儿，挎着个小包袱；她跟在一个贼眉鼠眼的男人后面，走在街上，房子画得很简略。大略记得说明文字写着：津城西北角某某街某某胡同某姓住家妇女某某氏，昨日走失，据其街坊有目睹者言，约某某时见该妇随一什么什么样男子走去，盖私奔矣，某姓已告官。哈，这大抵是一个案子了。嘛叫私奔？家里不知道跟人家跑了呗。

更难忘的是还有这样一幅：人物众多，约横向占两个幅面；说明文字大略云：去冬震惊津门的绑票案日前已告破，群匪悉数被官府拿获，经府县严查，群匪多次撕票，负人命多条，无待霜降秋斩，昨日众匪首已在南市被枭首。画面中几个匪徒五花大绑跪在地上，脖子后插着亡命牌，刽子手怀捧大刀立于其身后，周围环立着兵丁，众多的围观者；而有二三个匪徒已被斩首，身体倒在地上，脑袋滚在一边，一摊摊血……这画面有点血腥，令我惊心。幸好这个画报的画法不似《点石斋画报》那样精细，是一种较为概略的画法。

这若干本画报，约合现在的方十二开本，线装，全书以淡黄粉连毛边竹纸印制，大约是石印或木版印，有"天津画报"四个大字独占一页。每页四至六图的人物、场景及文字的原稿均为手绘手书，记述着当年天津的社会与市井新闻。从清晰记得的砍头画面可以判定，此画报为清代末年出版。惜哉！多年来在介绍天津早年画报的资料中，还没有见到过这个画报的踪影和介绍。

此画册毁失于十年浩劫，这已经令人糟心了，而另一些堪称珍爱的书逃过了浩劫，却消失在我的"学友"之手，不能不让人堵心，如今想来追悔莫及，只能自怨自艾是自己保管不善了。

两本原拓的字帖

其一为颜鲁公《多宝塔》。

长开本，长度至少30多厘米，开本算是较大了，经折装，封面封底均为硬木薄板，薄板边缘倒圆儿磨得很圆润，因长久临帖把玩，木板磨得光亮。这是件祖父的遗物，当年祖父把着我的手教我写大仿，临的就是这本帖。帖中有若干字旁有朱笔画的小圈，大略是祖父认为格外写得好格外喜欢的。此帖后来我也曾多次临写，要不怎么放在案上被人一眼打上了呢。木质封面上我用墨笔写了"王氏珍藏"四字。

我那时住在鼓楼西板桥胡同，这本字帖就放在我的书桌上。一日，与我长久地住在板桥胡同的我的这位同学说，他的姐姐最近想练练毛笔字，想借这本字帖一用。他的姐姐我也是熟识的，未加犹豫就让他拿走了。同学相处，感情应该说还是不错的。过了很长时间，我想起了这本字帖，问起来，他说让他的姐姐转借给他姐姐的一位刘姓闺蜜了。我还是没有极力追索。又过了更长的时间，我想要回这本字帖，那时，我的这位同学已经搬离板桥胡同了。没想到的是，他轻描淡写地说，找不到了。说罢马上岔开话题说别的事了。

碍于情面，我无话可说。可心中却有些忿忿。也许他不当嘛，但那字帖看上去就不是一般的东西，他姐姐的那个闺蜜我也是见过的，并不像是粗率之人，而他的兄弟姐姐都是搞艺术的，一些家人又已寓居海外，不是没有可能《多宝塔》已经流散到他知而我不知的什么地方去了吧？姑不论那是一本原拓，起码是清拓明拓，要是元拓甚至宋拓呢？最让我痛惜的，那是我祖父的遗物，是我们祖孙都曾经临写过的珍爱之物啊。

后来我还不死心地在旧书市场留心，要是真不当嘛流散到市场上去了呢？痴。曾在二手旧书网站购书，随手一搜，还真有数种《多宝塔》的旧原拓本，其中有一本东北卖家的明清拓本，也是硬木板封面，与我家的那本酷似，仔细审看所附的图片，各页碑文上没有红圈圈。不是。

我只能自怨，自己太不懂珍惜了。自怨是真的。祖父的另一件遗物就是被我自己遗落夹裹到不知哪里去了。我家有一套老版本的《辞源》，民国初年的，上下两册，由于爱惜，长辈还曾包着灰蓝色厚纸的书皮。一次，我意外地发现《辞源》里夹着一页祖父书写的斗方，那是一页大字，不是颜体，近于赵体，写得丰硕秀逸，记得是九个字，只记得其中有一个"骑"字，写得真好啊！祖父当年在淮军统领的就是马队，写这个字时也是心有所感吧。后来这幅字就不见了，是我把它特意收藏到什么地方了？受了字帖的刺激，我就拼命找这幅字，想找出来托裱起来，好像那样才对得起老爷子赛的。但至今没有找到。我的破烂东西也太多，有用没用都夹裹在一起。如今寓居北京，在天津几次搬家，至今一些纸箱都没有拆包，何时能清理啊。

不懂珍惜是真的。当年我在工艺美院上书法课，学生们都自带墨盒，我却带了一块家藏的砚台，长方，不厚，砚池边雕刻着一些花饰，靠砚堂的侧面却刻着"乾隆御玩"四个隶书字，也不知是真的还是仿品。记得在美院后来上什么课，我还在这块砚台上和过油质物，油干了弄不下去，我就把它放到教室的炉子里烧，真糟践东西呀，现在想来，我这个人不仅脑子不大清楚，年少时用天津话说还有点儿"胡臭儿"。幸亏没有烧坏。这块砚台现在我三弟收藏着。

另一原拓字帖为《兰亭序》。

这本字帖来的蹊跷，最后去得乌七马黑。

"文革"中后期了，我在搪瓷厂，被当时厂里主事的抽调到厂部的宣传组去画主席像或画大批判栏什么的。那是一座坐北朝南的西式平房建筑，我的"画室"在走廊的最西头儿，"文革"前曾经是厂党委书记的办公室，西走廊这边儿还有厂广播站什么的;走廊东边有当时厂部的办公室什么的,而最东头儿有一个很大的房间,后来做了厂里的托儿所,而当时却一直锁着门。那个房间满满堆放着"文革"中的查抄物资,其中有若干麻袋抄来的书籍。后来厂里处理查抄物资,全厂职工每人发一个条儿,可以很便宜地去买那些抄来的东西,记得我所在的班组有一位师傅买的东西中有一个进口三B大烟斗,只花了五分钱。我是家中被抄的资本家子女,我是没有资格的,我虽然整天搞"革命宣传",但属于"可以教育好的子女"只不过用我所长而已。走廊东头儿那一屋子东西被运到厂传达室后的一排库房,与其他处的东西集中,一并处理。运走东西后那个房间清扫出一大堆垃圾,好几天都堆在那里,人们都去忙着分东西了,一千多人的厂子也得分几天了。那几天无疑我是很落寞的。一天,我走过那堆垃圾时,无意间发现在烂纸间有个灰不拉唧的本子,就随手捡了出来,拿回画室去看。

竟是一本《兰亭序》。开本不大,帖高二十公分左右,也是经折装,裱在硬纸板上,灰色的封面上只端正地写着"×××"三个字,那应该就是主人的名字了,但我不记得搪瓷厂有这个人。我惊喜地发现这竟是一本原拓。

"文革"毁物无数,在幸存下来的查抄物资中仍然有好东西。

记得刘光启先生曾跟我讲过一件事。"文革"中后期,正在津南某村下放劳动改造的刘先生突然被市里抽调回天津,原来市里有领导想对当时集中存放的查抄来的字画进行清理,要把其中有价值的清理出来。刘先生讲话儿这才想起他来。刘先生是咱们天津的书画鉴定专家,是国家文物鉴定委员会委员,在文博界他有个外号叫"刘半张",他看字画不用全打开,卷轴打一半儿,他已经明确断代、判定作者与作品真伪了。之所以有如此眼力,他说得益于早年在北京琉璃厂学徒,经眼不少东西;他又笑曰,让他清理查抄来的字画,也让他眼力大增。当时天津市有几个存放查抄字画的大库,里面字画堆积如山,他每日劳作不已,幸亏他是个刘半张,效率高,但那也累得够呛。一日,他奉命到市郊的一个书画库去鉴定。工作中途突然内急,于是到库房外边的一个厕所去方便。那是用秫秸围起来的一个临时厕所。他蹲在那里,看到看库的人们为方便在秫秸缝儿上插了一些破烂纸充作手纸。他猛然发现其中有一个好像是绢的卷儿,他抽出来打开来,不看则已,一看大惊!他提起裤子翻来覆去地看。大喜!唐人写经!此件如今是天津历史博物馆的镇馆之宝。

没有资格的我从垃圾堆里捡回了《兰亭》,没人给我布置什么任务,我就是个捡破烂的,它就成了我板桥胡同书桌上的把玩揣摩之物了。想当年书圣王羲之的《兰亭集序》真迹,经萧翼赚兰亭,落到了唐太宗手里,后来被他带到阴曹地府去了,如今流传的神龙本、定武本等十余种,都是唐人摹本刻石。我也不知我拣回的

301

到底是众多版本中的哪一种的拓本。我虽然学写过一阵子二王，但《兰亭》一直没有正经地临过。

这本《兰亭》，已经无法得知是何时拓自何处了。我如今七十多了，也能体会世间人情了，如果我想寻访当年搪瓷厂到底有没有"×××"这个人，如果有，哪怕把它奉回他的后辈，也算是一件将心比心之事，但这也不可能了。因为这本帖也被当年经常光顾板桥胡同的我的一位"学友"借走了。更绝的是，后来过了些时日，我向他索要，竟听到他这样的回答：没这么回事！没找你借过！我目瞪口呆，注视着他，他是我熟识的学友呀，我怎么好像不认识他了呢。

我的另一位经常来往的"学友"，一次借走了几本《译文》。《译文》后来改刊名为《世界文学》，是当时我最喜欢读的，那是我从天祥二楼古旧书店淘来的，五几年刊本，其中一期有四页彩色插页，介绍包括莫奈的《日出·印象》等几幅法国印象派作品。现在这些作品的画册随手可得，当年却是稀罕之物。嗜画的他肯定也是喜欢的。一晚，我到离得不远的他的家中闲坐，在他靠窗的书桌上看到了这几本《译文》，我笑问："这几本看完了吗？怎么样？看完了就还给我吧。"没想到，他突然板起了脸："这是我的，不是你的。"啊？

如今七十多了，四十多年近五十年前的这些事，非常遗憾地我竟还记得清清楚楚。时已远矣，少年轻狂时，马有乱蹄也许是难免的，但那时已当而立之年，说少不更事、熟不讲理似乎说不过去，虽然没伤了和气，心中还是耿耿于怀。而此后些年的一些事，更使我幡然醒悟：我珍惜的东西，人家早已弃之如敝屣。只可惜醒悟太晚，白白损失了好书。多年后我已在出版社工作，一次座谈会上曾经发过如下一番感慨，当时也是因类似的触动有感而发：我们在做着文化的事，也堪称是文化人了，但我们是否真的有文化？却依然是说不定的。我们说的文化，自然不是识几个字就有的那种文化的意思，与学历和职称无关，与光鲜的头衔也无关。"文化"——"以文化之""以人文行教化"，而文化的人文理念中，最要紧的是怎么做人。信乎？

遥想当年，我们曾年轻，三五知己，聚首板桥月夜。那是一段难忘的回忆。曾记否？我们都曾喜欢苏轼的《赤壁赋》？"肴核既尽，杯盘狼藉，相与枕籍乎舟中，不知东方之既白"，几乎活脱就是当年板桥相聚的情景了。

而"苏子愀然，正襟危坐而问客曰"之后那一番对话，不正是曾经百读不厌的吗？"惟江上之清风，与山间之明月，耳得之而为声，目遇之而成色，取之无禁，用之不竭，乃造物者之无尽藏也"。确是旷达美文，恐怕至今仍是喜欢的。但曾记否？在此句之前，苏子还有"且夫天地之间，物各有主，苟非吾之所有，虽一毫而莫取"之句乎？

关于书，我发现，我原来是个斤斤计较的人。老了老了，今天絮叨这些陈芝麻烂谷子，只因这仍然是个与书相关的绕不开的话题。如鲠在喉，一吐为快，一抒胸中郁气。我估计，没人来认领我今天絮叨之事；若真有人找上门儿来认领，推诚以见，吾则喜，世上吾尚有真朋友矣。心安才是福。

毁失书的经历，许多人都有过，吾所述仅个人经历之点滴耳。

童戏当年

　　每到小学放学的时候，小区就一下子热闹起来。孩子们难得有这么一会儿玩儿的时间，打羽毛球、跳绳、砍子儿、轮滑、滑板儿、骑小自行车、踢球……我家的老大虎妮已经五年级了，从学校回来就回家去写课内课外的作业了，老二乖乖却在和几个男孩子爬树，然后手心手背一番后玩"抓人"，嘛叫抓人？疯跑呗，可撒了欢儿了。

　　我和邻居张大爷为眼前的情景所动，这一天突然聊起了我们小时候，那时我们也曾那么贪玩儿，但那时孩子的玩儿法和现在的孩子却是大不一样的。张大爷也是天津人，我们兴致勃勃地历数起当年小时候的童戏。

　　记忆的闸门一旦打开，就仿佛回到了六十多年前的家门口子。

　　弹球　弹球曾经是胡同的孩子们最经常玩儿的。哪个孩子没有点玻璃球儿呢？橘子瓣儿是最常见的，哪个糖摊儿都卖，猫眼儿则比较金贵。几个人可以一起玩儿，站在起始线上扔球儿，最远的是第一个，然后依次弹。弹中归其赢得。我二弟是弹球儿的好手，但门口儿弹得最棒的却是范二姑的闺女玉琴。这位弹球好手后来做了小学教员。我弹球儿很差，用当时的话说是"鸡嘎豆子"，标准动作需用拇指关节处弹，鸡嘎豆子用指甲处，所以总输。那时我家的被阁子有一个抽屉，奶奶腾出来让我专门放球儿。一次我和小四子玩儿，他赢了很多就走了，说不玩了，我追到他家门口等他出来，他奶奶出来看见我，问站这儿干嘛？我说了经过，他奶奶回身到屋里把小四子揪着耳朵给拽出来了，厉声说："还给伯伯！"小四子比我大，但比我小一辈儿，我们是本家。小四子后来说我玩儿赖，我说他玩儿赖，赢球儿就不玩儿了。

　　扇三角儿　把烟卷盒即烟标折几下，折成个三角形就成了三角儿。把自己的三角儿，往对方放在地上的三角儿的尖角前，用力扇到地上，借扇起的风力把对方的三角儿扇得翻了个儿，就赢了对方的三角儿。我后来进了工艺美院最终干了广告设计，我收藏的烟标中带折痕的，就是扇三角儿的遗留物。

　　拍毛片儿　当年的糖摊儿也卖毛片儿，是一套儿一套儿的约火柴盒大小的彩色画片儿。那时的香烟盒里有时也带有画片，但比毛片儿好像略大一些。拍毛片儿的玩法与扇三角儿类似，但不同的是用手掌用力在旁边拍。拍得手掌心通红生疼。

在地上拍，有时也在桌子上拍。那时的小学生都有学习小组，在哪家的学习小组写完了作业，有时就拍毛片儿，最后引得那家的家大人干涉，因为把桌子擂得山响。

摔泥　也不知当年从哪儿总能找到泥。用水和成湿泥团，每人捧着一团就开始玩摔泥了。揪一块泥，捏成碗状，口儿朝下用力往地上摔，泥碗底儿势必摔出个洞，洞越大越好，由对方用他的泥捏成泥片把洞补上。最终谁的泥多谁就胜利了。碗儿捏得越大、底儿越薄，越占便宜。记得那时我娘还在，那是夏天，娘给我们用花格洋布做的小褂和裤衩，等到天西她在家门口喊我回去时，我满手、满胳膊、满脸、满身都是泥。娘用洗衣裳大盆给我洗澡，洗出一盆泥汤，还得再洗一遍。娘生了我们五个，我是老大，我这个老大一点儿也不让娘省心。

跳马　学校里有跳箱，那是正式的运动项目，而我们跳马的马，是一番"锛铰裹"（剪刀石头布）之后输了的那个。那个倒霉蛋儿只能认头当马，他低头俯身用双手握住脚腕子，从最低处开始，然后抵住膝盖、大腿、直至直起身仅仅低着头，大家远离几步，助跑后按着他后背双腿劈开从他的身上跃过去。腾空而起一跃而过有种特别帅的感觉，所以男孩子都喜欢玩跳马。但遇上个大个儿的马，尤其到他直立，很难跳过去，跳不过去的只好换着去当马了；瘦小单薄的孩子即使直立，跳马的奔过去一按他脖颈儿，他往下一随，便就很轻易地跳过去了。有的当马烦了，一按他，他故意禁不住，与跳马的一起栽倒在地；也不会打起来，只可能引起一番是不是耍赖皮的争论，或是大家哈哈大笑接着玩儿。

踢罐儿电报　张大爷当年住小白楼，当年他们那里叫踢罐儿什么什么，没听清，与我们老城里叫法不一样，但玩儿法是一样的。一块略开阔的地方，我们门口就是"大里"了，地上画个圈儿，里边倒放个空罐头盒之类，一人守着，先闭会儿眼，其他人趁机隐藏在四面八方的墙角等处。一旦开始，守罐儿的需警惕不知来自何方的袭击；而总有人趁其不备从其背后袭来，一脚将铁罐儿咣啷咣啷踢得好远。他就算输了一分。如果被他发现，没有踢成，那又扳回一分。去踢罐儿的每个人也都计分，如果输分到了约定数，就去守罐儿，无权再踢罐儿了。大家都愿意踢罐儿，把铁罐儿一脚踢得好远是很快意的。

侦探拿贼　这也是个经常的游戏。其实就是个大范围的捉迷藏，被男孩子们冠以很神气的好像很过瘾的名字，是个群体游戏，大多是在晚上进行。如果确定了两个贼，大家闭眼给他们留跑掉的时间，然后这一群侦探就开始去逮他了。当年我们居住的城里东北角一带，到处都是曲里拐弯儿的胡同，许多院子如卞家大院里面有一套套院，还有前后门儿。所以侦探们要把熟悉地形的狡猾的贼拿到也是需要花费一番力气的。这个游戏需要我们不停地奔跑，而且使我们越发熟悉那一带各处的犄角旮旯：户部街、华家大门、朝阳观、运署西街、小花园、仓门口、拴马桩、卞家小胡同、卞家大墙、万字胡同、万字北、津道西箭道、仓廒街、双井、三义庙、菜市儿、展家花园、白衣庵、龙亭街、张家祠堂小胡同、鸽子集、乡祠一条二条……除了死胡同，所有的胡同都是相通的。记得一次，这个贼怎么就抓不着呢？原来这两个贼是两个坏小子，他们跑累了，就偷偷地回家了，害得这一帮侦探白忙乎半天。还有一次，贼就在眼前，侦探们一直没有发现。那一年田家院儿水站旁边，一家的两间房子倒了，一直没有重建，荒在那里，墙头儿后面瓦砾间长着荒草。那天的贼就躲在那里，就像林海音的《城南旧事》里的那个"贼"藏身的地方一样。

撞拐　游戏者单腿站立，另一条腿盘在身前用手拉着，两个人蹦跳着用力向对方撞，把对方撞倒了就算胜利了。类似这些有输赢的游戏，不论输赢都带来快乐，有时结束时也计总分，没有赏却有罚，输得多的得让人家"弹脑奔儿"，就是赢家用食指在他脑壳上用力弹一下；有时罚"端斗儿"，用食指端他下巴颏一下，有人能端得很响。有一阵子还短期兴起过踩高跷。家里大人自制，娘娘宫也有卖的，比正式的高跷矮多了，以结实的木方子制成，着地处削成圆儿，中间钉上牢靠的踏脚。把它绑在两个小腿上，大家就兴高采烈地模仿着三义庙或运署西街出会时的高跷玩儿起来了，"喊格隆冬——喊格隆冬——"手敲着两根短棒，还真像头棒、二棒赛的；出洋相的就学傻妈妈和傻哥哥呗。

上面的游戏大多是男孩子玩儿，而女孩儿们的游戏她们玩儿的也格外精彩。

跳房子　女孩儿经常玩儿的是跳房子，每个女孩儿都玩过跳房子。看女孩们在那儿跳得兴高采烈，男孩儿偶尔只是看客，撇撇嘴："介有嘛意思。"跳房子有多种玩法，有简单的也有复杂的，房子格儿根据不同的玩法有不同的画法，用粉笔画在地上，那格子的最上端总有个半圆或三角形格，格子的整体外形像一座房子，可能因此就叫跳房子了。也是先"锛铰裹"决定跳的先后，然后她们就在那格子间跳来跳去了。只见她们一会儿单腿跳，一会儿双腿跳，变换腾跃。记得家门口的女孩子跳房子还得有个"珠子"，是用绳儿穿起的几个算盘珠儿或玻璃珠儿。地上的格子已经画好，每个格子里都写着数字。从起始的格子单腿起跳，将珠子依次向前面的格子踢去，踢到房子顶，一个回合完成。不能双腿落地不能换脚，珠子可以越格不能压线，中间还有格子好像是陷阱，珠子踢到陷阱也算输；但也有格子被称为"天堂"，珠子踢到天堂，可以双脚着地歇会儿。她们自有一番计分方法，但贵在参与，不停地跳来跳去就是快乐。

跳猴皮筋儿　哪个胡同没有女孩儿在跳猴皮筋儿呢！只见那些女孩儿跳、点、绕、勾、踩、转……扎着蝴蝶结的小辫儿，随着她们轻快的动作上下左右翻飞；她们一边跳一边欢快地唱着，顿时一片欢声笑语。"猴皮筋儿我会跳，三反五反我知道,反贪污反浪费,官僚主义也反对!"这歌谣带有刚解放时的时代色彩。而最广泛流传的是"马兰开花二十一":"一二三四五六七,马兰开花二十一;二八二五六,二八二五七,二八二九三十一;三八三五六,三八三五七,三八三九四十一;四八四五六,四八四五七,四八四九五十一;五八五五六,五八五五七,五八五九六十一;六八六五六,六八六五七,六八六九七十一;七八七五六,七八七五七,七八七九八十一;八八八五六,八八八五七,八八八九九十一;九八九五六,九八九五七,九八九九一百一;跳得好,跳得齐,健康活泼数第一。"据说这歌谣还是数学口诀。跳得好的,有时几个歌谣连唱而不停下来,虽然已经气喘吁吁:"赛赛赛,功课完毕太阳西,收拾书包回家去,见了父母行个礼,父母对我笑嘻嘻。""小白兔,上学校,老师讲课它睡觉,左耳朵听,右耳朵冒,你说可笑不可笑!""狼来啦,虎来啦,老和尚背着鼓来啦,什么鼓? 花花儿鼓;多少钱? 二百五!""三岁的娃娃穿红鞋,扭搭扭搭去上学,老师嫌她年纪小,她给老师表舞蹈;表,表,表不好;好,好,好不了;了,了,了不起;起,起,起不来;来,来,来上学;学,学,学文化;画,画,画图画;图,图,图书馆;管,管,管不着;着,着,着火啦;火,火,火车头;头,头,大鼻头儿;大鼻头儿,住洋楼儿,洋楼儿底下一群猴儿,猴儿跑啦,楼倒啦,气得大鼻头儿摔倒啦!"哈—哈—哈——

抓子儿 "子儿"就是个小布袋儿,里面装着米或沙子。还要有几个色子(骰子),大约是四个吧,就是几块猪肘上的关节骨,相对的两个四面是可以立起来的那种,相对的两面涂着不同的颜色。把色子往桌面上一扔,就开始了,把子儿往空中扔去,在其落下接住之前,按约定把色子摆放得几个相同的颜色朝上;最后一把抓,就算完成。女孩儿一边抓子儿一边也唱歌谣。记得有的孩子还曾用杏核儿当色子,因为杏核的两面好像是不一样的,一面有纹路一面是光面,可以区分正反,如果用杏核儿当色子,常常就是一大把了。

许多游戏是随季节生出的花样。

抽尜尜 "尜尜"是个圆锥形的木块儿,上端是平面,下面尖端镶了个钢珠儿。平时在平整的地面也可以抽,但最好是在冬季。那时,天津老城里家家户户还没有通自来水,每个胡同有个水站。每到严冬,水站前就成了冰场,除了可以哧溜哧溜来回滑着玩儿,正是抽尜尜的绝佳处。用小皮鞭抽一下,尜尜可以滴流滴流转老半天。

挤罗罗垛 再小的时候,一帮小孩,不分男孩女孩,找个墙角,排成一行,在那儿挤来挤去,就是挤罗罗垛。您说这有什么好玩儿的呢? 可当年一帮孩子就着墙角儿就那么来回玩儿命挤,挤得满头大汗,有时,都没站住,忽噜忽噜都倒在地上,一起开心地大笑。

粘老喝　粘知了　夏天当然是最好玩儿的季节,哪怕下场大雨,都可以去胡同"趟水"玩儿。下河洗澡家大人不让去,稍大的时候,就结伴"远征"。那时北大关往西,穿过那个小菜市儿,顺着运河往西走,再过一个不怎么像样的小桥,就到了一个叫"林场"的地方,树木茂盛,灌木草丛,沟沟坎坎,好像有铁丝网拦着,但总能找到能够钻进去的地方,可以在那儿尽情地玩儿,玩儿打仗。而粘老喝、粘知了也是难忘的。总能找到一根竖挺的长苇子,在头儿上抹上"黏子",就可以去粘了。中午时分,家大人都睡午觉了,街上没什么人,胡同里很静,只有知了(蝉)还在那儿不停地慵懒地叫着,只有几个孩子举着苇子在不停地梭巡,暑假的一天大抵就这样度过。那时的老喝好像比现在多,黄色的蜻蜓就是"老喝",蓝绿色的被称为"老青"。每逢大雨将临的时候,就会飞来许多老喝,在胡同里低空飞行,举着苇子快速晃动抖动,差不多总能粘上几只。老青是难得的。这些抓飞虫的能手、人类的朋友,如今也不知都飞到哪儿去了,大抵都被农药毒死了。

咬乌菱　咬老根儿　夏天菱角上市,天津称为乌菱,最为美味。夏末秋初,乌菱就老了,但老乌菱却受到孩子们的欢迎,因为可以咬乌菱。那深色的老乌菱,弯弯的尖角,如果把门口儿的乌菱都咬折了,那是很神气的。深秋了,到处飘着落叶,那就咬老根儿,能有一根历经风霜的老叶子的老根儿,咬遍胡同无敌手自然也是很神气的,但那大抵是不可能的,咬着咬着,老根儿就磨损了,于是,强中自有强中手,能人背后有能人。

逮蛐蛐　斗蛐蛐　秋虫唧唧,玩儿虫正当季。老爷子们喜欢玩蝈蝈,从深秋到严冬,有的老爷子把蝈蝈葫芦揣在棉袍里,坐在那儿闲说话。而斗蛐蛐是个古老的游戏,甚至还有斗蛐蛐大赛。斗蛐蛐自然也就成了孩子们喜欢的游戏。晚上,带个手电棒儿,几个人循声搜寻,一旦临近了就蹑手蹑脚,可能在老墙墙脚的砖缝儿,也可能是在哪家修房留下的那堆破砖烂瓦。用"引儿"去驱引。即使逮了三尾巴腔子、油乎鲁,也不舍得扔掉。逮不着就去鸟市儿买呗,手里捧着被装在纸卷儿里你选中的那只,高高兴兴地回来了。差不多都有几个蛐蛐罐儿,大多是那种圆肚儿的瓷罐儿,铁盖儿,上面有小眼儿;我还有几个较大的圆桶状的罐儿,像是陶的或是石的。大罐儿可以用来咬蛐蛐。几个人撅着屁股,聚精会神。常胜将军也是有的,那胜利的振翅鸣叫,十分威武;怕的是咱刚搭进去那个,还没对上牙转头就跑,马上搭罐儿!后来上学学了蒲松龄的《促织》,才知道因为蛐蛐,曾经演绎过那么悲伤的故事。

抖闷葫芦　过年了。那时的孩子更盼着过年,因为那时的日子艰难,过年可以穿新衣裳,吃好吃的,更有许多好玩儿的。小孩儿们就放小炮儿,玩儿砸炮儿,尤其是晚上,放呲花,放钻天猴儿,玩滴滴筋儿,打灯笼,"滴滴筋儿,冒火星儿,一分钱，买两根儿。""打灯笼，烤手嘞，你不出来我走嘞——"在胡同里且转悠呐。而抖闷葫芦则是过年最有特色的游戏，闷葫芦的官称是"空竹"，抖得好的抖单轮儿的，像笔者当年那样的小孩儿只能抖双轮儿的，能抖响就不容易了。那是白天，老城里这里那里，响起悠扬的闷葫芦声，"呜儿——呜儿——"年味儿十足。如今在公园偶尔能见到有老者抖空竹，抖得特别棒，不仅特别响，还有各种花样，一会儿扔到空中再接住，一会儿顺到地上溜溜转，已经是老人家自娱自乐的健身活动了。

打苍蝇　打苍蝇怎么会成为游戏了呢。那年，苍蝇、蚊子、老鼠、麻雀算是"四害"。后来给麻雀平反，把臭虫换了进去，为此中央还发了文件。苍蝇是四害的首位，于是大家都去打苍蝇。满世都是孩子举着个苍蝇拍儿，打苍蝇！打死的苍蝇都捏到随身带的一个空药瓶里。晚上回家还要数一数自己打了多少，第二天是要交到老师那里的。打得多会受表扬。打着打着，就成了游戏，打苍蝇有了趣味性。比如，打了个绿豆蝇，先不放到瓶儿里去，先放那儿研究，跟大马苍蝇做比较，这很有些学术趣味了。再比如，有的不用苍蝇拍儿，空手抓，横着那么一抓，还真能抓着，于是也成了一美。类似的活动还有"捡废铁"，捡废铁近于一日游，记得我与同学南开、红桥、河北转了个遍，也没捡到多少，哪儿来那么多废铁？后来在金钢桥下坡儿、金家窑对过儿的河边，发现一个偌大的没人管的钢架设备，我们把上面能拧下的大螺丝都拧下来了，满载而归。这不糟践吗？

忆及当年，自然还有若干儿时游戏浮现脑际。如哗啦哗啦地"推铁环"，钢条制成的铁环上有两个小环儿，推起来哗哗作响。"踢小皮球儿""打小皮球儿"，还组队儿印背心，并举行不同胡同之间的"联赛"。打扑克："百分""钓鱼""憋7""说瞎话儿"。下棋：斗兽棋、跳棋、军棋、象棋，而象棋棋盘上赫然写着"河边儿无青草，不要多嘴儿驴"。还有一种游戏"挑木棍儿"，当年糖摊儿就卖用猴皮筋栓着的颜色艳丽的小细木棍儿，松手撒在桌上，屏息用一根木棍儿挑起叠压在一起最上面的一根儿，不能碰动其他的棍儿，你就算赢了一根儿，挑木棍儿曾经磨炼着我们的耐心和细致。很小的孩子，还玩"过家家"，孩子们心中也是温情脉脉的，也懂得呵护。

那时的孩子玩具是不多的，就地取材却玩儿得兴高采烈。记得我大姥爷给我买过一套玩具，是一套小火车，在院里装起来，有铁轨、弯道、车站、成列的火车，不是电动的，火车头前有个栓绳儿的地方，拉起来顺着铁道跑。可没几天就玩腻了，散了架了，此后些年家中还剩下一个铸铁的小火车头。小时候我也曾胡玩儿，记得一天玩家里的电话。是挂装在隔扇旁柱子上的那种老式电话，还记得我家的电话号码是 5 局 2587，父亲记在号码盘上。那天就蹬着椅子在那儿胡乱拨号，还真拨通了,一会儿是个男的,一会儿是个女的,在里边儿说话,还问您是哪儿呀?您哪位呀? 我就说,我是 5 局 2587,哈哈哈——恰巧父亲回来发现了,我差点儿挨了一顿打,我哧溜跑到爷爷屋去了,爷爷不分青红皂白,反而数落追过去的父亲: 看把孩子吓得!

我们也曾是孩子。拉拉杂杂写了几个晚上,追忆着遥远年代的童年时光。在那艰苦的年代,好像我们比如今的孩子有更多的玩儿的时间。

出差

我喜欢出差。那还是退休前,当年在职我从事的是美术设计工作,一点儿也不枯燥,但久坐总会有些腻烦。能有机会到外面的世界去走走看看,外面的世界的确很精彩,自然是喜欢了。

记得很清楚,当年我第一次出差是到北京。如今常年住在北京还买了房,但我总感觉我的老窝儿好像还是在天津,我这是在北京出长差。

当年第一次出差到北京那种感觉,至今难忘。

一个阳光和煦的下午,我办完了事,沿着故宫的红墙走。春风吹拂,路边树上那些满是新叶的枝桠在红墙黄瓦的衬托下,更显出明丽的颜色;这是国家的都城,斑驳的阳光的光点儿,在汉白玉的栏杆上,在路上行人仿佛露出平和满足表情的脸上跳跃着,空气中也彷佛弥漫着一种与天津不一样的气味儿——那是20世纪70年代,我正在搪瓷厂,搪瓷厂厂院儿里的酸洗和铁皮的气味儿和机器轰鸣、大烟囱冒烟儿的氛围,与北京故宫周边是大不一样的。

我记得还有不久的一次,那是个晚上。记不清我是登上了景山还是北海的一个小山丘,一些石块上错落地坐着几个人,我也坐下来。从这里可以远眺小丘下的夜景与灯光,山路上有游人在慢慢地走上来。小丘上有个小伙子,正坐在一块较高的石头上,一边弹着六弦琴一边略带沙哑地唱着一首歌,周边的我们都默默地听着——"轻轻的我将离开你,请将眼角的泪拭去,漫漫长夜里,未来日子里,亲爱的你别为我哭泣——没有你的日子里我会更加珍惜自己,没有我的岁月里你要保重你自己,你问我何时归故里,我也轻声问自己,不是在此时,不知在何时,我想大约会是在冬季——"他并不高声地唱,像是在诉说,带着伤感。听着他的诉说,让人心中不免有些怅然,好像我们自己也和谁失散了好久。

此后些年,北京成了我出差经常的目的地。去得频繁了,后来办完了公事,去北京站前总有一件必办的事,那就是去东单或是崇文门菜市场买带鱼。天津濒临渤海,本是个出产带鱼的地方,"本地带鱼"却要在北京才能买到。我还经常去王府井的妇女儿童商店,给年幼的女儿趸摸件童装什么的,出差渐渐就有了采购任务。美术馆前那一溜儿美术用品与书刊商店、东安市场的古旧书店、王府井新华书店、路西的荣宝斋,都是经常光顾的地方。而午餐大抵是去东华门那个高台阶的"馄饨侯",一碗热馄饨,两个热烧饼,赶上的话来上一碟儿在高汤里加热过一水儿的清煮排骨,淋上点儿酱油,吃得挺滋润。

去北京大多是去美术馆看展览,要不就是开会。我有些年在出版社经常撰写论文,很多次去北京开研讨会,会址大多在东城,离全国版协和装帧艺委会不远的地方,三联书店后身是"出版之家",美术馆对过胡同里拐来过去有个很大的带回廊的中式宅院,在那里也住过。记得一次主办方把会址选在了东城的柏灵寺,环境清幽、树木荟郁。那是夏天,记得晚上吃罢晚餐大家依然聚在院落里,或坐在石阶石凳上,或站着,热切地还在那里争论什么"书卷气""广告味"之类。回想起来,用天津话说,当时真是"有虫子"。后来得知所谓柏灵寺,就是"摆灵",是皇家停灵的地方,我说怎么那么阴森呐。

后来出差去了更多的地方。那年月人还是比较规矩的,出差规定,不能借机游山玩水。但由于我们做的是美术工作,所以不管在搪瓷厂还是在出版社,都被领导网开一面,允许到风景区去采风。其中最典型的一次是到黄山、庐山写生。

当时在设计上流行迎客松和仙人洞,我当时所在的玻璃搪瓷公司领导要求我们在产品上也搞迎客松和仙人洞。这帮美工也不是省油的灯,说没见过怎么搞啊,公司就组织了一个写生团。来自搪瓷厂、保温瓶厂和玻璃器皿厂的设计人员共五人,我的校友现任天津美院教授的何延喆也在其中,我被任命为是个带队的。于是就出发了。

我们一行人在街口立着那个著名的太子太保牌坊、石板路小街的商店售卖着徽墨歙砚的古徽州略做停顿,在黄山脚下的百丈泉和人字瀑开了笔,我们每人租了个军大衣,背着画具和行囊,沿着湿漉漉的石阶,向山上进发。黄山那时没什么人,空山鸟语,幽谷回音,草木清香,沁人心肺。我平生第一次置身如此美妙的境界,心醉之时,常驻足流连,似舍不得前行。一路攀爬,经过梦笔生花,近午就到了玉屏楼前的迎客松。那天下着淅淅沥沥的雨,石阶湿滑难行,却是登临黄山可遇而不可求的绝佳天气。我们在玉屏楼二楼稍事休憩后,推开窗子,都一下子惊呆了。只见窗外云海翻腾滚动,群峰变幻隐现,简直宛若仙境,一片云朵随着打开的窗竟飘到房间里来了!兴奋至极的我们,满怀激情,对着向山下伸出粗壮枝丫的迎客松,以及后来在庐山,对绝顶崖壁下的仙人洞和那个可以透视云天的月亮门,都尽心尽力地描绘。后来不久,玻璃搪瓷公司出品的搪瓷洗脸盆儿、搪瓷杯、彩色铁皮保温瓶及玻璃器皿上就都有了迎客松和仙人洞的画面和图案。公司的领导很满意,好像我们并没有落后于时代。而对我们个人来说,那次的出行更是终生难忘。

"五岳归来不看山,黄山归来不看岳""匡庐奇秀甲天下"。写不尽画不尽的黄山匡庐——我们攀爬几近八十度角的最险峻的黄山第二高峰天都峰,路边的铁链上挂满了无数的同心锁;登顶后左行,蹲行着走过两边都是万丈深渊的鲫鱼背,转过仙桃石,眼前突然豁然开朗:向东望去,目极千里,天地广阔一体,层峦叠嶂在云岚中渐渐远去,极目处是东海还是平川?——自北海的松林曲折南行不远,自山路下行到悬在山崖上的清凉台,眼前是无数如石笋般的群峰、松石,满目青翠,层层叠叠,云雾山光,这就是石笋矼,无怪当年徐霞客至此"始信黄山天下奇",此峰从此被命名为始信峰。

在庐山小天池,也是雨后,我们仿佛迷路了,但转瞬之间,云破日出,乱云飞舞,蓝天如洗,青翠的小天池原来就在眼前。——自含鄱口远望,鄱阳湖水天一线,一片迷蒙,景色壮阔;但站在那座标志着庐山会议会址的看似平常的建筑前,我们却感到更为奇诡激烈的风云变幻,壮阔的山河画卷和历史风云都拨动着我的心弦。

▶笔者当年的黄山写生作品:石笋矼与人字瀑

那次出行,有些经历也有趣或不平常,不得不记在下面。

当年黄山还没有通火车,我们先取道杭州,然后乘长途汽车再赴黄山。那时杭州的长途汽车售票窗口在湖滨的一排平房,我们购了第三天的票,在保俶塔下路边的一个旅舍住了下来。我虽然不是第一次下江南,但杭州是个逛不够的"天堂",我们终日早出晚归。我那年二十八岁,虽然年轻,由于是个带队的,依然大事小事操心拿主意。未料这却被旅店的老板娘一个胖胖的阿姨看在眼里。第二天我们就要离去了,胖阿姨突然把我喊到一边。她先把我夸了一番,夸我是个年轻有为的"画家",然后掏出一张姑娘的照片,是个很漂亮的姑娘,说要给我介绍对象!啊?她又夸那姑娘如何如何好,是她的亲戚,知根知底。这太突然了。那时我已经与我后来的妻子走动几个月了,我婉拒了这位热心的胖阿姨。我的终身大事曾是我家一个"老大难"问题,是父亲的一块心病,高不成低不就,很让长辈操心。范二姑和李家敏撮合了我与王家瑞的相识和婚姻。如今五十多年过去了,我在这儿絮叨五十年前写生路上这没影子的姻缘插曲，可见让人垂青总是令人难忘的——说着玩儿呗。

在庐山，写生结束归途时突生变故，引出难忘的庐山山南之行。我们一行自庐山下来，找到公交车站准备乘车去九江辗转武汉回津。公交站牌上却有两路车，于是产生意外的分歧：何延喆力主乘车到山南星子县一游，说机会难得；器皿厂两位坚持按计划赴九江赶回天津，说家中有事。最终兵分两路，两位回津，我等三人转头乘上去星子县的汽车。经过周瑜的点将台后，汽车开往星子县城方向，我们下车继续徒步向山南前行。记得我有两个傍晚都找沿途乡村卫生所去打退烧针，第二天早上体温降下来继续前进，那就是共耽搁了三天。浩瀚的鄱阳湖畔的夕阳，沿途的亚热带风光，不必细述，拜谒五老峰下幽谷中的白鹿洞书院却是难忘的。那个下午，我们走进那条幽谷。天阴着，光线幽暗，除了我们，那里一个人都没有。山谷靠左边是一片河滩，有溪水哗哗地顺着石块和卵石流过来，溪上有一座小石桥。右边崖壁下，几级石阶的上面，矗立着一座石坊，上面镌刻着"白鹿洞书院"，崖壁上有众多历代文人留下的题记刻字。石桥、石阶、石坊、崖壁上都长满了厚厚的绿苔。我们拾级而上，书院大门紧锁。白鹿洞书院开创于唐代，是中国古代四大书院之一，朱熹重修于南宋并在此讲学。

白鹿洞书院虽然没得进，但这里的苍凉却深深感染了我。多年前游历过的尚未修葺的绍兴禹陵、贵阳甲秀楼，它们曾经的苍凉的历史感都曾让我感动。可惜那些地方二次游历，油漆彩画，已经面目全非。如果不能修旧如旧，这些宝贵的历史遗迹失去了形而上的神韵，无疑是巨大的损失甚至是损毁。

第二天是个阳光灿烂的早晨，我们来到香炉峰。隔着一片明丽的绿野，不远处横陈着一带青山，一条白练自天而下。"日照香炉生紫烟，遥看瀑布挂前川，飞流直下三千尺，疑是银河落九天。"李白诗篇描绘的正是我们眼前的画面。同行的韩女士称自己在山下画瀑布，我与小何便循着山路攀登香炉峰。约摸一个多时辰，瀑布与水流都不见了踪影，山路在茂密的竹林里蜿蜒。走着走着，忽然不远处传来收音机广播的声音，循声找去，竹林间现出几座竹楼，一片空地。走出来一个山民模样的中年人，见到我们十分惊讶，得知我们来自天津，来此写生，他又竖起拇指，高兴地说："有朋自远方来，不亦乐乎！"谈吐竟十分文雅。他说此地是个林场，看管着山上的竹林，今天是端午节，其他人都下山过节去了，只留下他一个人看场。他说"不亦乐乎"不是虚言，何况又逢佳节呢，他带我们周游山上附近的景点遗迹，记得有一棵松树，他说是当年康有为来此手植。天已近午，他邀我们共进午餐：竹筒焖饭、腊肉炒竹笋、米酒。我们一边饮酒一边高谈阔论，十分投机尽兴。他只说他姓李，我们称他李先生，山野间竟有如此世外高人，我们对他不由得格外生出敬重。由于我们山下还有一位韩女士，只得与他匆匆告别，付他餐费，他自拒而不受。在山下，我向路边小卖部的老乡打听山上的李先生。才得知：他早年毕业于上海复旦大学中文系，是九江一所知名中学很有声望的教师，五七年被下放到山上林场，他的家人均在九江，在这一带也是人人皆知的。光阴荏苒，多年来常想起，不知李老师如今怎样了。

多年从事美术设计和美术编辑工作，参加并参与组织一些业务活动，差不多每年都要出差到外地走一走，几乎走遍大半个中国——呼伦贝尔草原、长白天池、大连老虎滩、青岛崂山、田横岛、泰山绝顶、曲阜三孔、五台佛母洞、恒山悬空寺、云岗石窟、龙门石窟、野长城的烽火台、陕北窑洞、厦门鼓浪屿、福州三坊七巷、泉州清源山、惠安渔港、湖北神农架、黄鹤楼、岳阳楼、甲秀楼、南京中山陵灵谷寺、广州黄埔、镇江三山、豫园九曲桥、武夷九曲溪、庐山三叠泉、西安华清池、南昌青云浦、无锡鼋头渚、苏州盘城、河北赵州桥、绍兴沈园、兰亭鹅池、皖南宏村、漓江、灵渠、柳州柳侯祠、岳麓书院、普陀不肯去观音院、海南海角天涯……不少地方都曾留下我的足迹。写到这里不禁有些惭愧，依现在的新风尚的标准，应该是浪费了不少钱财。

当时，也常领导带队，参与一些考察活动。记得那是改革开放初期，我社接到深圳博雅画廊的图书订货会邀请，由时任副总编宋西陵带队一行四人前往深圳参会。那时去深圳还要到公安局办边境证。深圳的人很多，好像全国的人都从四面八方涌到那里学习考察。老宋和另两位大主任刘明、杨岳霖都是老同志，我自然担负起买票、安排住宿等杂务。我们在深圳挤公交，人太多实在挤不上去，在那儿干着急，后来老宋喃喃地说："其实我是可以打车的。"刘明一拍大腿："咳，怎么忘了？"老宋是进城干部十三级，打出租是可以报销的。我马上招手打车，我们三个从此一起蹭车享受高干待遇。在博雅画廊我们为出版社订购了一些资料图书，与主办方进行了交流，办完了正事儿，就在深圳市区新盖的国贸、罗湖口岸和蛇口等处到处看看，还又一次办证去了沙头角中英街。深圳特区的街景市容、商品与物价、电视的凤凰频道与插播的广告、商场播放的音乐，都与当时的天津大不一样。在中英街，在小街中间的石柱界碑间走过来走过去，这边是咱们内地的国营商店，那边就是香港一溜儿小店，也有一种异样的感觉。待我们乘上返回广州的火车，列车播放着"一条大河波浪宽"，老宋感慨地说："我们好像又返回了祖国。"

某年，随孙五川老局长去上海调研应该是规格最高的一次出差。离休的孙局长是天津市政府咨询工作委员会委员，他拟订了一个计划，调研上海出版业的现状和工作模式，为发展天津出版工作提供借鉴。除了当时任编辑学会秘书长的我和后来升任天津人民出版社总编辑的陈益民，市政府还派了一位秘书，共三位随员。由于我们以天津市政府的名义出访，还得绕圈儿走程序，先到上海市政府，上海市政府派员引我们到上海市出版局，委托出版局具体接待。上海市出版局派了一位处长，不年轻了，老干部处的，那些天就一天一家出版社，陪我们到上海的各家出版社去调研。每家出版社都郑重接待，社长、总编辑、总编办主任是肯定出席介绍情况的，有特色的编辑室有时也出席介绍，然后差不多都去样书陈列室看一看，中午一顿丰盛的午宴。时任上海科技出版社总编辑的胡大卫本是相识的，那天在他们社会议室，甫一落座我们即互相点头致意，但我估计他心想：这个王众不是个画皮子写论文的吗？怎么又如此这般惹惹？即使他真这么想，有涵养的他也不会说出来。调研间隙，我们冒雨参观了位于石库门街区的中共一大会址。几天考察结束，上海出版局盛情，由那位老处长陪同，派专车遍游了上海周边的水乡古镇——周庄、朱家角、甪直、乌镇。

而我最远的一次出差则是欧洲之行。

改革开放打开了关闭的国门，"引进来，走出去"，出版版权贸易也十分活跃。那些年，出国考察也成风，出版社编辑室主任以上的业务骨干轮番出一趟国好像也成了一种待遇。一次台湾之行我没有去成，时任社长胡振泰不久安排我参团赴德国参会法兰克福国际图书博览会。局长带队，除市委宣传部等相关领导，参团的清一色都是当时或后来各出版社的头儿，只有我一个大头兵。那次法兰克福博览会没有中国主题日，我们也没有具体的版权贸易项目，但了解国际图书市场对哪些门类中国图书可能有需求，探求渠道，建立联系，我们仍有所收获。离开法兰克福，我们则开始开阔眼界的考察。一位来自台北嫁到德国的夏小姐是我们的导游，引我们走访荷兰、德国、奥地利、意大利、法国诸国，所到之处此文很难一一历数，有些见闻和感受却可以记在下面。

我们的导游应该说非常尽职，每个地方，那些广场、宫殿、教堂，她都有扼要精彩的介绍，人物、事件、变迁，帝国争斗，宫廷绯闻等，走了这些地方几乎像是读了一部图文并茂的欧洲简史。途中闲谈，她说她的丈夫是个典型的老派儿的德国人，老家有一座城堡，他很守规矩、很刻板，比如眼前这条街，他要过马路，必须绕道去走斑马线，哪怕很远，其实马路上没有一辆车。她的话印证了一种说法，德国人很认真。

沿途经过的一些欧洲小城，如自维也纳去往威尼斯经过的克拉根福，风景秀丽，居民生活悠闲，下午，商店早早就关了门，人们在街边的咖啡座聊天儿，老人在绿地的长椅上闲坐。那坐在长椅上的老人，却让我想起万里之外的当时住在民权门的父亲，想到我们的老人在过着大不一样的日子，心中很不是滋味。转瞬间，眼前又浮现出庚子年天津的一些画面，一些趾高气扬的联军士兵和一些面露凄苦表情的中国老百姓,心中竟然忿忿了：他们可能正是八国联军的后代吧？他们的富足说不定正是劫掠自我们!

我们这个团的人员素质很高了,但也不能免俗,每到一处购些特产总是难免甚至必须的,同行的时任社科院副院长项新就是个购物大户。但有时也耽误了一些时间。在此行第一站的阿姆斯特丹,在一座桥的桥口有一个不大的珠宝店,那里加工出售钻石,是个知名店铺,我财力有限,在一边儿等了很长时间。这座桥的河对岸,就是荷兰国家美术馆,那里陈列着梵高和伦勃朗的许多名画,这是刚刚汽车路过,站在桥口远望那建筑后,查旅游攻略书才知道的。后来汲取教训,在巴黎,半天自由活动,团友们去了"老佛爷",我与陈益民结伴,去了奥赛博物馆。真好啊! 由一座旧时的火车站改造而成的奥赛博物馆收藏陈列着印象派大师们的许多传世名作,许多曾经在画册上揣摩的作品在这里终于看见了真容。一些展室陈列着大师们许多日常习作,有一些是在一些纸片上随意画出的,看起来十分亲切,好像和咱们画的也差不许多赛的。

我是搞美术的,这也成了去一些特殊场景的理由。那天在阿姆斯特丹,吃罢了晚饭,一位领导说："作为搞艺术的,王众你应该到花街去看一看,那也是生活积累。"什么"花街"？荷兰盛产郁金香,但花街不是花卉市场,是闻名世界的"红灯区"。

在欧美的街头总能碰到中国人,因为是在街上,碰到的大多是开餐馆儿的、开出租的或是在餐厅端盘子的留学生等,混得好的在街上是碰不见的,混得很惨的却见到过一位。那是在维也纳的著名商业街腰带街,华灯初上,猛然看见一个四十来岁的中国人蹲在路边,地上的一块布上摆着些青草编的小动物出售,我与他搭讪,他不愿多言,我买了一只青蛙,他才沉着脸说："花光了父母的积蓄,来此闯荡,没混出个样儿来,没脸回去了。"说着眼圈儿红了。这条街不远处一个小巷口,有个中国妇女摆了个纸箱子,在那儿卖剪纸,也许是他老婆吧。能卖出多少呢? 艰难地挣扎。

我不会英语,出发前临时恶补了一些英语单词,以中文字标注发音。在旅途中还真用上了。在飞机上,在机场快餐店,面对送餐或售餐小姐,一律"豪特替"(热茶)! 再用手指需要的食物,还真解决问题。"日乌外斯"是米饭,"窝特"是水,也用上过。因为是吃团餐,"费失"(鱼)、"避夫"(牛肉)、"吃晴"(鸡),都没用上。购物时,则频繁地说"好嘛吃",意为多少钱。我有浓重的天津口音,团友们以此开玩笑："好嘛吃? 嘛好吃? 好吃嘛!"哈,倒都记住了,逛威尼斯小街,本团"好嘛吃"不绝于耳。学建筑的女儿曾去意大利实习,在那不勒斯曾被人抢了包,外国也并不是清平世界,所以我也有所准备,一旦有人抢我的包,将大呼"绕吧"

（打劫）! 再大呼"剖来斯曼"（警察）! 也许能把贼吓退。而"偷赖特"一词则经常使用,意为厕所。多年后与妻子自费旅游,此词也派上用场。那是在巴黎埃菲尔铁塔附近,自由活动,团友们都去商店购物了,我俩在附近闲逛,突然内急,左右看没有厕所,这可怎么办? 路边有个家居商场,急忙进入,前台站着个法国小伙子,我疾呼"偷赖特""偷赖特"! 小伙子笑了,指着里边一个方向说"女偷赖特",又指着另一个方向"男偷赖特"。他原来是懂中文的。

　　一些礼貌用语还是应该掌握的。英语的"哈罗"（你好）、"桑可由"（谢谢）、"拜拜"（再见）、"骚瑞"（对不起）,已很普及,夏小姐又教我们学习其他几个国家的用语。德语的早上好是"摩根"、你好是"姑特恩他喝"、谢谢是"当克逊",而再见是"屈死",屈死鬼再也见不着了却是再见。意大利语的你好是"瞧",发音必须先向上再向下拐个弯儿,谢谢是"哥辣姐",你心里要想着哥哥拉着姐姐,就记住了。法语最容易引起误会,初次见面的"你好"是"笨猪",熟人相见的则为"傻驴"。如果我跟你一见面说法语,一边握手一边高声冲你说"笨猪!"熟识了相见,我又连声"傻驴! 傻驴!"说个不停,你准跟我急。

2022 年 2 月 23 日